まえがき

JN081136

　「世界史はおもしろくて好きだが、覚える量が多いので苦手だ」という生徒諸君が多い。確かに世界史の学習では、膨大な量の事項を覚えなくてはならないので、これに閉口している諸君が多いのだろう。しかし、「努力は決して自分を裏切らない」という言葉もあるように、地道な日々の積み重ねの学習は、諸君に確実な実力をつけてくれるだろう。

　本書は、山川出版社の世界史探究教科書『新世界史』をベースとして日々学習する諸君を支援し、最終的に**共通テストや私大入試、国公立大学の二次試験にも対応できる学力**を育成する目的で作成した準拠ノートである。また、『**詳説世界史**』で学習する諸君の問題集にもなる。

　諸君は、下記の「本書の使い方」を熟読し、受験に必要な知識・思考力を身につけてほしい。

2023年1月　　　　　　　　　　　　　　　　　　　　　　　　　　　　　　　　　編者

本書の使い方

●「基本事項のチェック」「読み取り力のチェック」

　まず、各章を❶・❷・❸……の項目に分け、**受験に必要な用語を、1〜2行の一問一答形式で配列**している。設問文には、共通テストでの出題を意識して、解答用語に関連する用語を赤字で盛り込んである。解答欄を完成した後、暗記シートを使って赤字の用語を答えてみよう（＊は『新世界史』にない用語を示す）。これだけやれば、かなりの数の基本事項がチェックできるはずだ。また、教科書の図版をベースにした発問も適宜設けた。地図や写真を読み解く技術を身につけよう。

●「step up 教科書の発問」「入試問題へのチャレンジ」

　「基本事項のチェック」が終わったら、次は教科書掲載の発問や入試問題をベースとした問題にチャレンジしよう。教科書の発問は解答が1つとは限らない。ポイントが何かをしっかり考え、自分の言葉で答えてみよう。入試問題は、**国公私立大学で過去に出題された入試問題から優れたリード文をもつ問題を選び出し**、改題・改変して使用している。**優れたリード文は、教科書で何ページにもわたる内容が、テーマに沿って簡潔にまとめてある絶好の学習材料**だ。是非とも、リード文を丁寧に読み進めながら、設問にあたってほしい。ここでは「基本事項のチェック」で解答用語になっていなかった赤字の用語を問う設問や、共通テスト対策用の設問を、基礎から応用までの難易レベルで構成してあるので、受験学力は確実に向上できる。

●「論述問題へのアプローチ」「資料問題へのアプローチ」

　国公立大学の二次試験や、難関私立大学で出題される論述問題も、恐れることはない。ここでは、**過去に出題された基本的なテーマの良問などを、指定語を示し、90〜100字程度で論述するかたち**に改めている。各問に示したように、「入試問題へのチャレンジ」で読んだリード文を参考にするなどして、積極的にアプローチしてほしい。なお、解答文の算用数字は2つで1字分として数えている（例 1955年：3字分）。また、文字資料（問題に応じて一部改変）をベースとした発問も適宜設けた。こちらの方にも積極的に取り組んでほしい。

※知思主のマークは観点別評価の3観点（知識・技能／思考・判断・表現／主体的に学習に取り組む態度）を示す。

目　次

●基本事項のチェック　　　　　　　　　　　　　　　　　　　　　　　　知

❶ 人類の歴史と文明の誕生

① ☐① 直立二足歩行をするサヘラントロプスやアウストラロピテクスなどは☐☐☐と呼ばれ、簡単な打製石器を使う者もいた。

② ☐② ジャワ原人や☐☐☐を代表とする原人は、火を用いて食・住環境を改善した。

③ ☐③ ネアンデルタール人ら旧人は、抽象的な概念を理解して☐☐☐の習慣をもった。

④ 　　　人 ☐④ ヨーロッパの☐☐☐人や中国の周口店上洞人などは新人と呼ばれ、剝片石器や骨角器をつくりだした。

⑤ ☐⑤ 新人は、スペインのアルタミラやフランスの☐☐☐に洞穴壁画を残した。

⑥ 　万年前 ☐⑥ 今から約☐☐☐万年前、気候が温暖化すると、農耕・牧畜が始まった。

⑦ 　　　石器 ☐⑦ 定住化した人類は土器をつくり、打製石器に加えて☐☐☐石器を用いた。

⑧ ☐⑧ 早くから灌漑農業が行われたメソポタミア地方からシリア・パレスチナにいたる弧状地域を「☐☐☐」と呼ぶ。

⑨ ☐⑨ 人類は身体的特徴から「人種」、言語・宗教などから「☐☐☐」に区分される。

❷ メソポタミアとエジプトの文明

① ☐① ティグリス・ユーフラテス両川に挟まれたメソポタミア地方とナイル川流域のエジプトに、その周辺を合わせた地域を「東方」という意味で☐☐☐と呼ぶ。

② ☐② シュメール人は、メソポタミアに☐☐☐・ウルクなどの都市国家を建設した。

③ 　　　文字 ☐③ シュメール人が発明した☐☐☐文字は粘土板などに記された。

④ 　　　暦 ☐④ シュメール人は六十進法・1週7日制・占星術・☐☐☐暦などを用いた。

⑤ ☐⑤ シュメール人はウルク王の活躍を描いた英雄伝説『☐☐☐』を残した。

⑥ ☐⑥ ②などには、階段状の基壇上に神殿をもつ☐☐☐(聖塔)が建てられた。

⑦ 　　　人 ☐⑦ 前24世紀の中頃、セム語系の☐☐☐人はサルゴン1世に率いられてシュメール人の都市国家を征服した。

⑧ 　　　人 ☐⑧ セム語系の☐☐☐人は、バビロン第1王朝を建てた。

⑨ 　　　王 ☐⑨ バビロン第1王朝の☐☐☐王は、「目には目を、歯には歯を」という言葉に象徴される同害復讐の原則をもつ法典を発布した。

⑩ 　　　人 ☐⑩ インド=ヨーロッパ(印欧)語系の☐☐☐人は、アナトリア高原から鉄器をもってメソポタミアに侵入し、⑧の王朝を滅ぼした。

⑪ 　　　人 ☐⑪ ⑧の王朝の滅亡後、☐☐☐人がバビロニア地方を支配した。

⑫ ☐⑫ 「エジプトはナイルのたまもの」は、ギリシアの歴史家☐☐☐の言葉である。

⑬ ☐⑬ 生ける神とされたエジプトの王は、「☐☐☐」と呼ばれた。

⑭ ☐⑭ エジプト古王国は、ナイル川下流の都市☐☐☐を中心に繁栄した。

⑮ 　　　王 ☐⑮ ギザに建設されたピラミッドでは、☐☐☐王のものが最大である。

⑯ ☐⑯ ピラミッドの入り口には、☐☐☐と呼ばれる人頭獣身の巨大な像がつくられた。

⑰ ☐⑰ エジプト中王国時代には、ナイル川中流の都市☐☐☐に中心地が移った。

⑱ ☐⑱ 中王国時代末期のエジプトには、遊牧民の☐☐☐がシリアから侵入した。

⑲ ☐⑲ エジプト新王国の首都⑰の守護神☐☐☐は、太陽神ラーの信仰と結びついた。

⑳ ☐⑳ エジプト新王国の王☐☐☐は、アテン(アトン)神を唯一神とする改革を断行した。

㉑ ☐㉑ ⑳が遷都した都市☐☐☐は、当時栄えた写実的芸術の名称にも用いられた。

㉒ 　　　暦 ☐㉒ エジプトでは、④とともに1年を365日とする☐☐☐暦も使用された。

□㉓ エジプトの神聖文字(ヒエログリフ)は、ナイル川河口で発見されたロゼッタ＝ ㉓
ストーンをもとにフランス人学者の□□□□が1822年に解読した。

□㉔ □□□□紙は、ナイル川流域に繁茂する水草を原料につくられた。 ㉔

❸シリア・パレスチナ地方の民族

□① 前1500年頃からシリア・パレスチナ地方では、□□□□人が活動した。 ① 　　　　人

□② 前12世紀初頭、「□□□□」と呼ばれる集団が、シリア・パレスチナ地方に来襲し ②
た。

□③ □□□□人はシドンやティルスなどの海港都市を拠点に、地中海交易を展開し、 ③ 　　　　人
アフリカ北岸のカルタゴなどの植民市を建設した。

□④ ③の文字をもとに、ギリシア人は表音文字の□□□□を形成した。 ④

□⑤ □□□□人はダマスクスを拠点に内陸交易に活躍し、彼らの文字は現在のアラビ ⑤ 　　　　人
ア文字のもととなった。

□⑥ ダヴィデ王と、その子□□□□王は、ヘブライ人の王国の全盛期を現出した。 ⑥

□⑦ ヘブライ人は唯一神□□□□を信仰し、選民思想や救世主の観念をもった。 ⑦

□⑧ 前11世紀末に建設された□□□□は、ヘブライ人の王国の都となった。 ⑧

□⑨ ヘブライ人の王国は、北部の□□□□王国と南部のユダ王国に分裂した。 ⑨ 　　　　王国

□⑩ ⑨は前722年□□□□王国(帝国)によって滅ぼされた。 ⑩ 　　　　王国

□⑪ 前586年、ユダ王国を滅ぼした新バビロニアは、その住民の多くを自国に連れ去 ⑪
ったが、これを「□□□□」という。

❹エーゲ文明

□① エヴァンズ＊が発掘したクレタ文明の中心地□□□□には宮殿跡が残されている。 ①

□② ミケーネ文明の中心地は、ギリシア本土のミケーネ・□□□□などである。 ②

□③ ドイツ人□□□□は神話に登場するトロイア(トロヤ)戦争の実在を信じ、トロイ ③
アやミケーネなどの遺跡を発掘した。

□④ ミケーネ文明で使われた線文字Bを、イギリス人□□□□が解読した。 ④

●読み取り力のチェック 思

□ エジプト人の来世観を示す冥界への案内書(下写真)の説明文を完成させよ。

　(a)の不滅を信じたエジプト人は、ミイラやこの写真のような「(b)」 a：
を残した。「(b)」には、死者が冥界の支配者(c)の前での裁判に勝って b：
来世で幸福になれるよう、死者の現世における善行が記された。 c：

❶ アラム人とフェニキア人を比較した時、どのような共通点と相違点が見出せるだろうか。また、アラム文字とフェニキア文字は、こののちの世界にどのような影響をおよぼしただろうか。教p.25知

●入試問題へのチャレンジ

1 メソポタミア諸国の興亡　（　　）に適切な用語を記し、**問**に答えよ。　　　　　　　（西南学院大・改　2002年）

　オリエントとは、日の昇る地域、すなわち東方を意味する言葉で、メソポタミアからaエジプトにいたる地域を指すヨーロッパ側の呼び名である。メソポタミアは外から侵入しやすい地形であることもあり、アラビア半島や周辺の高原からセム語系やインド＝ヨーロッパ語系の民族が侵入し複雑な歴史をたどった。初期のメソポタミアでは（　1　）・ウルク・ラガシュなどを代表とするbシュメール人の都市国家が高い文明を誇っていたが、これらの都市国家は互いに激しく抗争し、やがて衰退してセム語系の（　2　）人に征服された。（　2　）人の支配の後、前1800年頃セム語系の（　3　）人が建国したcバビロン第1王朝が全メソポタミアの統一に成功した。しかし、前16世紀になると、小アジア・メソポタミアでインド＝ヨーロッパ語系の諸民族の動きが活発になり、バビロン第1王朝も滅ぼされる。こうして、前15〜前14世紀のオリエントは、dエジプト新王国と小アジアにあったインド＝ヨーロッパ語系eヒッタイト王国の対立を軸に諸民族が並立する複雑な状況になる。

　前13世紀に入ると、いわゆる「海の民」が東地中海一帯の諸国家をたびたび襲い、ヒッタイト王国は滅び、エジプト新王国も衰退したが、これに乗じてfシリア・パレスチナでセム語系の諸民族が活動を開始した。オリエントの諸地域は、これらの民族の活動によって結びつきを強めた。

問1　下線部aについて述べた次の文ア・イの正誤を判定せよ。
　　ア　多神教の世界を形成し、来世を重視して「死者の書」を残した。
　　イ　新王国の時代には、ギザを中心に多くのピラミッドが建設された。
問2　下線部bについて述べた次の文ア・イの正誤を判定せよ。
　　ア　彼らが粘土板に刻んだ楔形文字は、シャンポリオンによって解読された。
　　イ　太陽暦とともに60進法を用い、1週7日制も確立した。
問3　下線部cの最盛期につくられたハンムラビ法典の特色である刑法上の原則を記しなさい。
問4　下線部dにおいて、前14世紀に行われた宗教改革について述べた次の文ア・イの正誤を判定せよ。
　　ア　テーベの神官団と対立した国王アメンヘテプ4世が断行した。
　　イ　テル＝エル＝アマルナに遷都し、アテン神への信仰を強制した。
問5　下線部eが、世界軍事史上に残した意義とは何か。10字以内で記しなさい。
問6　下線部fに関連して、フェニキア人とアラム人について述べた次の文ア・イの正誤を判定せよ。
　　ア　フェニキア人は地中海交易に活躍し、アルファベットの起源となる文字をつくった。
　　イ　アラム人は、シドン・ティルスを中心として内陸中継貿易に活躍した。
問7　下線部fに関連して、ヘブライ人（ユダヤ人）について述べた文①〜④から正しいものを選べ。
　　①　ヘブライ人の王国は、ソロモン王とその子のダヴィデ王の時代に全盛期となった。
　　②　ヘブライ人の王国は、北部のイスラエル王国と、南部のユダ王国に分裂した。
　　③　ユダ王国の滅亡後、その住民はエジプトに連行された。
　　④　ヘブライ人はヤハウェなどの多くの神々を信仰し、選民思想をもった。

1		2		3		問1ア		イ	
問2ア	イ	問3		問4ア		イ			
問5						問6ア		イ	問7

2 東地中海世界 （　）に適切な用語を記し、**問**に答えよ。

(東京都立大・改　2021年)

　紀元前12世紀に東地中海一帯は混乱の時代を迎え、諸国家が衰退・滅亡する一方で、新しい勢力が伸張した。この混乱の一因と考えられるのが「（　1　）」と呼ばれる人々の移動である。この集団は、ギリシア・エーゲ海方面からアナトリア半島に向かい、同半島で勢力を誇った（　2　）王国を滅ぼした。

　ギリシア・エーゲ海地域では、前2000年頃に北方より移住したギリシア人が前16世紀頃からミケーネ文明を築き上げ、前15世紀にはエーゲ海南方の（　3　）島にまで勢力を拡大していた。a ミケーネ文明の諸王国では、王が村落に貢納を課していたことがb 粘土板文書から明らかになっている。しかし、前1200年頃にミケーネ文明の諸王国は滅亡する。その衰退の一因には「（　1　）」の侵入があるとされている。

　「（　1　）」の侵入を受けたシリア・パレスチナ地域では、（　2　）・エジプトが力を失い、（　4　）語系諸民族の活動が活発になった。そのなかのフェニキア人はシドンや（　5　）に代表される海港都市国家を中心に、海上交易活動に従事し地中海に広く進出した。前9世紀、（　5　）は北アフリカに植民市カルタゴを建設した。

問1　下線部 a について述べた次の文 **ア・イ** の正誤を判定せよ。

　　ア　小アジアのトロイア（トロヤ）を攻略した。　　**イ**　クノッソス宮殿をシュリーマンが発掘した。

問2　下線部 b について、記録に用いられた文字の名称と、その解読者の名を記せ。

1	2	3	4
5	問1ア	イ	問2文字	人名

●資料問題へのアプローチ

バビロン捕囚　次の資料を読んで、下の**問**に答えよ。

> 　われらは a バビロンの川のほとりに座り、b シオンを思い出して涙を流した。われらはそのなかのやなぎに琴をかけた。c われらをとりこにした者が、われらに歌を求めたからである。……われらは外国にあってどうして主の歌をうたえようか。（　）よ、もしわたしがあなたを忘れるならば、わが右の手を衰えさせて下さい。もしわたしが、あなたを思い出さないならば、もしわたしが（　）をわが最高の喜びとしないならば、わが舌をあごにつかせて下さい。
>
> （『旧約聖書』詩編第137篇）

問1　この詩文にうたわれた「われら」とはいかなる民族のことか。

問2　下線部 a の川として考えられるものを次から選べ。

　　①　ライン川　　②　インダス川　　③　ユーフラテス川　　④　ナイル川

問3　下線部 b は文中の（　）に入る都市の雅名である。「われら」がいた国の都であったこの都市名を記せ。

問4　下線部 c はいかなる国の人か。国名を記せ。

問1	問2	問3	問4

●論述問題へのアプローチ

フェニキア人とアラム人　　　　　🕰 基本事項のチェックを参照しよう！

　地中海東岸で活動したフェニキア人とアラム人の経済活動と文化史上の意義について、90字以内で説明せよ。論述の際は、次の［指定語］を必ず使用すること。

　［指定語］　ギリシア人　　アラビア文字

古代の南アジア・東南アジア・オセアニア

教p.26〜29

●基本事項のチェック　　　　　　　　　　　　　　　　　　　　　　知

❶ 古代の南アジア・東南アジア

①　　　　　　　　　□① インダス川中流域にある<u>インダス文明</u>の都市遺跡は□□□である。

②　　　　　　　　　□② インダス川下流域にあるインダス文明の都市遺跡には、モエンジョ＝ダーロや□□□がある。

③　　　　　　　　　□③ ①②などでは<u>インダス文字</u>や金属器である□□□が使われていた。

④　　　　　人　　　□④ 前1500年頃、インド＝ヨーロッパ語系の□□□人が、カイバル峠を越えて<u>パンジャーブ地方</u>に移住した。

⑤　　　　　　　　　□⑤ 前1000年頃までに成立した南アジア最古の文献とされる『□□□』は、祭祀をつかさどる<u>バラモン</u>による神々の讃歌を集めたものである。

⑥　　　　　　　　　□⑥ バラモン教のもとで人々を4つの種姓(□□□)に区分する社会秩序は、のちの<u>カースト制度</u>の基盤となった。

⑦　　　　　　　　　□⑦ バラモン教の改革から生まれた□□□は、祭式至上主義を転換して内面の思索を重視する思想である。

⑧　　　　　　　　　□⑧ 前4世紀頃、ベトナム北部を中心に発展した□□□では、青銅製の<u>銅鼓</u>がつくられた。

❷ 古代のオセアニア

①　　　　　系　　　□① 前1000年以後、□□□系の人々が、中国大陸から台湾・フィリピンを経てオセアニアに移住した。

②　　　　　　　　　□② 今から8000年前、オセアニアの陸塊であったサフル大陸は、海面上昇により北の□□□と南のオーストラリアにわかれた。

③　　　　　　　　　□③ オーストラリアの先住民である□□□は、狩猟・採集生活をおくった。

④　　　　　　　　　□④ オーストロネシア諸語を話す①の人々は、700年頃ハワイ諸島に、1000〜1500年頃には□□□やイースター島に移り住んだ。

●読み取り力のチェック　　　　　　　　　　　　　　　　　　　　　思

①　　　　　　　　　□① インダス文明の遺跡モエンジョ＝ダーロ(下写真)の説明文を完成させよ。

a：

b：

c：
　　　　　　　　　　　整然とした(a)に基づいて並んだ多くの建物が確認できる。これらの建物は、材料として(b)でつくられた家屋が中心である。また、沐浴場などから出された(c)を大通りの側溝に流していく設備などもみられる。

②

a：

b：

c：　　　　　　　　　□② 前1500〜前1000年頃のインドの民族移動を示す下の地図の説明文を完成させよ。

　カイバル峠から進入した(a)人はインド西北部の(b)地方に定住したあと、ガンジス川流域に進出した。インダス文明の担い手とされる(c)人はデカン高原以南に移動した。

❶ インダス文明は、メソポタミアやエジプトの文明と比較して、どのような共通点と相違点があるか調べてみよう。教p.26 愚主

❷ 現在の台湾には中国語を話す人々とともに、マレー＝ポリネシア語系の言語を話す人々が住んでいる。なぜこのような複雑な言語状況になっているのだろう。教p.29主

●入試問題へのチャレンジ

1 古代インド 　（　　）に適切な用語を記し、**問**に答えよ。　　　　　　　　　　　　　（京都大・改　2011年）

　インド亜大陸の文明は、インダス川流域の遺跡 a モエンジョ＝ダーロやハラッパーを代表とするインダス文明の時代に始まる。この文明の衰退後、紀元前1500年頃からインド＝ヨーロッパ語系のアーリヤ人が、カイバル峠を越え、インド西北部の（　1　）地方に進入しはじめた。アーリヤ人の社会組織や宗教文化は『（　2　）』をはじめとするヴェーダ文献のなかに記録されている。インドに入ったアーリヤ人の宗教は b バラモン教であり、この教えは現代の（　3　）教へとつながっている。しかし、バラモン教は（　4　）万能主義に陥り、一部のバラモンのなかにはウパニシャッド哲学に傾倒する者もあらわれた。この結果、バラモン教の（　4　）やヴェーダ聖典の権威を否定するガウタマ＝シッダールタの説いた仏教やヴァルダマーナを始祖とする（　5　）教が興った。

問1　下線部 a に関連して、インダス文明について述べた次の**ア・イ**の正誤を判定せよ。

　　ア　モエンジョ＝ダーロには、都市計画の痕跡があり、沐浴場もつくられていた。

　　イ　印章に刻まれたインダス文字が解読され、インダス文明衰退の原因が明らかとなった。

問2　下線部 b に関連して、バラモンを最高位とする身分制度について述べた次の**ア・イ**の正誤を判定せよ。

　　ア　王侯・戦士階級であるバラモンは、庶民階級のヴァイシャなどを支配した。

　　イ　この身分制度はヴァルナ制と呼ばれ、のちのカースト制度の基盤となった。

1	2	3	4
5	問1ア　　　　イ	問2ア　　　　イ	

2 古代の東南アジア・オセアニア 　　（　　）に適切な用語を記し、**問**に答えよ。　　（関西学院大・改　2011年）

　東南アジア大陸部には、東南アジア最大の（　1　）川をはじめ a エーヤワディー川、チャオプラヤ川といった主要河川が流れており、それらの川のデルタ部と平野部は人々の暮らしを支えてきた。この地域の人々は b 中国やインドからの文化を受容し、いくつもの国家を築きあげた。大陸部の国で多数を占める民族のほとんどが c スリランカ経由の宗教を信仰していたが、島嶼部の人々の信仰形態は異なっていた。

　オーストラリアの先住民としては、メラネシア系のトレス海峡諸島民と（　2　）があげられる。（　3　）には、ポリネシアから移住したマオリ人が独自の文化を形成してきた。

問1　現在、下線部 a の2河川のデルタ部を領土とする国家として最も正しいものをそれぞれ選べ。

　　①　ミャンマー　　②　タイ　　③　カンボジア　　④　ベトナム

問2　下線部 b に関して、右の写真の遺物名とこれがつくられた文化の名称を記せ。

問3　下線部 c の宗教名として正しいものを1つ選べ。

　　①　ヒンドゥー教　　②　大乗仏教　　③　上座部仏教　　④　ゾロアスター教

1	2	3	問1　エーヤワディー川
チャオプラヤ川	問2遺物	文化　　　　　　文化	問3

教p.30〜36

●基本事項のチェック ▮ 知

❶ 中国文明と殷周王朝

① _____ 文化 □① 前5000年頃、彩文土器（彩陶）を用いた_____文化が成立した。

② _____ 文化 □② 轆轤（ろくろ）を用いる薄手の研磨土器である黒陶を用いたのは_____文化である。

③ _____ □③ 黄河中・下流域では、城壁で囲まれた都市である_____が成立した。

④ _____ □④ 中国の伝統的文献で最初の王朝とされるのは_____で、これを滅ぼした殷は確認されている最古の王朝である。

⑤ _____ □⑤ 河南省安陽市にある殷の遺跡が、_____である。

⑥ _____ □⑥ 殷の王が神意を占った内容を記した_____は漢字の原型となった。

⑦ _____ □⑦ 殷を滅ぼし、前11世紀頃に建国した周の都は_____である。

⑧ _____ □⑧ 政権奪取を正当化した周は、王朝交替を「_____」とみなした。

⑨ _____ 制 □⑨ 周は、一族や功臣、土着の首長を諸侯として領地（③）を与え、王と諸侯の家臣にも領地を分与する_____制をつくった。

⑩ _____ □⑩ 周は、親族集団内部の尊卑・長幼の秩序などを定めた_____を重視した。

❷ 古代のアフリカ

① _____ 王国 □① 前10世紀頃、ナイル川中流域のヌビアに_____王国が成立した。

② _____ □② 前8世紀に一時エジプトを征服した①は、アッシリアの侵入によりナイル川上流に追われ、下の地図中aの_____に遷都した。

③ _____ 王国 □③ ②に都をおいた王朝は、製鉄と商業で栄えたが、エチオピア高原にあった下の地図中Aの_____王国によって4世紀に滅ぼされた。

❸ 古代の南北アメリカ

① _____ □① メキシコ高原やアンデス高地では、_____・ジャガイモ・トマト・サツマイモなどの穀物を栽培する独自の農耕文化が生みだされた。

② _____ 文明 □② 前1200〜前400年頃、メキシコ湾岸からメキシコ高原にかけて栄えた_____文明は、巨石人頭像を残している。

③ _____ 文明 □③ 4〜9世紀のユカタン半島にあった下の地図中Bの_____文明は、ピラミッド状の建造物や独自の絵文字、二十進法などの高度な文化をもった。

④ _____ 文明 □④ 前1世紀からメキシコ高原で発展した_____文明では、太陽のピラミッドなど多くの巨大な建造物がつくられた。

⑤ _____ 帝国 □⑤ 下の地図中Cの_____帝国は、14世紀半ばにメキシコ高原に成立した。

⑥ _____ □⑥ 下の地図中bの_____は、⑤の都である。

⑦ _____ 帝国

⑧ _____

⑨ _____

□⑦ 左の地図中Dは、15世紀半ばに成立した_____帝国である。

□⑧ ⑦は左の地図中cの_____に都をおいた。cはアンデス山中のマチュ＝ピチュ遺跡などとともに石造建築で有名である。

□⑨ _____は、⑦で使われた縄の結び方で、数量を計算・記録する方法である。

❶ 中国の農耕文明と初期王朝は、どのような地理的・自然的条件のなかで生まれてきたのだろうか。教p.30思

❷ 当時、マチュ＝ピチュ一帯には少なくとも5000人ほどが暮らしていたらしい。いったい食料はどのように確保したのだろう。この写真(マチュ＝ピチュ)のなかにその手掛かりがないか考えてみよう。教p.36思主

●入試問題へのチャレンジ

1 **黄河文明と殷・周**　（　　）に適切な用語を記し、**問**に答えよ。　　　　　　　　　　（成蹊大・改　2011年）

　新石器時代の中国では、淮河と秦嶺山脈を結ぶラインを境として、北と南で異なった形態の農耕が行われた。このラインから北はやや寒冷で乾燥した気候のため、畑で（　**1**　）やキビなどの穀物を栽培する農耕が行われ、ラインの南側では温暖で湿潤な気候のため、水田で（　**2**　）を栽培する農耕が発達した。

　このような農耕や牧畜に基づく社会はやがて都市や国家を生み出した。前漢の歴史家である司馬遷の『史記』では最古の王朝は（　**3**　）とされるが、考古学などにより存在が確実とされるのは、（　**3**　）の次の王朝とされている殷である。殷では王により神権政治が行われていたが、同時に多様な技術が発達し、王都の遺跡ともされる（　**4**　）省安陽市の殷墟では、青銅器や、宮殿の跡、大型の王墓などがみつかっている。また現在のところ確認できる中国最古の文字で、漢字のもととなったa甲骨文字も発達したが、これは情報伝達・保存のための技術の発展として捉えることができる。

　しかし殷は前11世紀、周にとって代わられてしまう。周の都は現在の陝西省西安市に位置する（　**5**　）におかれ、王の一族や功臣などを世襲の（　**6**　）として領地を与えて統治させる封建制が採用された。

問1　下線部aについて、甲骨文字はどのような情報を記録したのか。簡潔に記せ。

1	2	3	4
5	6	問1	

2 **南北アメリカ文明**　（　　）に適切な用語を記し、**問**に答えよ。　　　　　　　　（京都府立大・改　2011年）

　古代アメリカでは、メキシコ高原、（　**1**　）半島、アンデス高地のa 3つの地域で農耕文化が発達し、都市王国が建設され、文明が繁栄した。まずメキシコ高原では、前1200年頃から巨大人面像や神殿、絵文字で知られる（　**2**　）文明、前1世紀頃から太陽のピラミッドを建設した（　**3**　）文明が栄えた。その後のメキシコ高原では、トルテカ族やチチメカ族が古代文明を継承したが、12世紀頃から狩猟民族である（　**4**　）族がこの地域に進出し、（　**5**　）を首都としてメキシコ湾から太平洋岸にわたる大帝国を建設した。

　メキシコ高原の農耕文化・都市文明が（　**1**　）半島に伝播して成立したのがマヤ文明であり、4世紀頃から多くの都市国家が建設され、その一部は17世紀まで存続した。他方、アンデス高地でも、古代から様々な都市文明が栄えていたが、15世紀にはbアンデス高地全域を治めるインカ帝国が出現した。

問1　下線部aの礎となった主食作物として適当なものを2つ選べ。
　　①　トウモロコシ　　②　ブドウ　　③　キビ　　④　ジャガイモ
問2　下線部bについて述べた次の文ア・イの正誤を判定せよ。
　　ア　右の写真は、首都マチュ＝ピチュの遺跡である。
　　イ　鉄器の使用はなく、縄の結び目で数字などをあらわすキープ（結縄）が用いられた。

1	2	3	4
5	問1	問2ア	イ

●基本事項のチェック　　　　　　　　　　　　　　　　　　　　　　　　　　知

❶ 春秋・戦国時代

① □① 前8世紀、西方の異民族集団の攻撃を受けた周は□□□に都を遷し、これ以降を春秋時代と呼ぶ。

② □② 春秋時代、周王の権威を借りて諸侯を召集し、主導権を握ろうとした有力諸侯を□□□と呼ぶ。

③ □③ 戦国時代には王を自称する諸侯が増え、やがて□□□と呼ばれる7つの強国が富国強兵策をとりながら勢力争いを展開した。

④ □④ 戦国時代に流通した青銅貨幣には、刀の形の刀銭、農具の形の布銭、秦が鋳造した円形で四角い穴の□□□などがあった。

⑤　　　　　製 □⑤ 牛犂耕*と□□□製農具の普及は、戦国時代の農業生産力向上の要因となった。

⑥ □⑥ 春秋・戦国時代に登場した多くの思想家や学派を□□□と総称する。

⑦ □⑦ 儒家の祖である孔子は、親に対する「□□□」をはじめとする身近な家族道徳を社会秩序の基本とした。

⑧ □⑧ 儒家の□□□は、万人のもつ血縁的愛情を重視する性善説を説いた。

⑨ □⑨ 儒家の□□□は、礼による規律維持を強調する性悪説を説いた。

⑩　　　　　家 □⑩ 儒家に対して□□□家は、血縁を越えた無差別の愛(兼愛)を説いた。

⑪　　　　　家 □⑪ 老子・荘子による無為自然を重視した学派を□□□家という。

⑫　　　　　家 □⑫ 縦横家は外交策を講じ、□□□家は天体の運行と人間生活の関係を説いた。

❷ 秦・漢帝国

① □① 戦国時代の秦は、法家の思想家□□□を登用して富国強兵策をとった。

② □② 秦は、長江中流域の楚や東北地方南部の□□□、山東の斉などを征服した。

③　　　　　年 □③ □□□年に中国を統一した秦王政は「皇帝」と称し、始皇帝と呼ばれる。

④　　　　　制 □④ 始皇帝は、都の咸陽から各地に官吏を派遣して統治させる□□□制を全国的に実施した。

⑤ □⑤ 貨幣・度量衡・文字を統一した始皇帝は、□□□で思想・言論を統制した。

⑥ □⑥ 秦は、遊牧民□□□の侵入を防ぐため、戦国時代の諸国が建設した長城を連結して巨大な長城を築いた。

⑦　　　の乱 □⑦ 秦末に起こった□□□の乱は、「王侯将相いずくんぞ種あらんや」という言葉で知られる。

⑧ □⑧ ⑦の反乱勢力から台頭した□□□は、垓下の戦いで劉邦に敗れた。

⑨ □⑨ 前漢王朝を創設した劉邦(高祖)は、新都として□□□を建設した。

⑩　　　　　制 □⑩ 前漢の初期には、封建制と④を併用する□□□制が採用された。

⑪　　　の乱 □⑪ 前漢による諸王の権力削減策により、前154年、□□□の乱が起こった。

⑫ □⑫ 前2世紀半ばに即位した武帝は、中央アジアの□□□と同盟を結ぼうとした。

⑬ □⑬ ⑫との同盟締結のため、使節として□□□が派遣された。

⑭ □⑭ 武帝は衛氏朝鮮を滅ぼし、朝鮮半島北部に□□□など4郡を設置した。

⑮ □⑮ 武帝は南方の□□□を滅ぼし、ベトナム北部を支配した。

⑯ □⑯ 武帝は財政難を打開するために□□□・鉄・酒の専売を実施した。

⑰ □⑰ 武帝死後、皇后の親族である外戚と後宮に仕える去勢された男性である□□□が皇帝の側近となり、政治闘争を展開した。

⑱ □⑱ 外戚の□□□は、後8年に前漢の皇帝を廃して新を建てた。

□⑲ 新はまもなく、□□□の乱など各地での反乱によって滅亡した。

□⑳ 漢の一族の□□□は25年に後漢を建て、都を⑨から洛陽に移した。

□㉑ 2世紀後半の後漢では、宦官が官僚・学者を弾圧する<u>党錮の禁</u>＊が発生し、宗教結社太平道の指導者<u>張角</u>は□□□の乱を起こした。

□㉒ 前漢の武帝が採用した□□□は、地方長官の推薦による官吏登用法で、のちに<u>豪族</u>の官僚化を招いた。

□㉓ 武帝の時代、学者□□□の提案により<u>儒学</u>の官学化が実現した。

□㉔ 儒学の主要経典とされた、『<u>易経</u>』『<u>書経</u>』『<u>詩経</u>』『<u>礼記</u>』『<u>春秋</u>』を総称して□□□と呼ぶ。

□㉕ 後漢の<u>鄭玄</u>＊らは、経典の字句解釈を重んずる□□□学を発展させた。

□㉖ 前漢の歴史家□□□は、太古から武帝時代までの歴史を叙述した『<u>史記</u>』を完成させた。

□㉗ 後漢の<u>班固</u>は、前漢の歴史書である『□□□』を著した。

□㉘ 『史記』と『㉗』は、□□□と呼ばれる叙述形式で著された。

□㉙ 紙が普及するまで、書物は□□□に書かれていた。

❸ 北方ユーラシアの遊牧民とオアシス民

□① 前7世紀頃から<u>黒海北岸</u>の南ロシアの草原地帯に遊牧国家を建設し、アカイメネス(アケメネス)朝と戦ったのは、騎馬遊牧民の□□□である。

□② 前4世紀頃から、モンゴル高原の<u>匈奴</u>やタリム盆地東部の<u>月氏</u>、天山山脈北方の□□□などの騎馬遊牧民が活動を活発化させた。

□③ 匈奴の全盛期に君臨した□□□は、2世紀初めに前漢の高祖の軍を破った。

□④ 東西交易の拠点となった<u>オアシス都市</u>では、「□□□」と呼ばれる市場で遊牧民がもたらす家畜や中国の絹などの商品が取引された。

⑲	の乱
⑳	
㉑	の乱
㉒	
㉓	
㉔	
㉕	学
㉖	
㉗	
㉘	
㉙	

①	
②	
③	
④	

●読み取り力のチェック　　　　　　　　　　　　　思

□ 前漢武帝時代のアジアを示した下の地図に関する①〜⑨に答えよ。

① 地図中Aの国名を記せ。

② 武帝がAと同盟しようとした理由を簡潔に記せ。

③ 地図中□□□の地域は中国では何と呼ばれたか。

④ ③にある盆地の名称を記せ。

⑤ 地図中→は、誰の進路か。またこの派遣がもたらした意義を簡潔に記せ。

⑥ 地図中aにおかれた郡はどこか。

⑦ 武帝が征服したBの国名と、bにおかれた郡の名称を記せ。

⑧ 武帝が朝鮮半島にもおよぼそうとした前漢の統治制度を記せ。

⑨ 武帝が征服したCの国名と、cにおかれた郡の名称を記せ。

①	
②	
③	
④	盆地
⑤	
人名：	
意義：	
⑥	
⑦	
B：	
b：	
⑧	
⑨	
C：	
c：	

●step up 教科書の発問

❶ 騎馬遊牧民は、農耕民やオアシス民とどのような関係をもっていたのだろうか。 ⑱p.44 ⑱

●入試問題へのチャレンジ

1 春秋・戦国時代 （　）に適切な用語を記し、**問**に答えよ。 （高崎経済大・改 2012年）

　前11世紀から華北を支配していた周であったが、やがて周辺民族によって前8世紀に鎬京が攻略され、その後東方の（　1　）に首都を移すも、徐々に勢力を失った。そして周が弱体化するなかで、各地では（　2　）と呼ばれるa有力諸侯のおさめる国同士による抗争が激化し、諸国間の秩序が乱れ、戦国時代へと突入した。有力な国が小国を併合し、やがては（　3　）と呼ばれる強国が王を自称して互いに争う構図となった。この時期に起こった領土拡大競争によって、各国の領土はどんどん広がっていった。

　この時代は、各国でb農業生産力が向上し、このことは氏族による統制が弱まった一因であると考えられる。また一方では諸国の富国策によって商工業が発展し、（　4　）製の貨幣が流通するようになるなど、産業の発展はめざましいものとなった。また、このような状態が続く世の中を背景として、人々が新たな社会秩序のあり方を求め、c新たな思想も多く説かれた。

問1 下線部aと周王の関係を簡潔に記せ。
問2 下線部bを可能とした耕作方法をあげなさい。
問3 下線部cについて述べた次の文ア・イの正誤を判定せよ。
　　ア　墨家は、血縁を越えた無差別の愛（兼愛）を説いた。
　　イ　荀子は、礼による規律維持を重視する性善説を唱えた。

1	2	3	4	
問1		問2	問3ア	イ

2 秦・漢帝国 （　）に適切な用語を記し、**問**に答えよ。 （西南学院大・改 2012年）

　前3世紀頃、秦は諸国を統一して大帝国を築いた。秦は貨幣や文字を統一するなど様々な改革を行い、政治面では（　1　）など法家の思想家を用いてa儒学者を弾圧し、皇帝権力の絶対化と中央集権化を推進した。始皇帝の死後、陳勝・（　2　）の農民反乱が起こり、それをきっかけに、秦は統一後わずか15年で滅亡した。その後、農民出身の（　3　）が楚の名門の出である項羽を倒して帝位につき、b漢王朝を建てた(前漢)。前漢は、前154年景帝の時に呉楚七国の乱が鎮圧されると全盛期を迎え、前2世紀後半の第7代武帝はc匈奴に対する積極策をとるなどd大規模な対外戦争を展開し、領土を拡大した。

　後8年、外戚の（　4　）が漢の皇帝を廃位して新を建てたが、実情を無視して急激な改革を行ったことから、赤眉の乱など各地で農民反乱が勃発し、新はまもなく崩壊した。その後、漢の一族である劉秀が豪族を率いて漢を復興し(後漢)、皇帝となった(e光武帝)。しかし、後漢末期になると官僚や学者に対する弾圧事件である党錮の禁や党派争いが繰り返され、更に宦官の政治への介入が起こった。2世紀末にf宗教結社を主体とした黄巾の乱が起こると各地に群雄が割拠し、g約200年続いた後漢は滅亡した。

問1 下線部aに関連して、思想統制をはかる始皇帝が行った弾圧とは何か。
問2 下線部bに関連して、前漢の初期に実施された統治体制を説明した次の文の（　）に入る語句を記せ。

　　前漢は秦の急激な改革への反省から、都（　ア　）とその周辺の直轄地には官吏を派遣して統治させる（　イ　）制を実施する一方、東方の遠隔地には一族や功臣に世襲の領地を与える（　ウ　）制を用い、のちに諸王の勢力を削減した。

問3　下線部cに関連して、匈奴について述べた次の文ア・イの正誤を判定せよ。

　　ア　冒頓単于は劉邦の軍を破り、前漢に和親策をとらせた。

　　イ　司馬遷は、『史記』のなかに匈奴に関する記述を残している。

問4　下線部dについて述べた次の文として正しいものを1つ選べ。

　　①　大月氏との同盟をはかり、班超を西域都護として派遣した。

　　②　高句麗を滅ぼして楽浪郡など4郡を設置した。

　　③　南越を征服してベトナム北部を支配下においた。

　　④　遠征による財政難のため、米・鉄・酒を専売とした。

問5　下線部eについて述べた次の文ア・イの正誤を判定せよ。

　　ア　豪族と提携して漢を再興し、洛陽に都をおいた。

　　イ　奴国の使節に「漢委奴国王」と刻した金印を与えた。

問6　下線部fに関連して、黄巾の乱の主体となった宗教結社とその指導者の名を記せ。

問7　下線部gに関連して、後漢時代に紀伝体で『漢書』を著した歴史家の名を記し、この時代に起こった文字記録に関する技術革新について簡潔に記せ。

1		2		3		4	
問1		問2ア		イ		ウ	
問3ア	イ	問4		問5ア	イ	問6結社	人名
問7人名		技術革新					

●資料問題へのアプローチ

前漢の内乱　次の資料を読んで、下の**問**に答えよ。

（法政大・改　1985年）

　　諸侯は領地を削られ処罰されたばかりで、たいそう動揺しており、鼂錯〔前漢の政治家〕を怨んでいるものが多かった。呉から会稽と鄣の2郡を取り上げる命令書が到着すると、呉王はまず兵をあげた。膠西王は、正月丙午の日、俸禄二千石以下の漢の官吏を殺した。膠東・済南・（　　　　）・趙・菑川も同じ処置をとった。かくて兵を発して西に向かった。

問1　（　　　　）に入る国名を記し、この資料が示す事件の名称を記せ。

問2　この事件の結果、前漢の郡国制はどのように変化したか。簡潔に記せ。

問1国名	事件	問2

●論述問題へのアプローチ

儒学と皇帝政治　　　　　　　　　　入試問題**2**を参照しよう！

　儒学では、皇帝は家族関係を中心とする民間の正しい秩序の維持につとめ、天命を受けて民を支配すると考えられ、長く中国の皇帝政治を支えてきた。秦と前漢の皇帝政治と儒学の関係について、90字以内で論述せよ。論述の際は、次の〔指定語〕を必ず使用すること。

〔指定語〕　李斯　　焚書・坑儒　　董仲舒　　五経

●基本事項のチェック ［知］

❶ 分裂時代の中国

- ①
  □① 　　　　の子の曹丕は、220年、後漢の皇帝からの禅譲により魏を建国した。
- ②
  □② 魏と劉備が四川に建てた　　　　、孫権が長江下流域に建てた呉が鼎立した時代を三国時代と呼ぶ。
- ③
  □③ 魏では、漢代の郷挙里選にかわる官吏任用制度として　　　　が始められた。
- ④
  □④ 豪族の子弟は③を利用して高級官僚を独占し、名門の家柄を固定化した。こうして形成された勢力を　　　　と呼ぶ。
- ⑤　　　　　制
  □⑤ 魏は、　　　　制を実施し、官有地に農民を移住させて耕作させた。
- ⑥
  □⑥ 魏の実権を奪った　　　　は、265年に晋(西晋)を建国した。
- ⑦　　　　　の乱
  □⑦ ⑥死後は、帝位をめぐる一族の争いである　　　　の乱が起こった。
- ⑧
  □⑧ 西晋は、匈奴に都　　　　を攻略された永嘉の乱＊により滅亡した。
- ⑨
  □⑨ 西晋の一族　　　　は東晋を建国し、長江下流域の建康に都をおいた。
- ⑩
  □⑩ 東晋の武将劉裕が建てた　　　　と以降の斉・梁・陳4王朝を南朝という。
- ⑪
  □⑪ 西晋の末期、華北に進出した遊牧諸民族匈奴・鮮卑・　　　　・氐・羌は五胡と呼ばれた。華北で多くの政権が興亡したこの時代を五胡十六国時代という。
- ⑫
  □⑫ 鮮卑の拓跋氏が建てた北魏は、5世紀前半、　　　　の時に華北を統一した。
- ⑬
  □⑬ 北魏の孝文帝は、都を平城から　　　　に遷すなど漢化政策を打ち出した。
- ⑭　　　　　制
  □⑭ 孝文帝は、農民に一定額の土地を配分し、耕作させる　　　　制を実施した。

❷ 魏晋南北朝の文化

- ①
  □① 西域僧の仏図澄・　　　　は、華北での仏教布教や仏典漢訳に活躍した。
- ②
  □② 東晋の僧　　　　は、インドから仏典をもち帰り、『仏国記』を著した。
- ③
  □③ 北魏の　　　　は、神仙思想や道家の説などを取り入れ、道教教団をつくった。
- ④
  □④ 北魏時代には、　　　　・竜門など大規模な石窟寺院が造営された。
- ⑤
  □⑤ 魏・晋時代に流行した世俗を超越する哲学的議論を　　　　と呼ぶ。
- ⑥
  □⑥ 江南の六朝文化＊では、田園生活への憧れをうたった東晋の　　　　や山水の美しさをうたった宋の詩人謝霊運らが活躍した。
- ⑦
  □⑦ 梁の昭明太子は、四六駢儷体を用いて詩文集『　　　　』を編纂した。
- ⑧
  □⑧ 　　　　は「女史箴図」を描き、王羲之は「蘭亭序」などの書を残した。

❸ 東アジア諸国の動向

- ①
  □① 3世紀に邪馬台国の女王卑弥呼は魏に朝貢し、魏の皇帝から「　　　　」の称号を受けたとされ、中国から「冊封」されていたことがわかる。
- ②　　　　　政権
  □② 4世紀の日本(倭)では　　　　政権が諸豪族を連合して統一を進めた。
- ③
  □③ 5世紀の東アジアを示した右の地図中Aの国は　　　　で、広開土王の時に百済や倭と戦った。
- ④
  □④ 5世紀の倭の王は、地図中Bの　　　　など南朝に朝貢して冊封を求めた。
- ⑤
  □⑤ 地図中Cにあった小国群は　　　　と呼ばれる。
- ⑥
  □⑥ 倭では、大陸との交流のなかで　　　　と呼ばれる人々により、儒教・仏教の思想や先進的な技術が伝えられた。

❶ 多民族がまじりあう状況は、中国の政治経済や文化にどのような変化をもたらしただろうか。 教p.47 思

●入試問題へのチャレンジ

1 魏晋南北朝時代の中国　（　　）に適切な用語を記し、**問**に答えよ。　　　　　　　　　　（東京都立大・改　2011年）

　2世紀末に起きた黄巾の乱はまたたく間に中国全土に広がり、後漢の権威は失墜した。そして220年、後漢は混乱のうちに滅亡した。それは、以後400年近く続いた長い分裂の時代の始まりを意味した。この分裂の時代は、漢と（　**1**　）という二大勢力の拮抗関係が崩れることで、農耕世界と遊牧世界が直接影響しあって、新しい社会の枠組みがつくり出される変革の時代でもあった。

　後漢以後にまず覇権を争ったのは、華北のa魏、四川の蜀、江南の（　**2**　）の三国であった。三国の鼎立は、280年に西晋によりいったん統一されたが、それもつかの間、八王の乱のために西晋の国内が混乱すると、その隙に乗じた（　**1**　）が西晋を滅ぼし、華北は再び分裂状態となった。（　**1**　）・鮮卑に加えて、モンゴル系またはトルコ系といわれる羯やチベット系の羌・（　**3**　）が、相次いで華北に侵入して王朝を建てたからである。以後140年近く華北では分裂と混乱の時代が続くが、これを（　**4**　）時代と呼ぶ。

　他方、西晋の司馬氏一族が江南にのがれて、317年に（　**5**　）を都として東晋を建てると、華北の混乱を避けて江南に移住する人々が後を絶たなかった。その結果、農業開発が進んだb江南地方には、貴族を中心とする高雅な文化が花開いた。以後、江南地域には宋・斉・梁・（　**6**　）の王朝が相次いだ。

　また華北では、鮮卑の（　**7**　）氏が建てた北魏が台頭し、5世紀前半に華北を統一した。北魏は都を（　**8**　）から洛陽に移してc漢化政策を進めたが、そこで整備された土地制度や税制は、やがて隋や唐に引き継がれた。

問1　下線部aについて述べた次の文ア・イの正誤を判定せよ。

　　ア　九品中正の実施により、豪族の子弟が高級官職を独占した。

　　イ　官有地を農民に耕作させる均田制が施行された。

問2　下線部bについて述べた次の文①〜④から正しいものを1つ選べ

　　①　仏図澄や鳩摩羅什が、仏教の布教と仏典の漢訳を行った。

　　②　右の絵は、東晋の王羲之が描いた「女史箴図」である。

　　③　梁の昭明太子は、四六駢儷体を用いて『文選』を編纂した。

　　④　法顕は、田園生活への憧れをうたった詩を残した。

問3　下線部cについて、洛陽遷都以外の事例を簡潔に記せ。

1	2	3	4
5	6	7	8

問1ア	イ	問2	問3	

●論述問題へのアプローチ

魏晋南北朝時代の江南開発（埼玉大・改　2002年）　　　　　　　　　入試問題**1**を参照しよう！

　魏晋南北朝時代において、多くの江南への移民を生み出したと考えられる政治的混乱の経緯について、90字以内で論述せよ。論述の際は、次の[指定語]を必ず使用すること。

　[指定語]　**八王の乱**　　　**匈奴の挙兵**　　　**司馬睿**　　　**建康**

●基本事項のチェック

❶ 隋から唐へ

① □① 北周の武人の____は、581年、大興城(長安)を都として隋を建国した。

② □② 隋は、589年に南朝最後の____を滅ぼして中国を統一した。

③ □③ 隋は九品中正を廃止し、学科試験による官吏登用制度の____を始めた。

④ □④ 隋の第2代皇帝____は、江南と華北を結ぶ大運河を開削した。

⑤ □⑤ ④は、3度にわたる____遠征を行ったが失敗した。

⑥ □⑥ 隋を倒して唐を建てた____は、長安に都をおいた。

⑦ □⑦ 唐の第2代皇帝____は、「貞観の治」と呼ばれる善政を行い、東突厥の主力を服属させた。

⑧ □⑧ 第3代皇帝____は百済と高句麗を倒し、唐の領土は最大となった。

⑨ □⑨ 羈縻政策をとった唐は、辺境を統治するための機関として____を設置した。

❷ 唐代の制度と文化

① □① 唐は、律・令・格・____からなる法制である律令制をしいた。

② □② 唐の中央官制で最高機関は____・門下省・尚書省の三省であった。

③ □③ 尚書省には、吏部・戸部・____・兵部・刑部・工部の六部が直属した。

④ □④ 唐は、官僚の不正に対する検察・弾劾などを行う____を設置した。

⑤ □⑤ 唐は、地方に____・県をおき、官僚を派遣して統治した。

⑥ □⑥ 均田制を採用した唐は、穀物・絹布などや力役を課す____を税制とした。

⑦ □⑦ 力役の一つで、地方での40日間の労役を____という。

⑧ □⑧ 上級官職を占める貴族らは広大な____を隷属的な農民に耕作させた。

⑨ 制 □⑨ 唐は、西魏以来の徴兵制度である____制を採用した。

⑩ □⑩ 7世紀にインドから経典をもち帰った玄奘・____は、仏典漢訳に従事した。

⑪ □⑪ 玄奘の旅行記『____』は、明代に流行した小説『西遊記』の題材となった。

⑫ 宗 □⑫ 唐代には仏教が定着し、____宗・禅宗など中国独特の宗派が形成された。

⑬ 学 □⑬ 漢代以来の____学が重視されたことにより、『五経正義』*が編纂された。

⑭ □⑭ 「詩聖」と呼ばれた____は、王維・李白・白居易とともに独創的な詩風で知られるが、安史の乱を機に流浪の生活をおくった。

⑮ □⑮ ____は、柳宗元とともに「唐宋八大家」に数えられ、古文復興を主張した。

⑯ □⑯ ____は玄宗に認められ、山水画に優れた作品を残した。

⑰ □⑰ 書家の____は、安史の乱に際して義勇軍を率いて反乱軍と戦った。

❸ 唐と近隣諸国

① □① トルコ系民族の____は、6世紀に大遊牧国家をつくったが東西に分裂した。

② □② トルコ系民族の____は、①と同様に独自の文字をつくり中国を圧迫したが、キルギスに敗れて滅亡した。

③ □③ 7世紀に____王が建てた吐蕃は、チベット文字やチベット仏教を創出した。

④ 政策 □④ 唐は周辺諸民族の首長に官位を与えて形式上の支配下におき、官僚を派遣して監督させる____政策を用いた。

⑤ 制 □⑤ 唐と結んで百済と高句麗を倒し、朝鮮半島を統一した新羅では、氏族的な身分制である____制が社会の基盤であった。

⑥ □⑥ 旧百済軍を支援する日本軍は、____の戦いで唐・新羅の連合軍に敗れた。

⑦ □⑦ 新羅の首都____には仏国寺が建てられ、高度な仏教文化が繁栄した。

□⑧ 高句麗の滅亡後、大祚栄が上京竜泉府を都として＿＿＿を建てた。 ⑧＿＿＿

□⑨ 日本は、7世紀半ばの＿＿＿を経て律令国家体制を整えていった。 ⑨＿＿＿

□⑩ 聖武天皇の治世を中心とする奈良時代には、＿＿＿文化が栄えた。 ⑩＿＿＿

□⑪ クメール人が建てた＿＿＿、中国で林邑・占城と呼ばれたチャンパー、スマト ⑪＿＿＿
　　ラ島に栄えたシュリーヴィジャヤなどの諸国も唐に朝貢した。

❹ 唐の動揺

□① ＿＿＿は帝位について国号を周とし、科挙官僚を積極的に登用した。 ①＿＿＿

□② 玄宗の治世の前半は「開元の治」*と呼ばれたが、貧富の差が拡大し、府兵制が ②＿＿＿制
　　崩れて傭兵を用いる＿＿＿制が採用され、節度使が辺境に配置された。 ③＿＿＿の乱

□③ 玄宗の時、楊貴妃一族の実権掌握に対し、＿＿＿の乱が起こった。

□④ ③の乱は8年続き、唐は＿＿＿の援軍を受けてこれを鎮圧した。 ④＿＿＿

□⑤ ③の乱後、有力な節度使は地方の行政・財政権をも握り、＿＿＿と呼ばれた。 ⑤＿＿＿

□⑥ 唐は751年、＿＿＿の戦いでアッバース朝に敗れ、西方の領土が縮小した。 ⑥＿＿＿

□⑦ 780年、租調庸制に代わる新税法として＿＿＿が採用された。 ⑦＿＿＿

□⑧ 875年に塩の密売人＿＿＿が起こした反乱は、全土に拡大した。 ⑧＿＿＿

□⑨ 907年、唐は節度使＿＿＿によって滅ぼされた。 ⑨＿＿＿

●読み取り力のチェック　　　　　　　　　　　　　　　　　　　　　　　　　　思

□ 唐の長安城を示す下の見取り図の説明文に関連する①〜⑤に答えよ。 ①

　　　長安は、整然とした都市計画に基づく都城で、日本の（　ア　）や渤海の上京竜 ア：
　泉府など諸国の首都のモデルとなった。長安には外国の朝貢使節・留学生や イ：
　（　イ　）商人など各地の商人が集まり、右街には「（　ウ　）」と呼ばれたネストリ ウ：
　ウス派キリスト教や（　エ　）の寺院が建てられた。とくにササン朝が滅亡した7 エ：
　世紀後半には多くの（　オ　）人が長安に移住し、乗馬して木槌でボールを打つ オ：
　（　カ　）競技が流行した。北部には、玄宗皇帝に官僚として重用された日本人留 カ：
　学生（　キ　）が働いた皇城、南部には玄奘が（　ク　）に励んだ大雁塔も確認でき キ：
　る。 ク：

① （　ア　）〜（　ク　）に適語を入れよ。 ②

② 唐に朝貢使節を派遣したと考えられる地図中A〜Cの国名を記せ。 A：

B：

C：

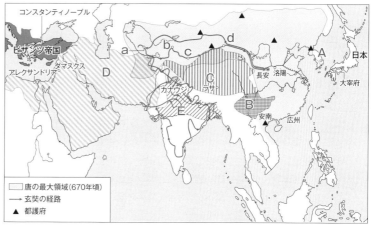

③ _____

④ _____

⑤王朝：_____

旅行記：_____

③（　イ　）商人の拠点都市サマルカンドを19ページの地図中 a～d から選べ。

④ ササン朝の旧領土を支配していたイスラーム王朝Dの名称を記せ。

⑤ 19ページの地図中──→は玄奘の旅行路である。玄奘が訪れた北インドの王朝Eの名称と、玄奘が記録した旅行記の名称を記せ。

●step up 教科書の発問

❶ 隋唐帝国の制度や文化は、隣接諸国にどのような影響を与えたのだろうか。教p.52思

❷ 隋や唐の最大領域が、なぜ西方と南方にのびているのか、交易と関連させて考えてみよう。教p.53思

❸ 玄奘や義浄はなぜインドへの求法の旅に出ることができたのだろうか。教p.53思

●入試問題へのチャレンジ

1 隋唐帝国と周辺諸国　（　　）に適切な用語を記し、問に答えよ。　　　　　（高崎経済大・改　2011年）

　隋・唐時代の中国には、巨大な世界帝国が形成され、周辺国家とあわせて東アジア文化圏を形成した。北魏以降の北朝5王朝の1つである（　1　）から出た隋の文帝は、南朝の（　2　）を倒し、589年に中国を統一した。しかし、隋はa大運河建設の負担や、高句麗遠征の失敗もあり、農民反乱が多発し、618年に崩壊した。

　軍閥の（　3　）は高祖として即位し、唐を建国した。その後の版図拡大のなかで、周辺諸民族を支配するため、各地の有力者に唐の官職を与えて間接統治させる羈縻政策がとられた。領内6カ所に設置された（　4　）は、その監督機関であった。

　690年に高宗の皇后（　5　）が帝位につくと、一時的に科挙官僚が重用された。712年に即位した玄宗は、b唐の基本的な統治制度である土地制度・税制・兵制の立て直しに努めたが、次第に兵制が崩れ、傭兵の指揮官である（　6　）が力をもつようになっていった。晩年の玄宗の寵愛を受けた楊貴妃とその一族が実権を握ると、政治は乱れた。755年、（　6　）の安禄山と部将の史思明が反乱を起こし、鎮圧まで8年を要したため、唐は弱体化した。次第に税制面でも（　7　）制が崩れ、780年には土地・資産に応じて夏・秋年2回課税する（　8　）が導入された。この時に（　9　）の専売も行われたが、その密売人黄巣が起こした乱は、瞬く間に全国に広がった。907年、唐は（　6　）の朱全忠によって滅ぼされた。

　東南アジアでは、2世紀にインドシナ半島東南部のチャム人が建てた（　10　）王国が存続しており、7世紀に扶南にかわった（　11　）王国とともにc唐に朝貢した。またスマトラ島では、7世紀にパレンバンを中心に海上交易で繁栄した（　12　）王国が同じく唐に朝貢した。そこには、海路インドに往復し『南海寄帰内法伝』を著した義浄も立ち寄っている。

問1　下線部aを示す右の地図中ア～エの都市名を①～④から選べ。

　①　杭州（余杭）　　　②　揚州（江都）

　③　大興城（長安）　④　北京（涿郡）

問2　下線部bについて述べた次の文ア・イの正誤を判定せよ。

　ア　農民が徴兵され、一定期間従軍する募兵制が行われた。

　イ　成年男性に土地を均等に支給する均田制が行われた。

問3　下線部cに関連して、唐の周辺諸国・諸民族について述べた文①～⑤から正しいものを2つ選べ。

　①　チベットでは、7世紀にソンツェン＝ガンポが、南詔を建国した。

　②　雲南では、唐とチベットの争いに乗じて、吐蕃が勢力を拡大した。

　③　新羅は、唐と結んで百済・高句麗を倒し、朝鮮半島を統一した。

　④　ウイグルは、安史の乱に際して、唐に援軍を送った。

　⑤　渤海では、仏教が保護され、仏国寺が造営された。

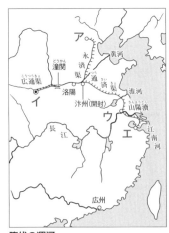

隋代の運河

1	2	3	4
5	6	7	8
9	10	11	12
問1ア　イ　ウ　エ		問2ア　イ	問3

2 唐代の文化　（　）に適切な用語を記し、**問**に答えよ。

（福井大・改　2010年）

　唐文化の特徴は、魏晋南北朝以来の洗練された貴族文化と、a外国商人や留学生の流入のなかで形成されたゆたかな国際性にあった。文学では（　1　）の試験科目となった詩が重んじられ、玄宗の頃に王維・b李白・杜甫が詩人として名をなし、やや遅れて（　2　）があらわれ『長恨歌』をうたった。c韓愈・柳宗元らの名文家もあらわれ、日本の文学にも大きな影響をあたえた。書では、唐初に欧陽詢らが達筆を競い、中期には（　3　）が出て個性的な書風をつくった。絵画も盛んになり、唐初の閻立本のほか、中期には呉道玄が出て（　4　）画にすぐれた作品をのこした。

　一方、仏教では、唐の（　5　）や義浄はインドに留学してナーランダー僧院に学び、多くの経典をもち帰って漢訳し、d中国の仏教に新しい生命を吹きこんだ。また、天文学・暦法や医術とともに、マニ教・（　6　）派キリスト教等が伝わり、揚州・（　7　）など華中・華南の諸港市では、イスラーム教の礼拝所も建てられた。

問1　下線部aについて述べた次の文**ア・イ**の正誤を判定せよ。

　　ア　ムスリム商人が海上交易で来航し、ソグド商人が長安に居住した。

　　イ　日本の留学生であった阿倍仲麻呂は、才能をみこまれて官僚として活躍した。

問2　下線部bはともに8世紀中頃に起こった反乱に苦しんだ。この反乱を起こした節度使の名を記せ。

問3　下線部cが主張したことを、簡潔に記せ。

問4　下線部dについて、唐代に形成された中国独特の特色ある宗派を2つ記せ。

1	2	3	4
5	6	7	問1ア　イ
問2	問3	問4	

●論述問題へのアプローチ

■ 唐の統治体制の変化 （新潟大・改　2011年）　　　　土地制・兵制・税制についての変化を考えよう！

　8世紀における唐の兵制・税制の変化について90字以内で説明せよ。論述の際は、次の［指定語］を必ず使用すること。

　［指定語］　**傭兵　　両税法**

❶ 古代インドの統一国家

① □① [　　] は、八正道の実践による解脱を説く仏教を創始した。

② □② [　　] は、不殺生と苦行による魂の解放を説くジャイナ教を始めた。

③ □③ 前4世紀後半のアレクサンドロス大王軍の侵攻後、[　　] はパータリプトラに都をおいてマウリヤ朝を建てた。

④ □④ マウリヤ朝のアショーカ王は、統治理念として普遍的倫理の「[　　]」を掲げ、それを磨崖碑や石柱に刻ませた。

⑤ 　　　　島 □⑤ アショーカ王が仏教を布教した [　　] 島は、上座部仏教の拠点となった。

⑥ 　　　　朝 □⑥ 前1世紀、デカン高原に [　　] 朝がおこり、インド洋の海上交易で繁栄した。

❷ クシャーナ朝とグプタ朝

① □① 1世紀に成立したクシャーナ朝は、西北インドの [　　] に都をおいた。

② □② クシャーナ朝時代に確立した大乗仏教は、諸仏・諸 [　　] を信仰することによる衆生の救済をめざした。

③ □③ クシャーナ朝のもとでは、ギリシア風の仏教美術である [　　] が発展した。

④ □④ 4世紀に成立したグプタ朝は、第3代 [　　] の時に最盛期となった。

⑤ □⑤ グプタ朝時代はサンスクリット語で書かれた叙事詩『マハーバーラタ』『[　　]』が現在の形式になり、宮廷詩人カーリダーサ＊は『シャクンタラー』＊を著した。

⑥ □⑥ グプタ朝では仏像や [　　] 石窟寺院の壁画など、高度な作品が制作された。

⑦ □⑦ グプタ朝ではゼロを用いた計算法が考案され、生活指導書『[　　]』などを通してヒンドゥー教が人々に影響をおよぼすようになった。

⑧ 　　　　神 □⑧ ヒンドゥー教の神々では、世界を創造し維持する [　　] 神と、破壊と創造をつかさどり「舞踊の王」とも呼ばれるシヴァ神への信仰が厚い。

⑨ □⑨ グプタ朝時代には、[　　] 僧院が創建されて仏教教学の中心となり、中国の東晋の僧法顕が仏典を求めてインドを訪れた。

❸ 南アジア伝統社会の形成

① 　　　　教 □① 4世紀以降の南アジアでは [　　] 教とカースト制度に基づく社会が形成された。

② 　　　　朝 □② 北インドでは、7世紀前半に [　　] 朝のハルシャ＝ヴァルダナが勢力を広げた。

③ □③ 唐の僧 [　　] はヴァルダナ朝のインドを訪れ、ナーランダー僧院で学んだ。

④ 　　　　朝 □④ 9世紀の南インドでは、ドラヴィダ系の [　　] 朝がインド洋交易で繁栄した。

⑤ □⑤ 農村部では世襲の職業と結合した集団である [　　] が形成され、ヴァルナ(種姓)秩序と結びついてカースト制度が形づくられていった。

❹ 東南アジアの諸国

① □① 11世紀のベトナム北部では、李朝が自立し、国号を [　　] と定めた。

② 　　　　朝 □② 13世紀の [　　] 朝は元朝の侵入を撃退し、国字チュノム(字喃)を考案した。

③ □③ カンボジアの真臘では、9世紀に [　　] 朝が成立すると国力を増大させ、12世紀にはヒンドゥー教の影響下で [　　] ＝ワットが建設された。

④ 　　　　朝 □④ 11世紀のビルマ(ミャンマー)では [　　] 朝が成立し、上座部仏教が信仰された。

⑤ 　　　　朝 □⑤ 13世紀にタイ人が建てた [　　] 朝では上座部仏教が重んじられた。

⑥ 　　　　島 □⑥ 7世紀、[　　] 島に成立したシュリーヴィジャヤでは、大乗仏教が栄えた。

⑦ 　　　　朝 □⑦ 8〜9世紀のジャワ島に栄えた [　　] 朝でも大乗仏教が重んじられ、ボロブドゥールの寺院が建設された。

❶ マウリヤ朝はなぜ南アジアではじめて広大な王国を形成できたのだろう。教p.58思

●入試問題へのチャレンジ

1 古代インド　（　）に適切な用語を記し、**問**に答えよ。　　　　　　　　　　　　（西南学院大・改 2015年）

　アレクサンドロス大王の西北インド進出に伴う混乱を経て、紀元前317年頃にはインド最初の統一王朝である（　１　）朝が成立した。創始者チャンドラグプタ王は、マガダ国のナンダ朝を倒して、首都をガンジス川流域の（　２　）においた。最盛期を築いた第３代アショーカ王は、武力による征服活動を放棄し、仏教に帰依してダルマ（法）による統治と平穏な社会をめざしたが、王の没後、王朝は次第に衰えた。その後、紀元後１世紀になるとバクトリア地方からインダス川流域に入ったイラン系（　３　）人が王朝を開いた。その最盛期を築いた（　４　）王は、大乗仏教の保護者として知られ、その治世にはヘレニズム文化の影響を受けた独自の美術が発達した。

　インド中部から南部のデカン地方では、前１世紀頃から後３世紀にかけて、ドラヴィダ系の（　５　）朝が強大な軍事力で勢力を拡大した。この地域では仏教やジャイナ教の信仰が盛んで、２〜３世紀頃には大乗仏教の教義を確立したといわれるナーガールジュナが活躍した。

　インド南部の肥沃な農業地帯には、前３世紀からチョーラ朝やパーンディヤ朝があった。a 海上交通路の要衝に栄えたこれらの王朝は、（　５　）朝とともに、ローマや b 東南アジア、また中国とも貿易を行った。

　（　３　）朝の衰退に伴って分裂状態になった西北・北インド一帯では、４世紀に入るとグプタ朝がおこり、分権的な統治体制で南部を除くインド全域を支配する大王国が誕生した。この時代には、民間の信仰や習慣を吸収して徐々に成立していた c ヒンドゥー教が社会に定着するとともに、（　６　）語の二大叙事詩『（　７　）』『ラーマーヤナ』が成立した。６世紀半ばに異民族の侵入や地方勢力の台頭などによってグプタ朝が滅亡すると北インドでは小王国が割拠した。７世紀初め、（　８　）がこれを統合してヴァルダナ朝を開いた。

問１　下線部aに関連して、紅海・インド洋交易で利用された季節風を「ヒッパロスの風」と記録した１世紀の地理書の名称を記せ。

問２　下線部bの宗教遺跡について述べた次の文ア・イの正誤を判定せよ。

　ア　真臘のアンコール朝は、アンコール＝ワットを建設した。

　イ　スマトラ島のシャイレンドラ朝は、ボロブドゥールの寺院を建立した。

問３　下線部cにおいて舞踊の神としても知られる破壊の神（右写真）を何というか。

1	2	3	4
5	6	7	8
問1	問2ア	イ	問3

●論述問題へのアプローチ

■ 古代インドの仏教芸術　　　　　　　　　　クシャーナ朝が拠点をおいた地域から想起しよう！

　クシャーナ朝でガンダーラ美術が発達した理由を、100字以内で説明せよ。論述の際は、次の［指定語］を必ず使用すること。

　［指定語］　**大乗仏教　　ギリシア人**

●基本事項のチェック　　　　　　　　　　　　　　　　　　　　　　　　　　　　知

❶ 古代西アジアの統一

① 　　　　政策	□① オリエントを統合した<u>アッシリア王国(帝国)</u>は、前7世紀前半、□□□□政策や重税により服属民の反乱を招き、短期間で崩壊した。
②	□② アッシリアの旧領土には、<u>リ(ュ)ディア</u>・<u>新バビロニア</u>・<u>メディア</u>・□□□□の4国が並立した。
③ 　　　　王	□③ アッシリアの□□□□王は、首都<u>ニネヴェ</u>に文書館を建設した。
④ 　　　半島	□④ □□□□半島西部のリディアでは、世界ではじめて<u>鋳造貨幣</u>がつくられた。
⑤ 　　　　人	□⑤ 前6世紀中頃、メディアから自立した□□□□人が創設した<u>アカイメネス(アケメネス)朝</u>は、キュロス2世の時にメディア・リディアを征服した。
⑥ 　　　　川	□⑥ アカイメネス朝第3代の<u>ダレイオス1世</u>は、□□□□川から小アジア(④)にいたる大領土を支配し、新都<u>ペルセポリス</u>を建設した。
⑦	□⑦ ダレイオス1世は、帝国各地の行政区に□□□□と呼ばれる総督(知事)を配置し、都から「<u>王の目</u>」「<u>王の耳</u>」と呼ばれる王直属の監督官(監察官)を派遣した。
⑧	□⑧ アカイメネス朝では駅伝制が整備され、都の一つである□□□□と小アジアのサルデスなど地方都市を結ぶ幹線道路の「<u>王の道</u>」が建設された。
⑨ 　　　　人	□⑨ 服属民族に寛大な政策をとったアカイメネス朝は、<u>アラム人</u>や□□□□人の活動を保護したため、交易が盛んになった。
⑩	□⑩ アカイメネス朝では、光明神の善神□□□□と暗黒神の悪神<u>アーリマン(アンラ=マンユ)</u>の闘争を説くゾロアスター教が保護された。
⑪ 　　　　教	□⑪ ゾロアスター教が説く二元論の、<u>最後の審判</u>や天国などの観念は□□□□教・キリスト教・イスラーム教に影響を与えた。
⑫	□⑫ アカイメネス朝は、前5世紀前半、ギリシア諸ポリスとの戦争に敗れ、前330年に□□□□の遠征軍によって滅亡した。

❷ 西アジアの諸王朝

① 　　　　朝	□① <u>アレクサンドロス</u>の帝国の分裂後、西アジアを支配した□□□□朝では、ギリシア人が<u>バクトリア王国</u>を、イラン系遊牧民が<u>パルティア王国</u>を建て自立した。
②	□② <u>アルサケス朝</u>のパルティアは、ティグリス河畔の□□□□に拠点をおいた。
③	□③ パルティアは、<u>シルク=ロード</u>による東西交易をおさえて繁栄し、中国の歴史書に「□□□□」と記された。
④	□④ 3世紀、イラン高原南部のペルシア人は、□□□□に率いられてパルティアを滅ぼし、<u>サササン朝</u>を建てた。
⑤	□⑤ サササン朝の第2代皇帝□□□□は、ローマ皇帝<u>ウァレリアヌス</u>を捕虜にし、クシャーナ朝に侵攻してインダス川西岸まで支配を広げた。
⑥	□⑥ 6世紀のサササン朝の皇帝□□□□は、トルコ系の<u>突厥</u>と結んで遊牧民<u>エフタル</u>を滅ぼし、東ローマ(ビザンツ)帝国のユスティニアヌスとも抗争した。
⑦	□⑦ サササン朝では、国教とされた<u>ゾロアスター教</u>の聖典『□□□□』が編纂された。
⑧ 　　　　教	□⑧ サササン朝は他民族の宗教に寛容で、3世紀に<u>ゾロアスター教</u>・<u>仏教</u>・<u>キリスト教</u>を融合した□□□□教が成立した。
⑨ 　　　　器	□⑨ サササン朝では美術・工芸が独自に発展し、□□□□器・銀器・陶器・毛織物などが東西に運ばれ、中国を経て<u>飛鳥・奈良時代</u>の日本にも伝来した。
⑩ 　の戦い	□⑩ サササン朝は、642年の□□□□の戦いでイスラーム勢力に敗れ、その後滅んだ。

●step up 教科書の発問

❶ アッシリア帝国、アカイメネス朝、パルティア、ササン朝の領域・政体・文化を比較し、共通点と相違点を整理してみよう。教p.64 知 思

●入試問題へのチャレンジ

1 世界帝国ペルシア 　（　　）に適切な用語を記し、**問**に答えよ。　　　　　　（明治大学・改　2009年）

　アッシリア帝国のあとオリエントを統一したのは、イラン高原南西部にいたペルシア人が建国した（　1　）朝であった。ダレイオス1世の時代には、西は（　2　）海北岸から東は（　3　）川、南はエジプトまでを含む大帝国をうちたてた。帝国の行政の中心地は、かつてアッシリアに破壊され、ダレイオス1世によって再建された（　4　）であったが、彼の治世に新都（　5　）の建設が始められた。ダレイオス1世は、a中央集権的支配体制をつくる一方、フェニキア人や（　6　）人の貿易を保護するなどして財政基盤を固めていった。またb支配下の諸民族には貢納を課したが、それぞれの法や宗教には干渉せず、自治を認めるなど寛容な政策をとった。

問1　下線部aについて述べた次の文ア・イの正誤を判定せよ。
　　　ア　首都からアラビア半島のサルデスにいたる「王の道」が建設された。
　　　イ　各州に「王の目」「王の耳」と呼ばれる総督を配置した。
問2　下線部bに関連して、ペルシア帝国が保護したゾロアスター教の最高神（善神）の名を記せ。

1	2	3		4
5	6	問1ア	イ	問2

2 パルティアとササン朝ペルシア 　（　　）に適切な用語を記し、**問**に答えよ。　　（同志社大・改　2010年）

　遊牧イラン人の族長アルサケスはカスピ海東南部にaパルティア王国を建て、前2世紀半ばにメソポタミアを併合後、（　1　）を都に定め、東西貿易を独占した。パルティアを倒して建国したのはササン朝である。その建国の祖アルダシール1世は（　1　）に首都をおき、ゾロアスター教を国教に定め国の統一をはかった。ササン朝は中央アジアの遊牧民（　2　）の侵入を受けたが、ホスロー1世の時代になるとトルコ系遊牧民の突厥と結んで（　2　）を滅ぼし、一方ビザンツ帝国との戦いも有利に進めた。しかし、その後しだいに衰え、7世紀半ばにアラブ人によって征服された。ササン朝の時代にゾロアスター教の教典『（　3　）』が編纂された。

問1　下線部aについて述べた次の文ア・イの正誤を判定せよ。
　　　ア　中国の歴史書に「安息」と記されている。　　イ　ローマ皇帝ウァレリアヌスを捕虜とした。

1	2	3	問1ア	イ

●論述問題へのアプローチ

■ 世界帝国の多民族支配　　　　　　　　　　　　　　　　　☞入試問題**1**を参照しよう！

　世界帝国は多くの民族を包含するため、その統治はきわめて重要な意味をもった。オリエントを統一したペルシア帝国（アカイメネス朝）の多民族支配の特色を、アッシリア帝国のそれと比較しながら、90字以内で論述せよ。論述の際は、次の［指定語］を必ず使用すること。

［指定語］　強制移住　　フェニキア人

古代ギリシア・ヘレニズム時代

●基本事項のチェック　　　　　　　　　　　　　　　　　　　　　　　知

❶ ポリスの成立と発展

①

□① 前8世紀頃、ギリシア人の集住で成立したポリスでは、□□□と呼ばれる丘に守護神をまつる神殿が建てられ、広場のアゴラでは、集会や市場が開かれた。

②

□② 自らを「ヘレネス」と呼んだギリシア人は、他民族を「□□□」と呼んだ。

③　　　　　神

□③ ギリシア人は、聖域のデルフォイで行われる□□□神の神託や、主神ゼウスをまつるオリ(ュ)ンピアの祭典などにより、同胞意識をもっていた。

④

□④ ギリシア人は、□□□(現ナポリ)・マッサリア(現マルセイユ)・ビ(ュ)ザンティオン(現イスタンブル)などの植民市を建設した。

⑤

□⑤ 前7世紀頃からギリシアでは、平民が武器を自弁して□□□となり、密集隊形(ファランクス)で戦った。

⑥

□⑥ イオニア人のポリスであるアテネでは、前6世紀初めに貴族と平民の対立を調停した政治家□□□が財産政治を始めた。

⑦

□⑦ 前6世紀半ば、□□□は僭主となってアテネの実権を握った。

⑧

□⑧ 前6世紀末頃、政治家の□□□はデーモス(区)に基づく10部族制を定め、僭主の出現を防止するために、陶片追放(オストラキスモス)の制度をつくった。

❷ ペルシア戦争とアテネ民主政の完成

①

□① 前499年、小アジアを支配するアカイメネス(アケメネス)朝に対し、小アジア西部のイオニア地方にある都市□□□を中心とするギリシア人の反乱が起こった。

②　　　　　の戦い

□② ①の反乱をきっかけに起こったペルシア戦争では、前490年、ペルシア王ダレイオス1世が派遣した大軍を、ギリシア軍が□□□の戦いで撃退した。

③　　　　　の海戦

□③ 前480年、アテネの軍人テミストクレスが率いるギリシアの連合艦隊は、ペルシア艦隊を□□□の海戦で撃破した。

④

□④ ペルシア戦争後、アテネを盟主とする□□□が結成された。

⑤

□⑤ ペルシア戦争後、アテネでは政治家ペリクレスの指導で直接民主政が行われ、成年男性市民全員で構成される□□□が最高議決機関とされた。

⑥

□⑥ アテネ民主政では、行政担当者や民衆裁判所の陪審員は□□□で決められた。

⑦

□⑦ 前451年の法律で、両親ともにアテネ人である18歳以上の男性のみに□□□が与えられることが定められた。

❸ ペロポネソス戦争とポリス世界の変質

①　　　　　神殿

□① ペリクレス時代のアテネでは、□□□神殿が建立された。

②

□② ドーリア人のポリスであるスパルタを中心に結成された□□□同盟は、のちにデロス同盟と対立し、□□□戦争となった。

③

□③ スパルタでは、少数のスパルタ人が□□□と呼ばれる隷属農民を支配し、商工業などに従事した半自由民はペリオイコイと呼ばれた。

④

□④ スパルタでは、伝説的人物の□□□が軍国主義体制を確立したとされる。

⑤

□⑤ ②戦争中、衆愚政治＊に陥ったアテネでは□□□が政治を操った。

⑥

□⑥ アテネとの戦争に勝利したスパルタの覇権は安定せず、前371年、スパルタは急速に台頭した□□□にレウクトラの戦いで敗れた。

⑦

□⑦ ポリス間抗争が続いたギリシアでは市民皆兵の原則が崩れ、金銭で雇われた兵士である□□□が軍隊の主力となった。

❹ アレクサンドロス大王の東方遠征とヘレニズム時代

□① マケドニア王国の王フリッポス2世は、前338年、□□□□の戦いでアテネ・テーベ(テーバイ)の連合軍を破り、ギリシアを支配することとなった。

□② フィリッポス2世は、ギリシアのポリスを集めて□□□□同盟を結成した。

□③ 東方遠征の途上、アレクサンドロス(大王)は前333年、□□□□の戦いでアカイメネス朝のダレイオス3世が率いるペルシア軍を破った。

□④ アカイメネス朝の滅亡後もアレクサンドロスは遠征を続け、□□□□川を越えて西北インドにいたった。

□⑤ 大王の没後、ディアドコイ(後継者)と呼ばれた部下の将軍たちが争い、西アジアはセレウコス朝、エジプトは□□□□朝が支配した。

□⑥ ⑤エジプトの首都□□□□は、ヘレニズム時代の経済・文化の中心地となった。

①	の戦い
②	同盟
③	の戦い
④	川
⑤	朝
⑥	

❺ ギリシア文化とヘレニズム文化

□表中の①〜⑮に該当する人物を下の[語群]から選べ。

	ギリシア文化	ヘレニズム文化
文学	●叙事詩 ホメロス…『イリアス』『オデュッセイア』(トロイア戦争が題材) 　[①]…『神統記』『労働と日々』　　　[②]…女性叙情詩人 ●アテネの三大悲劇詩人…[③]・ソフォクレス・エウリピデス ●喜劇作家　[④]…『女の平和』(ペロポネソス戦争を批判)	
思想・哲学	●イオニア自然哲学 　[⑤]…万物の根源は水 ●ソフィストの活躍　　[⑥]…「万物の尺度は人間である」 ●アテネ哲学 　[⑦]…絶対的真理の存在を主張。ペロポネソス戦争に従軍 プラトン…[⑦]の弟子。『国家』でイデア論を唱える。 　[⑧]…諸学を集大成。アレクサンドロス大王の教育係	●世界市民主義(コスモポリタニズム) ●個人の内面の幸福追求 エピクロス派 　…精神的な快楽を追求 ストア派　開祖：[⑪] 　…禁欲を重視
自然科学	ヒッポクラテス…「医学の父」	アレクサンドリアの王立研究所(ムセイオン)での研究 　[⑫]…平面幾何学を大成　　　[⑬]…太陽中心説を主張 　[⑭]…浮体の原理　　　[⑮]…地球の周囲の長さを測定
歴史	[⑨]…「歴史の父」。『歴史』(ペルシア戦争を主題) [⑩]…科学的な歴史記述。『歴史』(ペロポネソス戦争を主題)	
芸術	ドーリア式建築…アテネのパルテノン神殿	彫刻…「ラオコーン」「ミロのヴィーナス」

[語群]

a. アリストテレス　　b. エラトステネス　　c. アリスタルコス

d. ヘシオドス　　e. アルキメデス　　f. エウクレイデス(ユークリッド)

g. アイスキュロス　　h. アリストファネス　　i. ヘロドトス

j. プロタゴラス　　k. サッフォー　　l. ゼノン

m. タレス(タレース)　　n. ソクラテス　　o. トゥキ(ュ)ディデス

①	⑨
②	⑩
③	⑪
④	⑫
⑤	⑬
⑥	⑭
⑦	⑮
⑧	

●step up 教科書の発問

❶ 古代ギリシア世界において、従軍することはどのような意味をもっていたと考えられるだろうか。教p.68思

●入試問題へのチャレンジ

1 ポリス社会の盛衰 （　）に適切な用語を記し、**問**に答えよ。 (青山学院大・改 2012年)

　前8世紀に入ると、ギリシアにはポリスという都市国家が出現する。1000以上存在したポリスのなかでも強大な勢力を誇ったのが、アテネとスパルタであった。ペロポネソス半島南部の先住民を征服して建てられた a スパルタでは、少数の市民が多数の被征服民を支配せねばならず、つねに戦時下のような軍国主義的社会体制がとられた。アッティカ地方に建設されたアテネでは、前8世紀中葉以後、貴族がポリスを統治したが、貴族と平民との対立が深まり、前6世紀初頭に（　1　）が改革を断行し、血統ではなく財産に応じて市民の参政権と兵役義務を定めた。しかし、前6世紀の中葉には、平民の不満を利用して非合法に政権を握った僭主（　2　）が独裁政治を確立した。彼は中小農民を保護し、国富充実に努めたが、その子は暴君化して追放された。そして前6世紀末、（　3　）が b 大改革を行い、民主政の基礎を確立した。

　c ペルシア戦争勝利後、ペルシアの再攻に備えて結成されたデロス同盟の盟主となったアテネは、エーゲ海全域への支配権を強める一方、国内では、ペルシア戦争で船の漕ぎ手として活躍した無産市民も発言権を強め、前5世紀中葉、将軍（　4　）の指導のもとで民主政が完成された。

　スパルタの勢力が増大するとアテネとの対立が深まり、前431年に d ペロポネソス戦争が起こった。アテネは（　4　）の死後、衆愚政治に陥り、スパルタに敗北した。その後、テーベが一時覇権を握ったが長くは続かず、ペルシアに操られて諸ポリスは抗争を繰り返した。中小農民は没落し、市民軍にかわって傭兵が流行し、市民による自衛の原則は失われ、ポリス社会は変質していった。そして前4世紀の後半、マケドニア王国が勢力を拡大し、テーベとアテネの連合軍を破って全ギリシアを制圧することになる。

問1 下線部 a について述べた次の**ア・イ**の正誤を判定せよ。
　ア スパルタは、被征服民をヘイロータイと呼ばれる隷属農民として支配した。
　イ スパルタの軍国主義体制は、伝説上の確立者の名前からリュクルゴスの国制と呼ばれる。
問2 下線部 b の内容として正しいものをすべて選べ。
　① 陶片追放の導入　② 慣習法の成文化　③ 地縁に基づく部族制の廃止　④ 五百人評議会の創設
問3 下線部 c について述べた次の**ア・イ**の正誤を判定せよ。
　ア 前490年、アテネ中心のギリシア軍はペルシア軍をテルモピュライの戦いで破った。
　イ 前480年、ギリシア海軍はペルシア海軍をサラミスの海戦で破った。
問4 下線部 d の戦争について記述した歴史家の名を記せ。

1	2	3	4
問1ア　　イ	問2	問3ア　　イ	問4

2 ヘレニズム時代 （　）に適切な用語を記し、**問**に答えよ。 (中京大・改 2006年)

　ポリスをつくらなかったギリシア人の一派である北方のマケドニアは（　1　）のもとで軍事力を強め、前338年、カイロネイアの戦いでテーベ・アテネ連合軍を破った。（　1　）の後継者アレクサンドロスはこれまでギリシア諸国の争いに干渉してきたペルシアを討つため、マケドニア・ギリシア連合軍を率いて前334年に遠征へ出発し、a アカイメネス朝を滅ぼし、さらに軍を進めてインド北西部にまでいたり、大帝国を築いた。

　しかし、前323年に大王が熱病のためバビロンで急死すると、ディアドコイ（後継者）間に激しい抗争が起こり、前301年のイプソスの戦いを経て、アンティゴノス朝、（　2　）朝、プトレマイオス朝の3王国が成立した。3王朝のうち最も長く存続したプトレマイオス朝の都（　3　）は、大王が遠征先に築いた70にもおよぶ都市の一つであったが、経済・文化そして東西文化交流の中心として国際的にも重きをなした。そこに創設された学術研究

機関（　4　）は自然科学の発達に大きく貢献した。この時期にはb エウクレイデス、アルキメデス、地球の大きさを測定した地理学者（　5　）、（　6　）説を唱えた天文学者アリスタルコスらが活躍した。

ポリス社会の崩壊に伴って生まれた新しい文化潮流は、より普遍的な立場にたって判断する（　7　）主義と、個人の幸福に重きをおくことに表れた。キプロス出身のゼノンに始まる（　8　）派の哲学では、禁欲による幸福の追求、情念をこえて自らの理性により生きることが説かれ、エピクロス派は政治から離れた心の平静こそ最高の快楽と教えた。また、（　9　）と呼ばれる変形ギリシア語がヘレニズム世界の共通語として普及し、キリスト教の『（　10　）』もこの共通語で書かれて急速に地中海世界に広まった。

問1　下線部aに関連して述べた次のア・イの正誤を判定せよ。
　　ア　ダレイオス1世が率いるペルシア軍は、イッソスの戦いで敗れた。
　　イ　アレクサンドロス大王の軍は、ガンジス川を渡ったが、部下の反対で引き返した。

問2　下線部bについて、(ア)エウクレイデスと(イ)アルキメデスの業績の組合せとして正しいものを選べ。
　　①　ア－天動説　イ－浮体の原理　　　②　ア－平面幾何学の確立　イ－浮体の原理
　　③　ア－天動説　イ－万有引力の法則　④　ア－平面幾何学の確立　イ－万有引力の法則

1	2	3		4	
5	6	7		8	
9	10	問1ア	イ	問2	

●資料問題へのアプローチ

■ペリクレスの演説　　次の資料は、戦時下のアテネでペリクレスが行った演説の一部である。

> われわれが従う政体は、a 他国の制度に追随するものではなく、他人をまねるよりむしろわれら自身が人の模範なのである。それは、少数者ではなく多数者の利益のために統治するがゆえに、民主政治という名で呼びならわされている。法律の面においては、私的な利害が対立する場合、誰でも平等の利益にあずかる。だが人の評価ということになると、b 各人が何かにすぐれているとみなされれば、皆と平等な扱いでなく、国事のためどれだけ貢献できるかによって尊重される。

問1　(1)アテネが当時戦っていた戦争は何か。(2)下線部aは具体的に何を示すか。簡潔に記せ。
問2　下線部bに関して、ペリクレスが、抽選ではなく民会の選挙によって選ばれた職は何か。

問1(1)	(2)	問2

●論述問題へのアプローチ

■アテネの繁栄と衰退　　　　　　　　　　　　アテネによるデロス同盟の私物化に言及しよう！
前5世紀後半のアテネは、政治・経済的に繁栄を極めたが、同時に他のポリスとの確執が明らかとなり、衰退を始めていた。この理由を100字以内で論述せよ。論述の際は、次の[指定語]を必ず使用すること。
　[指定語]　デロス同盟　　アテネ市民権

●基本事項のチェック

❶ 都市国家ローマの発展

① 人
□① 古代イタリア人の一派ラテン人が、テヴェレ(ティベル)川の河畔に建てたローマは、前6世紀末まで先住民族の　　　人の王に支配された。

②
□② 共和政ローマでは、貴族(パトリキ)が最高公職の　　　などの要職を独占した。

③
□③ 貴族の集まりである　　　は、共和政の実質上の最高決定機関であった。

④
□④ 重装歩兵の主力となった中小農民を中心とする平民は　　　と呼ばれた。

⑤
□⑤ 前5世紀前半、平民会とともに平民の利害を守る役職の　　　が設置された。

⑥ 法
□⑥ 前5世紀半ば、ローマの諸法が成文化され、　　　法として公開された。

⑦ 法
□⑦ 前367年の　　　法では、2名の②の1名を平民から選出すること、貴族の公有地占有の制限が定められた。

⑧ 法
□⑧ 前287年の　　　法では、平民会の決議が国法として認められるようになった。

⑨
□⑨ 有力平民と貴族が合体して形成された新貴族層は、　　　と呼ばれた。

❷ ローマの地中海進出と帝国形成

①
□① 前272年、ローマはギリシア植民市　　　を攻略してイタリア半島を統一した。

②
□② 前3世紀中頃、ローマはフェニキア人植民市　　　とポエニ戦争を起こした。

③ 島
□③ 第1次ポエニ戦争で勝利したローマは　　　島を獲得し、属州として統治した。

④
□④ 第2次ポエニ戦争で、②の将軍　　　は、アルプスを越えてイタリアに侵入し、カンネーの戦いなどでローマに勝利した。

⑤ の戦い
□⑤ スキピオ率いるローマ軍は②本国を攻め、④を　　　の戦いで破った。

❸ 共和政国家の変質と内乱

①
□① 征服地を独占的に使用する貴族は、奴隷を使役して大農場経営を行い、イタリア各地に　　　と呼ばれる大所領を形成した。

②
□② 　　　は、貴族の土地を再分配し農民層再興を試みたが失敗した。

③
□③ 前1世紀、剣奴(剣闘士)*の　　　が率いる奴隷の反乱が発生した。

④ 派
□④ 民会を拠点とする平民派は、元老院を基盤とする　　　派と抗争した。

⑤
□⑤ ④の指導者　　　は、私兵を率いて平民派のマリウスと抗争した。

⑥
□⑥ 平民派のカエサルは、④の　　　、③の乱鎮圧に活躍したクラッススとともに第1回三頭政治を行った。

⑦
□⑦ カエサルは、現在のフランスにあたる　　　地方に遠征してここを属州とした。

⑧
□⑧ オクタウィアヌスは、　　　・レピドゥスと第2回三頭政治を組織した。

⑨ の海戦
□⑨ 前31年、オクタウィアヌスは、⑧とクレオパトラを　　　の海戦で破った。

❹ ローマ皇帝政治の誕生と帝国の繁栄

①
□① 前27年、オクタウィアヌスは　　　(「尊厳なる者」)の称号を与えられた。

②
□② オクタウィアヌスは、元老院の「第一人者」(プリンケプス)として共和政を維持しつつも国政上の権限をほぼ握り、この新しい政治形態は　　　と呼ばれた。

③
□③ ②開始以降の約200年間にわたるローマの安定期を　　　と呼ぶ。

④ 帝
□④ 31ページ地図中の　　　は、五賢帝の一人である　　　帝時代(2世紀初め)におけるローマ帝国の最大領土を示している。

⑤ア： 川
イ： 川
□⑤ 31ページ地図中の　ア　川と　イ　川は、ローマ帝国の防衛線であった。

⑥a：
b：
□⑥ 31ページ地図中のaロンディニウムは現在の　　　、bルテティアは現在の　　　で、両者はともにローマの植民都市であった。

□⑦ ローマ帝国各地には戦勝を記念する□□□が建てられた。　⑦_____

□⑧ ローマ市内に残る□□□と呼ばれる<u>円形闘技場</u>では剣闘士の試合が行われた。　⑧_____

❺ アルプスの北の世界

□① 前8世紀頃、中央ヨーロッパに鉄製武器で武装した戦士集団としてあらわれた□□□人は、カエサルの遠征などにより征服された。　①_____ 人

□② 歴史家<u>タキトゥス</u>が著した『□□□』は、ゲルマン人の生活を記録している。　②_____

❻ ローマの文化

□① ローマから南方に、ブルンディシウムまでのびる道路を□□□という。　①_____

□② ローマ帝国各地の都市に水を安定供給させるため□□□が建設された。　②_____

□③ 6世紀の東ローマ皇帝<u>ユスティニアヌス（1世、大帝）</u>は、ローマ法の集大成である『□□□』を学者たちに編纂させた。　③_____

□④ 雄弁家であった文人政治家□□□は、<u>カエサル</u>の政敵として知られる。　④_____

□⑤ <u>ラテン文学の黄金時代</u>、□□□はローマ建国叙事詩『<u>アエネイス</u>』を著した。　⑤_____

□⑥ 歴史家□□□は、『<u>ローマ建国以来の歴史（ローマ史）</u>』を著した。　⑥_____

□⑦ 五賢帝最後の□□□は、<u>ストア派</u>の立場から『<u>自省録</u>』を著した。　⑦_____

□⑧ ギリシア人の歴史家□□□は、『<u>対比列伝</u>』を著した。　⑧_____

□⑨ ギリシア人の地理学者□□□は、『<u>地理書（地理誌）</u>』を著した。　⑨_____

❼ キリスト教の誕生と拡大

□① イエスの処刑後、その教えを広めた<u>使徒</u>のなかで伝道者として活躍した□□□は、のちに<u>ペテロ</u>とともにネロ帝の迫害で殉教した。　①_____

□② キリストとは、ギリシア語で□□□を意味する。　②_____

□③ 1世紀末頃から編纂された<u>福音書</u>＊や使徒の言行などをもとに、2世紀中頃までにはキリスト教の聖典『□□□』がまとめられた。　③_____

●読み取り力のチェック 　　　　　　　　　　　　　　　　　　　　　思

□ ローマ帝国に関する下の地図と写真をみて、空欄に入る語を答えよ。

① ローマ文化は、文学・哲学・美術の分野ではギリシアの模倣と評されるが、下の写真のように□□□・建築などの実用的分野では、高い技術と独自性をもつ。　①_____

② 2世紀に最大領土となったローマ帝国は、2世紀末から3世紀には深刻な財政難に陥った。この原因の1つとして、□□□面での出費が増大したということが、下の地図から考えられる。　②_____

[地図] ローマ帝国の最大領域

（地図）ブリタニア／a ロンディニウム／×トイトブルク森／ゲルマニア／b ルテティア／ア／ガリア／ウィンドボナ（現ウィーン）／ダキア／ヒスパニア／イタリア／イ／ビザンティウム／ローマ／ブルンディシウム／アテネ／ザマ／カルタゴ／シチリア／メソポタミア／パルティア／イェルサレム／エジプト

アッピア街道

❶ 共和政時代のローマにおいて、貴族と平民の法的平等が実現した重要な要因は何だったのだろう。教p.76 知 思

❷ ローマはどのような経緯で都市国家から地中海全域を支配する大帝国に発展していったのだろうか。整理してみよう。教p.77 知 思

❸ 元首政が始まったことで、ローマ共和政は何がかわり、何がかわらなかっただろう。教p.79 思

❹ ケルト人とゲルマン人には、こののち、どのような変化がおこるのか。また、ケルト人とゲルマン人の社会は、どのようなかたちで現在まで存続してきているのか調べてみよう。教p.80 思 主

❺ ギリシア文化とローマ文化の要素のなかで、現在のわれわれの文化にまで影響を与えているものにどのようなものがあるだろうか。教p.82 思 主

●入試問題へのチャレンジ

1 ローマの発展 （　）に適切な用語を記し、問に答えよ。　　　　　　　　　　　（近畿大・改　1995年）

　イタリア人の一派であるラテン人が（　1　）河畔に建設した都市国家からおこったローマは、伝承によれば、前509年に王政から共和政に移行したことになっているが、この移行は（　2　）人の支配からの独立を意味するのではないかともいわれている。初期共和政では、最高政務官であるコンスルをはじめ重要な官職はすべて（　3　）と呼ばれた貴族に独占されていた。

　やがて、中小農民を主体とする（　4　）と呼ばれた平民が重装歩兵として国防の主力をなすようになると、参政権を要求して、貴族との間に身分闘争を展開した。伝承によれば、前494年には護民官や（　5　）が生まれ、前450年頃にはローマ最古の成文法である（　6　）法が制定され、続いて前367年には（　7　）法が成立してコンスルの一人は平民から選出されることになった。また、前287年に制定された（　8　）法によれば、（　5　）の決議が国法と認められることになった。このようにして、貴族と平民の間の身分闘争は終わったが、この間ローマは次第に対外的に発展していった。a前272年にイタリア半島を統一して、そして3次にわたるbポエニ戦争の結果西地中海世界を統一し、さらにはアンティゴノス朝の（　9　）王国、（　10　）朝のシリア王国、（　11　）朝のエジプト王国といったヘレニズム諸国を滅ぼすことにより、前30年には全地中海世界を統一した。

　しかし、cこの間にローマの対外発展をささえた中小農民は没落し、大土地所有制がひろがり、奴隷の反乱も頻発し、政治家は閥族派と平民派に分かれて争った。こうした「内乱の一世紀」のなかで、第1回三頭政治をへてdカエサルが天下を平定したが独裁に走ったため、元老院の共和主義者ブルートゥスらに暗殺され、その結果第2回三頭政治が成立した。最終的には、エジプト女王（　12　）と結んだアントニウスをオクタウィアヌスが前31年アクティウムの海戦で破り、「内乱の一世紀」を克服した。

　オクタウィアヌスは元老院からeアウグストゥスの称号を与えられ、f共和政の形式を尊重したが事実上は独裁君主であり、これ以降を帝政時代という。g帝政が始まって2世紀の間は「ローマの平和」と呼ばれるローマの最盛期であった。

問1　下線部aの時、ローマが攻略した半島南部のギリシア人植民市はどこか。

問2　下線部bについて述べた次の文①〜③から正しいものをすべて選べ。
　　①　ポエニ戦争で、ローマはフェニキア人の植民都市カルタゴと戦った。
　　②　第1次ポエニ戦争に勝利したローマは、クレタ島を属州として支配した。
　　③　第2次ポエニ戦争で、ハンニバルはザマの戦いでローマ軍を破った。

問3　下線部cについて述べた次の文①〜④から正しいものを1つ選べ。
　　①　ラティフンディアでは、オリーヴやブドウなどの商品作物が生産された。
　　②　護民官のグラックス兄弟は、有力者の公有地占有を公認した。
　　③　中小農民の一大反乱であるスパルタクスの乱が起こった。
　　④　閥族派のマリウスと平民派のスラが抗争した。

問4　下線部dが行った文化的改革を20字以内で記せ。

問5　下線部eから依頼を受けて歴史家リウィウスが著した作品名を記せ。

問6　下線部fによりオクタウィアヌスは元老院の「第一人者」として何と称したか。

問7　下線部gについて述べた次の**ア・イ**の正誤を判定せよ。

　　ア　ローマ市のコロッセウムでは、演劇が上演された。

　　イ　五賢帝の一人のトラヤヌス帝は、帝国の最大版図を実現した。

1	2	3	4
5	6	7	8
9	10	11	12

問1	問2	問3	問4	
問5	問6		問7ア	イ

●**資料問題へのアプローチ**

■ **ローマ帝政の成立**　　次の資料を読んで、下の**問**に答えよ。

　「……とうとう**a彼**とアントニウスがその艦隊を率いて、一方は世界の安寧のために、一方は世界の破滅へと闘う、雌雄を決すべき日がやってきた。……火ぶたが切られるや……クレオパトラが遁走の主導権をとった。アントニウスは、闘いつつある兵士たらんよりは、遁走する女王の従者たるの道を選んだ。……しかして翌年彼はクレオパトラとアントニウスをアレクサンドリアまで追い、内乱に最終的一撃を加えた。……20年におよんだ内乱は終わり、対外戦争も終焉し、平和は回復され、各地での武器の狂乱は静まり、**b法には威信が、法廷には権威が、元老院には品格が取り戻され、政務官の権限は以前の範囲に回復され……共和政の古き伝統的形式は旧に復した。**」

　　　　　　　　　　　　　　　　　　　　　　　　　　　　　（ウェレイウス=パテルクルスの著作より）

問1　(1)下線部**a**とは誰のことか。(2)この海戦はどこで行われたか。またその場所は現在どこの国にあるか。

(1)	(2)地名	国名

問2　下線部**b**から、共和政が復活したように考えられるが、果たしてそうであったか。50字以内で説明せよ。

●**論述問題へのアプローチ**

■ **ローマ市民権の拡大**　　　　　　　　　　　　　☞「普遍的性格」の意味を考察しよう！

　古代ローマは、市民権に対して、アテネとは全く異なる政策を実施した。ローマ市民権に対して3世紀初頭にローマ帝国がとった政策について、アテネと比較した内容とその影響を、100字以内で論述せよ。論述の際は、次の[指定語]を必ず使用すること。

　[指定語]　ペリクレス　　アントニヌス勅令　　普遍的性格

ローマ帝国の衰退

●基本事項のチェック　　　　　　　　　　　　　　　　　　　　　　　　　　　　　　　　　知

❶ 3世紀の危機と後期ローマ帝国

① _____ 時代

□① 属州の軍隊による擁立や暗殺などで多くの皇帝が短期間に交代し、ローマ帝国が混乱した時代を____時代という。

② _____ 帝

□② ①の皇帝の一人である____帝は、ササン朝のシャープール1世との戦いに敗れて捕虜となった。

③ _____

□③ ディオクレティアヌス帝は、帝国を2人の正帝と2人の副帝が分担して統治する____を始めた。

④ _____

□④ ディオクレティアヌス帝は、____議員などの伝統的な政治支配層を帝国統治から遠ざけ、皇帝の地位を神格化した。

⑤ _____

□⑤ ディオクレティアヌス帝以降の政治体制は、それまでの元首政(プリンキパトゥス)に対して、____(ドミナトゥス)と呼ばれる。

⑥ _____

□⑥ 皇帝コンスタンティヌス(1世、大帝)は、都市____をコンスタンティノポリス(コンスタンティノープル)と改称した。

❷ キリスト教の国教化と宗派の形成

① _____

□① ディオクレティアヌス帝がキリスト教徒の大迫害を強行したのに対し、コンスタンティヌス帝は、313年、____を発布してキリスト教を公認した。

② _____

□② 325年、コンスタンティヌス帝が開催したニケーア公会議で、____の教説が正統教義とされた。

③ _____ 説

□③ 父なる神と子なるイエス、そして聖霊は一体であるとする②の教理は、のちに____説として確立され、正統教義の根本となった。

④ _____

□④ ニケーア公会議では、子なるイエスは神に従属するとして、イエスを人間であるとした____の教説は異端とされた。

⑤ _____ 帝

□⑤ 4世紀後半、「背教者」と呼ばれた____帝は伝統的な宗教の復興をはかったが失敗し、キリスト教は急速に帝国領内に広がった。

⑥ _____

□⑥ 392年、皇帝テオドシウス(1世)は、キリスト教以外の宗教を禁じることで、キリスト教を帝国の____とした。

⑦ _____

□⑦ アウグスティヌスら正統教義の確立につとめた学者を____と呼ぶ。

⑧ _____ 派

□⑧ 431年のエフェソス公会議で異端とされた____派は、東方に伝播し、中国では景教と呼ばれた。

⑨ _____ 派

□⑨ 451年のカルケドン公会議で異端とされた____派は、コプト教会・シリア教会・アルメニア教会へと独自の発展をした。

❸ 民族移動の激化と西ローマ帝国の消滅

① _____ 川

□① 4世紀後半、アジア系とされるフン人が東方から西に移動してゴート人を圧迫したことにより、ゴート人は____川を渡ってローマ帝国領に侵入した。

② _____

□② 395年、皇帝____は帝国領を2子に分割し、帝国は東西に分裂した。

③ _____

□③ フン人の王____は、パンノニアから西方に侵攻したが、451年、カタラウヌムの戦いで西ローマ帝国とゲルマン諸部族の連合軍に敗れた。

④ _____

□④ 476年、西ローマ帝国は傭兵隊長____によって滅ぼされた。

⑤ _____ 人

□⑤ ゲルマン系部族のなかで、____人は北アフリカにまで移動して建国した。

❶ ローマ帝国の政治体制について、前期の元首政と後期の専制君主政にはどのような違いが見出せるだろうか。また、その違いが生じた理由として考えられることは何だろう。教p.84思

●入試問題へのチャレンジ

1 ローマ帝国の衰退　（　　）に適切な用語を記し、**問**に答えよ。　　　　　　　　　　　（関西学院大・改　2007年）

　五賢帝最後の皇帝（　1　）が遠征先の陣営で没した2世紀末頃から、ローマ帝国の繁栄にも陰りがみえはじめた。a「3世紀の危機」と呼ばれる混乱期をへて、元首政は東方的な専制君主政へと移行した。大土地所有制においても、新たにb小作人を農地にしばりつけて使役する制度が行われた。3世紀末から4世紀初め、帝国を再統一した（　2　）帝やcコンスタンティヌス帝は、帝国の再建・再編に尽力した。しかし、ゲルマン人の移動開始とともに帝国の支配はしだいに弱まり、（　3　）帝が没した395年には東西に分裂した。その後、西ローマ帝国は476年にゲルマン人の傭兵隊長（　4　）によって滅ぼされた。

問1　下線部aについて述べた次の文ア・イの正誤を判定せよ。
　　ア　属州の軍団が自立して、独自に皇帝を擁立した。　　イ　東方からは、ムスリムの攻撃を受けた。
問2　下線部bの名称を記せ。
問3　下線部cについて述べた次の文ア・イの正誤を判定せよ。
　　ア　四帝分治制を創設した。　　イ　ミラノ勅令でキリスト教以外の宗教を禁止した。

1		2		3		4
問1ア	イ	問2		問3ア	イ	

2 キリスト教の国教化　（　　）に適切な用語を記せ。　　　　　　　　　　　　　　　（立命館大・改　2002年）

　ローマ帝国内でキリスト教徒に対する迫害が組織化されたのは3世紀後半以降である。この頃ローマ帝国は経済的に行き詰まり、外敵の侵入も受けて統一が危うくなっていた。そのため国内締めつけの一環として、キリスト教徒が目の敵にされたと考えられている。デキウス帝が最初の組織的迫害を行い、（　1　）帝は4世紀初めに大迫害を行った。その結果として殉教者が続出したが、キリスト教は帝国内に浸透していった。

　4世紀初め、ローマ帝国内では皇帝間で争いが行われていたが、それに勝利した（　2　）帝が313年ミラノ勅令でキリスト教を公認した。帝国の統一に有利であるため、キリスト教を公認したと考えられている。彼は教会の統一にも関心を持ち、325年、（　3　）を主催した。そこではアタナシウス派が主張した、神と神の子キリストが同じ本質をもつという説が正統とされ、キリストは神によって創造された人間であるという（　4　）派の説は退けられた。392年、テオドシウス帝はアタナシウス派キリスト教を国教と定め、他の宗教の礼拝を禁じた。

1	2	3	4

●論述問題へのアプローチ

■ **ローマ帝国のキリスト教政策**　　　　　　　　　　　　　　　　入試問題2を参照しよう！

　3世紀後半から4世紀初めにおけるローマ帝国のキリスト教政策の転換について、90字以内で説明せよ。論述の際は、次の[指定語]を必ず使用すること。

　[指定語]　**皇帝崇拝　　ミラノ勅令**

●基本事項のチェック 知

❶ ゲルマン諸国家と東ローマ帝国

① ＿＿＿＿＿人

□① 西地中海地域では、ゲルマン諸部族が進出し、ガリア東南部に＿＿＿＿＿人、ピレネー山脈をまたぐ地域に西ゴート人、ガリア北部にフランク人が建国した。

② ＿＿＿＿＿派

□② 西地中海地域に成立したゲルマン部族の多くは異端とされた＿＿＿＿＿派キリスト教を受容し、支配下のローマ系住民は正統のアタナシウス派を信仰していた。

③ ＿＿＿＿＿朝

□③ フランク人の王国を統一し、＿＿＿＿＿朝を開いたクローヴィスは、カトリック（アタナシウス派）に改宗した。

④ ＿＿＿＿＿半島

□④ クローヴィスは、西ゴート人を破ってガリアのほぼ全域を支配下に入れ、敗れた西ゴート人は＿＿＿＿＿半島に移動し、トレドを都に王国を形成した。

⑤ ＿＿＿＿＿人

□⑤ ブリタニアでは、来航した＿＿＿＿＿人と先住のブリトン人の抗争が続いた。

⑥ ＿＿＿＿＿

□⑥ 東ローマ（ビザンツ）帝国では、テオドシウス1世以来、＿＿＿＿＿が帝都としての威容を整えていった。

⑦ ＿＿＿＿＿王国

□⑦ 6世紀のビザンツ皇帝ユスティニアヌス（1世、大帝）は、東方でササン朝と対峙しつつ、西方で＿＿＿＿＿王国・東ゴート王国を滅ぼした。

⑧ ＿＿＿＿＿聖堂

□⑧ ユスティニアヌス1世は、先行する皇帝法令などを集大成した『ローマ法大全』を編纂し、首都にビザンツ様式の＿＿＿＿＿聖堂（大聖堂）を再建した。

⑨ ＿＿＿＿＿

□⑨ ラヴェンナに建てられたサン＝ヴィターレ聖堂には、ビザンツ様式の特徴である＿＿＿＿＿の壁画にユスティニアヌス1世が描かれた。

❷ ローマ＝カトリック教会の発展

① ＿＿＿＿＿

□① 6世紀、東ゴート人のイタリア支配が始まった頃、聖ベネディクトゥスは、ローマ南方の＿＿＿＿＿に修道院を建設した。

② ＿＿＿＿＿

□② 「祈り、働け」をモットーとするベネディクト派修道会は、「＿＿＿＿＿」「貞潔」「服従」を基本とする厳格な戒律を定めた。

③ ＿＿＿＿＿

□③ 教皇＿＿＿＿＿は、アングロ＝サクソン人改宗のため、イングランドにベネディクト派修道士たちを派遣した。

❸ フランク王国の拡大

① ＿＿＿＿＿の戦い

□① フランク王国では、カロリング家の宮宰カール＝マルテルが、ピレネー山脈を越えたウマイヤ朝のイスラーム軍を732年の＿＿＿＿＿の戦いで撃退した。

② ＿＿＿＿＿

□② カール＝マルテルの子＿＿＿＿＿は、ローマ教皇の認可を受け、751年にカロリング朝を開き、ランゴバルド王国から奪回したラヴェンナ地方を教皇に献上した。

③ ＿＿＿＿＿人

□③ カロリング朝のカール1世（カール大帝、シャルルマーニュ）は、スペインの後ウマイヤ朝、ドイツ北部のザクセン人、ハンガリーの＿＿＿＿＿人などと戦った。

④ ＿＿＿＿＿

□④ 支配領域を拡大したカールは、各地に国王役人の＿＿＿＿＿を配置し、これを王直属の国王巡察使によって監視させた。

⑤ ＿＿＿＿＿

□⑤ カールは、イングランドのアルクインを宮廷学校校長とするなど、古典文化の復興を手掛かりにした「＿＿＿＿＿」と呼ばれる文化政策を実施した。

⑥ ＿＿＿＿＿制

□⑥ 7世紀のビザンツ皇帝ヘラクレイオス（1世）は、帝国領を防衛上の管区に分けて長官をおく＿＿＿＿＿（軍管区）制を整備した。

⑦ ＿＿＿＿＿

□⑦ 726年、ビザンツ皇帝レオン3世が＿＿＿＿＿の破壊を命じたのを機に、＿＿＿＿＿破壊運動（イコノクラスム）が起こった。

⑧ ＿＿＿＿＿

□⑧ 800年、ローマ教皇＿＿＿＿＿はカールにローマ皇帝の帝冠を与え、「西ローマ帝国」

<u>の復活</u>を宣言し、西ヨーロッパ中世世界が誕生した。

❹フランク王国の分裂とノルマン人の活動

□① カールの帝国が、843年の[   ]条約で3分され、870年の<u>メルセン条約</u>で再分　　①[   ]条約
割された結果、現在のドイツ・フランス・イタリアの原型が形成された。

□② スカンディナビア半島を本拠としたノルマン人は、船団を組んでヨーロッパ各　　②
地に進出し、[   ]と呼ばれた。

□③ 9世紀後半、アングロ＝サクソン人の王[   ]は、イングランドに侵入するノ　　③
ルマン人(<u>デーン人</u>)に対抗した。

□④ <u>ロロ</u>の率いるノルマン人一派は、セーヌ川一帯に進出し、911、西フランク王　　④
から領土支配を認められ、[   ]公国(公領)を建国した。

□⑤ バルト海から<u>ドニエプル川</u>流域に進出したノルマン人(ヴァリャーグ人)の長で　　⑤
あった[   ]は、9世紀に<u>ノヴゴロド国</u>を建てた。

□⑥ ⑤と同じ一族のオレーグは、9世紀末に[   ]を建国した。　　⑥

□⑦ 9世紀、中央ヨーロッパに形成された[   ]人の国は、ビザンツ帝国の<u>コンス</u>　　⑦[   ]人
<u>タンティノープル総主教</u>に正教の伝道師派遣を求めた。

□⑧ ⑦の国に派遣されたメトディオスとキュリロスはスラヴ語表記のためグラゴー　　⑧[   ]文字
ル文字を考案したが、ギリシア文字をもとにした[   ]文字にかわられた。

□⑨ ドニエストル川流域から9世紀末にカルパティア盆地に移動した[   ]人は、　　⑨[   ]人
騎馬で遠征して⑦の国を滅ぼし、東フランク王国に侵攻した。

●読み取り力のチェック　　　　　　　　　　　　　　　　　　　　　　　　　　　　思

□ 次の地図は、9世紀のヨーロッパとノルマン人の活動を示している。

凡例
■ ノルマン人の原住地
□ ノルマン人の占領地
▨ イスラーム勢力圏
→ ノルマン人の進路
⇒ イスラームの侵入

① 東方に進出したノルマン人(ヴァリャーグ人)が開拓したルートを簡潔に記せ。

② ノルマン系の人々が、882年に建てた地図中**A**の国家名を記せ。

③ フランス西岸にいたったノルマン人が遡った河川を2つ記せ。

④ 911年に成立した地図中**B**の国家名と、その建国者であるノルマン人の首長の名を
記せ。また**B**の国家が成立した背景を、簡潔に記せ。

⑤ 地図中⇒の経路をとって侵攻した民族を記せ。

①

②
③

④
国名：
首長：
背景：

⑤

❶ ヨーロッパの内陸部で河川による物流が発達した背景には、どのような要因があったのか、技術面や地理的側面に注目しながら考えてみよう。教p.88知思

❷ 8世紀半ば以降、カロリング家とローマ教皇座がたがいに接近し、提携するに至った理由について、考えてみよう。教p.92知思

●入試問題へのチャレンジ

1 フランク王国の発展　（　）に適切な用語を記し、**問**に答えよ。　　　　　　　（関西学院大・改　2003年）

　（　1　）川を越えてガリアに移動したフランク人は、ゲルマン諸民族のなかでも移動距離が最も短かった。彼らはいくつかの部族に分かれていたがしだいに勢力を拡大し、481年に（　2　）家のクローヴィスが諸部族を統一してフランク王国を建国した。彼はアタナシウス派キリスト教に改宗し、その結果、統治下のローマ人の信頼を得た。このためフランク王国は、（　3　）派を信奉していた他の多くのゲルマン諸族よりもはるかに強力となった。7世紀頃からフランク王国では宮宰の勢力が強くなり、実権を握った。732年、宮宰（　4　）は、イベリア半島から北上してきたムスリムの軍をトゥール・ポワティエ間の戦いで撃破し、イスラーム勢力の侵入を阻止した。（　4　）の子ピピンは、751年に王位を奪って（　5　）朝を創始した。ピピンはローマ教皇に王位を承認されると、北イタリアの（　6　）王国を制圧して、ラヴェンナ地方をローマ教皇に献上した。これがローマ教皇領の起源であり、ここにローマ＝カトリック教会とフランク王国との提携が始まった。ローマ教会の勢力拡大の要因としては、このほかに修道院の建設があげられる。イタリアの（　7　）は、6世紀にモンテ＝カシノに修道院を開き、修道士を養成するとともに、民衆への積極的な伝道を推進した。8世紀にaビザンツ帝国の皇帝（　8　）が、偶像崇拝を否定するイスラーム教の影響を受け、726年に聖画像の破壊を令じるとゲルマン民族への布教のため聖像を必要としていたローマ教会はこれと激しく対立した。ピピンの教皇領寄進などを契機として、次第に世俗的権力の後盾を求めるようになったのもそのためであった。フランク王国は、ピピンの子カールの時代に国土を拡大した。（　9　）年に、カールはローマ教皇（　10　）により、ローマ皇帝として加冠された。フランク王のカール1世は、ここに再興された西ローマの皇帝としてローマ人からも期待され、bカール大帝と呼ばれるにいたった。フランク王国とローマ教会の提携は強化され、中世ヨーロッパの歴史は、この二者を軸として展開していくのである。カール大帝の死後、フランク王国は外敵の侵攻を受けて動揺しはじめ、さらに分割相続制の慣習もあってc後継者の争いがおこり、その結果、843年のヴェルダン条約および870年の（　11　）条約によって3つに分裂した。これが後のドイツ・フランス・（　12　）の基礎となったのである。

問1　下線部aのユスティニアヌス1世について述べた次の文**ア・イ**の正誤を判定せよ。
　　ア　『ローマ法大全』を編纂させ、首都にサン＝ヴィターレ聖堂を建立した。
　　イ　ヴァンダル王国と東ゴート王国を滅ぼし、旧ローマ帝国領の回復をはかった。
問2　下線部bについて述べた次の文**ア・イ**の正誤を判定せよ。
　　ア　スペインでは後ウマイヤ朝と戦い、ハンガリーではマジャール人を撃退した。
　　イ　古典文化の復興をはかり、ギリシアからアルクインを招聘した。
問3　下線部cに関連して、カール大帝の帝国は彼の長男が継承した。この長男の名を記せ。

1	2	3	4
5	6	7	8
9	10	11	12
問1ア　　　｜　　イ	問2ア　　　｜　　イ	問3	

2 ノルマン人の活動 （　）に適切な用語を記し、**問**に答えよ。

（青山学院大・改　2004年）

　（　1　）半島・ユーラン半島を原住地とし、「（　2　）」と呼ばれた a ノルマン人が西欧に侵入しはじめるのは、カール大帝の時代からである。10世紀初めには、首長（　3　）に率いられた一派が（　4　）川の下流域を割譲され、ノルマンディー公国を建設した。イングランドでは、（　5　）人が建てた七王国が9世紀前半にウェセックス王エグバートによって統一されたが、それと前後してノルマン人の一派の（　6　）人が沿岸地域を略奪した。9世紀末の（　7　）大王は彼らを撃退することに成功したが、11世紀にデンマークの王カヌートがイングランドを征服して（　6　）朝を建て、デンマーク・ノルウェーを含む「北海帝国」を形成した。その後、（　5　）の王が一時復位したが、1066年ノルマンディー公により廃位され、新たにノルマン王朝が成立することとなった。東欧では、（　8　）に率いられた一派が先住のスラヴ人を支配し、862年 b 最初のロシア国家を建設し、9世紀末にはその勢力はさらに南下して（　9　）川中流域の（　10　）を公国の首都とした。

問1　下線部aは、優れた操船技術を用いて、ヨーロッパ各地の沿岸地域や大河川の流域で略奪行為を行ったが、彼らは略奪とともに何を行っていたか。

問2　下線部bの国家の名称を記せ。

1	2	3	4
5	6	7	8
9	10	問1	問2

●資料問題へのアプローチ

■ フランク王国とムスリムの戦い　次の資料は、733年に起こった戦いの記録の一部である。

> 　その当時、a スペインの国に残留していたサラセン人〔ムスリム〕の長老および貴族たちは……軍勢を催して、……王のもとに武装りりしく、カールに立ち向かわんとして立上り、戦備おさおさ怠りなかった。……向かうところ敵なき将軍カールは、急遽これを迎えうち、……両軍互いに戦いを交え、戦い敗れたサラセン人は、彼らの王が戦死したと知るや、浮き足立って敗走した。

問1　下線部aについて、この時ムスリム軍は、すでにフランク王国内への進出を食い止められていた。ムスリム軍がその進出を食い止められた戦いの名称を記せ。

問2　カール＝マルテルは、どのようにして軍隊（騎馬軍）を編制したのか。簡潔に説明せよ。

問1	問2

●論述問題へのアプローチ

■ クローヴィスの宗教政策（大阪大・改　2005年）　　✏ 入試問題 **1** を参照しよう！　（※4 96年＝3字）

　前近代世界において、宗教は支配体制を支える重要な柱であった。フランク王クローヴィスの宗教政策とその背景について90字以内で説明せよ。論述の際は、次の[指定語]を必ず使用すること。

　[指定語]　メロヴィング朝　　496年　　ローマ人

❶ イスラーム教の成立とウマイヤ朝・アッバース朝

① □① 7世紀、アラビア半島の都市メッカの商人ムハンマドは、自らが唯一神アッラーの啓示を伝える_____としてイスラーム教を開いた。

② □② メッカで迫害を受けたムハンマドは、622年、メディナに移住し、信者の共同体（ウンマ）を建設した。イスラーム暦の紀元となったこの移住を_____と呼ぶ。

③ 聖殿 □③ 630年、ムハンマドはメッカを攻略し、_____聖殿を聖地とした。

④ □④ ムハンマドの没後、彼の神の言葉は聖典『_____』にまとめられた。

⑤ □⑤ ムハンマドの没後、_____が初代の正統カリフに選出された。

⑥ □⑥ カリフに率いられたアラブ人ムスリムの軍隊は_____（聖戦）を展開し、ササン朝を滅ぼし、シリア・エジプトをビザンツ帝国から奪取した。

⑦ □⑦ 661年、第4代カリフのアリーが暗殺されると、シリア総督_____はダマスクスでカリフ位につき、ウマイヤ朝を開いた。

⑧ 王国 □⑧ ウマイヤ朝はイベリア半島に侵入し、711年、_____王国を滅ぼした。

⑨ □⑨ ウマイヤ朝ではアラブ人が支配者であり、非アラブ人異教徒は地租（_____）と人頭税（ジズヤ）を課され、イスラーム教に改宗しても特権は与えられなかった。

⑩ 年 □⑩ ウマイヤ朝に反発する改宗者やアリーの血統を支持するシーア派は、_____年、ウマイヤ朝政権を倒し、アッバース朝が建てられた。

⑪ 半島 □⑪ アッバース家に敗れたウマイヤ家は_____半島に逃れ、後ウマイヤ朝を建てた。

⑫ 派 □⑫ アッバース朝は、政権支持勢力を_____派としてまとめ、シーア派を弾圧した。

⑬ □⑬ アッバース朝第2代カリフの_____は、新都バグダードを建設した。

⑭ □⑭ アッバース朝のもとでムスリムの平等がはかられ、9世紀までに「_____」と呼ばれるイスラーム法の体系化が進んだ。

❷ 初期のイスラーム文化

① □① 諸学問を研究し、知識を身につけた学者は_____と呼ばれた。

② □② アラビア数字や_____の概念はインドで発見され、西アジアに伝わった。

③ □③ ギリシアの哲学者アリストテレスの著作はアラビア語に翻訳され、イラン人医学者・哲学者の_____らによって研究された。

④ □④ ローマ時代に天動説を唱えた_____の世界地図は、西アジアの人々の世界観に大きな影響を与えた。

⑤ □⑤ 中世ペルシア語の説話集を原型に各地の説話を融合した『_____』は、16世紀のカイロで現在の形となった。

⑥ □⑥ 礼拝の場であるモスクで最古のものは、ダマスクスの_____である。

❸ 地方の自立とシーア派政権

① □① アッバース朝は最盛期の_____の没後に求心力を失い、モロッコのイドリース朝、エジプトのトゥールーン朝、中央アジアのサーマーン朝などが自立した。

② 朝 □② シーア派の_____朝は、946年にバグダードを占領し、その君主はアッバース朝カリフの権威を利用して大アミール（大将軍）となった。

③ □③ チュニジアで成立したシーア派のファーティマ朝は、エジプトを征服して新都_____を建設し、カリフを名のった。

④ 朝 □④ イベリア半島の_____朝は、ファーティマ朝に対抗してカリフを称したため、10世紀後半は、アッバース朝カリフと合わせて3カリフが鼎立した。

● step up 教科書の発問

❶ ウマイヤ朝とアッバース朝の政治体制にはどのような違いがあっただろう。教 p.99 知

● 入試問題へのチャレンジ

1 **イスラーム世界の形成** （　　）に適切な用語を記し、**問**に答えよ。

（福岡大・改　2010年）

　7世紀初め、 ア で生まれたムハンマドは、唯一神アッラーの啓示を受け、その言葉を伝える預言者としての自覚をえて、アッラーへの絶対的服従（イスラーム）を説いた。富の独占的な所有と偶像崇拝を否定したことで有力者の迫害を受けた彼とその信者は、北方の イ へと移住し、ここに共同体（ウンマ）をうちたてた。

　ムスリム（イスラーム教徒）の人々は、（　1　）語で書かれ、650年頃に編集された『コーラン』に集成された神の言葉を聖典とする。のちに、ムスリムの学者である（　2　）らがムハンマドの言行を研究し、日常生活を送る上での様々な規範である六信五行が整えられ、信徒としての義務や禁止行為などが定められていった。

　ムハンマドの死後、共同体はカリフと呼ばれる後継者を選出して指導者とした。共同体の合意を得てカリフに就任した第4代アリーまでの時期を a 正統カリフ時代と呼び、この時期イスラーム勢力は活動地域を拡大した。

　第4代カリフのアリーが暗殺されると、その対立者であったムアーウィヤは ウ に都をおき、b ウマイヤ朝を開設し、周辺地域へと勢力を拡大した。この王朝は、広大な支配地域において、被征服民に地租であるハラージュと人頭税である（　3　）を課した。巨大な帝国を築いたウマイヤ朝ではあったが、その支配が揺らぐと、ホラーサーン地方で反乱が起こり、ムハンマドの叔父の子孫にあたるアッバース家が新たな王朝を開くこととなった。この王朝の第2代カリフであるマンスールは、ティグリス川の中流に首都 エ を造営した。この都市は、第5代カリフ（　4　）の治世期に最盛期をむかえ、アリストテレスの著作など（　5　）語で書かれた文献の翻訳が行われ、c イスラームの学問の隆盛を促したことで知られている。

　アッバース朝の支配がおよぶ範囲は、9世紀以降次第に縮小し、各地では様々な王朝が興亡した。875年にイラン系のサーマーン朝が西トルキスタンに自立したあと、932年に成立した（　6　）派イラン人の軍事政権である（　7　）朝は、946年 エ に入城し、アッバース朝カリフから（　8　）に任命された。北アフリカで成立した（　6　）派のファーティマ朝は、969年にエジプトを征服し、新都 オ を建設した。ファーティマ朝はカリフの称号を用いてアッバース朝カリフの権威を否定し、これに対抗してイベリア半島の後ウマイヤ朝もカリフの称号を用いたので、一時3人のカリフが並び立った。

問1 ア ～ オ に該当する都市名を記せ。
問2 下線部 a について述べた次の文 **ア・イ** の正誤を判定せよ。
　ア メソポタミア・イランを支配していたササン朝ペルシアを滅ぼした。
　イ ビザンツ帝国からシリア・エジプトを奪った。
問3 下線部 b について述べた次の文 **ア・イ** の正誤を判定せよ。
　ア ムスリムであるアラブ人を支配階層とした。
　イ トゥール・ポワティエ間の戦いで、西ゴート王国に敗れた。
問4 下線部 c について述べた次の文 **ア・イ** の正誤を判定せよ。
　ア 数学では、中国で生まれたゼロの概念が伝わった。
　イ プトレマイオスの世界地図がほぼそのまま用いられ、人々の世界観に大きな影響を与えた。

1	2	3	4
5	6	7	8
問1ア	イ	ウ	エ
オ	問2ア　　　　イ	問3ア　　　　イ	問4ア　　　　イ

教p.107〜112

●基本事項のチェック　　　　　　　　　　　　　　　　　　　　知

❶ 南アジア・東南アジアのムスリム政権

① ＿＿＿＿＿朝

□① 北インドには、10世紀以降、アフガニスタンのムスリム政権である＿＿＿＿朝やゴール朝が侵入した。

②

□② 1206年、ゴール朝の＿＿＿＿が、デリー＝スルタン朝最初の奴隷王朝を建てた。

③ ＿＿＿＿＿朝

□③ 14世紀に南インドで成立したヒンドゥー教徒の＿＿＿＿朝(王国)は、インド洋交易を利用して西アジアから馬を輸入し、デリー＝スルタン朝に対抗した。

④

□④ 東南アジアでは、ムスリム商人や＿＿＿＿と呼ばれる神秘主義者によってイスラーム教が拡大した。

⑤ ＿＿＿＿＿王国

□⑤ 15世紀にイスラーム教に改宗した＿＿＿＿王国のほか、スマトラ島にはアチェ王国、ジャワ島にはマタラム王国などのイスラーム教国が建てられた。

❷ トルコ系・モンゴル系の人々とシリア・エジプト

① ＿＿＿＿＿朝

□① 中央アジアの＿＿＿＿朝に軍人として仕えたトルコ系の人々は、アフガニスタンにガズナ朝を建てた。

②

□② トルコ系でスンナ派のムスリムである＿＿＿＿が率いるセルジューク朝は、1055年にバグダードに入城し、アッバース朝カリフからスルタンの称号を得た。

③

□③ セルジューク朝は、スンナ派教学の普及のため、各地にマドラサ(学院)を建て、イラン人宰相の＿＿＿＿は、ニザーミーヤ学院を設立した。

④

□④ 1258年、アッバース朝を滅ぼしたモンゴル系のフレグが建てたイル＝ハン国は＿＿＿＿の治世までに多くがイスラーム教を受け入れた。

⑤

□⑤ ＿＿＿＿＝ハン国の軍人であったティムールが建てたティムール朝は、1402年にバヤジト(バヤジット)1世率いるオスマン朝の軍をアンカラの戦いで破った。

⑥

□⑥ ティムール朝のウルグ＝ベクは、都の＿＿＿＿に世界最高水準の天文台を建てた。

⑦

□⑦ エジプトにスンナ派のアイユーブ朝を建てた＿＿＿＿は、十字軍と戦った。

⑧

□⑧ アイユーブ朝の軍人＿＿＿＿の有力者が君主位を奪って＿＿＿＿朝を建てた。

❸ アフリカ・イベリア半島のムスリム政権と成熟期のイスラーム文化

① ＿＿＿＿＿人

□① 北アフリカでは、＿＿＿＿人が11世紀にムラービト朝、12世紀にムワッヒド朝を建て、イベリア半島を含む広い範囲を領有した。

② ＿＿＿＿＿王国

□② 7世紀頃から西アフリカのニジェール川流域にあった＿＿＿＿王国は、塩と自国の金を交換する交易で栄えたが、11世紀にムラービト朝による攻撃で衰えた。

③ ＿＿＿＿＿王国

□③ 13世紀に成立した＿＿＿＿王国は、イスラーム教を受け入れ、マンサ＝ムーサ王はメッカ巡礼の途上カイロに滞在し、大量の金を使った。

④

□④ 15世紀に成立したソンガイ王国の都市＿＿＿＿は、交易で栄えた。

⑤ ＿＿＿＿＿語

□⑤ 東アフリカ沿岸では、マリンディ・モンバサ・ザンジバル・キルワなどの港市が発達し、アラビア語の単語を多く含む現地語である＿＿＿＿語が共通語となった。

⑥

□⑥ ザンベジ川流域では、モノモタパ王国や大都市＿＿＿＿が金の交易で繁栄した。

⑦

□⑦ ＿＿＿＿はアリストテレス研究を深化させ、スコラ哲学に大きな影響を与えた。

⑧

□⑧ イブン＝ハルドゥーンは『＿＿＿＿』を著し、社会の変遷の法則を展開した。

⑨

□⑨ モロッコ生まれの旅行家イブン＝バットゥータは、『＿＿＿＿』を著した。

⑩

□⑩ イランでは、叙事詩『王の書(シャー＝ナーメ)』を記した＿＿＿＿、叙情詩集『ルバイヤート』を記したウマル＝ハイヤームが活躍した。

⑪

□⑪ イル＝ハン国のイラン人宰相＿＿＿＿は、歴史書『集史』を編纂した。

❶ 東南アジアにイスラーム教が広がる際にはムスリム商人が大きな役割を果たした。マラッカ王国の王がイスラーム教に改宗した政治的なねらいはどこにあったのだろうか。教p.108思

●入試問題へのチャレンジ

❶ イスラーム世界の拡大 （　　）に適切な用語を記し、**問**に答えよ。 （同志社大・改　2011年）

　アッバース朝の支配がおよぶ範囲は9世紀以降次第に縮小し、イスラーム世界の各地では様々な王朝が興亡した。875年に西トルキスタンに成立したイラン系の（　1　）朝は、a<u>イラン</u>方面に勢力を拡大した。また、10世紀半ばに最初のトルコ系イスラーム王朝となったカラハン朝は、東・西トルキスタンをあわせ、その支配下でトルコ人のイスラーム化が進んだ。一方、977年にアフガニスタンに成立したトルコ系のガズナ朝は、10世紀末から北インドへの侵攻を繰り返し、この動きは12世紀にガズナ朝から独立した（　2　）朝に引き継がれた。

　932年に成立したイラン人の軍事政権である（　3　）朝は、946年にバグダードに入城し、アッバース朝カリフから大アミールに任命され、また土地の徴税権を軍人に与える（　4　）制を導入した。一方、1038年に成立したセルジューク朝の始祖であるトゥグリル＝ベクは、1055年にバグダードに入城して、アッバース朝カリフから（　5　）の称号をさずけられた。セルジューク朝は聖地（　6　）を支配下におき、ビザンツ帝国をおびやかした。

　909年に北アフリカで成立したシーア派のファーティマ朝は、969年にb<u>エジプト</u>を征服し、新都カイロを造営した。ファーティマ朝はカリフの称号を用いてアッバース朝カリフの権威を否定し、これに対抗してイベリア半島の後ウマイヤ朝もカリフの称号を用いたので、イスラーム世界では一時3人のカリフが並び立った。ファーティマ朝は12世紀にアイユーブ朝により滅ぼされた。北アフリカ西部では1056年に（　7　）朝、1130年には（　8　）朝が成立した。これらの王朝はいずれもモロッコのマラケシュを首都とし、c<u>イベリア半島にも進出した。</u>

問1　下線部aに関連して、12〜13世紀のイランについて述べた文ア・イの正誤を判定せよ。
　　ア　ホラズム朝は、チンギス＝ハンの率いるモンゴル軍によって滅ぼされた。
　　イ　1258年にバグダードを占領したフレグは、キプチャク＝ハン国を建国した。
問2　下線部bに関連して、12〜13世紀のエジプトについて述べた文ア・イの正誤を判定せよ。
　　ア　サラディン(サラーフ＝アッディーン)は、スンナ派のアイユーブ朝を建てた。
　　イ　マムルーク朝は、イル＝ハン国と抗争し、メッカを支配してここに都をおいた。
問3　下線部cに関連して、イベリア半島でムスリムが遭遇したキリスト教徒による領土奪回運動をカタカナで何と呼ぶか。また、1492年に滅ぼされたイベリア半島最後のイスラーム王朝の名を記せ。

1		2		3		4	
5		6		7		8	
問1ア	イ	問2ア	イ	問3運動		王朝	

●論述問題へのアプローチ

■ 北インドにおけるイスラーム教の拡大 （高崎経済大・改　2012年）　　💡指定語が何を意味するか思い出そう！

　デリー＝スルタン朝が興亡した北インドでは、強制されなかったにもかかわらず、イスラーム教が広まった。その要因は何か、90字以内で論述せよ。論述の際は、次の[指定語]を必ず使用すること。

　　[指定語]　スーフィー　　ジズヤ

🅗

●基本事項のチェック ▰▰▰▰

❶ 東アジアの変動

① □① 唐の滅亡後、華北で交替した▭▭▭▭・後唐・後晋・後漢・後周の5王朝(五代)と、地方で興亡した10あまりの国を五代十国と総称する。

② □② 五代十国の戦乱のなかで、経済基盤の▭▭▭▭を失った貴族は没落した。

③ □③ モンゴル高原で勢力を伸ばした契丹(キタイ)は、▭▭▭▭を征服した。

④ □④ 朝鮮では、新羅にかわって▭▭▭▭が開城を都として高麗を建てた。

⑤ □⑤ 高麗では、仏教経典を集大成して『▭▭▭▭』がつくられた。

⑥ □⑥ 高麗では、独特の色合いをもつ陶磁器の▭▭▭▭がつくられた。

⑦ □⑦ 11世紀初め、ベトナムに成立した李朝は、国号を▭▭▭▭とした。

⑧ □⑧ 日本では、遣唐使の廃止後、仮名文字・大和絵に代表される▭▭▭▭が栄えた。

⑨　　　　幕府 □⑨ 12世紀末、日本に▭▭▭▭幕府が成立した頃、高麗でも武臣が政権を握った。

❷ 北方民族の隆盛

① □① ▭▭▭▭(太祖)が建国した契丹は、五代の後晋から燕雲十六州を獲得した。

② □② 燕雲十六州の奪回をはかる北宋は契丹と戦って敗れ、契丹に毎年多額の銀・絹を贈ることを条件に、▭▭▭▭を結んだ。

③　　　　体制 □③ 契丹は、部族制に基づく北面官、州県制に基づく南面官を区別する▭▭▭▭体制をとった。

④ □④ 契丹は、▭▭▭▭文化の影響を受けたが、中国文化も吸収して仏教を受け入れ、▭▭▭▭文字と漢字の影響を受けて契丹文字をつくった。

⑤ □⑤ チベット系タングートの長の李元昊は、皇帝を称して国号を▭▭▭▭とした。

⑥ □⑥ 女真(女直)の長の▭▭▭▭(太祖)が建てた金では、女真文字がつくられた。

⑦ □⑦ 遼(契丹)が金と北宋に滅ぼされると、▭▭▭▭は中央アジアで西遼を建てた。

⑧ □⑧ 北宋を滅ぼした金は、部族制の▭▭▭▭を維持し、北宋の州県制も継承した。

❸ 宋の政治・経済

① □① 後周の将軍▭▭▭▭は、960年に開封に都をおいて宋(北宋)を建国した。

②　　　　主義 □② 北宋は、藩鎮勢力の乱立や武断政治の風潮を抑えるため、▭▭▭▭主義をとった。

③ □③ 北宋は、▭▭▭▭の権力を削減し、皇帝の親衛軍を強化した。

④ □④ 北宋は科挙制を整備し、皇帝が試験官となる最終試験の▭▭▭▭を新設した。

⑤ □⑤ 皇帝▭▭▭▭の宰相であった王安石は、自作農や小商人の保護、財源の確保、国防力の強化をはかる富国強兵の改革(新法)を行った。

⑥　　　　法 □⑥ 新法では、均輸法・募役法・保甲法・保馬法・市易法のほか、小農民への低利貸し付けを行う▭▭▭▭法も実施された。

⑦ □⑦ 王安石ら新法党の改革は、地主・大商人や▭▭▭▭ら旧法党による反対を受けた。

⑧ □⑧ 12世紀初め、金が北宋の徽宗・欽宗などを連れ去る▭▭▭▭が起こった。

⑨ □⑨ 高宗は、宋王朝(南宋)を再興し、▭▭▭▭に都をおいた。

⑩ □⑩ 金に対し、和平派の▭▭▭▭は徹底抗戦を唱えた主戦派の岳飛を排除した。

⑪ □⑪ 和平派と金の和議の結果、金と南宋の国境は▭▭▭▭となり、南宋皇帝は金の皇帝に対し、臣下の礼をとるとともに、毎年、銀・絹を贈ることとなった。

⑫ □⑫ 「▭▭▭▭」は、北宋の都である開封の繁栄を描いたといわれる。

⑬ □⑬ ▭▭▭▭・草市と呼ばれた新興商業都市は、地方経済を支えた。

⑭ □⑭ 宋代の都市では、商人の同業組合である行とともに、手工業者の同業組合であ

る □□□□が結成された。

□⑮ 宋代には、<u>銅銭</u>が大量に発行され、□□□□・<u>会子</u>が紙幣として使われた。　⑮

□⑯ 地主のもとでは、□□□□と呼ばれる小作人が耕作に従事した。　⑯

□⑰ 宋代の長江下流域は、<u>囲田</u>などが造成されて稲田の面積が増えた結果、大穀倉　⑰
地帯となり、「□□□□」という諺が生まれた。

□⑱ 宋代には、日照りに強い早稲種の□□□□が導入された。　⑱

□⑲ <u>広州・泉州・明州(寧波)</u>などには□□□□がおかれ、海上貿易を管理した。　⑲

❹ 宋代の文化

□① 宋代の文化革新の流れを担ったのは、貴族にかわり官界に進出した<u>儒学</u>の教養　①
をもつ知識層である□□□□たちであった。

□② 北宋の学者□□□□は、訓詁学にかわる哲学的な儒学である<u>宋学</u>を始めた。　②

□③ 南宋の学者□□□□は、宋学(<u>朱子学</u>)を大成し、『<u>論語</u>』など<u>四書</u>を重んじた。　③

□④ ①の間では、<u>華夷・君臣・父子</u>などの区別を重視する□□□□が流行した。　④

□⑤ 歴史家の司馬光は、<u>編年体</u>の歴史書である『□□□□』を著した。　⑤

□⑥ 唐以来の□□□□の動きを継承し、宋代には<u>欧陽脩・蘇軾</u>らの名文家が出た。　⑥

□⑦ 美術では、宮廷の画院で描かれた写実的な□□□□と並び、①による<u>文人画</u>が盛　⑦
んになった。

□⑧ 工芸では、独特の高雅な風格をもつ<u>白磁</u>や□□□□がつくられた。　⑧

□⑨ 宋代は庶民文化も発展し、音曲に合わせてうたう□□□□や<u>雑劇</u>が流行した。　⑨

□⑩ 金の統治する華北で、<u>王重陽</u>が儒・仏・道を調和した□□□□を創設した。　⑩

□⑪ 宋代には□□□□が普及し、<u>火薬・羅針盤</u>も実用化された。　⑪

●読み取り力のチェック　　　　　　　　　　　　　　　　　　　　　　　　　　　思

□ 次の地図は、12世紀における中国とその周辺国家を示している。

「桃鳩図」

① 地図中A～Cの国名を記せ。

② 12世紀の中国は、周辺国からの外圧に苦しんだ。上の院体画を描いた北宋の皇帝
(上皇)名を記し、彼が12世紀初めに経験した事件について簡潔に記せ。

③ 地図中Xの河川は、南宋と金の国境となったが、この河川名を記せ。

④ 地図中▪は、海上貿易の発達を示す管理機関の主な所在地である。この管理機
関の名称を記せ。

①
A：
B：
C：
②
皇帝：
事件：

③
④

❶ 10世紀前後には東アジア全体で勢力変動がおこると同時に、中国国内でも新しい動きがみられた。これらは、どのように結びついているだろうか。**教**p.113**思**

●入試問題へのチャレンジ

1 **宋代の政治・社会**　（　　）に適切な用語を記し、**問**に答えよ。　　　　　　　　　　（西南学院大・改　2009年）

　唐末五代の武人勢力の割拠状態を収め、開封を都とし、960年に宋(北宋)を建国したのは、五代の（　1　）の武将であった趙匡胤(太祖)である。彼は従来の武力を重んずる風潮をおさえて、文治主義を政治の基本方針とした。第2代太宗は北漢を滅ぼして中国を統一した。太祖・太宗はa皇帝の親衛軍を強化するなどして中央集権体制の樹立をめざした。また、新興地主階級の台頭を背景に、文治主義の具体的政策として官吏登用法としての科挙を重んじ、皇帝自らが試験官となって宮中で最終試験の（　2　）を行って高級官僚の皇帝への忠誠心を高めた。地主出身の科挙合格者を中心とする士大夫階級は政治・文化の方面で大きな発言力をもった。

　政治的にみると、北宋には北にb遼、西北にはチベット系（　3　）人が建てた西夏がひかえており、c両国との争いを通じて妥協的政策をとらざるをえない厳しい状況にあった。12世紀初め、それまで遼に服属していた（　4　）人が自立して金を建国した。北宋第3代の徽宗は金と結んで遼を攻め、金により遼は滅んだ。金は続いて華北を攻め、d宋の都の開封を陥落させ、1127年、上皇となっていた徽宗、その子で皇帝の（　5　）を捕らえて北方に連れ去った。皇帝の弟の高宗は江南に逃れて帝位につき、南宋を建て（　6　）を首都とした。

　宋の南渡以来、江南の長江下流デルタの水田開発がいっそうすすんだ。加えて、ベトナム中部のチャンパーから早稲種の米がもたらされ、稲の二期作も行われるようになる。経済の発展によって富裕になった階級は、土地を買って大地主となり、収穫物の半分程度にあたる小作料をとって（　7　）に耕作させた。

　商業活動も盛んになり、城壁の外や交通の要地に草市、鎮などの商業の中心地が形成された。商人や手工業者たちはそれぞれ同業組合の（　8　）や作をつくり自分たちの利益を守ろうとした。貨幣経済も発展し、銅銭・金・銀のほかに手形として発生した交子や（　9　）が紙幣として使われるようになった。海外貿易も盛んで、唐代以来の広州のほか、明州や泉州などが海港都市として栄え、ムスリム商人が多数来航し、e朝鮮や日本との貿易も活発に行われた。こうした海港都市には、貿易を管理するための（　10　）が設置された。

問1　下線部aに対し、権力を削減されていったものは何か。

問2　下線部bについて述べた文①〜③から正しいものを1つ選べ。
　①　遼は、北宋と澶淵の盟を結び、北宋を臣従させた。
　②　遼は、中国東北部にあった渤海を滅ぼした。
　③　遼は、西夏の建国を援助し、燕雲十六州を獲得した。

問3　下線部cの結果、財政難に陥った北宋で実施された改革について述べた次の文**ア・イ**の正誤を判定せよ。
　ア　神宗の宰相であった王安石が改革に着手したが、司馬光らがこれに反対した。
　イ　新法のなかには、中小商人に低利で貸し付けを行う青苗法があった。

問4　下線部dの事件を何というか。名称を記せ。

問5　下線部eに関連して、宋代の朝鮮半島で生産された独特の色合いをもつ陶磁器の名称を記せ。

1	2	3	4
5	6	7	8
9	10	問1	問2
問3ア　　　　イ	問4	問5	

2 宋代の文化　（　）に適切な用語を記し、**問**に答えよ。

（関西大・改　2003年）

　北宋の時代には、科挙制度の整備に伴って（　**1**　）と呼ばれる儒教的教養をもつ階層が登場し、それまでにない新しい文化が興った。思想の面では、（　**2**　）や程顥、程頤らが、唐の『五経正義』に代表されるような（　**3**　）学的解釈に反発して、経典の内容を深く読みとるとともに、これに宇宙論的な基礎付けを加味することで、独自の思想体系を打ち出した。彼らの思想は、南宋の（　**4**　）により大成された。

　文学の面では、唐の韓愈・柳宗元を受けて、自らの考えを文雅にして明晰な文体で表現しようという教養人らしい動きが起こった。『新唐書』を編纂した欧陽脩、「赤壁の賦」で知られる（　**5**　）、新法を実施した政治家でもある（　**6**　）らは、その代表的な文章家であり、唐宋八大家と総称される。また、楽曲に合わせてうたう（　**7**　）が盛んになったこともこの時代の特徴であり、欧陽脩や（　**5**　）はその名手でもあった。

　史学の面では、（　**8**　）の『資治通鑑』が特筆される。この書は戦国時代から五代末までの歴史を（　**9**　）という叙述形式を用いて編纂したものであり、これもまた後世に大きな影響を与えた。

問1　宋代の美術・工芸について、(1)(2)に答えよ。
　(1)　宋代は陶磁器の製造技術が高まった。宋磁の代表とされる2種類の陶磁器の名称を記せ。
　(2)　宮廷画家による院体画に対し、（　**1**　）が水墨などを用いて自由な筆さばきで描いた画の名称を記せ。

1	2	3	4
5	6	7	8
9	問1(1)		(2)

●資料問題へのアプローチ

■ 南宋の受難　次の資料は、南宋がある国家と結んだ和議の一部である。

　　今、国境を画し、淮水の中流を以て両国の境といたします。世々子孫謹んで臣下の節を守り、毎年皇帝の誕生日、ならびに正月には使を送って機嫌をうかがい、年に□□□各二十五万両匹を貢物として壬戌の年（1142年）より毎年春の季節に、泗州までお送りいたします。

（『宋史』紀事本末）

問1　(1)南宋が和議を結んだ相手国と、その国を構成する民族を記せ。(2)この和議を推進した南宋の宰相の名を記せ。(3)□□□に該当する品目2つを記せ。

問2　この和議の内容は、南宋にとって屈辱的なものであった。その理由を簡潔に記せ。

問1(1)国名	民族	(2)	(3)
問2			

●論述問題へのアプローチ

■ 北宋の中央集権化（新潟大・改　2008年）　　　　　入試問題**1**を参照しよう！

　北宋では、中央集権を強化するためにどのような政策がとられたか、90字以内で説明せよ。論述の際は、次の[指定語]を必ず使用すること。

　[指定語]　藩鎮　　文治主義　　科挙

●基本事項のチェック　　　　　　　　　　　　　　　　　　　　　　　　　　　知

❶ モンゴル帝国の形成

① _____

□① モンゴル高原で勢力を伸ばしたテムジンは、1206年の▢▢▢▢でカン（ハン）位についてチンギス＝カン（ハン）となり、大モンゴル国を建てた。

② _____

□② 征服戦争に乗り出したチンギス＝カンは、トルキスタン・イラン方面の新興勢力を倒し、中国西北部の陝西・甘粛地方にあった▢▢▢▢を滅ぼした。

③ _____

□③ チンギス＝カンの没後、カアンと称した息子のオゴデイは、1234年、金を滅ぼして華北を領有し、モンゴル高原の▢▢▢▢に都をおいた。

④ _____
　　　　　の戦い

□④ チンギス＝カンの孫バトゥが率いる軍は東欧に侵攻し、▢▢▢▢の戦いでポーランド諸侯・ドイツ騎士団の連合軍を撃破した。

⑤ _____朝

□⑤ チンギス＝カンの孫フレグは、バグダードを占領して▢▢▢▢朝を滅ぼした。

⑥ _____

□⑥ 南ロシアでバトゥは▢▢▢▢＝ハン国を、イラン・イラク方面でフレグはイル＝ハン国を建国し、中央アジアにはチャガタイ＝ハン国が成立した。

❷ 元の東アジア支配

① _____
　　　　　の乱

□① クビライの即位に反対したオゴデイ家は▢▢▢▢の乱を起こした。

② _____

□② 1271年、クビライは▢▢▢▢（現在の北京）に都をおいて国号を中国風の元とし、その後南宋を滅ぼして中国全土を支配した。

③ _____

□③ クビライは日本遠征に際し、属国である朝鮮の▢▢▢▢を元に協力させた。

④ _____

□④ 元は中国の伝統的な官僚制度を採用したが、▢▢▢▢の実施は少なかった。

⑤ _____

□⑤ 元は、▢▢▢▢と総称される中央アジア・西アジア出身者を財務官僚とした。

⑥ _____

□⑥ 元では、金支配下の人々を漢人、南宋支配下の人々を▢▢▢▢と呼んだ。

⑦ _____

□⑦ モンゴル帝国は、領土全体に▢▢▢▢を整備し、陸路長距離商業が栄えた。

⑧ _____

□⑧ 海上交易の発展により杭州・広州・泉州などの港市が繁栄し、海上輸送の海運が発達する一方で、▢▢▢▢も補修された。

⑨ _____

□⑨ 元の政府が発行した紙幣である▢▢▢▢は、元の主要な通貨となった。

⑩ _____

□⑩ 『▢▢▢▢』は『琵琶記』＊とともに、口語体で書かれた元曲の代表作とされる。

⑪ _____

□⑪ 元代には、『水滸伝』『三国志演義』『▢▢▢▢』など、口語長編小説の原型ができた。

❸ モンゴル時代のユーラシア

① _____

□① プラノ＝カルピニとともにカラコルムを訪れた▢▢▢▢は、フランス王ルイ9世に派遣された。

② _____

□② 大都の大司教となった▢▢▢▢は、初めて中国でカトリック布教を行った。

③ _____

□③ ヴェネツィア商人の▢▢▢▢は、『世界の記述（東方見聞録）』を著した。

④ _____

□④ イスラームの天文学を取り入れて郭守敬が作成した▢▢▢▢は、日本の貞享暦のもととなった。

⑤ _____

□⑤ チベット仏教の教主でクビライの師であった▢▢▢▢がつくった▢▢▢▢文字はしだいに廃れ、ウイグル文字でモンゴル語が表記されるようになった。

❹ モンゴル帝国の解体

① _____

□① チャガタイ＝ハン国の分裂抗争のなかから頭角をあらわした▢▢▢▢は、イル＝ハン国が支配していたイラン・イラクにまで領土を広げた。

② _____国

□② キプチャク＝ハン国は内紛で衰え、やがて▢▢▢▢国が勢力を伸ばした。

③ _____
　　　　　の乱

□③ ▢▢▢▢の乱をはじめとして各地で反乱が起こった元は、明に大都を奪われてモンゴル高原に退き、北元として残存した。

❶ モンゴル帝国による広域支配の方法は、どのような特徴をもっていただろうか。宋代など、中国の王朝の統治の方法と比較してみよう。**教**p.120**愚** **主**

●入試問題へのチャレンジ

1 モンゴル帝国と元（　　）に適切な用語を記し、**問**に答えよ。
(成城大・改　2004年)

　ユーラシアの草原地帯ではトルコ系やモンゴル系の諸部族が割拠していたが、12世紀末にモンゴル族のなかから（　1　）があらわれ、統一の気運が生じた。彼は1206年、クリルタイでチンギス＝カンの称号を受けると、ａ強力な騎馬軍団を率いて内陸アジアの遊牧民族のほとんどを支配下に収め、モンゴル帝国の基盤を築いた。

　その後も彼の子や孫らが支配地域を広げた。（　2　）は、父チンギス＝カンの征服事業を継いで1234年華北を支配する金を滅ぼし、その翌年首都をカラコルムに定めた。ついで、ヨーロッパ遠征に出発した（　3　）の軍隊は、ロシアの主要都市を攻略したあと、41年ドイツ・ポーランドの諸侯連合軍をヴァールシュタットの戦いで破った。一方、ｂ西アジアに遠征した（　4　）は、58年バグダードを占領しアッバース朝を滅ぼした。こうしてモンゴル帝国は、ユーラシアにまたがる史上空前の領土となった。

　1260年ハンの位についた（　5　）は、さらに中国農耕世界を取り込んだ新たな国づくりを推し進めた。彼は、首都を大都(現在の北京)に移し、国号を中国風に元と改め、76年に南宋を滅ぼして中国統一を完成した。元は歴代中華王朝の中央集権的支配体制を採ったが、一方で士大夫が官界で活躍する機会を限定し、モンゴル人、西域の異民族から成る（　6　）、漢人、南人という4階級の身分制度を実施し、伝統的な儒教文化を軽視した。また、遊牧民族である彼らは、全土に（　7　）を整備して交通路の整備と確保に努めた。そのため、ｃ多数の人々が往来してヨーロッパ文化やイスラーム文化が伝わるなど東西文化の交流が盛んに行われた。

　しかし、（　5　）の死後は帝位継承をめぐる政治の混乱や財政政策の失敗などから民衆の不満が高まり、農民による暴動や反乱が相次いだ。弱体化した元は、14世紀半ばに宗教的秘密結社が河南で起こした（　8　）の乱をきっかけに経済的基盤であった江南の穀倉地帯を失うと、北上してきた明の攻撃を受けてモンゴル高原に退いた。

問1　下線部ａに関連して、チンギス＝カンが1227年に征服したチベット系タングート人の国の名を記せ。
問2　下線部ｂに関連して、この遠征によってイラン地方に建てられた国の名を記せ。
問3　下線部ｃについて述べた次の文**ア・イ**の正誤を判定せよ。
　　ア　ルブルクは大都に到着し、大司教となりカトリックの布教を行った。
　　イ　イスラーム天文学の影響を受けて、郭守敬が授時暦を作成した。

1	2	3	4
5	6	7	8
問1	問2	問3ア	イ

●論述問題へのアプローチ

元の中国統治（東京都立大・改　2008年）　　💡入試問題**1**を参照しよう！

　元の中国統治の実態はどのようなものであったか。その特徴を90字以内で述べよ。論述の際は、次の[指定語]を必ず使用すること。

　[指定語]　**色目人**　　**南人**　　**科挙**　　**士大夫**

●基本事項のチェック

❶ 神聖ローマ帝国の成立と1000年頃のヨーロッパ

①	□① 911年、東フランク王国でカロリング家が断絶し、□□□朝が成立した。
② 人	□② 955年、オットー1世(大帝)は、□□□人をレヒフェルトの戦いで破った。
③ 年	□③ □□□年、オットーはローマ皇帝に戴冠され、神聖ローマ帝国が成立した。
④ 人	□④ イングランドでは、デーン人の征服後、□□□人の統一王国が成立した。
⑤	□⑤ デンマークの□□□は、イングランド・デンマーク・ノルウェーの王位を兼ね、北海をまたぐデーン朝を創設した。
⑥	□⑥ 988年、キエフ公国の大公□□□は、ギリシア正教に改宗した。
⑦	□⑦ 西フランク王国では、カロリング家断絶後、987年にパリ伯□□□がカペー朝を開き、フランス王国が成立した。
⑧ 王国	□⑧ イベリア半島では、キリスト教徒の□□□王国が、後ウマイヤ朝と争った。
⑨ 朝	□⑨ ビザンツ帝国は、□□□朝の時、皇帝バシレイオス2世がブルガリア王国を併合するなど、最盛期となった。

❷ 教皇座の改革と東西教会の分裂

① 修道院	□① 聖職売買や聖職者の妻帯など教会の腐敗に対し、□□□修道院は、修道院の生活規範の改革に着手した。
②	□② 1054年、ローマ教皇と□□□総主教は互いに破門し、東西教会の分裂となった。
③	□③ 教皇□□□とドイツ国王ハインリヒ4世との間で、叙任権闘争が起こった。
④	□④ 1077年、ハインリヒ4世が教皇に赦免を請う「□□□」という事件が起きた。
⑤ 協約	□⑤ 1122年の□□□協約によって、教会による司教の叙任と王による封土の授与を区別する妥協案が成立したが、教皇権と皇帝権の対立はその後も続いた。
⑥	□⑥ □□□は、1066年にブリテン島に上陸し、イングランド軍をヘイスティングズの戦いで破り、ウィリアム1世として即位して、ノルマン朝を開いた。

❸ 十字軍と騎士の台頭

①	□① 11世紀後半のイベリア半島では、キリスト教国のレオン王国・アラゴン王国によって、イスラーム勢力に対する□□□が進められていた。
② 朝	□② □□□朝は、11世紀にファーティマ朝からシリア・パレスチナを奪って聖地イェルサレムを支配下におき、マンジケルトの戦いでビザンツ帝国を撃退した。
③ 制	□③ ビザンツ帝国では、軍役奉仕と引きかえに領地を与える□□□制が始まった。
④	□④ 教皇□□□は、クレルモン公会議で聖地奪回の遠征軍派遣を呼びかけた。
⑤	□⑤ 第1回十字軍は、1099年に聖地□□□を占領し、□□□王国を建国した。
⑥	□⑥ 騎士たちの武勇は、『□□□』や『ニーベルンゲンの歌』などの叙事詩にうたわれ、口語(俗語)による騎士道物語が多く生まれた。
⑦	□⑦ ノルマン人の□□□は、1130年にシチリア王国を建国した。

❹ ヨーロッパの膨張と成熟

① 海	□① 12〜14世紀に行われた東方植民運動は、プロイセン地方を含む□□□海沿岸からロシアにまでおよんだ。
② 会	□② 修道会の先駆けである□□□会は、開墾運動を推進した。
③	□③ 12世紀には、アラブ=イスラーム世界に継承された古典古代の学問が、イベリア半島の□□□やシチリア島のパレルモでラテン語に翻訳された。
④	□④ ボローニャ大学(法学)をはじめ、パリ大学(神学)・オクスフォード大学(神学)

といった初期の大学が誕生し、[____]と呼ばれる知の革新運動が起こった。

□⑤ 11〜12世紀に、重厚な壁などを特徴とした[____]様式の聖堂が建造された。

□⑥ ドイツでは、[____]朝の皇帝<u>フリードリヒ1世</u>が、ローマ法に基づく皇帝理念を掲げ、積極的な<u>イタリア政策</u>を展開した。

□⑦ フリードリヒは、<u>ミラノ</u>を中心とする北イタリア諸都市からなる[____]同盟に宗主権を認めさせようとした。

□⑧ イングランドでは、<u>アンジュー家</u>の<u>ヘンリ2世</u>が[____]朝を開き、相続や婚姻により、イングランドと西南フランスにまたがる大領土を統治した。

□⑨ 12〜13世紀のヨーロッパでは、天上へのびる垂直性を特色とする[____]様式が普及し、パリの<u>ノートルダム大聖堂</u>やドイツのケルン大聖堂が建てられた。

□⑩ フランスでは、カペー朝の王[____]が王領を拡大し、統治基盤を強化した。

□⑪ 12世紀後半、<u>イェルサレム王国</u>をアイユーブ朝の<u>サラディン(サラーフ=アッディーン)</u>が滅ぼすと、イングランド王[____]らによる<u>第3回十字軍</u>が派遣された。

□⑫ 教皇<u>インノケンティウス3世</u>が編制した<u>第4回十字軍</u>は、聖地ではなく[____]を攻略し、そこに<u>ラテン帝国</u>を建国した。

□⑬ 教皇インノケンティウス3世は、⑩の協力を得て、南フランスの異端である[____]派を撲滅した。

□⑭ イングランド王<u>ジョン</u>は、フランスとの戦いで在仏所領の大半を失い、国内では諸侯の要求に屈して、1215年、[____]に署名した。

□⑮ 13世紀後半、<u>第6回・第7回十字軍</u>を指揮した仏王[____]は、列聖された。

□⑯ イベリア半島では、<u>アラゴン連合王国</u>がカスティリャ王国・[____]王国とともにレコンキスタを進め、イスラーム勢力を半島南端の<u>ナスル朝</u>に封じ込めた。

□⑰ 神聖ローマ皇帝<u>フリードリヒ2世</u>はシチリア王国統合後、[____]大学を建てた。

□⑱ フリードリヒ没後、神聖ローマ帝国は対立国王が並び立つ「[____]」となった。

□⑲ <u>托鉢修道会</u>の[____]会と<u>ドミニコ会</u>は、教皇から公認された。

□⑳ ドミニコ会士の[____]は、『<u>神学大全</u>』を著し、<u>スコラ学</u>を体系化した。

❺中世都市の成立と発展

□① 中世都市には、大商人を中心とした商人[____]とともに、手工業者の職種別の同職[____](手工業[____]、同業組合、ツンフト)が存在した。

□② ヨーロッパには、イタリア商人が[____]・絹織物など奢侈品をおもに扱う<u>地中海商業圏</u>と日常的物資をおもに扱う<u>北ヨーロッパ商業圏</u>が形成された。

□③ フランスの[____]地方は、大市の開催地として繁栄した。

□④ [____]地方の<u>ブリュージュ・ガン</u>が<u>毛織物</u>の取引で台頭し、14世紀以降は<u>アントウェルペン</u>が国際商業の中心地となった。

⑤	様式
⑥	朝
⑦	同盟
⑧	朝
⑨	様式
⑩	
⑪	
⑫	
⑬	派
⑭	
⑮	
⑯	王国
⑰	
⑱	
⑲	会
⑳	
①	
②	
③	地方
④	地方

●読み取り力のチェック ㊥

□ 十字軍を示す次の表中a〜eにあてはまる語句を記し、表を完成させよ。

十字軍	時期	特色
第1回	1096〜99年	聖地を占領し、<u>イェルサレム王国</u>を建国。
第2回	1147〜48年	仏王ルイ7世、独王コンラート3世が参加。
第3回	1189〜92年	<u>アイユーブ朝</u>の君主[a]の聖地占領に対して、ドイツ皇帝[b]・仏王<u>フィリップ2世</u>・英王[c]が参加。
第4回	1202〜04年	教皇[d]が編制。兵員を運搬した<u>ヴェネツィア商人</u>が、<u>コンスタンティノープル</u>を占領させ、[e]を建国。

a :
b :
c :
d :
e :

❶ ヴォルムス協約の締結後もなお、皇帝権と教皇権の対立が続いた理由について考えてみよう。教p.129知思

❷ ヨーロッパにおいて中世都市が数多く成立し、独自の発展をとげた背景について、経済・社会・法の観点から考えてみよう。教p.133知思主

●入試問題へのチャレンジ

1 十字軍と教皇権 （　　）に適切な用語を記し、**問**に答えよ。　　　　　　　（高崎経済大・改　2010年）

　a11世紀に中央アジアから東地中海沿岸に進出したセルジューク朝によって、小アジア、聖地イェルサレムを奪われたビザンツ帝国は、ローマ教皇に救援を要請した。これを受け、教皇ウルバヌス2世は、1095年（　1　）宗教会議を招集し、聖地回復のための聖戦の実施を提唱した。翌年、諸侯や騎士などからなる第1回十字軍が出発、聖地の奪回に成功し、イェルサレム王国を建てた。

　1198年から1216年に在位した教皇（　2　）は、b第4回十字軍を提唱するほか、プランタジネット朝のイギリス王（　3　）や（　4　）朝のフランス王フィリップ2世らに破門などの手段で圧力をかけることにより、c教皇権の絶頂期を現出した。

問1　下線部aに関連して、叙任権闘争について述べた次の文ア・イの正誤を判定せよ。
　　ア　教皇グレゴリウス7世は、叙任権を争った神聖ローマ皇帝ハインリヒ4世を破門した。
　　イ　ヴォルムス協約によって、叙任権は、ローマ教会と皇帝の双方が持つこととなった。
問2　下線部bに関連して、第3回・第4回十字軍について述べた文として正しいものを2つ選べ。
　　①　第3回十字軍は、アイユーブ朝を建てたサラディンの進出に対抗して起こされた。
　　②　第3回十字軍にはドイツ皇帝・フランス王・イギリス王が参加し、聖地奪回に成功した。
　　③　第4回十字軍は、海上輸送を担当したヴェネツィアの商人が主導権を握った。
　　④　第4回十字軍は、聖地ではなくアッコンを攻略し、そこにラテン帝国を樹立した。
問3　下線部cについて述べた次の文ア・イの正誤を判定せよ。
　　ア　アルビジョワ十字軍により、北ドイツの異端であるカタリ派が撲滅された。
　　イ　托鉢修道会のフランシスコ会やドミニコ会が教皇によって認可された。

1		2	3		4
問1ア	イ	問2	問3ア	イ	

2 ヨーロッパ中世都市の成立と発展 （　　）に適切な用語を記し、**問**に答えよ。　　（近畿大・改　2005年）

　11世紀頃の西ヨーロッパでは、農業生産に余剰が生まれて商業が発展するにつれて、古代ローマの都市のあとや司教座教会、君主・諸侯の城塞などを中核にして中世の都市が発達した。加えて、十字軍をきっかけに遠隔地貿易が隆盛したことも、こうした都市にさらなる発展をもたらした。

　イタリアでは、ヴェネツィア・（　1　）・ピサなどの港市が東方から香辛料などを輸入し、（　2　）・フィレンツェなどの内陸都市も（　3　）業や金融業で栄え、地中海商業圏が活性化した。一方、北ドイツの都市は海産物や穀物などの日用品を扱い、また、aフランドル地方は（　3　）業で繁栄し、イングランドは（　3　）の原料を輸出するなど、バルト海・北海を中心とする北ヨーロッパ商業圏が形成された。さらに内陸にも都市が発達し、フランスでは大市の開催で知られる（　4　）地方の諸都市やローヌ川沿いのリヨンが、南ドイツではアウクスブルクなどが繁栄した。

　b中世の都市は、はじめ封建領主の支配下にあったが、経済力を基盤に領主から（　5　）を得るなどして自治権を獲得した。イタリアでは自治都市をつくる動きが活発化し、周辺の農村も併合して都市国家に発展した。ドイツでも、皇帝直属の自由都市として諸侯と同じ地位にたつものがあらわれた。こうした都市は、北イタリアの（　2　）を中心とした（　6　）同盟のように都市同盟を結成するなど、大きな政治勢力になった。

問1 下線部aに関連する(1)(2)に答えよ。

(1) この地方を、現在領土の一部としている国を選べ。

①　ベルギー　　②　イタリア　　③　イギリス　　④　ドイツ　　⑤　スペイン

(2) 14世紀以降、この地方で国際商業の中心地となった都市を選べ。

①　アントウェルペン　　②　ブリュージュ　　③　アムステルダム　　④　ニュルンベルク

問2 下線部bについて述べた次の文ア・イの正誤を判定せよ。

ア　都市は、1つの政治体であり、市参事会が行政と立法の権限を握っていた。

イ　同職ギルドの親方たちは、ツンフト闘争を展開して、市政に参加していった

1	2	3		4	
5	6	問1(1)	(2)	問2ア	イ

●資料問題へのアプローチ

■ **教皇権の絶頂**　次の資料A・Bは、教皇権の隆盛に関するものである。

> A 「ローマ教会は神によってのみ建てられた。すべての司教は教皇によってのみ任命されるべきである。司教任命の権はまったく教皇の手にある。皇帝(王)の徽章は教皇によってのみ許されるべく、諸侯が接吻すべきは教皇の足のみである。いかなる名も教皇と同列におかれてはならない。教皇はまた皇帝を退位させることができる。」
>
> B 「創造主は教会の天下に2つの尊王をおかれた。その優れたものは教皇権であって、その心霊におけるはあたかも日中の太陽のごとくである。また、他の一つは皇帝(王)権で、その肉身におけるは、夜の月のごとくである。かくて教皇が皇帝の上に位することは、あたかも太陽の月におけるのと似ている。神は聖ペテロに託するに、全世界の教会のみならず、宇宙のすべてを支配すべき使命をもっていた。」

問1　資料Aについて、(1)これを述べた教皇と争った王の名を記せ。(2)この王が教皇に謝罪した事件は何と呼ばれるか。(3)王はなぜ教皇に謝罪したのか、簡潔に記せ。

問2　資料Bについて、(1)この教皇に屈服したイングランド王の名を記せ。(2)この教皇が行った異端撲滅の十字軍の名称を記せ。(3)この教皇が認可した托鉢修道会を2つあげよ。(4)この教皇が起こした十字軍はどのような結果に終わったか。[**ラテン帝国**]という語を用いて、簡潔に説明せよ。

問1(1)	(2)	(3)	
問2(1)	(2)	(3)	
(4)			

●論述問題へのアプローチ

■ **教皇権と皇帝権**（京都府立大・改　1998年）　　　　　　11世紀に対立した教皇と皇帝を想起しよう！

11世紀後半〜12世紀前半のヨーロッパにおける教皇権と王権の対立について、90字以内で論述せよ。論述の際は、次の[指定語]を必ず使用すること。

[指定語]　**クリュニー修道院**　　**ヴォルムス協約**　　**カノッサ**

教p.142～150

●基本事項のチェック　　　　　　　　　　　　　　　　　　　　　　　　　知

❶ 教皇権の衰退と英仏百年戦争

① _____

☐① 1295年、英王エドワード1世は、身分制議会の◻︎◻︎◻︎を開催した。

② _____

☐② 1302年、仏王フィリップ4世は、聖職者・貴族・平民(市民)の代表者からなる◻︎◻︎◻︎を招集した。

③ _____事件

☐③ 1303年、仏王フィリップ4世は、聖職者への課税をめぐって対立した教皇ボニファティウス8世を◻︎◻︎◻︎事件で逮捕した。

④ _____

☐④ 1309～77年、教皇庁が南仏のアヴィニョンにおかれたことを「◻︎◻︎◻︎」という。

⑤ _____

☐⑤ 1378～1417年、ローマとアヴィニョンに教皇が並立した事態を◻︎◻︎◻︎という。

⑥ _____朝

☐⑥ カペー朝の断絶後、1328年、フランスに◻︎◻︎◻︎朝が成立すると、英仏は武力衝突し、英王エドワード3世がフランス王即位宣言を行うと、戦闘は本格化した。

⑦ _____の戦い

☐⑦ 百年戦争(1339～1453年)の前半は、1346年に◻︎◻︎◻︎の戦いでイングランドの歩兵長弓隊がフランス騎士軍を破るなど、英軍が優勢であった。

⑧ _____

☐⑧ 1429年、◻︎◻︎◻︎がオルレアンの包囲を破って英軍を大敗させ、仏王シャルル7世の戴冠が実現すると、仏軍が優位となった。

⑨ _____

☐⑨ 1453年、英軍が◻︎◻︎◻︎を除いて全面撤退し、百年戦争は終結した。

⑩ _____

☐⑩ 百年戦争後のイングランドでは、ランカスター家とヨーク家の対立を軸とした内乱である◻︎◻︎◻︎(1455～85年)が起こった。

⑪ _____

☐⑪ イングランド国内では、農民層が分解し、ジェントリ(中小領主)層と◻︎◻︎◻︎(独立自営農民)層が新たに形成された。

❷ 中央ヨーロッパとバルト海地域

① _____

☐① 1356年、神聖ローマ皇帝カール4世は◻︎◻︎◻︎を発布し、7人の選帝侯による皇帝選出を皇帝位の要件として明記した。

② _____家

☐② 1438年以降神聖ローマ皇帝位を世襲したオーストリアの◻︎◻︎◻︎家の勢力拡大に対してスイスの3邦は同盟を結び、15世紀末には事実上独立した。

③ _____同盟

☐③ リューベックを盟主とする◻︎◻︎◻︎同盟は、広域の通商網をもち、14世紀にバルト海の商業利権を掌握した。

④ _____

☐④ 1397年、デンマーク・スウェーデン・ノルウェーの北欧3国は、デンマークの王母マルグレーテの主導で同君連合の◻︎◻︎◻︎を結成した。

⑤ _____

☐⑤ エルベ川以東へ植民運動を進めた◻︎◻︎◻︎は、プロイセン地方で国家建設に着手した。

⑥ _____朝

☐⑥ ポーランド王国は、14世紀前半、カジミェシュ(カシミール)3世(大王)が改革を行い、1386年、リトアニア大公国と合同して◻︎◻︎◻︎朝を創設した。

⑦ _____国

☐⑦ 13世紀中頃に南ロシアに侵攻したモンゴル軍の指導者バトゥが建国した◻︎◻︎◻︎国は、「タタールのくびき」と呼ばれる約200年におよぶ支配を続けた。

⑧ _____

☐⑧ 1480年、モスクワ大公国の◻︎◻︎◻︎は、ノヴゴロドなどの北ロシア諸国を併合して、ロシア国家を統一した。

❸ 14世紀の危機

① _____公会議

☐① 教会大分裂は、神聖ローマ皇帝ジギスムントの提唱で、1414年に開催された◻︎◻︎◻︎公会議により解消された。

② _____

☐② 14世紀半ばに大流行した伝染病の◻︎◻︎◻︎は、領主制を危機に陥れた。

③ _____

☐③ 領主による貢租・賦役の強化に対し、フランスの◻︎◻︎◻︎(1358年)やイングラン

ドの<u>ワット＝タイラーの乱</u>（1381年）などの農民反乱が起こった。

□④ 14世紀後半にオクスフォード大学の神学者 [　　　] が始めた教会刷新の動きは、チェコの<u>プラハ大学</u>の神学部教授<u>フス</u>に影響を与えた。　④ _____

□⑤ フスは①で異端とされ、[　　　] に処せられたが、フスの支持者はフス戦争を起こした。　⑤ _____

□⑥ オスマン朝のヨーロッパ侵攻に対し、皇帝ジギスムントは十字軍を派遣したが、1396年、[　　　] の戦いでオスマン軍に敗北した。　⑥ _____ の戦い

❹ ルネサンス

□① <u>メディチ家</u>など富裕な市民が芸術家や学者を保護した商業都市 [　　　] では、最初にルネサンスが開花し、多くの<u>人文主義者</u>が輩出した。　① _____

□② 詩人 [　　　] は、ラテン語ではなくトスカナ語で『<u>神曲</u>』を著した。　② _____

□③ <u>ペトラルカ</u>は『<u>叙情詩集</u>』を著し、<u>ボッカチオ（ボッカッチョ）</u>は『[　　　]』のなかでペスト流行下における人間の欲望や偽善を風刺した。　③ _____

□④ メディチ家の庇護を受けた建築家 [　　　] は、①の大聖堂の建造を指揮した。　④ _____

□⑤ メディチ家の庇護下で、<u>ボッティチェリ</u>は「[　　　]」を描いた。　⑤ _____

□⑥ [　　　] は、「<u>最後の晩餐</u>」や「<u>モナ＝リザ</u>」を描いた。　⑥ _____

□⑦ 「<u>ダヴィデ像</u>」を制作した<u>ミケランジェロ</u>は、システィーナ礼拝堂の壁面に祭壇画「[　　　]」を描いた。　⑦ _____

□⑧ ミケランジェロは建築家<u>ブラマンテ</u>＊を引き継ぎ、ローマの [　　　] を造営した。　⑧ _____

□⑨ <u>ラファエロ</u>は、聖母子像やヴァチカン宮殿内の「[　　　]」を描いた。　⑨ _____

❺ イベリア半島諸国の情勢

□① イベリア半島には、<u>ローマ・イェルサレム</u>と並ぶ聖地 [　　　] がある。　① _____

□② 1479年、カスティリャ王女 [　　　] はアラゴンの王子<u>フェルナンド</u>と結婚し、<u>スペイン王国</u>が誕生した。　② _____

□③ 1492年、スペイン王国はナスル朝の都 [　　　] を攻略した。　③ _____

●読み取り力のチェック ▨▨▨▨▨▨▨▨▨▨▨▨▨▨▨▨▨▨▨▨▨▨▨▨▨▨▨▨▨▨▨ 思

□ 次の地図は、14世紀半ば～15世紀のヨーロッパを示している。

① 地図中 [　　　] を所領とした王家の名称を記せ。　① _____

② 1414年、フスの火刑を決定した公会議が開催された都市名を記し、その位置を地図中a～eから選べ。　② 地名： _____　場所： _____

③ 地図中A～Cの国名・領土名を記せ。　③ A： _____　B： _____　C： _____

④ ポーランドとCが合体してできた [　　　] の王朝名を記せ。またこの王朝とBの関係を簡潔に記せ。　④ 王朝： _____　関係： _____

⑤ 地図中〜〜〜が示す同君連合の名称を記し、これが敵対したドイツ諸都市の都市同盟の名称を記せ。　⑤ 同君連合： _____　都市同盟： _____

（地図：ノルウェー王国、スウェーデン王国、デンマーク王国、フランス王国、神聖ローマ帝国、ポーランド王国、ハンガリー王国、ワラキア公国、ボスニア王国、セルビア王国、ブルガリア帝国、教皇領、ナポリ王国、シチリア王国、オスマン帝国、ビザンツ帝国。タンネンベルク。A、B、C、a、b、c、d、e）

❶ ペストの流行により、ヨーロッパの人口は大きく減少した。同時代の世界各地を襲ったペストの流行は、各地で社会にどのような影響をおよぼしたのだろう。教p.146知思

●入試問題へのチャレンジ

1 中世の英仏関係 （　）に適切な用語を記し、**問**に答えよ。 （立命館大・改　2001年）

　9世紀頃から海上を経由して盛んな活動を始めたノルマン人は、ヨーロッパ各地に侵入し、やがて定住するようになった。10世紀の始めには、首長ロロに率いられたノルマン人が北フランスに侵入し、国王から封土を受けて（　**1**　）公国を建てた。1066年、（　**1**　）公ウィリアムはイングランドに侵入し、ヘイスティングズの戦いに勝利してイングランド王ウィリアム1世となり、ノルマン朝を開いた。この後ノルマン朝の王は（　**1**　）を所有したままイングランドを支配したので、この領地については、フランス王の臣下という立場にあった。

　しかしこの王朝は12世紀半ばに直系が断絶し、フランス南西部の大領主（　**2**　）伯がイングランド王ヘンリ2世となって（　**3**　）朝を開いた。このことによりイングランド王国はさらに多くの所領をフランス王国内にもつことになった。ヘンリ2世の子（　**4**　）はフランス王のフィリップ2世と戦い、フランス王国内の領土の大半を失ったが、フランス南西部にはイングランド王国領が残っていた。

　1328年、フランスで（　**5**　）家のフィリップ6世が即位すると、当時のイングランド王エドワード3世は血統上の関係から、自らのフランスの王位継承権を要求した。1339年、百年戦争が始まると、イングランド軍は戦闘を優位に進め、とくに戦争初期には、エドワード黒太子が率いる（　**6**　）隊がフランス軍を次々と打ち破り、a14世紀の中頃には、大陸のイングランド王国領を広げていった。しかし、救国の神託を受けたとするジャンヌ＝ダルクが、英軍に包囲された町（　**7**　）を解放するとフランス軍は勢いを取り戻し、王太子はランスで即位してシャルル7世となった。最終的にフランス軍は勝利し、大陸の英領は、港市カレーを残すのみとなった。

問1　下線部aの時期のヨーロッパについて述べた文として正しいものをすべて選べ。
　　① 神聖ローマ帝国では、シュタウフェン朝が断絶し、大空位時代が始まった。
　　② ポーランドは、ヤゲウォ朝のもとで、リトアニアと同君連合王国を形成した。
　　③ 北欧3国は、デンマーク王母マルガレーテのもとで、ハンザ同盟を結成した。
　　④ フランス王フィリップ4世が、教皇ボニファティウス8世を捕らえた。

1	2	3	4
5	6	7	問1

2 12世紀ルネサンス （　）に適切な用語を記し、**問**に答えよ。 （名古屋大・改　2009年）

　ルネサンス以前の中世にも文芸復興の動きがみられたことが知られる。その代表は（　**1**　）＝ルネサンスと12世紀ルネサンスである。

　カール大帝の時代にアーヘンの宮廷を中心に栄えた（　**1**　）＝ルネサンスにおいては、フランク王国外部からやって来た学者が重要な役割を果たした。イングランドから招かれたアルクインに加えて、イタリア出身のパウルス＝ディアコヌスやスペイン出身のテオドゥルフらが活躍した。なお、この文芸復興運動は、a聖書とキリスト教への理解をさらに深めようとする意図と密接に結びついていたことが知られる。

　12世紀は西洋中世の文化が大きな飛躍を遂げた時代であった。その中心となったのは、この頃誕生する大学である。bパリ大学は神学、ボローニャ大学は（　**2**　）、（　**3**　）大学は医学で有名であった。

　中世盛期における文化発展の背景には、農業革命による生産性の向上や人口増加、c商業の発達や都市の成長などがあったが、とりわけイスラーム文化との接触が重要である。十字軍遠征を通して東方との交流が進んだことだけでなく、またイベリア半島と（　**4**　）島でギリシアの古典作品が（　**5**　）語に翻訳されたことが12世紀ルネサンスにとって決定的であったと考えられている。イスラーム支配下にあったイベリア半島中央部のトレドは

1085年にキリスト教徒によって征服され、その後そこでは大量のアラビア語の書物が（　5　）語に翻訳されることになった。（　4　）王国のパレルモの宮廷でも、ギリシア語やアラビア語の写本やその翻訳が数多く見出された。これらの文献が、12世紀西洋における学問発展の土台となったのである。

問1　下線部aに関連して、修道院の活動について述べた次の文ア・イの正誤を判定せよ。
　　ア　シトー派修道会は、積極的に森林の開墾を推進した。
　　イ　托鉢修道会であるフランチェスコ会は、叙任権をめぐって教皇と対立した。
問2　下線部bについて述べた次の文ア・イの正誤を判定せよ。
　　ア　パリ大学で教鞭をとったロジャー＝ベーコンは、『神学大全』を著した。
　　イ　パリ大学を模範として、イングランドにオクスフォード大学が設立された。
問3　下線部cに関連して、ヨーロッパ中世の教会建築について述べた次の文ア・イの正誤を判定せよ。
　　ア　ロマネスク様式の大聖堂には、垂直性を示す尖塔とステンドグラスがつくられた。
　　イ　パリのノートルダム大聖堂やケルンの大聖堂は、ゴシック様式の建造物である。

1	2		3		4	
5	問1ア	イ	問2ア	イ	問3ア	イ

●資料問題へのアプローチ

神聖ローマ帝国の文書　次の資料は、1356年、ある神聖ローマ皇帝が発布したものである。

> 　帝位に空位が生じた時は、マインツ大司教が選挙団を召集する。彼は下記の順にa同僚の投票を求める。第一にトリーア大司教、第二にケルン大司教、第三にボヘミア（ベーメン）王、第四にライン宮中伯、第五にサクソニア（ザクセン）大公、第六に□□□辺境伯にたずねる。以上の手続きを終えたのち、マインツ大司教は自分の投票を公表する。

問1　(1)　この文書の名称と、これを発布した皇帝の名を記せ。　　(2)　この文書が出された理由を簡潔に記せ。
問2　(1)　下線部aの投票権をもつ聖俗諸侯を何と総称するか。また□□□にあてはまる地名を記せ。
　　　(2)　この文書が神聖ローマ帝国にもたらした弊害を簡潔に記せ。

問1(1)文書	皇帝	(2)
問2(1)諸侯	地名	(2)

●論述問題へのアプローチ

イスラーム文化の影響（大阪大・改　2010年）　　　　　　　　　　　入試問題**1**を参照しよう！

　12〜13世紀にローマ＝カトリック圏がイスラーム圏から受けた学問上の影響について、100字以内で論述せよ。論述の際は、次の［指定語］を必ず使用すること。

　［指定語］　アリストテレス　　シチリア島　　ラテン語　　ボローニャ大学

明朝と大交易時代の東アジア・東南アジア

教p.152～164

●基本事項のチェック　　　　　　　　　　　　　　　　　　　　　　　　　　　　　　知

❶ 14世紀の東アジア

① ＿＿＿＿の乱
□① 中国では白蓮教徒による＿＿＿＿の乱が起こり、元朝が滅亡する契機となった。

②
□② 反乱のなかで頭角をあらわした＿＿＿＿は、1368年に南京で即位して明朝を建て、初代皇帝となり、一世一元の制により洪武帝と呼ばれた。

③
□③ 明朝が建国当初に討伐した、モンゴルの残存勢力は＿＿＿＿と呼ばれる。

④ ＿＿＿＿幕府
□④ 日本では、後醍醐天皇による討幕運動で＿＿＿＿幕府が崩壊したが、天皇による統治は安定せず、南北朝の動乱が始まった。

⑤
□⑤ 中国北部と朝鮮沿岸で略奪を行っていた＿＿＿＿を討伐したことで名声を上げた李成桂が高麗を倒し、漢城を都として朝鮮王朝を建てた。

❷ 明朝の統治と朝貢体制

① ＿＿＿＿制
□① 徴税の円滑化のため、明朝は110戸で1里を構成する＿＿＿＿制を整備した。

②
□② 洪武帝は、土地台帳の＿＿＿＿と、戸籍・租税台帳の賦役黄冊を作成させた。

③
□③ 明朝は、民衆教化のために＿＿＿＿を発布し、各里で里老人に唱えさせた。

④
□④ 洪武帝は、皇帝独裁体制の強化をはかるために＿＿＿＿とその長官である丞相を廃止し、六部を皇帝直属とした。

⑤
□⑤ 明朝は、＿＿＿＿を官学として科挙制を整備し、明律・明令を制定した。

⑥ ＿＿＿＿制
□⑥ 洪武帝は、民戸と区別した軍戸により軍隊を編制する＿＿＿＿制を創設した。

⑦
□⑦ 明朝は、＿＿＿＿政策を採用して民間貿易を許さず、朝貢貿易のみを認めた。

⑧
□⑧ 第2代建文帝による諸王勢力の撤廃に対し、燕王(のちの永楽帝)が挙兵し、南京を占領して政権を奪取する＿＿＿＿が起こった。

⑨
□⑨ 永楽帝は、北の要衝＿＿＿＿に遷都し、5回にわたりモンゴル高原に親征する一方、ベトナム北部も一時占領した。

⑩
□⑩ 永楽帝は、ムスリムの宦官＿＿＿＿に命じて南海諸国遠征を行わせた。

⑪ ＿＿＿＿王国
□⑪ 明の朝貢国では、15世紀に中山王によって統一された＿＿＿＿王国とマレー半島のマラッカ(ムラカ)王国が貿易の要として繁栄した。

⑫
□⑫ 明の朝貢国となった朝鮮王朝では、朱子学が導入される一方、15世紀前半の世宗の時には、金属活字による出版や＿＿＿＿(ハングル)の制定が行われた。

⑬
□⑬ 日本では、室町幕府の第3代将軍であった＿＿＿＿が明から「日本国王」に封ぜられ、明との勘合貿易を始めた。

⑭ ＿＿＿＿朝
□⑭ ベトナムは、明軍を撃退したあと、＿＿＿＿朝が明と朝貢関係を結んだ。

⑮
□⑮ 1449年、西北モンゴルのオイラトが＿＿＿＿に率いられて中国領内に侵攻し、土木の変で明の正統帝を捕えた。

❸ 交易の発展と朝貢体制の動揺

①
□① ポルトガルは、1511年、＿＿＿＿を占領し、スマトラ島のアチェ王国やジャワ島のマタラム王国などイスラーム国家と香辛料貿易の利を争った。

② ＿＿＿＿朝
□② タイの＿＿＿＿朝やビルマのタウングー朝は、米や獣皮など豊かな物産の輸出によって勢力を伸ばした。

③
□③ 16世紀、武装した密貿易集団＿＿＿＿は、中国や朝鮮沿岸で略奪を行った。

④
□④ ＿＿＿＿が率いるモンゴル勢力は、しばしば長城を越えて明に侵入した。

⑤
□⑤ 明朝が苦しんだ、北方のモンゴル、南方の③の侵攻を「＿＿＿＿」と呼ぶ。

⑥
□⑥ スペインは、メキシコの＿＿＿＿からフィリピンのマニラに銀を運んだ。

□⑦ 中国の＿＿＿に居住権を得たポルトガルは、日本と長崎で貿易を行った。　⑦＿＿＿

❹ 明代後期の社会経済・文化

□① 明代後期に米作の中心が長江中流域に移り、「＿＿＿」といわれた。　①＿＿＿

□② 長江下流は、＿＿＿・生糸の生産中心地となり、手工業が発達した。

□③ 生糸を生産するため、養蚕に必要な＿＿＿の栽培が拡大した。　②＿＿＿

□④ 江西省の＿＿＿は、陶磁器の一大生産地となった。　③＿＿＿

□⑤ 山西商人や＿＿＿商人などの特権商人は、中国の交易ネットワークを握った。　④＿＿＿

□⑥ 同郷・同業の商工業者は、都市に親睦・互助施設の＿＿＿・公所をつくった。　⑤＿＿＿＿商人

□⑦ 16世紀末に明の宰相張居正は、土地税と人頭税などを一括して銀納する税制である＿＿＿を全国的に推進した。　⑥＿＿＿

⑦＿＿＿

□⑧ 張居正の政策は、地方出身の官僚たちの反発を招き、＿＿＿派と非＿＿＿派の党争によって政治は混乱した。　⑧＿＿＿＿派

□⑨ 16世紀初めに＿＿＿学を始めた王守仁(王陽明)は、知識や修養にこだわる朱子学を批判して心即理を主張し、知行合一を説いた。　⑨＿＿＿＿学

□⑩ イエズス会の宣教師マテオ＝リッチは、世界地図の「＿＿＿」を作製した。　⑩＿＿＿

□⑪ カトリック教徒となった学者＿＿＿はマテオ＝リッチに学び、『崇禎暦書』を編纂し、ユークリッド幾何学を漢訳した『幾何原本』を残した。　⑪＿＿＿

□⑫ 明末の中国では、実学が発達し、⑪が『農政全書』を編纂し、李時珍が『本草綱目』、宋応星が『＿＿＿』を著した。　⑫＿＿＿

❺ 東アジアの新興勢力

□① 日本では、＿＿＿・豊臣秀吉が新式の火縄銃を活用し、勢力を伸ばした。　①＿＿＿

□② 日本を統一した豊臣秀吉は、大陸進出を企図して朝鮮侵略(壬辰・丁酉倭乱)を行ったが、＿＿＿が率いる朝鮮水軍や明の援軍に苦戦し、撤退した。　②＿＿＿

□③ 江戸幕府を開いた徳川家康は、＿＿＿貿易を促進し、東南アジア各地に日本町ができたが、1630年代にはポルトガル人の来航を禁ずる「鎖国」政策をとった。　③＿＿＿＿貿易

□④ 江戸幕府は、＿＿＿船と中国船にのみ長崎への来航を許した。　④＿＿＿＿船

□⑤ 中国東北部では、＿＿＿諸部族を統一したヌルハチが1616年に建国して、国号を金(後金、アイシン)と定めた。　⑤＿＿＿

□⑥ ヌルハチは、＿＿＿の編制や満洲文字の制作など民族独自の制度を整備した。　⑥＿＿＿

□⑦ ヌルハチを継いだ＿＿＿は国号を清と改め、朝鮮を服属させ朝貢国とした。　⑦＿＿＿

□⑧ 弱体化した明朝は、＿＿＿が率いる反乱軍の北京侵攻により滅亡した。　⑧＿＿＿

●読み取り力のチェック　　　　　　　　　　　　　　　　　　　　　思

□　次の絵は、進貢船を迎える那覇港の賑わいを描いたものである。

① 琉球は、15世紀に明の朝貢体制に組み込まれて繁栄したが、それはなぜか。その理由を簡潔に記せ。　①＿＿＿

② 琉球は、2つの海を結ぶ中継貿易の中心であったが、この2つの海の名称を記せ。　②＿＿＿

③ 15世紀、琉球と同じく明に朝貢して繁栄したマレー半島の国はどこか。　③＿＿＿

❶ 明朝の朝貢体制は、中国の国内および周辺諸国にどのような影響を与えただろうか。**教**p.157**思**

●入試問題へのチャレンジ

1 **明帝国の成立**　（　　　）に適切な用語を記し、**問**に答えよ。　　　　　　　　　　　　　　　（西南学院大・改　2008年）

　中国では元朝の末期、重税に苦しんでいた農民が反乱を起こした。なかでも極楽社会の実現をめざす白蓮教徒に指導された反乱軍は強大となり、1351年、白蓮教徒を中心に起こった紅巾の乱は、群雄の蜂起を促し、元朝崩壊を導いた。この反乱のなかで、貧農出身の朱元璋が頭角をあらわした。1368年に南京で皇帝の位に就き国号を明とし、元号を（　1　）としてそれを皇帝の名前とした。元は追われてモンゴル高原に退いた。

　（　1　）帝は、中央の官制については、元代の政治の中心となっていた（　2　）およびその長であった丞相を廃止した。実際に行政を担当する六部は皇帝に直属させ、中央の軍隊を統率する五軍都督府も皇帝の直接指揮に従うことになった。こうして皇帝の独裁体制は強固なものになった。さらには（　3　）を官学とし、科挙を実施して人材登用をはかった。一方、農村については全国規模で人口調査を実施しa里甲制を採用した。農民は、租税・戸籍台帳である（　4　）や土地台帳に基づいて税役が課せられた。民衆の教化については、儒教に基づく教訓を簡条にまとめた（　5　）を公布して、里ごとに唱えさせた。対外政策としては、自分の息子たちを北方の諸王として分封し、モンゴルへの防衛にあたらせた。東南沿海地域については（　6　）を恐れて海禁策をとり、（　7　）による貿易のみを許した。

　（　1　）帝の没後、孫の建文帝が第2代皇帝となった。若い彼は一族・諸王の領地を没収するなどして、皇帝権の強化をはかった。これに（　1　）帝の第4子である北平の燕王朱棣が反発して挙兵した。燕王は、b1402年南京を攻略して帝位を奪い、即位して永楽帝と称した。彼は北方の異民族の侵入に備えて都を北平に移し、ここを北京と改めた。永楽帝は自ら明軍を率いてモンゴル高原に遠征し、南方ではベトナムを一時占領したのをはじめとして、各地に兵を送って（　7　）国の拡大に努めた。また、イスラーム教徒で宦官の（　8　）に命じてc大船団による南海遠征を行わせ、南海諸国の明朝への（　7　）を促した。

問1　下線部aについて述べた文ア・イの正誤を判定せよ。
　　　ア　1里を110戸とし、徴税や治安維持の円滑化をはかった。　　**イ**　里老人が、里内の教化にあたった。
問2　下線部bに関連して、1399～1402年の帝位をめぐる内乱の名称を記せ。
問3　下線部cについて述べた文ア・イの正誤を判定せよ。
　　　ア　南海遠征を機に、マジャパヒト王国が東南アジアの貿易拠点となった。
　　　イ　南海遠征の船団の一隊は、アフリカの東海岸に到達した。

1	2	3	4
5	6	7	8
問1ア　　　　イ	問2	問3ア　　　　イ	

2 **明代の社会・経済・文化**　（　　　）に適切な用語を記し、**問**に答えよ。　　　　　　　　　（法政大・改　2008年）

　16世紀、東アジアは経済的に発展の時期を迎えた。明代末、中国の人々は世の中が激しく変わりつつあることを感じていたという。江南といわれる長江の下流域は、魏晋南北朝時代以来穀倉地帯であったが、農民が副業としていた（　1　）の栽培による養蚕や綿花栽培が拡大し、養蚕に基づく（　2　）のほか、綿織物生産の家内工業化が進んだ。そのため、現在の湖北・湖南省にあたる長江中流域が、新たな穀倉地帯として発展するようになり、「　　a　　」という言葉が流行した。

　商人たちは一カ所に定住することなく、遠隔地の商品を広範囲に持ち運び客商と呼ばれた。彼らは、お互いの

互助組織として（　3　）や公所と呼ばれる同業・同郷の中心的機関をつくって親睦をはかった。商品取引の増大に伴い、江南や広東を中心に貨幣経済が発展し、銀や銅の需要が高まった。日本からも大量の銀が輸入され、明初の紙幣や銅銭にかわって銀が貨幣として用いられるようになった。さらに、スペインやポルトガルの商人たちは中国の産物を買い取るため、b新大陸で使用されていたスペイン銀貨を持ち込んだ。こうした銀の流入によって、江南では税や徭役を銀で換算して一括納入させる（　4　）が16世紀の後半以降行われるようになったが、これは16世紀末には全国に普及するようになった。

　商業や金融の進展に伴い、地主や官僚層を社会的な基盤とした士大夫と呼ばれる知識人層も、実用と実践を重んじるようになった。ここから実学と呼ばれる社会に直接役立つ学問も生まれた。明末に、皇帝を補佐する内閣大学士になった官僚（　5　）は、イタリア出身のイエズス会宣教師マテオ＝リッチと親しくして、自ら洗礼を受けて入信し、『幾何原本』を著した。彼は『（　6　）』も編纂したが、これは、西欧の水利・地理学などを参考にしながら、古来の農学書の諸説を12部門に分類・整理し、記述した農政の総合書である。また、彼はドイツ出身の宣教師（　7　）らの協力を得て、西洋暦法によって『崇禎暦書』を編纂した。こうしたヨーロッパの影響を受けた著作に対して、宋応星の『（　8　）』は主として中国各地の様々な技術をまとめたものとして知られる。

問1　　 a 　にあてはまる言葉を記せ。
問2　下線部bに関連して、(1)スペイン銀貨を積み出したメキシコの港と、(2)それが持ち込まれたフィリピンの港の名をそれぞれ記せ。

1	2	3	4
5	6	7	8
問1		問2(1)	(2)

●資料問題へのアプローチ

■ 明の対外進出　次の資料は、明代、ある遠征に参加した人物が見聞をまとめた『瀛涯勝覧』の一部である。

> 　　　11年癸巳(1413)の年、太宗文皇帝の勅命により、正使太監（　　）は、宝船を指揮して西洋諸蕃国に赴き、皇帝のお言葉や賜り物を伝えたりしました。私も通訳の任を受けて使節のはしに加えられ、随行して参り、見渡す限りの海や波をこえ、その幾千里かもしれない彼方にいたり、諸国を歴巡して、その天の時、気候、地理、人物をこの目でみて、我身で経験しました。……

問1　　　　にあてはまる元号を記し、（　　）に該当する人名を記せ。
問2　明朝皇帝がこの遠征を行わせた目的を簡潔に記せ。

問1元号	人名	問2

●論述問題へのアプローチ

■ 明・清の税制改革　（大阪大・改　2003年）　　　　　　　　　　　　 ☞入試問題■を参照しよう！
　中国歴代王朝のなかで、明初に洪武帝が行った諸政策には、いかなる特色が見出されるか。具体的な政治体制にふれながら、90字以内で述べよ。論述の際は、次の［指定語］を必ず使用すること。

［指定語］　中書省　　元号　　五軍都督府

㊙p.166〜174

●基本事項のチェック　　　　　　　　　　　　　　　　　　　　　　　　　　　　　　㊙

❶ オスマン朝の拡大とその支配

① □① オスマン朝(帝国)第4代のスルタン[　　　]は、1402年のアンカラの戦いでティムール朝の軍に捕らえられた。

② □② オスマン朝を再興した第7代スルタン[　　　]は、1453年、コンスタンティノープルを攻略してビザンツ帝国を滅ぼした。

③ □③ オスマン朝の都となったコンスタンティノープルは、[　　　]とも呼ばれた。

④ □④ 第9代スルタン[　　　]は、1517年にマムルーク朝を滅ぼし、メッカ・メディナの二大聖地を支配した。

⑤ □⑤ 第10代スルタンのスレイマン1世は、ハンガリーを征服し、1529年にハプスブルク家の本拠地[　　　]を包囲した。

⑥ □⑥ スレイマン1世は、1538年プレヴェザの海戦で[　　　]・ヴェネツィアなどの連合艦隊を破り、地中海の制海権を握った。

⑦　　　　　制 □⑦ オスマン朝では、シパーヒーと呼ばれる軍人に、徴税権が認められた封土を与える[　　　]制が実施された。

⑧ □⑧ オスマン朝は、バルカン半島のキリスト教徒農民子弟を強制徴用するデヴシルメにより、歩兵常備軍団の[　　　]を編制した。

⑨ □⑨ 建築家[　　　]は、16世紀半ばに建造されたスレイマン＝モスクに代表される優れた建築を多く残した。

❷ サファヴィー朝の盛衰

①　　　　　派 □① ティムール朝が衰えると、1501年、イラン高原に拠点をおく[　　　]派の神秘主義教団であるサファヴィー教団が勢力を伸ばした。

② □② サファヴィー教団の指導者[　　　]は、アゼルバイジャン地方のタブリーズに都をおいて、サファヴィー朝を創設した。

③　　　　　人 □③ 16世紀末に即位したアッバース1世は、軍制改革を行い、ペルシア湾のホルムズ島にいた[　　　]人を追放し、貿易の主導権を握った。

④ □④ アッバース1世が遷都したイスファハーンには、内外の商人や技術者が多く移住し、「イスファハーンは[　　　]」と呼ばれるほど繁栄した。

⑤ □⑤ イスファハーンでは、「[　　　](王)の広場」の周辺に[　　　](王)のモスクやマドラサ・隊商宿・市場などがつくられた。

⑥　　　　　人 □⑥ 1722年、[　　　]人の侵攻によりイスファハーンが征服され、サファヴィー朝は事実上滅亡した。

❸ ムガル朝のインド支配

① □① ティムール朝の王子[　　　]は、デリー＝スルタン朝最後のロディー朝を倒し、1526年、ムガル朝(帝国)を建てた。

② □② ムガル朝第3代の君主アクバルは、軍隊の組織化をはかり、兵士と馬の数に応じて俸給が支払われる支配者層は[　　　]と呼ばれた。

③ □③ アクバルは、ヒンドゥー教徒とイスラーム教徒の融合をはかるため、非ムスリムに課せられていた[　　　](人頭税)の徴収をやめた。

④　　　　　王国 □④ ムガル朝の第6代君主アウラングゼーブは、イスラーム法を厳格に施行し、人頭税も復活したことから、デカン高原の[　　　]王国との抗争などが起こった。

⑤　　　　　教 □⑤ 16世紀初頭に宗教家のナーナクが、ヒンドゥー教のバクティ信仰とイスラーム

教を融合して創設した□□教は、パンジャーブ地方で普及した。

□⑥　ムガル朝の公用語はペルシア語であったが、ヒンディー語にペルシア語の語
　　彙・語法を取り入れ、アラビア文字で記す□□語も使用された。

□⑦　ムガル朝の第5代君主シャー＝ジャハーンがアグラに造営した□□は、イン
　　ド＝イスラーム文化を象徴する建造物である。

⑥　　　　　　　　　語

⑦

●読み取り力のチェック　　　　　　　　　　　　　　　　　　　　　　　　　思

□　次の地図は、16世紀におけるオスマン朝・サファヴィー朝の領域を示している。

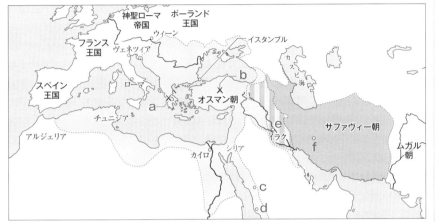

① 地図から読み取れるオスマン朝とサファヴィー朝の領土紛争を簡潔に記せ。

② 16世紀半ば〜末期におけるオスマン朝・サファヴィー朝・ムガル朝の君主の名を
　それぞれ記せ。

③ 地図中 a は、1538年に地中海の支配権を争う海戦が行われた場所である。a の地
　名を記し、ここでオスマン海軍に敗れた国と都市を地図中から探し、それぞれ名称
　を記せ。

④ 地図中 b は、1402年にオスマン朝が敗北した場所である。b の地名を記し、ここ
　でオスマン朝を破った王朝の名を記せ。

⑤ 下の写真アの広場とイの建造物の名称を記し、アの所在地を地図中 c〜f から選
　べ。

①

②
オスマン朝：

サファヴィー朝：

ムガル朝：

③
地名：
国：
都市：

④
地名：
王朝：

⑤
ア：

所在地：

イ：

❶ タージ゠マハルが「イスラーム建築」と呼ばれるのはなぜかを考えてみよう。教p.174思主

●入試問題へのチャレンジ

1 オスマン朝の発展 （　）に適切な用語を記し、**問**に答えよ。 （明治大・改 2007年）

　13世紀末、小アジアの西北部に建国されたオスマン朝は、バルカン半島に領土を拡大していった。さらに1396年にはバヤジット1世が、ハンガリー王ジギスムントを中心とする西欧諸国連合十字軍に勝利してドナウ川下流域を支配下に入れた。しかし、1402年、東方から拡大してきたティムール朝との（　1　）の戦いに敗れ、オスマン朝は一時存亡の危機におちいった。その後、国力を回復したメフメト2世は、（　2　）年、コンスタンティノープルを陥落させ、ビザンツ帝国を滅亡させた。メフメト2世はここに首都を移し、以後、この都市は「イスラーム教徒の町」という意味で（　3　）と呼ばれるようになった。

　その後、第9代スルタンのセリム1世は、1517年、（　4　）朝を滅ぼしてシリア、エジプトおよびアラビア半島の大部分を支配下におさめるとともに、a二聖都の保護者としての地位を手に入れた。次の第10代スルタン（　5　）は、ハプスブルク家に対抗するためフランス王フランソワ1世と同盟を結び、ハンガリーを征服して属国とし、1529年にはウィーンを包囲してヨーロッパ諸国に大きな脅威を与えた。さらに（　5　）は、1538年には（　6　）の海戦でスペイン・ヴェネツィア等の連合艦隊を破り、地中海の制海権を握る一方、イラン・イラクに遠征してペルシア湾岸への交易ルートを押さえ、北アフリカにも支配をひろげた。

　領内に多様な民族・言語・宗教が存在することになったオスマン朝は、イスラーム法に基づく政治を行い、官僚制度を整備し、強力な中央集権体制をとった。バルカン半島や小アジアなどは州・県・郡に分けられ、中央から派遣された宗教知識人の（　7　）たちによって行政が行われ、整然とした行政機構が整えられた。各郡にはカーディー（裁判官）が任命され、彼らはイスラーム法に基づいて裁判を行うとともに、行政の責任を負った。一方、領内に住むイスラーム教徒以外のキリスト教徒やユダヤ教徒に対しては、ミッレト制がとられ、それぞれの宗教共同体を認めたうえで自治を認めることにより、イスラーム教徒との共存がはかられた。

　スルタンの軍隊は、中央におけるスルタン直属の奴隷身分兵士からなる常備歩兵軍団である（　8　）とb地方における騎士軍団とから成っていた。（　8　）は、バルカン半島の征服後、cキリスト教徒の子弟を強制的に徴用する制度によって集められ教育された兵士によって編成された歩兵軍団であった。

問1　下線部aに該当する都市名を2つ記せ。

問2　下線部bに関連して、オスマン朝では、地方の軍政官や騎士に対しては、スルタンから軍事奉仕への代償として徴税権が与えられた。この制度を何というか。下の[語群]から選べ。

問3　下線部cの制度を何というか。下の[語群]から選べ。

> [語群]　① ティマール　② イクター　③ デヴシルメ　④ アター　⑤ プロノイア

1	2	3	4
5	6	7	8
問1		問2	問3

2 ムガル朝のインド支配 （　）に適切な用語を記し、**問**に答えよ。 （國學院大・改 2012年）

　14世紀末、ティムール朝が北インドに侵攻した。さらに16世紀になるとaティムール朝の王子（　1　）が、デリー゠スルタン朝最後の（　2　）朝の軍隊を破ってデリーを占領し、ムガル朝を建てた。ムガル朝は、第3代君主（　3　）の時代に北インドからアフガニスタンにいたる地域を征服して大きく発展した。ムガル朝は、インド史上最大のイスラーム国家であるものの、第5代君主（　4　）の時代まではインドの民族宗教であるヒンドゥー

教に対して融和政策をとった。

　しかし、厳格なイスラーム教の信者である第6代君主（　5　）は、b ヒンドゥー教徒をはじめ、非イスラーム教徒に対する迫害策をつぎつぎと実施した。ただし、ムガル朝の勢力は南インドにまでおよばず、この地域は、c ヒンドゥー教の諸王国の支配下におかれていた。

　ムガル朝は、（　5　）の治世を境に衰退へと向かった。この時代以降、ムガル朝の領域内部で反乱が頻発し、地方勢力の自立化が進んだだけでなく、イラン人やアフガン人の侵入、さらにはイギリスやフランスの進出も重なった。ムガル朝はデリー周辺を支配する小国家へと転落し、やがてシパーヒーの反乱をきっかけにイギリス領へと編入された。

問1　下線部 a の王朝が崩壊する原因となった民族の名を記せ。

問2　下線部 b の迫害策とその影響について述べた文ア・イの正誤を判定せよ。

　　ア　非ムスリムに対するハラージュ（地租）が復活した。

　　イ　ナーナクが、パンジャーブ地方でシク教を創設した。

問3　下線部 c に関連して、17世紀中頃にデカン高原で成立したヒンドゥー教王国の名を記せ。

1	2	3		4
5	問1	問2ア	イ	問3

●資料問題へのアプローチ

■ スレイマン1世　次の資料は、オスマン朝のスレイマン1世がもつ権力について述べたものである。

> 　　 a 　としてオスマン君主は、政治上の元首であり、民治・軍事面での統括者であった。　 b 　としては……スンナ＝イスラーム教徒の信仰上の最高指導者をもって任じ、……シェイヒュル＝イスラーム〔イスラーム長官〕、メルリー＝カーディアスケル〔ヨーロッパ領イスラーム法官の長〕……など、宗務、イスラーム法の運営に携わる高級聖職者を従えていた。
> 　　　　　　　　　　　　　　　　　　　　　　　（三橋冨治男『オスマン帝国の栄光とスレイマン大帝』清水書院）

問1　 a 　と 　b 　に入るべき地位の名称をそれぞれ記せ。

問2　オスマン朝の君主は、イスラーム法の施行者でもあった。この施行のため、都市・郡単位で配置された法官の呼び名と、マドラサで育成され、法官に任命された宗教知識人の呼び名をそれぞれ記せ。

問3　オスマン朝が非ムスリムに対して行った基本的政策を、簡潔に説明せよ。

問1a	b	問2法官	知識人
問3			

●論述問題へのアプローチ

■ ムガル朝の宗教政策　　　　　　　　　　　　　　　入試問題2を参照しよう！

　ムガル朝は、16〜17世紀の間に宗教政策を大きく変えた。その変化を、関係する二人の君主の名を用い、90字以内で説明せよ。論述の際は、次の［指定語］を必ず使用すること。

　　［指定語］　ヒンドゥー教徒　　イスラーム法

●基本事項のチェック

❶ 清朝の広域支配

□① 明の滅亡後、清軍は李自成の反乱軍と戦うという名目のもと、明の武将[　　　]の手引きにより山海関を越えて中国本土に入り、北京を占領した。

□② 清は、清に協力した3人の漢人武将を雲南・広東・福建の[　　　]とした。

□③ 鄭芝竜と日本人女性の間に生まれ、国姓爺の異名をもって復明運動に活躍した[　　　]とその一族は台湾を拠点に、康熙帝に征服されるまで清に抵抗した。

□④ 清朝による藩の撤廃政策を機に起こった[　　　]は、康熙帝により平定された。

□⑤ 中国西北部で清に対抗する遊牧民ジュンガルに備えるため、康熙帝は1689年、ロシアと[　　　]条約を締結して国境を画定した。

□⑥ 清朝の雍正帝は、1727年の[　　　]条約でロシアと西方部分の国境を定めた。

□⑦ ジュンガルは、チベット仏教黄帽派の教主[　　　]との関係強化をはかった。

□⑧ 清朝の乾隆帝は、ジュンガルを平定して東トルキスタンを支配し、「[　　　]」と名付けた。

□⑨ 清朝は、モンゴル・チベットなどを藩部とし、[　　　]がこれを統括した。

□⑩ 清朝は、朝鮮・[　　　]から定期的に朝貢使節を受け入れ、ベトナム・ビルマ(ミャンマー)・タイとも朝貢関係をもった。

① _____
② _____
③ _____
④ _____
⑤ _____ 条約
⑥ _____ 条約
⑦ _____
⑧ _____
⑨ _____
⑩ _____

❷ 清朝の中国統治

□① 清朝は、明朝の官制と官吏登用制度の[　　　]制度を継承する一方、中央行政機関における要職の定員を満洲人・漢人同数とした。

□② 清朝は、明朝の軍隊を受け継いだ漢人の[　　　]のほか、満洲・モンゴル・漢の3軍で編制した八旗を要地に駐屯させた。

□③ 清朝は、漢人男性に対して[　　　]を強制したため、漢人の不満が高まった。

□④ 康熙帝・雍正帝・乾隆帝と続く清朝前期の皇帝は、中国の伝統を継承する皇帝と、北方遊牧民の支配者である[　　　]という2つの性格をあわせもった。

□⑤ 独裁的な権力をもった清朝皇帝は、北京の[　　　]城で政務をとり、雍正帝が設置した皇帝直属の諮問機関である軍機処がこれを補佐した。

□⑥ 清朝は、漢人学者を優遇して、『康熙字典』『古今図書集成』『[　　　]』などの大編纂事業を行った。

□⑦ 清朝は、反清的言論や思想を[　　　]や禁書により、厳しく弾圧した。

① _____
② _____
③ _____
④ _____
⑤ _____ 城
⑥ _____
⑦ _____

❸ 清代の社会・経済と文化

□① 清朝が海禁を解除すると、ジャンク船貿易を行う中国商人のなかに東南アジア各地に住み着く人々が増え、彼らはのちの[　　　]のもとになった。

□② 乾隆帝は、1757年、ヨーロッパ船の来航地を広州1港に限定し、[　　　]と呼ばれる特定の商人団に貿易を管理させた。

□③ 清朝は、明の一条鞭法を簡素化し、丁税(人頭税)を土地税に組み込んだ新税制として[　　　]制を創設した。

□④ 山地に移住し開墾を行った人々は、アメリカ大陸原産の[　　　]やサツマイモを食料とした。

□⑤ 18世紀末に、四川を中心とする新開地で[　　　]の乱が起こった。

□⑥ 明末清初に発展した[　　　]は、儒学の古典研究を精密に行おうとする学問で、顧炎武・黄宗羲*を先駆者とし、乾隆帝時代には銭大昕が活躍した。

① _____
② _____
③ _____ 制
④ _____
⑤ _____ の乱
⑥ _____

□⑦ 清代の長編小説『＿＿＿＿』は、満洲貴族の爛熟と没落を描いた。

□⑧ 清代の長編小説『＿＿＿＿』は、官僚の腐敗を批判した。

□⑨ イエズス会宣教師に関する次の表を完成させよ。

名前(中国名)	出身国	業績など
マテオ＝リッチ(利瑪竇)	イタリア	明代。「坤輿万国全図」(世界地図)
[a](湯若望)	ドイツ	明代に徐光啓らと「崇禎暦書」を編纂 清代に天文台長官として仕える
[b](南懐仁)	ベルギー	清代に大砲を鋳造・暦の改定
ブーヴェ(白進)	フランス	康熙帝に仕える 「[c]」(中国全土の実測図)の作成
カスティリオーネ(郎世寧)	イタリア	康熙帝・雍正帝・乾隆帝に仕える [d]を設計。西洋画法紹介

□⑩ イエズス会宣教師による中国での布教方法をめぐり、カトリック教会内部で＿＿＿＿問題が起こった。

□⑪ 清朝の＿＿＿＿は、キリスト教の布教を1724年に全面的に禁止した。

⑦＿＿＿＿
⑧＿＿＿＿
⑨
a：＿＿＿
b：＿＿＿
c：＿＿＿
d：＿＿＿
⑩＿＿＿＿ 問題
⑪＿＿＿＿

●読み取り力のチェック　　　　　　　　　　　　　　　　　　　　　　思

□ 次の地図は、18世紀後半の清とその周辺諸国を示している。

■清の直轄領

① この地図は、清朝の最大版図を示す。これを実現した皇帝を記せ。

② 地図中――は、1689年、清朝とロシアが締結したネルチンスク条約で画定した国境である。この条約を結んだ清朝の皇帝を記し、彼が条約を結んだ理由を地図から読み取り、簡潔に記せ。

③ 地図中＿＿＿＿は、清朝の藩部を示す。ここではどのような統治方法がとられたか、簡潔に説明せよ。

④ 地図中＿＿＿＿は、どのような国を示しているか。清朝との関係に注目して記せ。

⑤ 地図中aの都市名を記し、1757年にこの都市について、上の写真の皇帝がとった政策を、簡潔に記せ。

①＿＿＿＿
②
皇帝：＿＿＿
理由：＿＿＿
③＿＿＿＿
＿＿＿＿
④＿＿＿＿
⑤
都市：＿＿＿
政策：＿＿＿

❶ 明清交替の動乱とその後の清朝支配の安定は、近隣諸地域にどのような影響を与えたのだろうか。**教**p.180 🤔

●入試問題へのチャレンジ

1　清朝支配の拡大　（　　）に適切な用語を記し、**問**に答えよ。　　　　　　　　　　　　　（成城大・改　2004年）

　1644年（　1　）の率いる反乱軍が北京を占領して明を滅ぼすと、清軍は投降した明の武将呉三桂の先導により、多年攻めあぐねていた山海関を越えて北京に進攻し、これを首都に定めた。清は、呉三桂ら中国の平定に活躍した漢人の武将を（　2　）・広東・福建の各地に封じて支配を任せたが、a彼らは力を強めて清に対する反乱を起こした。（　3　）帝はこの乱を鎮圧して南方の脅威を取り除き、ついで1683年にb台湾を領土に加えた。

　c国内に不安がなくなった清は、力を外へ向けた。1689年、東北方面をうかがって（　4　）流域にまで進出していた帝政ロシアと、ネルチンスク条約を結んでロシア人の南下を阻止した。そして、d外モンゴル・青海・チベット・（　5　）などを藩部として統治し、また、朝鮮・琉球・ベトナム・タイ・ビルマなどの周辺諸国を属国として（　6　）国の待遇を与えた。こうして17世紀後半から18世紀の（　3　）帝・e雍正帝・（　7　）帝の3代の治世に清の領土は最大となり、この国は最盛期を迎えた。（　7　）帝の時代も後半になるとその支配にかげりが生じ、19世紀半ばから欧米列強の進出による半植民地化の道をたどってゆくことになるが、この大国の版図はほぼそのまま現在の中華人民共和国に継承された。

問1　下線部aについて、呉三桂ら漢人武将が起こしたこの反乱を何と呼ぶか。
問2　下線部bを拠点とした人物・国家を時代順に正しく配列したものを選べ。
　　①　オランダ→鄭成功　　②　オランダ→鄭和　　③　スペイン→鄭成功　　④　スペイン→鄭和
問3　下線部cについて述べた文①〜④から正しいものをすべて選べ。
　　①　中央官制の定員を偶数として、満洲人・漢人を併用した。
　　②　明の軍隊を受け継いだ漢人部隊である緑営を配置した。
　　③　満洲人の習俗であった辮髪を、漢人男性に強制した。
　　④　禁書等で反清思想を弾圧し、科挙を廃止した。
問4　下線部dに関連して述べた文ア・イの正誤を判定せよ。
　　ア　清は、藩部の現地勢力に統治を委ね、理藩院に統括させた。
　　イ　清は、チベット仏教の最高権威者ツォンカパを保護・厚遇した。
問5　下線部eの時代は、反清的思想の弾圧が徹底された。書物のなかの反満・反清的な表現を摘発し、その著者が処罰された一連の思想弾圧事件を何と呼ぶか。

1	2	3	4
5	6	7	問1

問2	問3	問4ア	イ	問5

2　清代の社会・経済と文化　（　　）に適切な用語を記し、**問**に答えよ。　　　　　　（新潟大・改　2007・2012年）

　清朝時代は、領土の拡大や経済の発展とともに様々な文化が花開いた時代でもあった。たとえば、長編小説『（　1　）』は貴族の恋愛や栄華没落を描いたものとして知られる。また、明末より儒学経典の校訂などを精密に行う（　2　）学も発展し、銭大昕らが活躍した。清朝は、a『康熙字典』『古今図書集成』『四庫全書』などの大規模な編纂事業を行ったが、反清的言論に対しては、文字の獄など厳しい弾圧を加えた。

　16世紀半ばより、ヨーロッパから（　3　）会など各派の宣教師が中国に布教に訪れた。b清朝は宣教師を重用し、たとえばカスティリオーネは、洋画の技法を紹介し、離宮（　4　）の設計にも加わった。しかし、ヨーロッパの学問や芸術は中国社会に浸透せず、またカトリック教徒の間ではc典礼問題が起こった。

18世紀から19世紀にかけて、清の領域内の人口は１億数千万から３億へと倍増する。こうした d 急激な人口増加の背景には、痩せた土地でも栽培可能な（　５　）やサツマイモなどが伝えられたことがある。人口の急激な増加によって、中国東北、四川、台湾、東南アジアなど周辺地域への移住が進み、その結果、これらの地域では土地の開墾や開発がみられた。中国から海外に移住した中国人は（　６　）のもとになった。1757年、清朝の乾隆帝はヨーロッパ船の来航を（　７　）１港に制限し、（　８　）という特定商人の同業組合に取引を行わせた。

問１　下線部ａに関連して、『古今図書集成』を完成させた皇帝は誰か。

問２　下線部ｂに関連して、康熙帝の保護を受け、レジスとともに中国全土の実測地図である「皇輿全覧図」を作成した宣教師は誰か。

問３　下線部ｃについて述べた文ア・イの正誤を判定せよ。

　　ア　典礼問題は、中国人信者が伝統的祭祀に参加することをイエズス会が認めたことに起因する。

　　イ　乾隆帝は、宣教師によるキリスト教の布教を全面的に禁止した。

問４　下線部ｄの背景には、18世紀初頭の税負担の緩和がある。当時実施された、丁税（人頭税）を土地税に組み込む税制とは何か。

1	2	3	4
5	6	7	8
問1	問2	問3ア	イ	問4

●資料問題へのアプローチ

■ ロシアと清の条約　　次の資料はイエズス会宣教師ブーヴェが、清朝のある皇帝について述べたものである。

> 　　□□□□は日頃、全面的に信頼を寄せられる人物で、かつ内閣のなかで最も頭のよい人物とみなされる重臣中の重臣を２名、遣露使節の首席に選ばれました。そして第１次の清露講和会議は成功をみるにいたりませんでしたが、□□□□はその不成功にも失望されず、再度の使節を送られたのであります。その時、□□□□は適正な訓令を大使に授けておかれました。この訓令のおかげでついに講和が成立し、しかも皇帝のご希望通りの全条件をもって清露両国の国境が決定されたのであります。

問１　□□□□にあてはまる皇帝名と、ブーヴェに中国の状況を報告させたフランス王の名を記せ。

問２　講和の結果、締結された1689年の条約名と、この条約でアルグン川とともに清とロシアの国境を形成した山脈の名称を記せ。

問1皇帝	王	問2条約	山脈

●論述問題へのアプローチ

■ 明・清の税制改革（東京都立大・改　2009年）　　　　　　　　　　　　☞入試問題❷を参照しよう！

　満洲族王朝である清朝は、「餡と鞭」の政策を使い分けることによって、圧倒的多数を占める漢族を統治した。その内容について、90字以内で説明しなさい。論述の際は、次の［指定語］を必ず使用すること。

　　［指定語］　『四庫全書』　　満洲人風俗

教p.184〜191

●基本事項のチェック　　　　　　　　　　　　　　　　　　　　　　　　　知

❶ 大西洋探検の始まりとその背景

① _____
□① 「大航海時代」を切り開いたのは、イタリア商人とイスラーム勢力に対する再征服運動(_____)を進めていたスペイン・ポルトガルの王家であった。

② _____
□② 西地中海では、_____・海図・新型帆船が実用化され、ヴェネツィア・ジェノヴァなどのイタリア商人を主役とした海上交易が活発化していた。

③ _____朝
□③ アジア産の香辛料は、交易ルートをおさえた_____朝(帝国)が高額の税をかけたため、これを直接入手できる交易路の開拓が望まれていた。

④ _____
□④ 13世紀にマルコ゠ポーロがまとめた『_____』に記された「黄金の国(ジパング)」などにより、アジアなど遠方の地への期待が高まっていた。

❷ ポルトガルのアジア参入

① _____
□① 15世紀にポルトガルの「航海王子」_____は、アフリカ西岸航路開拓を推進した。

② _____
□② 1488年、ポルトガル王の命を受けた_____は喜望峰を回航し、アフリカの南端を確認した。

③ _____
□③ 1498年、_____はインド航路を開拓し、インドのカリカットに到達した。

④ _____
□④ ポルトガルは、インド西岸の港湾都市_____に総督府をおき、セイロン島を攻略した。

⑤ _____
□⑤ ポルトガルは、マルク(モルッカ)諸島に産する香辛料を独占するため、1511年に_____を占領した。

⑥ _____
□⑥ ポルトガルは日本の長崎や、明から居住権を獲得した_____を拠点とした。

❸ スペインのアメリカ征服

① _____説
□① ジェノヴァ人コロンブスは、地理学者トスカネ(ッ)リの_____説を信じ、スペイン王家の支援を受けて出帆した。

② _____島
□② 1492年、コロンブスは、カリブ海の_____島に到達し、大陸部も探検したが、ここをインドと信じ、住民をインディオ(インディアン)と呼んだ。

③ _____
□③ フィレンツェ人_____は、コロンブスの到達地を未知の「新世界」と唱えたことから、「アメリカ」の呼び名の起源となった。

④ _____
□④ ヴェネツィア人_____は、イングランド王の支援により北アメリカ大陸を、フランス人カルティエはカナダを「発見」した。

⑤ _____
□⑤ ポルトガル人_____は南アメリカ大陸に漂着し、のちのブラジルを「発見」した。

⑥ _____
□⑥ スペイン人_____は、パナマ地峡を探検して太平洋に到達した。

⑦ _____
□⑦ スペイン王の支援を受けたポルトガル人_____の一行は、南アメリカ南端の海峡を越えて太平洋を横断し、世界周航を成し遂げた。

⑧ _____帝国
□⑧ スペインの「征服者(コンキスタドール)」の一人コルテスは、1521年メキシコの_____帝国を滅ぼした。

⑨ _____
□⑨ スペインの「征服者」の一人_____はペルーに侵攻し、1533年にインカ帝国を滅ぼした。

⑩ _____制
□⑩ 征服者たちがスペイン王室から特権を得て実施した_____制は、使役していた先住民の人口が天然痘などの伝染病により激減すると衰退した。

⑪ _____
□⑪ ドミニコ会の修道士_____は、征服者による蛮行を国王に告発した。

⑫ _____銀山
□⑫ スペインは、ボリビアの_____銀山やメキシコの銀山が発見されると、銀採掘のため先住民を強制労働させることを認め、のちに黒人奴隷も使役した。

❹ 大西洋世界の成立

□① 中南米で採掘された大量の<u>銀</u>は、16世紀半ば以降、スペインからヨーロッパ各地に流入し、□□□と呼ばれる物価騰貴が起こった。

□② 16世紀半ば以降、ブラジルと□□□諸島(カリブ海地域)で、サトウキビ栽培の<u>プランテーション</u>が開発され、大量の<u>砂糖</u>がヨーロッパに運ばれた。

□③ イスラーム圏から伝播し、17世紀にヨーロッパで飲用ブームが起こった□□□は、ジャマイカやブラジルのプランテーションで栽培されるようになった。

□④ 北アメリカでは、イングランド人は<u>ニューイングランド</u>などに、フランス人はカナダやミシシッピ川流域の□□□に入植した。

□⑤ ニューイングランドは17世紀の「巡礼の父祖」(□□□)に始まる<u>ピューリタン</u>の伝統が強く、18世紀には海運業などが発達し、大西洋貿易の拠点となった。

□⑥ フランス領植民地は、□□□の取引が主業で人口も少なく、<u>七年戦争</u>の結果、イギリス領となった。

□⑦ 北アメリカ南東部では、黒人奴隷を用いたプランテーションで、<u>タバコ</u>や米とともに□□□が栽培された。

❺ ヨーロッパ経済の動向

□① 16世紀は、ヨーロッパ経済にとって好況と拡大の時代であったが、17世紀になると天候不順などにより、「□□□」と呼ばれる停滞期を迎えた。

□② 近世の西ヨーロッパでは製造業を展開する経営者や地主が増えたのに対し、バルト海地域では西欧向けの穀物を生産する□□□が広まった。

□③ 近世ヨーロッパでは、国際商業の中心地が、地中海・バルト海沿岸地域から、ヨーロッパ外部と結びついた大西洋沿岸地域に移動する□□□が起こった。

①
② 　　　　　諸島
③
④
⑤
⑥
⑦

①
②
③

●読み取り力のチェック　　　　　　　　　　　　　　　　　　　　　　　　思

□ 次の地図は、15〜16世紀のヨーロッパ人航海者・冒険者たちがたどった経路を示している。

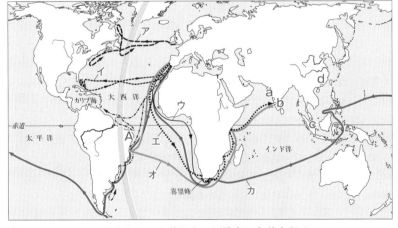

① 地図中**ア〜カ**の航路をとった航海者・冒険者の名前を記せ。

② 地図中**a〜d**のうち、1510年にポルトガルが総督府を設置した都市の位置として正しいものを選び、記号を記せ。

③ 地図中▬▬▬で示す線を定めた条約名と、この線が意味している内容を簡潔に説明せよ。

①
ア：
イ：
ウ：
エ：
オ：
カ：
②
③
条約：

内容：

❶ スペインがアメリカ大陸を征服することができた背景にはどのような状況が存在したのだろうか。ポルトガル人のアジアへの進出と比較して、考えてみよう。𝕏p.186知思主

❷ 大西洋を通じて取引された国際商品には香辛料や銀、砂糖のほかにどのような商品があったのだろうか。また、そうした商品はどのような環境で生産されたのであろうか。調べてみよう。𝕏p.189知思

●入試問題へのチャレンジ

1 大航海時代 （ ）に適切な用語を記し、**問**に答えよ。 　　　　　　　　（同志社大・改 2003年）

15世紀末から16世紀にかけて、ヨーロッパ人は外へ向かってめざましい進出を開始した。イベリア諸国の場合、海外進出をうながした原因の一つとして、（ 1 ）を通じてはぐくまれた、異教徒征服への戦闘的なキリスト教的精神がある。さらに十字軍以来、マルコ＝ポーロの著作『（ 2 ）』などによって、地理的知識が広がる一方、a 遠洋航海を可能にする技術的進歩があった。

ポルトガルの商人は、15世紀の初め頃からすでに、アフリカ西岸の探検にのりだしていたが、この活動は、とりわけ「航海王子」（ 3 ）の奨励により、おおいに進んだ。1488年バルトロメウ＝ディアスがアフリカ南端の（ 4 ）に達したのち、ヴァスコ＝ダ＝ガマはこの岬を迂回してインド洋を横断し、1498年、ついにインド西岸の（ 5 ）に到達した。

競争相手のポルトガルに一歩出遅れたb スペインは、コロンブスの提案を受けいれ、パロス港から「インド」にむかう船団を送り出した。コロンブスは、大地は球形で、大西洋を西航する方が「インド」への近道であるという、天文学者トスカネッリの説を信じ、カリブ海に浮かぶ（ 6 ）島に到着した。

1500年、ポルトガル人カブラルはインドへの航海中、針路をあやまって今日の（ 7 ）に漂着し、この地をc ポルトガル領とした。その後フィレンツェ人（ 8 ）の南アメリカ探検によって、コロンブス以来探検が進んだ土地が、アジアとは別の大陸であることが明らかになった。北方では、これより先、イギリス王ヘンリ7世の支援でヴェネツィア人カボットがニューファンドランドと北アメリカを探検した。

1519年、スペイン王室の命令でポルトガル人マゼランは、香辛料の特産地（ 9 ）諸島をめざして西まわりの大航海に出発し、南アメリカ南端の海峡をへてd 太平洋を横切り、1521年、フィリピンに達した。フィリピンの名は当時はまだ皇太子であったのちのスペイン国王フェリペ2世にちなんで命名された

16世紀初め、スペインの王室がアメリカ大陸諸地方に送り込んだ軍隊の指導者たちを「（ 10 ）」という。彼らは古い文明をもつインディオの諸王国を滅ぼした。まず（ 11 ）が、1521年、アステカ帝国を破ってメキシコを征服した。ついで1533年、ピサロが（ 12 ）帝国の内紛に乗じてこれを滅ぼし、首都クスコを劫掠した。

問1 下線部aに関連して、中国で発明され、イタリア人が改良した方位を測定するための航海器具は何か。

問2 下線部bについて述べた次の文ア・イの正誤を判定せよ。

ア 14世紀後半、アラゴン王国とカスティリャ王国が合体して成立した。

イ 1492年、最後のイスラーム勢力であったナスル朝の都グラナダを占領した。

問3 下線部cに関連して、ポルトガルが領有した貿易拠点として正しいものを2つ選べ。

① マカオ　② アカプルコ　③ オケオ　④ マラッカ　⑤ 堺

問4 下線部dについて、パナマ地峡を探検して太平洋に到達した人物の名を記せ。

1	2	3	4
5	6	7	8
9	10	11	12
問1	問2ア　　　　　イ	問3	問4

2 世界の一体化　（　　）に適切な用語を記し、**問**に答えよ。

(早稲田大・改　2006年)

　スペインは、インディアスと呼ばれた新大陸アメリカで先住民を使役し、金・銀を収奪したが、a 強制労働や疫病によりインディオの人口が減少すると、アフリカ黒人を労働力として多数輸入した。スペインは、太平洋にも乗り出し、b 新大陸の銀を（　**1**　）のマニラに送り、中国の絹や（　**2**　）・茶と取引する貿易を展開した。

　18世紀までには、ヨーロッパの貿易は域内からしだいに大西洋へシフトしていき、ヨーロッパ・アフリカ西海岸・新大陸を結ぶ三角貿易が確立した。c アフリカ黒人奴隷はその最も重要な商品の一つであり、奴隷貿易は、19世紀にいたるまで廃止されることがなかった。19世紀初頭までにヨーロッパはアジアでもその影響力を広げ、新しいタイプの三角貿易を展開するようになった。こうした二つのタイプの三角貿易は、世界経済と民衆の生活に大きな変化をもたらした。それに先立ってヨーロッパの内部でも、16世紀以降、都市化の進んだ経済的先進地域である北西部に、後進的な東ヨーロッパから食料を輸出する取引が成長してきた。そのために、エルベ川以東の（　**3**　）海地域では領主が農民の賦役を利用する大規模な経営形態である（　**4**　）が広まり、西の「中心」部と東の「周辺」部との間には地理的な分業関係が成立した。

問1　下線部 a に関連して述べた次の文ア・イの正誤を判定せよ。

　　ア　ドミニコ会修道士のラス゠カサスは、先住民に対する強制労働を批判した。

　　イ　スペインは、黒人奴隷を使役した砂糖プランテーションを開発した。

問2　下線部 b が大量に流入したヨーロッパに起こった物価高騰を一般に何と呼ぶか。

問3　下線部 c が大量に運び込まれたことによって中南米社会に起こった変化を簡潔に記せ。

1	2	3	4

問1ア	イ	問2	問3

●資料問題へのアプローチ

修道士の告発　次の資料は、あるドミニコ会修道士がスペイン国王に送った告発文である。

> 　キリスト教徒たちがインディオたちに行った救済……とは、男たちを鉱山へ送って耐え難い金採掘の労働に従事させることと、女たちを彼らが所有する農場に閉じ込め、土地の開墾や畑の耕作などに使役することであった。……こうして〔トリニダード〕島に暮らしているインディオの大半が死に絶えた。

問1　この告発文を著したドミニコ会修道士の名前を記し、彼が廃止を求めた強制徴用制の名称を記せ。

問2　強制徴用制が廃止されたことにより、先住民の奴隷化は禁止となったが、この結果、中南米では新たに悲劇的な状況が生まれた。このことを簡潔に説明せよ。

問1人名	制度	問2

●論述問題へのアプローチ

ポルトガルの海上交易　(東京学芸大・改　2011年)　　　🔍 貿易拠点3都市の位置を思い出そう！

　ヴァスコ゠ダ゠ガマがインド西岸のカリカットに到着したことで、ポルトガルはどのような貿易拠点を確保し、いかなる貿易を行うようになったか、90字以内で述べよ。論述の際は、次の[指定語]を必ず使用すること。

[指定語]　ゴア　　マラッカ　　マカオ　　香辛料　　リスボン

●基本事項のチェック

❶ イタリア戦争

① □① イタリア戦争を機として近世ヨーロッパの国際秩序である□□□が成立した。

② □② イタリア戦争中に即位した神聖ローマ皇帝カール5世は、1515年からイタリアに侵攻したフランス王□□□と対立した。

③　　　　家 □③ イタリア戦争は□□□家の国家連合が勝利し、1559年、カトー＝カンブレジ条約が締結された。

④ □④ イタリア戦争による激動のなか、フィレンツェの□□□は『君主論』を著し、統治においては権力と利益を基本原理とすべきであると説いた。

⑤ □⑤ 鉄砲・大砲の導入により起こった戦術の変化を□□□と呼ぶ。

⑥ □⑥ 1526年、オスマン朝が□□□を征服し、オーストリアのウィーンを包囲した。

⑦　　　　の海戦 □⑦ 1538年、オスマン朝は□□□の海戦で、スペイン・ヴェネツィア連合艦隊を破った。

❷ 近世初期のヨーロッパ文化

① □① □□□は、イタリア戦争を機にフランス王フランソワ1世に招聘された。

② □② ネーデルラントの画家□□□は、ファン＝アイク兄弟の油絵画法を受け、「農民の踊り」などの農民生活を描いた。

③ □③ ネーデルラントの人文主義者であるエラスムスは、著書『□□□』のなかで聖職者や学者を風刺した。

④ □④ エラスムスの友人□□□は、『ユートピア』でキリスト教の天国とは異なる理想郷の可能性を示した。

⑤ □⑤ 木版画や絵画で知られるデューラーと並ぶドイツの画家で、イングランド宮廷で活躍した□□□は、「エラスムス像」を描いた。

⑥ □⑥ フランスの作家ラブレーは『□□□』を著し、ほら話や猥雑な記述で、笑いを人間の本性の一つとして復権させようとした。

⑦ □⑦ スペインの作家セルバンテスは、『□□□』のなかで中世の騎士道を風刺した。

⑧ □⑧ イングランドの劇作家□□□は、『ハムレット』*などの4大悲劇で知られる。

⑨ □⑨ ペトラルカと並ぶイタリアの人文主義者□□□は、『デカメロン』のなかで教会などを風刺して批判した。

⑩ □⑩ ポーランドの天文学者□□□は、天動説を否定して地動説を唱えた。

⑪ □⑪ ドイツの□□□は、15世紀半ばに活版印刷術を改良した。

❸ 宗教改革

① □① 教皇レオ10世は、□□□の改築資金を集めるため、贖宥状を販売した。

② □② ドイツの修道士ルターは、1517年の「□□□」で贖宥状販売に異議を唱え、「人は信仰を通して神に救われる」と主張して、聖職者の特権などを否定した。

③ □③ 1521年、神聖ローマ皇帝カール5世はルター喚問のためヴォルムスで□□□を開催したが、ルターは自説を撤回しなかった。

④ □④ ルターが□□□を完成させたことで、彼の説は急速に広まった。

⑤ □⑤ ルター派に近い立場の説教師□□□に指導された農民の一揆は、領主の諸権力を否定するまでに急進化し、ドイツ農民戦争に発展した。

⑥ □⑥ ルター派諸侯と皇帝派の内戦の結果、1555年に□□□が結ばれ、領邦単位でのカトリック・ルター派の選択権が認められた。

❹ カルヴァンの改革

□① 16世紀に宗教改革を進めようとする諸派は、ルター派とあわせて[　　　]と呼ばれるようになった。　　　　　　　　　　　　　　　　　　　　　①

□② ルターの影響を受けた人文主義者[　　　]は、スイスのチューリヒで宗教改革を始めた。　　　　　　　　　　　　　　　　　　　　　　　　　②

□③ フランスの神学者・人文主義者で『キリスト教綱要』*を公刊したカルヴァンは、スイスの都市[　　　]で神政政治を行った。　　　　　　　　　③

□④ カルヴァンは、魂の救済は予め神により決定されているとする[　　　]を唱えた。　　　　　　　　　　　　　　　　　　　　　　　　　④

□⑤ イングランド国王[　　　]は、1534年の国王至上法(首長法)で国教会の首長となった。　　　　　　　　　　　　　　　　　　　　　　　⑤

□⑥ イングランド国王エリザベス1世の[　　　]法により、国教会体制が確立した。　　　　　　　　　　　　　　　　　　　　　　　⑥　　　　　　　　法

□⑦ [　　　]では、カルヴァンに学んだノックスが教えを広め、イングランドよりもカルヴァン派の性格が強い[　　　]国教会が成立した。　　⑦

□⑧ 1562年、フランスで起こったカルヴァン派とカトリック信徒の宗教内戦であるユグノー戦争では、[　　　]事件などの凄惨な殺戮事件が起こった。　⑧

□⑨ ユグノー戦争は、ユグノーでブルボン家のアンリ4世がカトリックに改宗し、1598年に[　　　]を発したことで終結した。　　　　　　　　　⑨

□⑩ スペイン領ネーデルラントでは、国王フェリペ2世の反プロテスタント政策に対し、[　　　]が指導する北部7州がユトレヒト同盟を結び、独立を宣言した。　⑩

❺ カトリックの動向

□① 1545年、カール5世は[　　　]でカトリック公会議を開催し、カトリック改革(対抗宗教改革)の動きが高まった。　　　　　　　　　　①

□② 公会議では、カトリック教義の正統性が再確認されたが、カトリック教会は禁書目録を定め、異端を審問する[　　　]を強化した。　　　　②

□③ 1534年、イグナティウス=(デ=)ロヨラやザビエルらが設立した[　　　]は、海外への積極的な布教により、カトリック教会の勢力巻き返しに大きく貢献した。　③

●読み取り力のチェック　　　　　　　　　　　　　　　　　　　　　　　思

□ 次の地図は、16世紀半ばのヨーロッパにおけるプロテスタントとカトリックの分布を示している。

① 地図中━━▶は、カルヴァン派の伝播を示す。[a][b]に該当するカルヴァン派の呼称をそれぞれ記せ。

② 地図中━━▶は、何派の伝播を示しているか。

③ この地図から読み取れるカトリックの状況を簡潔に記せ。

④ ③に対応するためにカトリック勢力がとった行動を[**イエズス会**]という語を用いて簡潔に記せ。

①
a：
b：
②
③

④

●step up 教科書の発問

❶ 教会改革の試みは以前からあったにもかかわらず、なぜ16世紀の試みが成功したのだろうか。教p.197知思

●入試問題へのチャレンジ

1 イタリア戦争 （　　）に適切な用語を記せ。 （同志社大・改 2006年）

　近世ヨーロッパでは、教皇や皇帝という国家をこえた普遍的権力が衰え、各国の独立性が強まり、この主権国家を担い手とする新しい国際秩序が形成された。そのきっかけとなったのが、ルネサンス期のイタリア戦争であった。この戦争は、1494年、フランス軍のイタリア侵入に端を発し、（　1　）家とフランスの（　2　）家との間で、ヨーロッパの覇権をかけて戦われた。最初、フランスに対抗して、イタリア諸都市、スペイン、神聖ローマ帝国、イギリスが同盟して戦った。ところが（　1　）家は、たくみな婚姻政策によりネーデルラントとスペインを相続したうえ、1519年、同家出身のスペイン王（　3　）が、フランス王（　4　）をおさえて神聖ローマ皇帝に選ばれ、カール5世として即位した。そこで（　1　）家の強大化を恐れるイタリア諸都市、ローマ教皇、イギリスはフランス側につき、オスマン朝もこれに加わった。この間、同盟関係は複雑に変化したが、やがて疲れはてた両家は、1559年にカトー＝カンブレジ条約を結ぶことになる。

1	2	3	4

2 近世初期の文化と科学技術 （　　）に適切な用語を記し、**問**に答えよ。 （創価大・改 2008年）

　16世紀前半のイタリアは、ルネサンスの中心地であると同時にイタリア戦争の舞台となり、諸外国の干渉を受けた。この時期のイタリアには、外国勢力に対抗できるようなa強力な君主はあらわれなかった。

　イタリア戦争によってイタリア＝ルネサンスは荒廃し、以降は（　1　）山脈以北の諸国にルネサンスの中心は移っていった。その動きのなかで、（　2　）のbエラスムスやイングランドのモアらが教会や社会を鋭く批判する著作を世に出した。またc16世紀末から17世紀初めに活躍したシェークスピアは、イギリスのルネサンスを代表する一人である。

　ルネサンスの時代には、技術の進歩にもめざましいものがあった。火薬・（　3　）・活版印刷術などで改良や実用化が行われたのもこの時代である。とくに活版印刷術の改良は、新しい知識や思想の普及を可能にした。科学の分野では、ポーランドの（　4　）が地動説を唱え、天文学に大きな影響を与えた。

問1　下線部aに関連して、16世紀前半のイタリアで『君主論』を著し、強力な君主像を示した人物は誰か。
問2　下線部bについて述べた次の文ア・イの正誤を判定せよ。
　　ア　エラスムスは『愚神礼賛』を著し、教会や聖職者を風刺した。
　　イ　モアは『ユートピア』を著し、中世の騎士道を風刺した。
問3　下線部cが活躍した時期に在位していたイングランド国王の名を記せ。

1	2	3	4
問1	問2ア　　イ	問3	

3 宗教改革 （　　）に適切な用語を記し、**問**に答えよ。 （立命館大・改 2002年）

　ヨーロッパにおける宗教改革の発端となったのは、1517年にルターがローマ教皇レオ10世の（　1　）販売を批判して「九十五カ条の論題」を公表したことであった。これはaルターの神学上の見解に基づいて書かれたものであったが、その好評を契機として、かねてより神聖ローマ帝国皇帝カール5世や教皇に不満をいだいていたドイツ諸侯、騎士や農民が、それぞれ独自に運動を展開した。すなわち、1522〜23年には騎士戦争、1524〜25年にはミュンツァーを指導者として南ドイツ一帯に（　2　）戦争がくりひろげられた。また、1526年のオスマン朝の攻撃に際し、一時ルター派を黙認した皇帝がその後再びこれを禁じたため、新教徒は抗議して結束した。新教徒全体の呼称としての（　3　）は、これに由来している。これらの新教徒諸侯や都市は教会改革を領邦君主権力の強

化のために利用したのであって、宗教を政治的統合の手段にするこの立場は、b1555年の有名なアウクスブルク
の宗教和議の取決めにも反映されている。

　同様の立場は、イギリスにおける宗教改革にも認められる。ここでは国王ヘンリ8世の離婚問題を契機にして
1534年に国王を首長とする（　4　）が成立し、スペイン王を夫にもつメアリ1世による一時的な新教派弾圧を経
て、さらにエリザベス1世の治世のもとで国民の信仰の統一がはかられた。他方、スイスのジュネーヴで神政政
治を展開して大きな影響をおよぼしたcカルヴァンの教説は、イングランドでもピューリタンに奉ぜられた。

問1　下線部aを示す次の言葉の\boxed{}にあてはまる語句を記せ。
　　　「人間は、\boxed{}によってのみ義とされる」
問2　下線部bについて述べた次の文ア・イの正誤を判定せよ。
　　ア　この和議の結果、諸侯はカトリックとルター派の宗教選択権を得た。
　　イ　この和議に反対する皇帝派は、サンバルテルミの虐殺事件を起こした。
問3　下線部cに関連して述べた次の文ア・イの正誤を判定せよ。
　　ア　カルヴァンは、魂の救済は神が決定しているとする予定説を唱えた。
　　イ　オランダのカルヴァン派は、ユグノーと呼ばれた。
問4　宗教改革に対抗するカトリック側の動きについて述べた次の文ア・イの正誤を判定せよ。
　　ア　1545年に始まるトリエント宗教会議で、カトリック教義の正統性が確認された。
　　イ　イエズス会のフランシスコ＝ザビエルは、中南米への布教を展開した。

1	2		3		4	
問1	問2ア	イ	問3ア	イ	問4ア	イ

●資料問題へのアプローチ

■ドイツ農民戦争　次の資料は、ドイツ農民戦争で農民が掲げた「12カ条」(1524年)の一部である。

> ……これまでa我々を自分の財産として所有することが人々の習慣であったが、このことはキリストがそ
> の貴い血を流し給うことによって我々すべてを、……解放し救い給うことを思えば大いに卑しむべきことで
> ある。したがって、b我々が自由であるべきこと、そして自由であろうと望むことは聖書に合致している。

問1　下線部aが意味する、中世以来のヨーロッパで行われていた制度の名を記せ。
問2　下線部bから、当時のドイツ民衆は、聖書の記述内容を直接理解できるようになっていたと思われる。こ
　　　の理由について、簡潔に説明せよ。

問1	問2

●論述問題へのアプローチ

■ドイツとイングランドの宗教改革（一橋大・改　2004年）　　　　　　入試問題❸を参照しよう！

　ドイツとイギリスそれぞれにおける宗教改革の政治的帰結について、90字以内で説明せよ。論述の際は、次の
[指定語]を必ず使用すること。

　[指定語]　アウクスブルクの和議　　国王至上法

●基本事項のチェック

❶ 主権国家と絶対王政

【スペインの覇権と西欧諸国】

□① カール5世の退位後、ハプスブルク家の帝国は分割され、長男フェリペ2世は、スペインの王位を相続することで、□□□□・南イタリアも支配下に入れた。

□② フェリペは、フランスとカトー＝カンブレジ条約を結んでイタリア戦争を終わらせ、1571年に□□□□の海戦でオスマン朝の海軍を破った。

□③ フェリペは、1580年に隣国□□□□の王位を継承してこれを植民地とともに併合し、中南米・フィリピンとあわせて「太陽の沈まぬ帝国」を支配した。

□④ フェリペの強圧的統治に起因するオランダ独立戦争に、イングランド王□□□□が軍事的に介入した。

□⑤ 1588年、フェリペはイングランド侵攻のため□□□□を派遣したが、ドレーク提督が率いるイングランド海軍に敗れた。

□⑥ イングランドでは、毛織物工業が発達するなかで、農地の一部を羊の飼育のための牧草地に転換する□□□□が起こった。

□⑦ イングランドは、毛織物製品の販路拡大とアジアの物産を求め、1600年に貿易特許会社の□□□□を設立した。

□⑧ 17世紀前半のスペイン宮廷では、画家の□□□□やベラスケスが活躍し、バロック文化が栄えた。

□⑨ 1700年、スペインではハプスブルク家が断絶し、フランスの□□□□家から新王を招いたことからオーストリアなどが反対し、スペイン継承戦争となった。

□⑩ スペイン継承戦争の結果、□□□□条約により、スペインはジブラルタルをイギリスに割譲するなど、多くの領土を失った。

【神聖ローマ帝国と三十年戦争】

□⑪ 1618年、神聖ローマ帝国で三十年戦争が勃発する原因となったのは、帝国内の□□□□王国で起こった新教徒の反乱であった。

□⑫ ルター派の新教国□□□□は、新教徒の保護を掲げて三十年戦争に参戦したが、皇帝軍に敗北した。

□⑬ ルター派のスウェーデン王□□□□は、バルト海の覇権をねらって三十年戦争に参戦し、皇帝軍を破った。

□⑭ 東西両ハプスブルク家の勢力拡大を警戒した□□□□は、旧教国でありながら、三十年戦争に新教側で参戦した。

□⑮ 三十年戦争を終結させた1648年のウェストファリア条約により、ヨーロッパの□□□□体制が法的に確立した。

□⑯ ウェストファリア条約では、オランダと□□□□の正式な独立が認められた。

□⑰ ウェストファリア条約の結果、神聖ローマ帝国内で□□□□派がルター派と同じ地位を与えられた。

□⑱ ウェストファリア条約の結果、□□□□が与えられた神聖ローマ帝国内の各領邦で諸侯による絶対王政確立が進み、神聖ローマ帝国は国家としては形骸化した。

□⑲ 三十年戦争の結果、スウェーデンはバルト海南岸の□□□□を、フランスはライン川左岸のアルザス地方などを獲得して勢力を伸ばした。

① ____
② ____の海戦
③ ____
④ ____
⑤ ____
⑥ ____
⑦ ____
⑧ ____
⑨ ____家
⑩ ____条約
⑪ ____王国
⑫ ____
⑬ ____
⑭ ____
⑮ ____体制
⑯ ____
⑰ ____派
⑱ ____
⑲ ____

❷ オランダの覇権から英仏の抗争へ

【オランダの黄金時代】

□① オランダ独立戦争で荒廃した<u>アントウェルペン</u>にかわって北部ネーデルラントの▢▢▢が台頭し、ヨーロッパの造船・貿易・金融の中心地となった。　①......................

□② 1602年、東インド会社を設立したオランダは、1623年、<u>マルク（モルッカ）諸島</u>における▢▢▢事件でイングランドの東アジア進出を阻止した。　②............事件

□③ ポルトガルからマレー半島の<u>マラッカ（ムラカ）</u>を奪取したオランダは、1619年、<u>ジャワ島</u>に▢▢▢を建設し、<u>香辛料貿易</u>の拠点とした。　③......................

□④ オランダは、日本から大量の<u>銀</u>を持ち出し、南アフリカに<u>ケープ植民地</u>、北米に▢▢▢（のちのニューヨーク）を建設した。　④......................

□⑤ オランダの自由貿易に対抗したイングランド・フランスは、▢▢▢主義政策をとって産業の育成や貿易の振興による国富増大をはかった。　⑤............主義

□⑥ イングランドは3回にわたる▢▢▢戦争で、フランスは<u>ルイ14世</u>の侵略戦争でオランダに打撃を与えた。　⑥............戦争

□⑦ 17世紀のオランダでは市民文化が開花し、「光と影」を描いた▢▢▢や<u>フェルメール</u>らの画家が都市のブルジョワを顧客として作品を制作した。　⑦......................

□⑧ 市民的自由と宗教的寛容の気風があったオランダでは、「国際法の父」とされる法学者▢▢▢やユダヤ人哲学者スピノザらが活躍した。　⑧......................

□⑨ オランダは、7州の議会が主権をもつ<u>連邦共和国</u>であったが、最大の▢▢▢州の動向が国政を左右した。　⑨............州

【フランスの絶対王政】

□⑩ 17世紀前半のフランス国王<u>ルイ13世</u>は、宰相リシュリューの補佐を受け、絶対王政を強化するために▢▢▢を停止した。　⑩......................

□⑪ リシュリューは、ハプスブルク家の勢力抑制のため▢▢▢戦争に介入した。　⑪............戦争

□⑫ 幼少のフランス王ルイ14世を補佐した宰相<u>マザラン</u>の中央集権化政策に対し、1648年に貴族は▢▢▢の乱を起こした。　⑫............の乱

□⑬ ルイ14世は▢▢▢説を奉じ、「朕は国家なり」と称して絶対王政を極めた。　⑬............説

□⑭ 「<u>太陽王</u>」と呼ばれたルイ14世は、<u>バロック様式</u>の▢▢▢宮殿を造営し、財務総監<u>コルベール</u>に重商主義政策を実施させた。　⑭............宮殿

□⑮ ルイ14世が<u>ナントの王令</u>を廃止したことから、▢▢▢が多く国外に流出した。　⑮......................

□⑯ ルイ14世の時代には、▢▢▢の喜劇、ラシーヌの悲劇など<u>古典主義</u>の戯曲が人気を博し、画家<u>ワトー</u>は繊細優美な<u>ロココ様式</u>の作品を残した。　⑯......................

【イングランドの革命と植民地帝国】

□⑰ 1603年、<u>スコットランド</u>王がイングランドに招かれて国王ジェームズ1世となり、▢▢▢朝が成立した。　⑰............朝

□⑱ ジェームズ1世の子<u>チャールズ1世</u>による専制に対し、地主の<u>ジェントリ（郷紳）</u>を中心とする議会は、1628年、▢▢▢を発して抗議した。　⑱......................

□⑲ 反ピューリタンと議会軽視に加え、スコットランドと▢▢▢の反乱鎮圧に失敗した国王チャールズ1世の権威は失墜した。　⑲......................

□⑳ <u>ピューリタン革命</u>で勝利した<u>議会派</u>の<u>クロムウェル</u>は、<u>チャールズ1世を処刑</u>することにより王政を廃し、▢▢▢をしいた。　⑳......................

□㉑ クロムウェルは、議会派で人民の政治権力拡大を求める▢▢▢派を弾圧した。　㉑............派

□㉒ <u>ホッブズ</u>は、主著『▢▢▢』のなかで、強力な権力は、無政府状態の混乱を防ぐ必要から正当化されると説いた。　㉒......................

㉓	□㉓ <u>1651年制定の</u>[＿＿＿]は、3度におよぶオランダとの戦争の原因となった。
㉔	□㉔ クロムウェルは、1653年、国王に匹敵する終身の地位の[＿＿＿]に就任した。
㉕	□㉕ クロムウェルの没後、1660年の<u>王政復古</u>により、先王の子<u>チャールズ2世</u>が亡命先の[＿＿＿]から帰国した。
㉖	□㉖ チャールズ2世のカトリック政策に対し、議会は官吏・議員を国教徒に限定する[＿＿＿]（1673年）と、<u>人身保護法</u>（1679年）を制定した。
㉗ 党	□㉗ 王権を重視する<u>トーリ党（派）</u>に対し、[＿＿＿]党（派）は議会を重んじた。
㉘	□㉘ 1688年、議会はイングランドのカトリック化を目論む国王<u>ジェームズ2世</u>を追放し、[＿＿＿]から<u>オラニエ公ウィレム</u>を新国王<u>ウィリアム3世</u>として迎えた。
㉙	□㉙ ウィレムとその妻でジェームズ2世の娘メアリは、議会が出した[＿＿＿]に同意して即位し、イングランドの<u>議会王政（立憲君主政）</u>が始まった。この一連の流れは<u>名誉革命</u>と呼ばれる。
㉚	□㉚ 名誉革命の時期に[＿＿＿]は『統治二論』を著し、社会契約説を唱えて人民の抵抗権を正当化した。
㉛	□㉛ 1707年、アン女王の時、イングランドは併合に近いかたちでスコットランドと合同し、[＿＿＿]（イギリス）王国を形成した。
㉜ 朝	□㉜ 1714年、王朝が断絶したイギリスは、血縁的関係からドイツの領邦と同君連合を形成することで[＿＿＿]朝を成立させた。
㉝	□㉝ イギリス史上初の首相となり内閣を組織したホイッグ党の[＿＿＿]は、議会の信任を失うと首相の座を辞し、ここに<u>議院内閣制</u>が確立した。

●読み取り力のチェック ▮ 思

①
②
A： 王国
B： 王国
C： 朝
D： 朝
E： 朝
③
④
国名：
理由：

□ 次の地図は、16世紀半ばのヨーロッパを示している。

① 地図中[＿＿＿]は何を示しているか。

② 地図中A〜Eの国名・王朝名を記せ。解答欄の形式に従うこと。

③ 地図中 → は、Eによる侵攻を示している。Eが包囲した都市アの名称を記せ。

④ Eによるヨーロッパ侵攻は、ヨーロッパのある国との同盟のもとで行われた。Eと同盟した国の名を記し、その国がイスラーム教国Eとの同盟を結んだ理由を、簡潔に記せ。

❶ イングランドの革命が、ほかの革命と違って他国から干渉を受けなかったのはなぜだろうか。教 p.209 知 思

●入試問題へのチャレンジ

1 スペインの栄光とオランダの独立　　（　　）に適切な用語を記し、**問**に答えよ。　　　（名城大・改　2009年）

　16世紀以降、ヨーロッパ諸国は、領土拡大や宗教政策、新大陸やアジアへの海外進出をめぐって激しく対立し、戦争と和平をくりかえす緊張状態に入った。これに伴いヨーロッパ各国は、莫大な軍事費を捻出するために税収を増やすとともに、国内を強力にまとめあげる必要に迫られ、スペインやフランス、イングランドなどの国々はしだいに、君主を頂点とする中央集権的な国家へと成長していった。

　この時代、最初に全盛期を迎えたのがスペインであった。16世紀初頭、スペイン王家を継いだa ハプスブルク家出身の（　1　）は、その後、神聖ローマ帝国の皇帝となった。その結果、ハプスブルク家はスペイン・オーストリア・ネーデルラントを含む広大な領土を支配することになった。（　1　）が退位したのち、ハプスブルク家は、スペイン系とオーストリア系に分かれたが、そのうちでスペイン・ネーデルラントを受け継いだのが、（　1　）の子（　2　）であった。（　2　）は、フランスとの間で（　3　）条約を締結して長引いたイタリア戦争を終了させるとともに、1571年には、無敵を誇っていたオスマン朝の海軍を（　4　）の海戦で破って地中海を制し、さらにb 1580年には王位が絶えた（　5　）王国をも併合した。

　しかし、スペインの全盛もそう長くは続かなかった。商業が発達したネーデルラントにはカルヴァン派の新教徒が多く居住していたが、この地を支配するスペイン国王（　2　）が旧教を強制して彼らを厳しく弾圧し、従来認めてきた自治権をはく奪しようとしたため、激しい内乱が起きた。やがて南部の諸州はスペインに屈したが北部7州は、オラニエ公ウィレムの指導下で（　6　）同盟を結成してスペインとの戦いを継続し、1581年、ネーデルラント連邦共和国(オランダ)の独立を宣言した。これによりオランダの独立が国際法上正式に認められたわけではなかったが、スペインとしても、1588年にc オランダの独立を支援するイングランドとの海戦に敗れて大西洋の制海権を失うと、1609年、オランダとの間で休戦条約を締結してオランダの独立を事実上認めざるをえなかった。こうしてオランダは、独立戦争を進める一方、1602年に（　7　）を設立して東南アジアにも進出し、経済的発展を遂げていった。d 17世紀前半、オランダは全盛期を迎え、その中心都市の（　8　）は、世界の商業・金融の中心となった。しかしオランダは、政治体制としては連邦制をとり、強力なまとまりに欠けていたため、17世紀後半にイギリスとの戦いに敗れ、その全盛期の終わりを迎えた。

問1　下線部aに関連して、16世紀前半の神聖ローマ帝国について述べた次の文ア・イの正誤を判定せよ。
　　ア　ルターが「九十五カ条の論題」を発表し、宗教改革を始めた。
　　イ　ハンガリーを征服したオスマン軍が、ベルリンを包囲した。
問2　下線部bによって世界中に領土をもった当時のスペインはどのように呼ばれたか、10字以内で記せ。
問3　下線部cに関連して、スペインの無敵艦隊を撃破したイングランド海軍提督の名を記せ。
問4　下線部dに関連して、17世紀のオランダについて述べた次の文①〜④のうち、正しいものをすべて選べ。
　　①　ジャワ島にマニラを建設し、アジア貿易の拠点とした。
　　②　市民文化が栄え、レンブラントやフェルメールらが活躍した。
　　③　アフリカ大陸の南端に、ケープ植民地を形成した。
　　④　アンボイナ事件により、スペイン人をモルッカ諸島から排除した。

1	2	3	4
5	6	7	8
問1ア　　　　　イ	問2	問3	問4

2 三十年戦争　（　　）に適切な用語を記し、**問**に答えよ。　　　　　　　　　　　（慶應義塾大・改　2012年）

　17世紀前半、「最後の宗教戦争」とも称される三十年戦争は、（　1　）地方の新教徒抑圧に対する反乱から始まり、神聖ローマ帝国における新教派対旧教派の戦いとなった。やがて新教徒保護を名目に新教国デンマークが介入、神聖ローマ皇帝軍の傭兵隊長ヴァレンシュタインが有利に戦いを進めると、今度は、同じく新教国のスウェーデンが（　2　）海の覇権をめざして加わり、ついには旧教国フランスが新教派に味方して皇帝軍と戦って、三十年戦争は国際紛争の様相を呈した。1648年のウェストファリア条約で戦争は終結し、これによってa<u>アウクスブルク宗教和議</u>の原則が再確認され、新たに（　3　）派が公認された。またドイツ諸侯の主権がほぼ完全に認められ、神聖ローマ帝国は事実上解体した。b<u>フランスとスウェーデンはそれぞれ領土を獲得</u>し、15世紀から皇帝位を世襲したハプスブルク家に対するフランスの（　4　）家の優位が決定的となった。

問1　下線部aの原則を、20字以内で具体的に記せ。
問2　下線部bについて、(1)フランスと(2)スウェーデンの獲得領土をそれぞれ1つ記せ。

1	2	3	4
問1		問2(1)	(2)

3 フランス絶対王政の成熟　（　　）に適切な用語を記し、**問**に答えよ。　　　　　（西南学院大・改　2010年）

　フランスの絶対王政は、16世紀後半の約30年にわたるユグノー戦争を経て形成された。ユグノー戦争は、当時フランスで勢力をもつようになっていたカルヴァン派とカトリックの対立に、貴族の政治的党派争いや諸外国の干渉が結びついたもので、1572年に（　1　）の虐殺事件が起こるなどして内乱は激化した。1589年、（　2　）家が断絶してブルボン家の（　3　）が即位すると、彼はユグノーであったが国内統一のためにカトリックに改宗し、他方では1598年に（　4　）の王令を発し、ユグノーにも信仰の自由と市民権を認め、戦争を終わらせた。

　ブルボン家の絶対王政は、（　3　）によって基礎づけられ、ルイ13世時代に宰相リシュリューによって確立された。リシュリューは全国三部会を招集せず、王権に逆らう貴族の勢力を抑えた。しかしドイツの三十年戦争では、フランスはカトリック教国ながらハプスブルク家に対抗するため、積極的にプロテスタント側に立った。

　リシュリューの次の宰相（　5　）は、王権強化に不満をもつ貴族の起こした（　6　）の乱を鎮圧した。1661年からは、ルイ14世が約半世紀におよぶ親政を始めた。彼はボシュエの（　7　）説を信奉し「太陽王」とも呼ばれた。a<u>ルイ14世は財務総監にコルベールを起用し、重商主義政策によって経済的繁栄をはかった</u>。国王の住居として、（　8　）様式の大規模な宮殿がヴェルサイユに造られ、宮廷文化が花開いた。しかしルイ14世は1685年に（　4　）の王令を廃止したので、商工業を支えてきたユグノーの多くが国外に亡命し、国内経済は衰退した。対外的には侵略戦争をくりかえし、スペイン継承戦争ではb<u>ルイ14世の孫がスペイン王となったが、フランスとスペインは合併を禁じられ、イングランドがフランス・スペインから北アメリカなどの植民地を獲得した</u>。

問1　下線部aに関連して、フランスはサン＝ドマングを西インド諸島のプランテーション経営の拠点としたが、このサン＝ドマングの現在の国名と、プランテーションで生産された商品名を記せ。
問2　下線部bに関連して、(1)(2)に答えよ。
　(1)　この内容が決まった条約名を記せ。　　(2)　イングランドが獲得したイベリア半島南端の領土を記せ。

1	2	3	4
5	6	7	8
問1国名	商品	問2(1)	(2)

4 イングランドの革命 （　　）に適切な用語を記し、**問**に答えよ。

（関西学院大・改　2009年）

　1603年にテューダー朝がとだえると、（　1　）王がイングランド王ジェームズ1世となり、ステュアート朝が開始された。ジェームズ1世は専制政治を行ったため、当時a<u>ジェントリ</u>が重要な役割を果たしていた議会は1628年に（　2　）を提出したが、次の王チャールズ1世はこれを無視して、翌年に議会を解散した。1630年代末の（　1　）反乱に対処するため議会が開かれ、これがピューリタン革命の発端となった。

　1642年に王党派と議会派との間で起こった内乱は、議会派中の独立派のクロムウェルが勝利をおさめると、彼は1649年に国王の処刑を断行し、同じ派内の長老派と（　3　）を弾圧したあと、共和政を樹立した。この間、イングランドは重商主義を推し進め、その政策の中核ともいえる1651年の（　4　）はオランダに打撃を与えた。

　クロムウェルの軍事的独裁体制には国民の不満がつのり、彼の死後、（　5　）に亡命していた先王の子が、1660年に国王として迎えられた。しかしこのチャールズ2世と、ついで即位したジェームズ2世は、宗教的には（　6　）を擁護して反動的な政策をとったため、議会は王女メアリとその夫のオランダ総督を招いて王位につけようとした。ジェームズ2世は抗戦をあきらめて（　5　）に亡命し、ここにb<u>名誉革命</u>が達成された。

問1　下線部aについて述べた次の文**ア・イ**の正誤を判定せよ。
　　ア　常備軍と官僚制度の中心勢力として、国王を支えた。
　　イ　地主として地域社会を無給で治め、議員を務めた。
問2　下線部bのあとのイングランド（イギリス）について述べた次の文**ア・イ**の正誤を判定せよ。
　　ア　国民の生命・財産の保護を定めた人身保護法が制定された。
　　イ　ウォルポールが首相となり、議院内閣制度が発足した。

1	2	3		4	
5	6	問1ア	イ	問2ア	イ

●資料問題へのアプローチ

■ ボシュエ『聖書の言葉による政治論』　次の資料は、ルイ14世の王子の師ボシュエの著作の一部である。

> 　神はその使者として国王をこの世に設け給い、国王を通じて民草を統治し給う。すべての権力は神に由来する。「聖パウロは次のように述べている。長（おさ）たる者は汝を善に導かんがため神が定めた神の僕（しもべ）である。……」と。このように君主は、神の使者、この世における神の代理者として行動する。

問1　この資料が示す政治理論の名称を記せ。
問2　絶対王政と主権国家を支える主張について、［**皇帝権　教皇権**］という語を用いて簡潔に記せ。

問1	問2

●論述問題へのアプローチ

■ 17世紀のイングランドとオランダ（早稲田大・改　2012年）　　　　　　入試問題**4**を参照しよう！

　イギリスとオランダは、歴史上、いくつかの局面で重要な関係をもってきたが、17世紀後半における両国の友好関係と敵対（対立）関係について、90字以内で論述せよ。論述の際は、次の［指定語］を必ず使用すること。

　［指定語］　**名誉革命　　ルイ14世　　英蘭戦争**

●基本事項のチェック　　　　　　　　　　　　　　　　　　　　　　　　知

❶ ポーランド・スウェーデン・ロシアの動向

【ポーランド・スウェーデン】

① _____

☐① 近世初頭のリトアニア＝ポーランド王国では、ヤゲウォ(ヤゲロー)朝のもと、□□□□教国であったが、プロテスタントやユダヤ人に信仰の自由を保障した。

② _____ 王政

☐② 16世紀後半、ヤゲウォ朝が断絶したポーランドは、貴族を主体とする立憲的な□□□□王政に移行した。

③ _____ 派

☐③ ポーランドは北欧のカトリック化をはかったが、スウェーデンの□□□□派の反乱を招き、ロシアでは正教徒の反抗に敗れ、急速に衰退した。

④ _____

☐④ 18世紀後半、ポーランドでは貴族の内紛が起こり、これに乗じたロシア・プロイセン・□□□□の3国はポーランドを分割した。

⑤ _____ 戦争

☐⑤ スウェーデンは□□□□戦争で領土を広げ、17世紀後半バルト海の覇権を握った。

⑥ _____ 戦争

☐⑥ スウェーデンは、18世紀初頭にバルト海へ進出してきたロシアとの□□□□戦争に敗れると、国力を低下させていった。

【ロシアの台頭】

⑦ _____

☐⑦ ロシアでは、200年以上におよぶ□□□□の支配からモスクワ大公国が独立し、ローマ帝国の後継者かつギリシア正教の擁護者としての意識を強めた。

⑧ _____

☐⑧ 16世紀、モスクワ大公国のイヴァン4世は、正式に「□□□□(皇帝)」の称号を用い、彼は貴族に対する弾圧から「雷帝」と呼ばれた。

⑨ _____

☐⑨ 17世紀末に即位したロマノフ朝のピョートル1世(大帝)は、□□□□・イングランドを視察し、多くの技術者を招聘した。

⑩ _____

☐⑩ ピョートル1世は、⑥でスウェーデンを破り、バルト海沿岸に進出して新首都の□□□□を建設した。

⑪ _____ 条約

☐⑪ ピョートル1世は、シベリアを経て極東に進出し、1689年、清と□□□□条約を結んで国境を画定し、通商を開いた。

⑫ _____ 半島

☐⑫ 18世紀後半、エカチェリーナ2世は、ロシア＝トルコ(露土)戦争でオスマン朝から□□□□半島を獲得して黒海に進出した。

⑬ _____

☐⑬ エカチェリーナ2世が第1回ポーランド分割を行った翌年、□□□□が率いる大農民反乱が起こった。

⑭ _____

☐⑭ オホーツク海・カムチャツカ半島を勢力圏としたロシアでは、エカチェリーナ2世が日本との通商使節として、□□□□を根室に派遣した。

⑮ _____

☐⑮ エカチェリーナ2世は文芸を保護し、フランスの思想家□□□□と文通した。

❷ プロイセンとオーストリア

① _____

☐① プロイセンは、神聖ローマ帝国外の□□□□を起源とし、のちに公国となった。

② _____

☐② プロイセン公国と、神聖ローマ帝国内の□□□□選帝侯国は、プロテスタントの

_____ 選帝侯国

同君連合を形成した。

③ _____

☐③ 1701年に王国となったプロイセンでは、国王□□□□が富国強兵策を進めた。

④ _____ 条約

☐④ オーストリアは、1683年、オスマン朝による第2次ウィーン包囲を撃退し、1699年の□□□□条約でハンガリーを奪回した。

⑤ _____ 地方

☐⑤ 1740年、マリア＝テレジアのハプスブルク家大公位継承に反対したフリードリヒ2世(大王)はオーストリア継承戦争を起こし、□□□□地方を獲得した。

⑥ _____

☐⑥ オーストリアのマリア＝テレジアは、「□□□□」と呼ばれる方針転換で宿敵フラ

ンスに接近し、1756年に七年戦争を起こしたが失敗した。

□⑦ マリア＝テレジアの長男でオーストリアの君主となった□□□は、農奴制の廃　　⑦
　　止を試みたり、宗教寛容令を発したりするなど、様々な改革を行った。

□⑧ プロイセン王フリードリヒ2世は代表的な啓蒙専制君主で、自らを「国家第一の　　⑧
　　□□□」とみなした。

□⑨ フリードリヒ2世は、ベルリン郊外にロココ様式の□□□宮殿を造営し、音楽　　⑨　　　　　　　　宮殿
　　家のバッハや思想家のヴォルテールらを宮廷に招いた。

❸ 17〜18世紀のヨーロッパ文化と社会
【科学革命と啓蒙】

□① 17世紀に科学革命をリードしたイングランドの物理学・数学者□□□は、万有　　①
　　引力の法則など力学の諸法則を体系化し、王立科学アカデミー会長となった。

□② 科学革命の影響を受けたイングランドの哲学者□□□は、帰納法による思考を　　②
　　唱え、「知は力なり」という言葉を残した。

□③ フランスの哲学者□□□は、理性が明晰に正しいと認めるものであれば、その　　③
　　まま真理とみなしてよいとし、合理主義の先鞭となった。

□④ イングランドの□□□は、人間の思考では生後に獲得した知識が決定的役割を　　④
　　果たすとして、経験主義の哲学を開いた。

□⑤ フランスの啓蒙思想家□□□は『哲学書簡』を著し、イギリスの政治体制を賞賛　　⑤
　　する一方、プロイセンのフリードリヒ2世とも親交をもった。

□⑥ フランスの啓蒙思想家□□□は、『法の精神』で権力の分立と王権の制限を主張　　⑥
　　した。

□⑦ フランスの啓蒙思想家ルソーは、『□□□』『社会契約論』で国民は直接民主政の　　⑦
　　かたちで統治に参加することで政治的主権者になれると論じた。

□⑧ イギリスのアダム＝スミスは、フランスの□□□・テュルゴの重農主義を発展　　⑧
　　させて経済学を構築し、『諸国民の富(国富論)』を著した。

□⑨ イギリスのベンサムは、「□□□」を標語に社会制度の実利的改良を説いた。　　⑨

□⑩ 近世に台頭したブルジョワ(市民)や進歩的な貴族の館では、□□□(応接間)に　　⑩
　　集まった人々が知的で洗練された会話を交わし、自由な議論を行った。

□⑪ イギリスの□□□やフランスのカフェの店内には、新聞や雑誌がおかれ、政治　　⑪
　　問題に関心をもつ市民の議論の場となった。

●読み取り力のチェック ▌　　　　　　　　　　　　　　　　　　　　　　　　　思

□ 次の絵は、18世紀後半の東ヨーロッパで起こった事件を描いたものである。

① Aの王は、今にも落ちそうな自らの王冠を手で押さえている。Bはロシア皇帝、　　①
　　Cはオーストリア皇帝、Dはプロイセン王で、それぞれ地図を示しながら、お互い　　②
　　を牽制しているようにみえる。このような情景から読み取れるこの事件の名称を記　　B：
　　せ。　　　　　　　　　　　　　　　　　　　　　　　　　　　　　　　　　　　　C：

② B〜Dの人名をそれぞれ記せ。　　　　　　　　　　　　　　　　　　　　　　　　D：

❶ ヨーロッパ中部が神聖ローマ帝国からドイツ帝国へと変化していくなかで、プロイセン王国の果たした役割は非常に大きいものであった。その役割をまとめてみよう。教p.214知思

●入試問題へのチャレンジ

1 プロイセンの発展　（　　）に適切な用語を記し、**問**に答えよ。　　　　　　　　（日本大・改　2010年）

　三十年戦争の講和条約である（　1　）条約により、ドイツ領邦の主権が確立され、各領邦は独自の国家建設を進めることになり、神聖ローマ帝国は事実上解体した。

　12世紀前半に創設された（　2　）辺境伯領は、のちに選帝侯国となった。他方、十字軍期の12世紀に成立した（　3　）は、13世紀以降東方植民を行い、（　3　）領を建てた。その重要部分は16世紀にプロイセン公国になり、17世紀初めには（　2　）選帝侯が相続して、両国は同君連合を形成した。プロイセンでは、a農場領主制（グーツヘルシャフト）が発達する一方、bユグノーが受け入れられ、最新の産業技術が取り入れられた。

　（　4　）継承戦争の際に神聖ローマ帝国側に立って参戦したことが認められて、1701年プロイセン公国は王国となった。第2代の王（　5　）は、産業の保護育成を行うとともに、徴兵制をしいて兵力を整備し、プロイセンの軍国的絶対王政の基礎を築いた。その子cフリードリヒ2世は、地主貴族の（　6　）と協調して官僚制・軍隊の強化をはかった。またオーストリアにおける（　7　）の即位をめぐって諸国が異議を唱えると、彼はシュレジエンに侵攻し、オーストリア継承戦争が始まった。プロイセンは、この戦争の結果シュレジエンを領有することになった。

　オーストリアは、シュレジエンを奪還するために仇敵フランスと同盟し、長く支配的であった国際関係の転換を成し遂げた。この転換は（　8　）と呼ばれる。プロイセンは、イギリスの援助を受けて開戦したが、苦戦した。しかしロシア軍の脱落と、海外植民地におけるイギリスのフランスに対する勝利で、プロイセンはこの戦争に辛勝し、シュレジエンを確保した。

問1　下線部aでは、どのような商品が生産されたか、具体的に記せ。
問2　下線部bに関連して、ユグノー流入の要因となったフランス国内の変化を簡潔に説明せよ。
問3　下線部cについて述べた次の文ア・イの正誤を判定せよ。
　　ア　フランスの思想家ヴォルテールと親交をもった啓蒙専制君主であった。
　　イ　ベルリン郊外にロココ式のサンスーシ宮殿を建てた。

1	2	3	4	
5	6	7	8	
問1	問2		問3ア	イ

2 ロシア帝国の領土拡大　（　　）に適切な用語を記し、**問**に答えよ。　　　　（神奈川大・改　2009年）

　15世紀のロシアは、（　1　）を首都とし国力を強めていった。1472年には（　1　）大公イヴァン3世が、ヴェネツィアの仲介で最後の（　2　）帝国皇帝の姪と結婚した。この婚姻により、西洋の文物がロシアにもたらされ、また、（　2　）帝国の滅亡とあいまって、ロシアをその後継者とみなす考え方が生まれた。すなわち、ロシアこそaキリスト教の正統な担い手であるという考え方である。

　16世紀、イヴァン4世の時代になると、ロシアは東方へ進出して国境地域を平定するとともに、西洋との交流も行った。イヴァン4世は、イングランドとの通商協定を結び、イングランド王エリザベス1世の姪を妻に望みさえした。イヴァン4世の死後、ロシアは動乱の時代を迎えたが、17世紀初めに（　3　）朝が成立した。

　1682年に帝位についたピョートル1世はロシアの勢力拡大につとめた。日本をも視野にいれたb彼の東方進出の企てにもみるべきものがあるが、それを支えたものはロシアの近代化つまり西欧化であった。彼は積極的に西

欧との接触を志向し、自らオランダ・イングランドを視察して高度な技術などを学び、軍事・行政・財政の改革を断行した。そして、（　4　）海進出を果たすべく、1700〜21年に（　5　）戦争を行い、ついにその覇権を握った。デンマーク・ポーランドと結んだピョートルは、この戦争で（　6　）に勝利したのである。

　ピョートル1世は、1703年に（　4　）海に臨むネヴァ川河口に新都（　7　）の建設を開始し、1712年ここをロシアの首都と定めた。以降、この都市は1922年のソ連成立までロシアの首都であった。「西欧への窓」とも称されたこの都市を通してロシアに西欧文化がもたらされた。

　18世紀後半になると、ドイツ人でピョートル3世の妃としてロシアに嫁いだゾフィーが（　8　）として即位し、国内で貴族の特権を承認してc農奴制の強化をはかる一方、西方・南方への進出を続けた。ロシアによるd 3度にわたるポーランド分割も彼女の治世のことである。

問1　下線部aでのキリスト教を具体的な宗派名で記せ。
問2　下線部bについて述べた次の文ア・イの正誤を判定せよ。
　　ア　ラクスマンを日本に派遣し、通商を求めた。　　**イ**　清とネルチンスク条約を結び、国境を画定した。
問3　下線部cに対して、1773年に大農民反乱を起こした人物の名を記せ。
問4　下線部dについて述べた次の文ア・イの正誤を判定せよ。
　　ア　ポーランド分割の結果、ヤゲウォ（ヤゲロー）朝は消滅した。
　　イ　分割には、ロシア以外にオスマン朝・オーストリアが参加した。

1	2	3	4
5	6	7	8
問1	問2ア　　　｜　イ	問3	問4ア　　　｜　イ

●資料問題へのアプローチ

■ 啓蒙専制君主　　次の資料は、18世紀ヨーロッパの啓蒙専制君主が残した著作・命令の一部である。

> **A**　人民の幸福は君主のいかなる利益よりも重大である。思うに、君主は決してその支配下にある人民の専制的主人ではなく、第一の下僕にすぎないからである。　　　　　　　　　　　　　　　　（『反マキャヴェリ論』）
> **B**　君主政治の真の目的は何か。人民からその自然の自由を奪うことではなく、最高善に達するため、彼らの行為を正すことである。　　　　　　　　　　　　　　　　　　　　　　　　　　　　　　　　　　（『訓令』）

問1　Aを著した国王と、Bを発した皇帝をそれぞれ記せ。
問2　啓蒙専制君主が出現した理由を簡潔に記せ。

問1A	B	問2

●論述問題へのアプローチ

■ 社会契約説（一橋大・改　2004年）　　　　　　　　　　入試問題**2**を参照しよう！

　ピョートルの改革は「西欧化」と特徴づけられるが、当時のヨーロッパの政治と経済の基本的動向について、90字以内で論述せよ。論述の際は、次の[指定語]を必ず使用すること。

　[指定語]　**絶対王政　産業の育成**

....
....
....

●基本事項のチェック　　　　　　　　　　　　　　　　　　　　　　　知

❶ 商業社会と産業革命

① 　　　　革命	□① イギリスでは、17世紀末の□□□革命により規制や特権の廃止と私的所有権の保障が実現した。
②	□② イギリスでは、議会主導で地主による土地集約である□□□が進められるなど、農業革命による農村の変貌が起こった。
③ 　　　　主義	□③ 商業社会が形成されるなかで、18世紀のイギリスでは、多くの商品を生産・輸出し、貴金属を獲得して貿易黒字を拡大する□□□主義の理論が支持された。
④ 　　　　貿易	□④ 環大西洋貿易では、武器などを西アフリカに、黒人奴隷を南北アメリカに、ラテンアメリカの砂糖などをイギリスに運ぶ□□□貿易が機能した。
⑤	□⑤ 対アジア貿易では、インドから綿織物、□□□から茶・陶磁器を輸入し、銀などで代金を支払ったため、イギリスの貿易赤字が常態化した。
⑥ 　　　　業	□⑥ イギリス産業革命は、紡績業・□□□業などからなる綿工業で始まった。
⑦	□⑦ 1733年、産業革命の先駆となった□□□をジョン゠ケイが発明した。
⑧	□⑧ ハーグリーヴズが多軸(ジェニー)紡績機、アークライトが水力紡績機、□□□がミュール紡績機を発明し、大量の綿糸がつくられた。
⑨	□⑨ 綿糸の大量供給に対応するため、カートライトは□□□を発明した。
⑩	□⑩ □□□が改良した蒸気機関は、⑨にも応用された。
⑪	□⑪ フルトンの□□□、スティーヴンソンの蒸気機関車発明で交通革命が起きた。
⑫	□⑫ 蒸気機関の動力源として、化石燃料の□□□が最も使われた。
⑬	□⑬ 資本主義は、産業資本家と□□□からなる経済システムである。
⑭	□⑭ 産業革命により出現した都市□□□は、綿工業の中心となった。
⑮	□⑮ 1830年、⑭と港湾都市□□□の間で商用旅客鉄道線が開通した。
⑯	□⑯ ランカシャー地方の職人たちは、□□□と呼ばれる機械打ちこわしを起こした。

❷ アメリカ革命

①	□① 17世紀の北米では、□□□が西インド会社を設立してニューネーデルラント植民地を形成し、フランスはケベックを中心とするカナダなどを植民地とした。
②	□② イギリスのニューイングランド植民地には、メイフラワー号で来た□□□のようなピューリタンが多く、タウン゠ミーティングなどの自治制度がつくられた。
③ 　　　　戦争	□③ イギリスは、七年戦争(北米では□□□戦争)に勝利してカナダ・ミシシッピ川以東のルイジアナ・フロリダなど北米東部の大部分を植民地化した。
④	□④ イギリス植民地南部の□□□(大農園)では黒人奴隷がタバコなどをつくった。
⑤ 　　　　法	□⑤ 1765年の□□□法に対し、植民地人は「代表なくして課税なし」と批判した。
⑥	□⑥ 1773年の□□□法で、東インド会社に□□□の独占的販売権が与えられた。
⑦	□⑦ 1774年、植民地側は□□□で第1回大陸会議を開催し、本国政府に抗議した。
⑧	□⑧ 1775年、□□□とコンコードにおけるイギリス軍とマサチューセッツ民兵の武力衝突は、アメリカ独立戦争の契機となった。
⑨	□⑨ 第2回大陸会議で□□□が植民地軍の最高司令官となった。
⑩	□⑩ 1776年1月、□□□が著した『コモン゠センス』は世論を独立に導いた。
⑪	□⑪ 1776年7月4日、□□□が起草した独立宣言が公布された。
⑫	□⑫ 独立宣言には、イギリスの思想家□□□の社会契約論が援用された。
⑬	□⑬ ⑫は、政府が権力を乱用した場合、個人は政府に対する□□□をもつとした。

□⑭ 独立戦争において、オランダ・フランス・□□□は植民地側を支援した。　⑭ ……………………

□⑮ ロシア皇帝エカチェリーナ2世は□□□を提唱・主導した。　⑮ ……………………

□⑯ ヨークタウンの戦いに敗れたイギリスは、1783年に□□□条約を締結し、植民　⑯ …………… 条約
　地の独立を認め、ミシシッピ川以東のルイジアナを割譲した。

□⑰ 1777年、大陸会議は邦(州)の主権を認める□□□を採択した。　⑰ ……………………

□⑱ 1787年、□□□会議(憲法制定会議)は合衆国憲法案を採択した。　⑱ …………… 会議

□⑲ 国民主権・三権分立とともに邦(州)政府と中央政府が併存する□□□が、合衆　⑲ ……………………
　国憲法に盛り込まれた。

●読み取り力のチェック　　　　　　　　　　　　　　　　　　　　　　　　　　思

□　次の地図は、三角貿易などで18世紀前半の大西洋で運ばれた商品を示している。　① ……………………

① 地図中a〜fの商品名を次から選べ。

```
┌─────────────────────────────┐
│ 黒人奴隷　　　武器　　　綿織物 │
│ 綿花　　　　　砂糖　　　茶　　 │
└─────────────────────────────┘
```

a : ……………………
b : ……………………
c : ……………………
d : ……………………
e : ……………………
f : ……………………

② e・f・陶磁器の輸入によってイギリスに生じた問題を簡潔に記せ。　②

□　次の資料は、アメリカ独立戦争中に発刊されたパンフレットの一部である。

```
┌────────────────────────────────────────────────────┐
│　最も熱心な和解論者に対して、私は挑戦する。イギリスと結びついていること │
│によって、大陸が獲得できる利益があるなら示してみよ、と。……イギリスとの │
│結合から受ける損失や不利益は計り知れない。……公然の断固とした独立宣言以 │
│外には現在の事態を速やかに解決する道はないのだ。                     │
└────────────────────────────────────────────────────┘
```

③名称 : ……………………
　問題 : ……………………

③ このパンフレットの名称を記し、ここから読み取れる当時の植民地がかかえていた独立戦争を遂行するにあたっての問題を簡潔に記せ。

④ …………… 事件
　記号 : ……………………
　…………… 会社

□　次の絵・地図は、独立戦争当時の北米に関するものである。

⑤都市 : ……………………
　記号 : ……………………

⑥都市 : ……………………
　記号 : ……………………

④ 絵は、1773年に起こった植民地人による抗議行動を描いたものである。この事件名を記し、それが起こった都市の位置を地図中a〜cから選べ。また、手前に描かれている船を所有した会社名を記せ。

⑤ 植民地側が本国に抗議する大陸会議を開催した都市名を記し、その位置を地図中a〜cから選べ。

⑥ 独立戦争において本国軍の拠点となり、1781年に陥落した都市名を記し、その位置を地図中a〜cから選べ。

❶ この２条（アメリカ合衆国憲法・権利の章典）を日本国憲法と比較して、共通点と相違点をさがしてみよう。教p.228思主

●入試問題へのチャレンジ

１ 産業革命　（　　）に適切な用語を記し、**問**に答えよ。 (早稲田大・改　2005年)

　16世紀後半から工場制手工業が発達し、産業資本家が成長しつつあったイギリスは、綿工業を中心にa技術革新を成功させ、18世紀後半には他国に先駆けて産業革命を経験した。イングランド中西部に位置し、綿織物工業の中心地である（　１　）やその外港で奴隷貿易によってすでに活気をみせていた（　２　）などの都市が発展し、イギリスはb農業中心の伝統的な経済秩序から工場制機械工業中心の近代資本主義体制へと変貌を遂げていった。とはいえ、近代的な工業化は円滑に行われたわけではなく、手工業者や産業革命により大量に生まれた労働者をめぐって、c様々な社会問題が発生した。イギリス政府は法的な措置をとって打開に努めたが、労働者たちの状況が即座に改善されたわけではなかった。

問１　下線部aについて述べた次の**ア・イ**の正誤を判定せよ。

　　ア　クロンプトンはミュール紡績機を発明した。　　**イ**　ニューコメンはワットの蒸気機関を改良した。

問２　下線部bに関連して、18世紀のイギリスの農村では、農業革命が起こっていた。

　　(1)　農業革命のなかで進行した、議会主導の大地主による土地集約を何と呼ぶか。

　　(2)　大地主が(1)を推進した理由を簡潔に記せ。

問３　下線部cについて述べた次の**ア・イ**の正誤を判定せよ。

　　ア　手工業者たちは選挙権を要求してラダイト運動を起こした。

　　イ　都市における急激な人口増加は、劣悪な住居環境をもたらした。

1	2	問1ア	イ	問2(1)
(2)		問3ア	イ	

２ アメリカ独立革命　（　　）に適切な用語を記し、**問**に答えよ。 (成城大・改　2011年)

　18世紀中頃、（　１　）戦争の一環として、北アメリカ植民地をめぐり戦われたフレンチ＝インディアン戦争は、1763年にイギリスのフランスに対する勝利をもって終結した。その結果、北アメリカにおいてイギリスは、フランスからカナダと（　２　）川以東のルイジアナ、（　３　）からフロリダを獲得する。しかし、戦後の財政難にあったイギリスは、広大な領地を統治するために、植民地への課税を強化した。

　このため、本国と植民地との間に軋轢（あつれき）が生じることとなった。なかでも1765年の印紙法へは、「（　４　）なくして課税なし」というスローガンのもとに強い反対運動が起こり、しばしば実行されたイギリス製品不買運動も効を奏して、この法律は翌年に廃止される。しかし、その後も本国は植民地への課税の試みを続けた。

　さらに1773年には、本国議会は（　５　）会社の財政難を救済するために、同社に植民地における、ある商品の販売独占権を与える法律を制定した。この法律は植民地自治を侵犯するとして強い反発を招き、（　６　）事件が生じる。これは、急進派市民が夜陰に乗じ、先住民に変装して同社の船を襲い、積み荷を海に投げ捨てたものであり、港の閉鎖など（　７　）植民地に対する本国からの懲罰的報復立法を招いた。

　1774年、ヴァージニア下院の呼びかけに応じて、代表者たちはペンシルヴェニアの（　８　）という都市に集まって大陸会議を開き、本国の政策に対する抗議の意を表明する。そして翌年、（　９　）とコンコードで武力衝突が生じたのをきっかけに、a独立戦争が始まった。76年７月４日、のちに第３代大統領となる（　10　）が主に起草したb独立宣言が発表される。もとよりこれは本国の認めるところではなく、その後も武力鎮圧が行われた。しかし81年の（　11　）の戦いでイギリスは大敗を喫し、83年の（　12　）条約によりイギリスはcアメリカ植民地の独立を承認した。このことは市民革命の一つとして「アメリカ独立革命」と呼ばれることもある。

そもそもイギリスからの独立が中央集権の否定という意味をもっていたこともあり、当初成立したのは、強力な執行部を欠く、州の単なる連合体であった。しかしそのために経済的・政治的な危機に対処しえず、他の諸国と伍するためにも統一国家を形成して、中央政府を強化する必要性が認識されるようになる。

そこで1787年に憲法制定会議でアメリカ合衆国憲法草案がつくられ、各州の憲法批准会議での審議にかけられることとなった。憲法制定会議で、草案が発効するには13州のうち9州の承認で足りると定められたため、2つの州の批准を待たずに、88年には合衆国憲法が発効の運びとなった。

問1 下線部aについて述べた次の**ア・イ**の正誤を判定せよ。

　　ア　植民地側は、ワシントンを最高司令官に任命して戦った。

　　イ　王政をとるフランスは、植民地を批判してイギリスを支援した。

問2　下線部bは植民地にとってどのような意味をもったか。簡潔に説明せよ。

問3　下線部cに関連して、独立した当時のアメリカ合衆国の領域を右の地図中からすべて選び、記号を記せ。

1	2	3	4
5	6	7	8
9	10	11	12

問1ア	イ	問2		問3

●**資料問題へのアプローチ**

■ **パトリック＝ヘンリの演説**　次の資料は、1775年3月、パトリック＝ヘンリが行った演説の一部である。

> 諸君は、平和、平和と叫ぶかもしれない。しかし、平和は決してこない。戦争はすでに実際に始まっている。……鉄の鎖につながれ奴隷とされる代償を支払ってもよいほど生命は高価であり、また、平和は甘美なものなのだろうか。……全能の神よ、かかることを止めさせよ。私は他の人がいかなる道をとるかは知らない。しかし、私に関する限りは、私に自由を与えよ。しからずんば私に死を与えよ。

問1　ヘンリは、最初に建設された植民地の議会で活躍した。どこの植民地議会か、記せ。

問2　この演説は植民地の人々にどのようなことを呼びかけたものか。簡潔に記せ。

問3　のちにヘンリが所属した合衆国憲法案批准に反対する合衆国政府の反主流派の名称を記せ。

問1	問2	問3

●**論述問題へのアプローチ**

■ **アメリカ独立戦争における植民地の勝利**　　　☞基本事項のチェックを参照しよう！

アメリカ独立戦争で植民地が勝利できた対外的理由について、90字以内で説明せよ。論述の際は、次の[指定語]を必ず使用すること。

　[指定語]　**植民地戦争**　　**エカチェリーナ2世**

●基本事項のチェック　　　　知

❶ フランス革命

① 　　　　　　　　　□① 18世紀半ばのフランスでは、第一身分(聖職者)・第二身分(貴族)・第三身分(平民)からなる身分社会である□□□が動揺しはじめていた。

② 　　　　　　　　　□② 国王ルイ16世は、財務総監に□□□を登用し、第一・第二身分に課税を試みた。

③ 　　　　　　　　　□③ 1789年5月、第一・第二身分の要求で□□□が開催された。

④ 　　　　　　　　　□④ 第三身分代表は□□□を結成し、「球戯場の誓い」を行った。

⑤ 　　　　　　　　　□⑤ 財務総監ネッケル罷免に対し、1789年7月14日、パリ民衆は□□□を襲撃した。

⑥ 　　　　　　　　　□⑥ 大恐怖を沈静化するため、1789年8月4日、④は□□□を宣言した。

⑦ 　　　　　　　　　□⑦ 1789年8月26日、④は国民主権などをうたった「□□□」を採択した。

⑧ 　　　　　　　　　□⑧ 1789年10月、女性を中心とするパリ民衆は□□□を行い、国王に⑦を承認させ、国王一家をパリに連行した。

⑨ 　　　　　　　　　□⑨ ④は、三権分立に基づき立憲君主政を定めた1791年憲法を制定して解散し、制限選挙で新しい国会である□□□が発足した。

⑩ 　　　　　派　　　□⑩ ⑨のなかでは、立憲君主政の定着をはかるフイヤン派と、いっそうの民主化をめざす□□□派が対立した。

⑪ 　　　　　　　　　□⑪ ⑩が主導した政府は、革命を牽制する王妃の祖国□□□に宣戦した。

⑫ 　　　　　事件　　□⑫ 1792年、パリ民衆と義勇軍は王宮を襲い、王権の停止を宣言する□□□事件を起こした。

⑬ 　　　　　　　　　□⑬ 1792年9月、男性普通選挙により発足した議会である□□□は、共和政(第一共和政)を宣言した。

⑭ 　　　　　派　　　□⑭ ⑬でロベスピエール率いる□□□派は民衆の支持を受けて勢力を拡大した。

⑮ 　　　　　　　　　□⑮ 国王ルイ16世の処刑を受け、英首相ピットは□□□の結成を提唱した。

⑯ 　　　　　委員会　□⑯ ロベスピエールは□□□委員会を拠点に、「恐怖政治」を展開した。

⑰ 　　　　　　　　　□⑰ 1794年、ロベスピエールは□□□のクーデタ(反動)により逮捕・処刑された。

⑱ 　　　　　憲法　　□⑱ □□□憲法のもとで総裁政府が成立した。

⑲ 　　　　　　　　　□⑲ 総裁政府は、王党派の反乱や過激な民衆派を率いる□□□の陰謀があり、不安定であった。

❷ ナポレオン時代

① 　　　　　　　　　□① 総裁政府の軍司令官ナポレオン＝ボナパルトは、1796〜97年の□□□遠征や、1798〜99年のエジプト遠征での戦勝により国民的人気を得た。

② 　　　　　　　　　□② 1799年、ナポレオンは□□□のクーデタによって総裁政府を倒し、統領政府を樹立した。

③ 　　　　　　　　　□③ ナポレオンは、1801年の□□□によりローマ教皇との関係を修復した。

④ 　　　　　　　　　□④ ナポレオンは、1802年の□□□によりイギリスと講和した。

⑤ 　　　　　　　　　□⑤ 1804年、民法典(ナポレオン法典)を定めたナポレオンは、皇帝ナポレオン1世として即位し、「第一共和政」にかわる「□□□」を発足させた。

⑥ 　　　の海戦　　　□⑥ 1805年、□□□の海戦で、フランスはイギリスの海軍提督ネルソンに敗れた。

⑦ 　　　の戦い　　　□⑦ 1805年、□□□の戦い(三帝会戦)で、フランスはロシア・オーストリアの連合軍を破った。

⑧ 　　　　　　　　　□⑧ 1806年、ナポレオンは西南ドイツ諸邦からなる□□□を結成し、神聖ローマ帝国は消滅した。

□⑨ 1806年、プロイセンを破ったナポレオンは　　　　（ベルリン勅令＊）を発布した。

□⑩ 1807年、ナポレオンはロシア・プロイセンと　　　　条約を結び、ワルシャワ大公国＊を建設した。

□⑪ ナポレオンの侵略に対し、1808年、　　　　王国の民衆はゲリラ戦を始めた。

□⑫ プロイセンでは、　　　　やハルデンベルクの主導で農奴解放などの諸改革が行われた。

□⑬ 1812年、ナポレオンは⑨に違反した　　　　に遠征し、失敗した。

□⑭ 1813年、　　　　の戦い（諸国民戦争、解放戦争）で、プロイセンを中心とする連合軍はナポレオンのフランス軍を撃破した。

□⑮ フランスでは、ルイ18世が即位して王政復古がなされ、廃位されたナポレオンは　　　　島に流された。

□⑯ ナポレオンは「百日天下」の間、再度権力を握ったが、1815年の　　　　の戦いでイギリス・プロイセン・オランダ連合軍に最終的な敗北を喫した。

□⑰ ⑯のあと、ナポレオンは大西洋の　　　　島に流され、そこで病没した。

⑨	
⑩	条約
⑪	王国
⑫	
⑬	
⑭	の戦い
⑮	島
⑯	の戦い
⑰	島

● 読み取り力のチェック　　　　　　　　　　　　　　　　　　　　　　　　　　思

□ フランス革命に関係する風刺画・文字資料・地図をみて①～⑥に答えよ。

① 風刺画から読み取れる社会矛盾を、［免税］という語を使って簡潔に記せ。

② 文字資料は「人権宣言」の抜粋である。各条文が示す内容を簡潔な言葉で記せ。

③ ナポレオンとアウステルリッツで戦った国の名前を地図中から２つ記せ。

④ 1806年、ナポレオンが結成させた地図中Ａの名称を記せ。

⑤ ナポレオンが大陸封鎖令を発した都市を地図中ａ～ｃから選べ。

⑥ ナポレオンの支配・影響下におかれたヨーロッパ諸国は、フランス経済にとって、どのような場所となったか。簡潔に記せ。

①	
②	
第1条：	
第3条：	
第17条：	
③	
④	
⑤	
⑥	

第1条　人は、自由かつ権利において平等なものとして生まれ、生存する。社会的差別は、共同の利益に基づくものでなければ、設けられない。

第3条　すべての主権の淵源は、本質的に国民にある。いかなる団体も、いかなる個人も、国民から明示的に発しない権威を行使することはできない。

第17条　所有は、神聖かつ不可侵の権利であり、何人も、適法に確認された公の必要が明白にそれを要求する場合で、また、正当かつ事前の補償のもとでなければ、それを奪われない。

■ ナポレオンに服属した国
▨ ナポレオンの同盟諸国

❶ 山岳派の支持基盤の点から、ロベスピエール一派が没落した理由について考えてみよう。教p.233知思

●入試問題へのチャレンジ

1 フランス革命 （　　）に適切な用語を記し、**問**に答えよ。 （南山大・改 2011年）

　宮廷の浪費や度重なる対外戦争で財政的な危機に瀕していたフランスでは、国王ルイ16世が、銀行家（ **1** ）らを登用して財政の立て直しをはかった。しかし、これに対して特権身分がはげしく抵抗したため、1615年以来ひらかれていなかった三部会が召集されることになった。1789年、三部会が（ **2** ）でひらかれると、議決方法をめぐり特権身分と第三身分が対立し、第三身分は一部の貴族・聖職者とともにa国民議会を結成した。国王は軍隊でこれを解散させようとしたため、パリの民衆は、7月14日、武器を求めてバスティーユ牢獄をおそった。

　国民議会は（ **3** ）の有償廃止などを決議し、ラ＝ファイエットらの起草したb人権宣言を採択した。しかし、国王がこれに反対すると、パリの民衆が（ **2** ）に行進し、国王一家をパリに連行した。国民議会もパリに移り、ミラボーら自由主義的な貴族を中心にc様々な改革がすすめられた。

　1792年、政権についたジロンド派は、内外の反革命勢力を一掃するために（ **4** ）に宣戦した。フランス軍が不利になると、全国からパリに結集した義勇兵と民衆は、8月10日、テュイルリー宮殿を襲撃、ただちに王権を停止した。新たに成立した国民公会では共和派が多数を占め、王政廃止と共和政が宣言された。同じ頃、フランス軍はヴァルミーの戦いで初めて勝利した。

　国民公会で多数を占めたジャコバン派は、様々な急進的な施策を強行し、執行機関の（ **5** ）を指導するロベスピエールは、ダントンらの反対派を多数処刑した。しかし、小土地所有農民や経済的自由を求める市民層が保守化し、ロベスピエールは孤立し、1794年（ **6** ）のクーデタによって処刑された。

　その後、穏健共和派が有力となり、1795年には新たな憲法のもとで議会・政府が発足した。しかし、（ **7** ）による陰謀事件などもあって政局は安定せず、社会の安定を求める人々は、より強力な指導者の登場を求めた。この機会をとらえたのが、革命軍の将校として頭角をあらわしていたナポレオン＝（ **8** ）であった。

問1　下線部aは、「憲法制定まで解散しない」という決意を確認した。これを一般に何と呼ぶか。
問2　下線部bについて述べた次の文**ア・イ**の正誤を判定せよ。
　　ア　自由・平等などの基本的人権と、国民主権がうたわれている。
　　イ　神聖かつ不可侵の権利として、女性参政権が明記された。
問3　下線部cのなかで、国有化が決議されたものは何か。

1	2	3	4
5	6	7	8
問1	問2ア　｜　イ	問3	

2 ナポレオン時代 （　　）に適切な用語を記し、**問**に答えよ。 （西南学院大・改 2009年）

　ナポレオン＝ボナパルトは、王党派の反乱を鎮圧するとともに、1796年には（ **1** ）に遠征してオーストリアを破り、またa1798年にはエジプトに遠征し、イギリスに打撃を与えようとした。イギリスがこれに対抗し、翌99年にフランス国境を脅かすと、ナポレオンはエジプトから帰国、同年11月、（ **2** ）のクーデタにより総裁政府を倒し、統領政府を樹立した。第一統領となったナポレオンは、フランス革命の終結を宣言した。

　1801年、ナポレオンは革命以来フランスと対立していたローマ教皇と和解し、また1802年には（ **3** ）の和約によりイギリスとも講和し、対外危機を克服した。内政では、フランス銀行の設立による財政の安定や公教育制度の確立にとりくみ、革命の成果を集約したナポレオン法典を制定した。国民投票において圧倒的な支持を得た彼は、1804年、bナポレオン1世として皇帝に即位し、第一帝政が開始された。

これに対抗すべく、翌年、対仏大同盟が結成され、（　4　）の率いるイギリス海軍がフランス海軍に勝利した。しかし大陸では、ナポレオンはオーストリア・ロシア連合軍を（　5　）において破り、また1806年には、プロイセンとオーストリアに対抗すべく、c西南ドイツ諸邦をあわせてライン同盟を結成した。さらにプロイセン・ロシア連合軍を破り、有利な条件でティルジット条約を結んだ。他方、イギリスの経済発展を阻止すべく大陸封鎖令を発し、諸国にイギリスとの通商を禁じたが、逆に大陸諸国に経済的打撃を与えることになった。

ナポレオンのヨーロッパ支配は、被支配国に封建的圧政からの解放を促すとともに、民族意識をも目覚めさせた。1808年スペインで反乱が起こり、またプロイセンではシュタインや（　6　）らがd近代化政策を推進した。

ロシアが大陸封鎖令を無視して対英貿易を再開すると、ナポレオンは1812年eロシアに遠征し、失敗に終わった。これを機に諸国は解放戦争に乗り出し、1813年（　7　）の戦いでナポレオンを破り、翌年パリを占領、ブルボン王朝が復活した。翌1815年、彼はパリで復位したが、「百日天下」ののち、大西洋の（　8　）島に流された。

問1　下線部aについて、ナポレオンがエジプト遠征を行った理由を、簡潔に記せ。
問2　下線部bについて、「ナポレオンの戴冠式」を描いたナポレオンの宮廷画家の名前を書け。
問3　下線部cによって滅亡した中世以来の国家の国名を記せ。
問4　下線部dの具体例を2つあげよ。
問5　下線部eについて、ロシアでナポレオン軍が敗北した理由を簡潔に記せ。

1	2	3	4
5	6	7	8

問1		問2	問3
問4		問5	

●資料問題へのアプローチ

■ ナポレオンの圧政に対する反乱　　次の資料を読んで下の問に答えよ。

　警告なしの乱射。……マドリード全市民が立ち上がった。石や棒きれをもって銃火に立ち向かったのである。……しかし、装備も兵数もとうていフランス軍に比すべくもない。3時間にわたる市街戦ののち、（　　　）軍は壊滅し、たちまちaフランス軍の残忍な報復が始まった。　　　　　（桑原武夫編『世界の歴史10』中央公論社）

問1　（　　　）に入る国名を記し、この反乱で民衆がとった戦術を、その内容とともに簡潔に記せ。
問2　下線部aを「マドリード、1808年5月3日」という作品に描いたロマン主義画家の名前を記せ。

問1国名	戦術	問2

●論述問題へのアプローチ

■ ジャコバン政権の政策とその影響 （高崎経済大・改　2008年）　　　　　　入試問題■を参照しよう！

　ジャコバン(山岳)派政権下で行われた様々な急進的な政策とその影響について、90字以内で説明せよ。論述の際は、次の［指定語］を必ず使用すること。

　［指定語］　恐怖政治　　徴兵制　　農民の保守化　　新憲法

●基本事項のチェック

❶ ウィーン体制

① □① ウィーン会議は、オーストリア外相_____が主催した。

② □② ウィーン会議では、フランス代表_____が主張する、フランス革命前の国境・王家を復活させようとする「正統主義」と「勢力均衡」が基本理念となった。

③ □③ ウィーン会議での決定事項について

a： 　a ロシアは旧_____領の大半、プロイセンはライン川流域などを獲得した。

b： 　b オランダは_____を、オーストリアはイタリア北部に領土を獲得した。

c： 　c イギリスはケープ植民地や_____を獲得し、スイスの永世中立が認められた。

d： 　d ドイツ諸邦の連合体として_____が設置され、オーストリアが議長となった。

④ □④ ロシア皇帝アレクサンドル1世が提唱した_____は、四国同盟とともにウィーン体制を支えた。

⑤ □⑤ 自由主義・ナショナリズムの動きについて

a： 　a ドイツでは、ブルシェンシャフト(学生組合)が自由主義的改革を求める運動を展開し、イタリアでは、秘密結社_____がナポリなどで蜂起した。

b：　　　の乱 　b スペインでは、自由主義派軍人がクーデタを起こし、ロシアの青年将校は自由主義化と農奴解放を求めて_____の乱に訴えた。

c： 　c イギリス外相_____は、ラテンアメリカ諸国の独立を支持する政策をとった。

❷ 七月革命とロマン主義

① □① 七月革命とその影響について

a： 　a ルイ18世の弟_____は、1830年の七月革命で国外に亡命した。

b： 　b 革命後、_____が新国王となり、自由主義的立憲君主政を始めた。

c： 　c 革命の影響で、_____がオランダから独立した。

d： 　d 革命の影響で、_____は国家統一をめざす青年イタリアを結成した。

e： 　e 革命の影響で、ポーランドでは_____からの独立を求める蜂起が起こった。

② □② ロマン主義について

a： 　a フランスの画家_____は、「民衆を導く自由の女神」で七月革命を描いた。

b： 　b イギリスの詩人バイロンは、_____の独立運動に参加した。

c： 　c 哲学者_____は、ナポレオン占領下で講演「ドイツ国民に告ぐ」を行った。

d： 　d ドイツでは、ベートーヴェンや楽劇で有名な_____らの音楽家が登場した。

e： 　e ベルリン大学教授の_____は、歴史学を科学とすることに貢献した。

③　　　　法 □③ イギリスでは、1828年の審査法廃止を受け、翌年、_____法が制定された。

④ □④ イギリスでは、1832年の第1回選挙法改正により_____が廃止された。

⑤　　　　法 □⑤ イギリスでは、コブデン・ブライトらの主導で1846年、_____法が廃止された。

⑥　　　運動 □⑥ イギリスで人民憲章を掲げ、選挙制度改革を求める_____運動が展開された。

⑦ □⑦ 団結禁止法の廃止を受けて、イギリス各地で_____が結成された。

⑧ □⑧ イギリスの思想家ベンサムは功利主義を唱え、「_____」という言葉を残した。

⑨ □⑨ ドイツの経済学者フリードリヒ=リストは、_____の結成を提唱し、後発資本主義国における保護貿易政策の必要性を説いた。

⑩ □⑩ フランスでは、社会主義思想家の_____が「社会作業場」の組織化・普及を説き、フーリエは財産の共有に基づく共同体の結成を主張した。

⑪ □⑪ フランスのプルードンは、あらゆる権力や権威を否定する_____を唱えた。

□⑫ 1848年、マルクスは朋友エンゲルスとともに『￣￣￣￣』を発表した。　⑫

□⑬ 1864年、社会主義者の国際組織である□□□□がロンドンに設立された。　⑬

❸ 二月革命

□① 七月王政下の1840年代に参政権拡大を求める□□□□運動が展開された。　① 　　　運動

□② 1848年、二月革命により国王□□□□は退位・亡命に追い込まれた。　②

□③ 二月革命の結果、樹立された臨時政府には社会主義者の□□□□が入閣した。　③

□④ 臨時政府は、フランスの政体として□□□□の採用を宣言した。　④

□⑤ 臨時政府は、社会主義者の要求で失業者救済機関の□□□□を設置した。　⑤

□⑥ 1848年4月、男性普通選挙による憲法制定国民議会選挙で穏健共和派が勝利すると、これに不満をもったパリ民衆は□□□□事件(蜂起)を起こした。　⑥ 　　　事件

□⑦ 1848年12月の大統領選挙で圧勝したルイ＝ナポレオン＝ボナパルトは、□□□□年、クーデタにより旧王党派の多い議会を武力で解散し、国民の支持を得た。　⑦ 　　　年

□⑧ 帝政復活を問う人民投票により皇帝□□□□が即位して第二帝政が始まった。　⑧

❹ 諸国民の春

□① 「諸国民の春」とは、二月革命の影響で、□□□□年にヨーロッパ各地で生じた事態の総称である。　① 　　　年

□② オーストリアでは、基本的人権の保障や憲法制定を求める民衆が首都で蜂起し、メッテルニヒを失脚させる□□□□が勃発した。　②

□③ プロイセンでは、憲法制定を求める民衆が首都で蜂起する□□□□が勃発した。　③

□④ オーストリア領内のマジャール人は□□□□の指導で完全独立・農奴制廃止などを掲げて蜂起し、ハンガリー民族運動が起こった。　④

□⑤ オーストリア領内のチェコ人＊は、□□□□で民族運動を起こした。　⑤

□⑥ ミラノ・ヴェネツィアで□□□□への蜂起(イタリア民族運動＊)が起こった。　⑥

□⑦ 青年イタリアのマッツィーニは□□□□を建てたが、フランス軍に鎮圧された。　⑦

□⑧ □□□□では、チャーティストが大規模な請願を行ったが弾圧された。　⑧

●読み取り力のチェック　思

□ 下の絵は、1830年にパリで起こった市街戦を描いたものである。

① この作品の題名と、描いた画家の名前、彼が属する芸術潮流の名称を記せ。　①
題名：

□ 下の地図中a～gは、基本事項のチェック❹②～⑧の運動や革命が起こった都市などを示している。❹②～⑧の発生地をそれぞれ選べ。

人名：

潮流：

❹
②
③
④
⑤
⑥
⑦
⑧

二月革命
1848年

ライン川

パリ

ウェネツィア

ドナウ川

➍ 革命運動の起こった地

❶ どのような地域で、どのような性格の運動がおこったのか、整理してみよう。**教**p.242 **知 主**

●入試問題へのチャレンジ

1 ウィーン体制　（　　）に適切な用語を記し、**問**に答えよ。　　　　　　　　　　　　　　　（青山学院大・改　2012年）

　1815年に成立したウィーン議定書の基本原則は、フランス革命前の秩序に戻そうとする（　1　）主義と大国間の勢力均衡であった。これらをもとに、ヨーロッパの新しい国際秩序であるウィーン体制が築かれた。この体制を強化するため、1815年ロシア皇帝アレクサンドル1世の提唱による（　2　）同盟および四国同盟が成立した。これに対し、政治参加の拡大などを求める自由主義やナショナリズムの運動が起こった。

　ウィーン体制への反抗は、1817年、ドイツで憲法制定と国家統一を求めるブルシェンシャフトの運動が起こったのを始まりとして、a1820年代にヨーロッパ各地で多くの自由主義・ナショナリズムの動きが起こったが、いずれも弾圧・鎮圧された。オスマン帝国の支配下にあった（　3　）は1821年から独立戦争を始め、b英・仏・露3国の支援のもと1829年に独立を達成し、ウィーン体制崩壊の前触れともなった。

　1830年にパリの民衆が蜂起した七月革命は、ヨーロッパ各地に影響をおよぼした。（　4　）のあとを継いだシャルル10世はイギリスに亡命し、（　5　）家にかわり、自由主義者のオルレアン公ルイ＝フィリップが新国王に迎えられた。ウィーン議定書で（　6　）に併合されていたベルギーは1830年に独立を達成した。cポーランド、イタリア、ドイツでも国民国家を求める運動が起こった。

　イギリスでは、1832年に（　7　）が行われ、ブルジョワジーを中心に選挙権が拡大された。選挙権が与えられなかった人々は、1837年から（　8　）を掲げてチャーティスト運動を展開した。

問1　下線部aについて述べた次の文**ア・イ**の正誤を判定せよ。
　　ア　スペインでは、秘密結社カルボナリがナポリなどで革命を起こした。
　　イ　ロシアでは、自由を求めた農奴がデカブリストの乱を起こした。
問2　下線部bに関連して、
　　(1)　この独立戦争に参加したイギリスの詩人は誰か。
　　(2)　この詩人が属する文芸思潮で、歴史に基づく多様性と人間の感性を重視するものは何か。
問3　下線部cについて述べた次の文**ア・イ**の正誤を判定せよ。
　　ア　イタリアでは、マッツィーニが青年イタリアを結成した。
　　イ　ポーランドでは、オーストリアからの独立を求める蜂起が発生した。

1	2	3	4
5	6	7	8
問1ア　｜　イ	問2(1)	(2)	問3ア　｜　イ

2 1848年の革命　（　　）に適切な用語を記し、**問**に答えよ。　　　　　　　　　　　　　　（早稲田大・改　2001年）

　フランスでは、1830年の七月革命によって、自由主義者として知られた（　1　）家のルイ＝フィリップが国王として迎えられ、立憲君主政をとっていた。しかし、銀行家や金融業者に支配される制限選挙であったため、産業革命の進展によって勃興しつつある中小資本家や労働者の不満が強く、1840年に成立したギゾー政府も保守的性格を強めたので、政府攻撃が活発になった。1848年2月、選挙法改正などを要求する改革宴会に対して政府が武力弾圧を試みると、パリに革命的な暴動が起こった。ルイ＝フィリップはイギリスに亡命し、共和政による臨時政府が成立した。これが二月革命と呼ばれるものである。この臨時政府では穏和な共和主義者が有力であったが、a労働者勢力も社会主義者を中心に参加し、彼らの要求によって様々な改革が実現した。しかし、このような政策は当時の農民などに不安をあたえ、その結果、4月の選挙では穏和な共和派の勝利に終わった。これに対

し、パリの労働者は「（　2　）」を起こしたが鎮圧され、革命は反動化した。12月の大統領選挙でナポレオン1世の甥の（　3　）が当選し、1851年12月クーデタを起こして独裁権を握ると、52年の国民投票で皇帝位につきナポレオン3世と称した。bフランスの政治は再び帝政に戻ることになった。

　二月革命の影響はヨーロッパの他地域にもあらわれた。1848年3月オーストリアではウィーンに暴動が起こり、首相（　4　）は失脚、イギリスに亡命した。cハンガリー、ボヘミアでも独立運動や民族運動が盛んになった。3月にはベルリンで暴動が起こり、国王は憲法制定を約束した。またイタリアでも革命が起こり、（　5　）王はオーストリアに宣戦布告して統一運動にのりだしたが失敗した。マッツィーニの指導する結社（　6　）も法王領内で反乱を起こし、ローマ共和国の成立を宣言したが、（　7　）軍の干渉などで瓦解した。

問1　下線部aに関連して、社会主義者について述べた次の文ア・イの正誤を判定せよ。
　　ア　ルイ＝ブランは、二月革命後の臨時政府に入閣した。
　　イ　フーリエは、労働者による階級闘争の必要性と革命を説いた。
問2　下線部bにいたるフランスの政治体制を時代順に記号で並べよ。
　　ア　復古王政　　イ　第二共和政　　ウ　第一帝政　　エ　第一共和政
問3　下線部cについて述べた次の文ア・イの正誤を判定せよ。
　　ア　ハンガリーでは、民族運動指導者のコシュートがオーストリアからの独立を宣言した。
　　イ　ボヘミア（ベーメン）では、スラヴ系のチェコ人がロシアからの独立をめざした。

1	2	3	4
5	6	7	
問1ア　　　　イ	問2　　→　　→　　→	問3ア　　　　イ	

●資料問題へのアプローチ

■ ロシア領内の民族運動　　次の資料は、祖国での民族運動が弾圧されたことを嘆く人物の手紙の一部である。

　郊外は破壊され、焼き払われる。……神よ、おいでにならぬのか。おいでになりながら、どうして復讐なさらぬのだ。ロシア人が世界に君臨する。……哀れな娘よ、ここにおいで。君の涙をふいてあげよう。昔の思い出であなたの傷をいやしてあげよう。ロシア人のいなかった日のことを。……僕はうめき、悩み、絶望をピアノになげつけるばかり。
（井上幸治編『世界の歴史12』中央公論社）

問1　この人物は「ピアノの詩人」と呼ばれた音楽家であったが、その名前と彼の祖国名を記せ。
問2　この民族運動は1830年に起こったが、彼の祖国がロシアの支配下にあった理由を簡潔に記せ。

問1人名	国名	問2

●論述問題へのアプローチ

■ ウィーン体制（東京外国語大・改　2010年）　　　　　　　　入試問題■を参照しよう！
　ナポレオンの敗北後に形成されたヨーロッパの国際秩序について、90字以内で説明せよ。論述の際は、次の［指定語］を必ず使用すること。
　［指定語］　神聖同盟　　メッテルニヒ　　ウィーン会議　　正統主義

●**基本事項のチェック** 知

❶ アメリカ合衆国の発展

① _____ 主義

□① アメリカ合衆国初代大統領の<u>ワシントン</u>は、ヨーロッパの国際政治に関与しない_____主義政策を提唱した。

② _____ 戦争

□② 1812年に始まる_____戦争後、アメリカへのヨーロッパ列強の介入は減少した。

③ _____

□③ <u>1823年</u>、第5代大統領_____は、年次教書でヨーロッパ諸国の西半球への不干渉を要求する宣言を行った。

④ _____

□④ 第7代大統領_____の時期に、全土で白人男性の普通選挙が実現した。

⑤ _____ 川

□⑤ アメリカ合衆国では、_____川以西の<u>西部</u>が開拓された。

⑥ _____

□⑥ 大量の移民を受け入れたアメリカ合衆国には、イギリス・北欧・ドイツからの<u>プロテスタント</u>に続いて、1840年代以降、_____のカトリックが流入した。

⑦ _____

□⑦ 19世紀末に流入した_____・東欧・ロシアの人々は、「<u>新移民</u>」と呼ばれた。

❷ 南北戦争

① _____

□① アメリカ合衆国南部諸州では、<u>黒人奴隷</u>を使役してタバコや_____を栽培するプランテーションが発展した。

② _____ 貿易

□② イギリスの市場に依存する南部諸州は、_____貿易論を支持した。

③ _____

□③ 自国の工業と自由な労働力を守るため、北部諸州は_____を主張した。

④ _____ 協定

□④ 奴隷制度の可否について、1820年、北緯36度30分以北を<u>自由州</u>、以南を<u>奴隷州</u>とする_____協定が結ばれた。

⑤ _____ 法

□⑤ 1854年、奴隷制度の可否を新州の住民に選択させる_____法が成立した。

⑥ _____ 党

□⑥ 1860年の大統領選挙で、北部の_____党候補<u>リンカン</u>が当選した。

⑦ _____

□⑦ リンカンの当選に反対した南部11州は合衆国を離脱して、<u>1861年</u>に_____を結成し、北部を攻撃して南北戦争が開始された。

⑧ _____

□⑧ 南北戦争中の1863年、<u>奴隷解放宣言</u>を発したリンカンは、激戦地の_____で「<u>人民の、人民による、人民のための政治</u>」という一節で有名な演説を行った。

⑨ _____

□⑨ 南北戦争後、黒人は職業選択の自由を得たが、土地をもたなかったことから、多くが_____として貧しい生活を送った。

⑩ _____

□⑩ 1890年代から南部の州では、交通機関・レストランなどの公共施設で白人と黒人を_____する法律が制定された。

❸ 工業国家への発展

① _____ 法

□① 南北戦争中の1862年に_____法が制定され、公有地で5年間農業を行うと160エーカーの土地を無償で与えるとしたため、西部には定住者が増加した。

② _____

□② 1869年、_____の完成で東部と西部が結びつき、広大な国内市場が形成された。

③ _____

□③ 合衆国は、19世紀末に_____・<u>ドイツ</u>をしのぐ世界最大の工業国となった。

④ _____

□④ 合衆国の工業化を促進したのは、巨大企業や、_____と呼ばれた企業合同体、<u>カルテル</u>と呼ばれた企業連合であった。

❹ ラテンアメリカの独立

① _____

□① ラテンアメリカ植民地の独立運動は、宗主国_____が<u>ナポレオン</u>により占領されたのを機に始まった。

② _____

□② 1804年、<u>フランス</u>領_____は独立して黒人国家となった。

③ _____

□③ ラテンアメリカの独立運動は、現地生まれの白人の_____が主導した。

④ _____

□④ 白人と先住民（<u>インディオ</u>）の混血である_____も独立運動を推進した。

□⑤ 南アメリカ北部では□□□が、南部ではサン＝マルティンが独立軍を組織した。

⑤ _____

□⑥ ラテンアメリカの独立運動が成功した背景には、イギリスが独立を公然と支援したことと、1823年に合衆国大統領が発した□□□宣言があった。

⑥ _____ 宣言

□⑦ ブラジルは、□□□の王子を皇帝に迎えて平和的に独立した。

⑦ _____

□⑧ 独立後のラテンアメリカ諸国は、コーヒー・□□□・バナナなどの農産物を輸出したが、イギリス・アメリカ合衆国の市場に依存した。

⑧ _____

□⑨ 独立後のメキシコは、□□□戦争の敗北により領土を失い、内戦となった。

⑨ _____ 戦争

□⑩ フランス皇帝□□□はメキシコに出兵したが、合衆国の反対で撤兵した。

⑩ _____

□⑪ 1910年、自由主義者□□□がメキシコ革命を起こし、ディアスを追放した。

⑪ _____

❺ カナダ・オーストラリア・ニュージーランド・南アフリカ

□① イギリスは植民地との結束を強めるため、□□□(1867年)を手始めとして、オーストラリア・ニュージーランド・南アフリカ連邦を自治領とした。

① _____

□② クックの航海によりイギリスの植民地となったオーストラリアでは、白豪主義のもとで先住民の□□□や中国系住民が排斥された。

② _____

□③ イギリスは、ニュージーランドの先住民である□□□の抵抗を武力で鎮圧した。

③ _____

□④ ニュージーランドでは、1893年、世界で初めて□□□が認められた。

④ _____

●読み取り力のチェック 　　　　　　　　　　　　　　　　　　　　　　　　　　思

□ 19世紀のアメリカ合衆国の領土拡大を示す地図をみて①・②に答えよ。

① 地図中Ａ～Ｅの地域が合衆国の領土になった順番に配列し、その名称を記せ。また、各地域を合衆国が獲得した経緯を次から選び、記号を記せ。

　ア　イギリスと協定を結び併合した。
　イ　スペインから買収した。
　ウ　ナポレオンから買収した。
　エ　アメリカ人を入植させ併合した。
　オ　メキシコとの戦争で獲得した。

② 地図中──→は、「涙の旅路」と呼ばれるルートの一つである。右の絵も参考に、このルートが示すことを、［保留地］という語を使って簡潔に記せ。

①
[　　]
↓ 経緯：
[　　]
↓ 経緯：
[　　]
↓ 経緯：
[　　]
↓ 経緯：
[　　]
　　経緯：
②

③
人名：
a：
b：
④

□ 次の資料は、1823年の大統領教書の一部である。

> 我々は、次のように宣言する義務があります。「（　ａ　）の政治組織をこの西半球に拡張しようとする（　ａ　）諸国側の企ては、それが西半球のいかなる部分であれ、我々の平和と安全にとって危険なものとみなさねばならない」と。……（　ａ　）諸国による介入は、どのようなものであっても、（　ｂ　）に対する非友好的な意向の表明としかみることはできません。

③ この教書を発表した大統領の名を記し、（　　　）に適語を入れよ。

④ この教書が出された目的を簡潔に記せ。

●step up 教科書の発問

❶ 合衆国の南部と北部の経済的利害の違いが、合衆国とイギリスの関係をめぐってどのような意見の違いになるのかを考えてみよう。 教p.248 知 思

●入試問題へのチャレンジ

1 アメリカ合衆国の発展 （　）に適切な用語を記し、**問**に答えよ。 （上智大・改　2006年）

　19世紀に入ったアメリカ合衆国は、西部へと急速に領土を広げていった。1803年にはジェファソン大統領が（　1　）川以西の広大な a西ルイジアナを買収し、アメリカの領土は一挙に独立時の倍になった。この頃、ヨーロッパでのナポレオン戦争に対し中立を保っていたアメリカは、貿易で利益を得ていたが、通商妨害をする（　2　）との戦争を起こした。この戦争で国民意識が高まり、また、国内の工業が大きく発展したアメリカは、（　3　）大統領の時に、bラテンアメリカ諸国の独立に対するウィーン体制諸国の干渉を排除するための教書を発表した。そこにあらわれた孤立主義が、これ以降長くアメリカ外交の基本姿勢となった。

　西部での人口が増えるに伴って、政治にも影響がおよぶようになった。1828年に（　4　）が初めて西部出身の大統領として当選し、c民主主義を整備するとともに領土拡張に伴う先住民政策を実施した。

　西への領土拡張は、1840年代頃から「明白なる天命（マニフェスト＝デスティニー）」が唱えられ、さらに積極的に推し進められた。1845年にはテキサスが併合され、46年にはオレゴンも加わる。 d48年に割譲されたカリフォルニアで金鉱が発見されると、一挙に移住民の流入が起こり、1850年にカリフォルニアは州に昇格した。

問1　下線部aは、どこの国から買収したか。国名を記せ。
問2　下線部bに関連して述べた次の①〜⑤から正しいものをすべて選べ。
　①　ナポレオンのスペイン占領を機に、スペイン植民地のハイチが独立した。
　②　独立運動は、クリオーリョと呼ばれる現地生まれの白人が主導した。
　③　アルゼンチンは、ポルトガルの王子を擁立して独立を果たした。
　④　ボリバルは、南アメリカの北部で独立軍を組織した。
　⑤　独立後のメキシコでは、ナポレオン3世の出兵が失敗すると、ディアスが独裁政治を行った。
問3　下線部cについて述べた次の**ア・イ**の正誤を判定せよ。
　ア　法律によって先住民を保留地へ強制移住させた。
　イ　民主主義を拡大し、成人男女に普通選挙権を与えた。
問4　下線部dについて述べた次の**ア・イ**の正誤を判定せよ。
　ア　アメリカ＝メキシコ戦争の結果、カリフォルニアが合衆国に割譲された。
　イ　カリフォルニアへの急激な移住民の流入は、ゴールドラッシュと呼ばれる。

1	2	3		4	
問1	問2	問3ア	イ	問4ア	イ

2 南北戦争 （　）に適切な用語を記し、**問**に答えよ。 （上智大・改　2006年）

　19世紀前半における西部への領土拡大は、南部と北部の対立を深めることともなった。産業革命で急成長したイギリス工業を支える（　1　）栽培プランテーションを経済の基盤としていた南部と、商工業を中心とする経済体制をとっていた北部との間の a利害の対立に加え、奴隷制をめぐる立場の違いが先鋭化することで、両者の間の緊張が高まった。b南北は妥協をしながら、新しい州が連邦に加わるたびに自由州と奴隷州の数のバランスをとろうとしたが、やがて均衡を保つことができなくなる。その結果、（　2　）年 cついに南部と北部の間で戦いの火蓋が切って落とされることになった。

　戦中にリンカン大統領が出した（　3　）法により、西部入植にさらに拍車がかかる。また、同じく戦中に出された奴隷解放宣言は内外の世論の支持を集めることとなった。

北部の勝利は、産業資本主義主導による飛躍的な工業の発展をもたらす。とくに1869年の（　4　）開通などがこれに拍車をかけ、石炭・石油・鉄鋼などを基本とする重工業が発展し、d大企業の独占が進んだ。

問1　下線部aについて述べた次の**ア・イ**の正誤を判定せよ。
　　ア　北部は、工業に必要な自由労働力を確保するため、奴隷制度に反対した。
　　イ　南部は、イギリスの市場に依存していたため、保護関税を主張した。
問2　下線部bについて述べた次の**ア・イ**の正誤を判定せよ。
　　ア　ミズーリ協定で、北部の自由州と南部の奴隷州の境界が設定された。
　　イ　カンザス・ネブラスカ法で、新州はすべて自由州と決められた。
問3　下線部cの戦争について述べた次の**ア・イ**の正誤を判定せよ。
　　ア　ゲティスバーグの戦いによって戦争が始まった。
　　イ　1865年、南部の首都リッチモンドの陥落で終結した。
問4　下線部dについて述べた次の**ア・イ**の正誤を判定せよ。
　　ア　19世紀の末には、アメリカはイギリス・ドイツに次ぐ工業生産力をもった。
　　イ　企業合同体であるトラストが発達し、これに対する規制が行われた。

1		2		3		4	
問1ア	イ	問2ア	イ	問3ア	イ	問4ア	イ

●資料問題へのアプローチ

■ **奴隷制**　次の資料は、Aが1854年制定の法律の条文の一部、Bが合衆国大統領の宣言の一部である。

> A　……本法は、いずれの領地又は州に対しても立法により奴隷制度を制定し、又は禁制せんとせず、合衆国憲法のもとに人民をして、それぞれ自ら各地制定規律する完全な自由を持たしめることを意図する。
> B　1862年9月22日、合衆国大統領によって下記のような内容からなる布告が発せられた。「1863年1月1日において、合衆国に対して反乱の状態にある州、もしくは州の一部が反乱状態にあるとみなされる地域で、奴隷として所有されているすべての人々はその日以降永久に自由を与えられる。

問1　Aの法律は、民主主義のルールにより奴隷制の可否を決定するものであった。法律名を記せ。
問2　Bの宣言を発した合衆国大統領は誰か。また、Bの宣言は、南北戦争で北部が諸外国の支持を得るために出された。この宣言でイギリスが南部を支持して参戦できなかった理由を、簡潔に記せ。

問1	問2人名	理由

●論述問題へのアプローチ

■ **奴隷解放宣言後の黒人**　　　　　　　　👉南北戦争後、北部が南部と妥協したことを想起しよう！
　南北戦争後から19世紀末のアメリカ合衆国における黒人の状況について、100字以内で説明せよ。論述の際は、次の［指定語］を必ず使用すること。
　［指定語］　シェアクロッパー　　分離

第13章 2 イギリス・フランスの繁栄

●基本事項のチェック　　　　　　　　　　　　　　　　　　　　　　　　　　知

❶ 資本主義的世界経済の確立

①_____
□① 安価で大量の製品を国内外に供給したイギリスは、「_____」と呼ばれた。

②_____
□② イギリスの産業革命は、まず_____・フランスに波及し、19世紀前半にはドイツやアメリカ合衆国、同世紀後半にはロシアや日本で始まった。

③_____
□③ アメリカ合衆国南部・インドの_____、オーストラリアの羊毛は資本主義国の原材料の生産に特化するモノカルチャー化を示す事例である。

❷ パクス=ブリタニカ

①_____女王
□① _____女王の治世は、「パクス=ブリタニカ（イギリスの平和）」の時代であった。

②_____業
□② イギリスでは、鉄道関連需要の増加を背景に_____業の技術革新が進んだ。

③_____法
□③ 熟練労働者は、議会に働きかけて1871年、_____法を制定させた。

④_____
□④ 1801年、_____が併合され、カトリック系住民は小作人とされた。

⑤_____
□⑤ 1834年、_____の商業活動が停止された。

⑥_____
□⑥ 1846年の_____廃止、1849年の航海法廃止により、貿易の自由化がはかられた。

⑦_____条約
□⑦ 自由貿易主義の立場から、1860年にナポレオン3世と_____条約を締結した。

⑧_____戦争
□⑧ インド大反乱（シパーヒーの反乱）鎮圧や_____戦争（第2次アヘン戦争）など、時には武力を用いて自由貿易政策を推し進めた。

❸ フランス第二帝政

①_____戦争
□① フランスはイギリスと_____戦争（1853～56年）に参戦し、ロシアを破った。

②_____戦争
□② ナポレオン3世は、サルデーニャと密約を結び_____戦争（1859年）に参戦した。

③_____
□③ ナポレオン3世は、_____出兵を行い、阮朝越南国と戦った。

④_____
□④ ナポレオン3世は、中米の_____へ出兵したが、失敗した。

⑤_____問題
□⑤ ナポレオン3世は、_____問題を機に起こったプロイセン（ドイツ）=フランス戦争で捕虜となり、第二帝政は崩壊した。

⑥_____・_____
□⑥ プロイセン=フランス戦争の講和条約で、フランスは_____・_____地方を割譲した。

⑦_____
□⑦ 第二帝政崩壊後、首都の民衆は独自の政府として_____を設立した。

●読み取り力のチェック　　　　　　　　　　　　　　　　　　　　　　　　思

□ 次の地図は19世紀半ばのイギリスを中心とした商品の移動を示す。a～gに該当するものを下の[語群]から選べ。

a：
b：
c：
d：
e：
f：
g：

[語群] 綿花（原綿）　砂糖　羊毛　アヘン　茶　金　小麦

❶ モノカルチャーの意味について調べ、それが経済的にどのような問題を引きおこすのかについて、考えてみよう。**教**p.255**知 思 主**

●入試問題へのチャレンジ

1 19世紀後半のフランス　（　　）に適切な用語を記し、**問**に答えよ。　　　　　（昭和女子大・改　2004年）

　フランスでは、a1851年のクーデタで政権の座についたルイ＝ナポレオンが、国民投票を経て皇帝に即位し、ナポレオン３世と自称、ここに第二帝政が始まった。パリは同時に、大規模な都市改造によって中世的ななごりを残す都市から、広い直線道路の整備された近代的な都市へと変貌した。また、ナポレオン３世は国民の人気を維持するためにb積極的に対外政策を推し進めた。フランスは他のヨーロッパ列強と同様に、海外で領土拡大を試みたのである。ナポレオン３世は（　**1**　）の内乱に干渉して傀儡の皇帝と軍隊を送り込んだが、c結果的に撤退を強いられ、フランス国民の支持を失った。（　**2**　）年、dナポレオン３世は、強大化した隣国プロイセンに宣戦し、プロイセン＝フランス戦争が始まった。だがフランスはセダンの戦いで敗れ、この敗戦によって皇帝は退位をよぎなくされた。フランスは（　**3**　）・ロレーヌを割譲し、莫大な賠償金を課せられた。

　第二帝政が崩壊したのち共和政が宣言され、さらに1871年に短期間ながら労働者の政府である（　**4**　）が誕生した。第三共和政の成立後、75年には新しい憲法が成立するが、共和政は安定せず、プロイセン＝フランス戦争敗北への不満から元陸相ブーランジェを中心とするクーデタが起こった。一方、列強による海外植民地獲得競争が加速するなか、フランスもアフリカやアジアに積極的に勢力を拡大していった。

問1　下線部aの年、イギリスの経済力を誇示するためにロンドンで開催された国家的行事の名称を記せ。
問2　下線部bに関連して述べた次の①〜③から正しいものをすべて選べ。
　　①　クリミア戦争に参戦して、オスマン帝国を相手に戦った。
　　②　イタリア統一戦争に介入して、サルデーニャを支援した。
　　③　東南アジアに進出し、インドシナに出兵した。
問3　下線部cに関連して、当地におけるナポレオン３世の軍事行動に強く反対した国はどこか。
問4　下線部dに関連して、ナポレオン３世が、プロイセンの強大化を意識するにいたった王位継承問題が起こった国はどこか。

1	2	3	4
問1	問2	問3	問4

●論述問題へのアプローチ

■ イギリスの自由貿易政策　　　　　　　　　　　　　　　　基本事項のチェックを参照しよう！

　1830〜40年代にイギリスが自由貿易体制を確立したプロセスについて、90字以内で説明せよ。論述の際は、次の[指定語]を必ず使用すること。

　[指定語]　**東インド会社　　輸入穀物　　航海法**

●基本事項のチェック

❶ 東方問題からクリミア戦争へ

① □① ロシア皇帝の□□□□は、オスマン朝(帝国)からのギリシアの独立を支援するな
どして南下政策を進めた。

② □② ロシアはロシア＝トルコ(露土)戦争でオスマン朝を破り、□□□□・ダーダネル
ス両海峡の自由航行権を認めさせた。

③ □③ 東方問題のなかで起こったクリミア戦争の原因は、オスマン朝が□□□□の管理
権をカトリック教徒に移したことに対してロシアが反発したことにあった。

④ □④ クリミア戦争では、インドへの通商路を確保したいイギリスと、オスマン朝に
巨大な債権をもつ□□□□がオスマン朝の側で参戦した。

⑤ □⑤ □□□□は、クリミア戦争最大の激戦地となった。

⑥ □⑥ クリミア戦争後のパリ条約で、ロシアは□□□□の中立化を認めた。

⑦ □⑦ パリ条約で自治権を認められたモルダヴィアとワラキアは、やがて合同して、
□□□□として独立することとなった。

⑧ □⑧ ロシア皇帝□□□□は、クリミア戦争での敗戦を機に「大改革」に着手した。

⑨ □⑨ ⑧は「大改革」のなかで、1861年、□□□□を発令した。

⑩ □⑩ クリミア戦争における従軍看護師ナイティンゲールの活躍の影響で、スイスの
銀行家デュナンは、□□□□の結成に着手した。

❷ イタリアとドイツの統一

① □① フランス二月革命の影響下で、青年イタリアのマッツィーニらが□□□□を建て
たが、フランスの介入で崩壊した。

② □② サルデーニャ王国の首相□□□□は、ナポレオン3世の支持をえてオーストリア
に宣戦し、イタリア統一戦争を始めた。

③ □③ イタリア統一戦争を機に、サルデーニャは北イタリアの□□□□を併合した。

④ □④ 青年イタリア出身の□□□□が率いる義勇軍「千人隊(赤シャツ隊)」は、両シチリ
アの占領地をサルデーニャ王に献上した。

⑤ □⑤ 1861年、サルデーニャ王□□□□を国王とするイタリア王国が成立した。

⑥ □⑥ イタリアは、プロイセン＝オーストリア戦争に際して□□□□を併合した。

⑦ □⑦ イタリアは、プロイセン(ドイツ)＝フランス戦争に際して□□□□を占領した。

⑧ □⑧ イタリアに併合されなかった南チロル、トリエステ周辺の沿岸地方は「□□□□」
と呼ばれ、オーストリア＝ハンガリー帝国領にとどまった

⑨　　　川 □⑨ プロイセンは、ウィーン会議で□□□□川沿岸の工業地帯を獲得した。

⑩ □⑩ プロイセンは、1833年にオーストリアを除く□□□□を結成してドイツの経済的
統一を進めた。

⑪ □⑪ ドイツ統一をめざす動きのなかで、1848年、□□□□国民議会が開催された。

⑫ □⑫ ⑪国民議会では、オーストリアのドイツ人地域とボヘミアを含めた統一をめざ
す大ドイツ主義と、オーストリアを除外した統一をめざす□□□□が対立した。

⑬　　政策 □⑬ 1862年プロイセン首相となったビスマルクは、□□□□政策を唱えた。

⑭ □⑭ 1864年、ビスマルクはシュレスヴィヒ・ホルシュタイン両州をめぐる対立から、
オーストリアとともに□□□□を相手に戦争を起こして勝利した。

⑮ □⑮ 1866年のプロイセン＝オーストリア戦争に勝利してドイツ統一の主導権を確保
したビスマルクは、翌年に□□□□を結成した。

□⑯ フランスとの戦争で勝利したビスマルクは、1871年にプロイセン国王□□□を　⑯
　　皇帝とする<u>ドイツ帝国</u>を成立させた。

□⑰ ドイツ統一から排除された多民族国家オーストリアは、1867年、ハンガリーに　⑰
　　自治権を与えて□□□を成立させた。

□⑱ 統一後のドイツでは、重化学工業の技術革新を中心とした□□□が始まった。　⑱

❸科学の時代

□① リービヒを中心に□□□化学が発達し<u>第2次産業革命</u>の理論的基盤を提供した。　①　　　　　　　化学

□② 物理学では、<u>マイヤー</u>と<u>ヘルムホルツ</u>が□□□の法則を発見した。　②　　　　　の法則

□③ イギリス人物理学者□□□は、<u>電磁気学</u>を確立した。　③

□④ □□□はX線を発見し、<u>キュリー夫妻</u>はラジウムを発見した。　④

□⑤ 生物学では、<u>コッホ</u>が結核菌を発見し、□□□が狂犬病の予防接種を開発する　⑤
　　などして細菌学の分野が開かれた。

□⑥ アメリカ人□□□は、<u>電灯</u>や蓄音機を発明し、「発明王」と呼ばれた。　⑥

□⑦ アメリカ人<u>モールス(モース)</u>が□□□を発明し、<u>ベル</u>は電話機を発明した。　⑦

□⑧ 有人動力飛行機を<u>ライト兄弟</u>が、<u>ダイナマイト</u>を□□□が発明した。　⑧

□⑨ □□□は北極点に到達し、<u>アムンゼン</u>は南極点に到達した。　⑨

□⑩ 主著『□□□』でダーウィンが提唱した<u>進化論</u>は、一大論争を引き起こした。　⑩

□⑪ 文学では、ロシアの□□□が『<u>罪と罰</u>』、<u>トルストイ</u>が『<u>戦争と平和</u>』を著した。　⑪

□⑫ イギリスの写実主義作家□□□は、『<u>オリヴァー=トゥイスト</u>』を著した。　⑫

●読み取り力のチェック　　　　　　　　　　　　　　　　　　　　　　　　思

□ 次の表は、19世紀後半のフランス文芸で活躍した文化人を示している。

① 表中a〜hに該当する人名を、下から適宜選べ。　①

絵画	(a)	写実主義	「石割り」。パリ=コミューンに参加	
	(b)		「落ち穂拾い」「晩鐘」。農民を描く	
	(c)	印象派	「印象・日の出」	色彩を重視
	(d)		「ムーラン=ド=ラ=ギャレット」	
文学	(e)	写実主義	『赤と黒』で復古ブルボン朝時代の社会を批判	
	(f)		「人間喜劇」で七月王政を批判	
	(g)	自然主義	『居酒屋』。ドレフュス事件で被告を弁護	
	(h)		『女の一生』。エッフェル塔建設に反対	

a :
b :
c :
d :
e :
f :
g :
h :

```
ゴッホ　　ルノワール　　モネ　　ドラクロワ　　スタンダール　　バルザック
ゾラ　　モーパッサン　　ダヴィド　　クールベ　　ミレー　　イプセン
```

② 次の2つの絵画は、フランスの美術における作風の変化(光の観察によって対象の　②
　　描き方自体の見直しを試みる　　　　　　　　　　　　　　　ア:[　　]
　　潮流の出現)をよく示してい　　　　　　　　　　　　　　　イ:[　　]
　　る。ア・イの作者として正し
　　いものを表中a〜hから選
　　び、記号とその潮流を記せ。

❶ イギリス・フランス・ロシア・オーストリアがオスマン朝の領域に対してそれぞれどのような利害をもっていたのかについて、まとめてみよう。教p.258知思

●入試問題へのチャレンジ

1 東方問題とロシア　（　　）に適切な用語を記し、**問**に答えよ。　　　　　　　（成城大学・改　2012年）

ロシア帝国は、18世紀から19世紀にかけて黒海から地中海への進出をはかり、オスマン朝に対してたびたび軍事的・外交的攻勢を加えていた。この方面へのそうしたロシアの対外戦略は総称して南下政策といわれる。19世紀前半、バルカン半島で起きた（　1　）の独立戦争に際しては、ロシアは同じ（　1　）正教の勢力を支援してオスマン朝と戦った。しかし、その後まもなく、オスマン朝の属州（　2　）の総督ムハンマド＝アリーが反乱を起こすと、ロシアは逆にオスマン朝の側を支援し、a地中海方面に進出するための権益の獲得をはかった。このようにオスマン朝の弱体化の兆しをとらえバルカン半島や東地中海地域への進出の機会をうかがうロシアに対して、やはりこの地域に利害関心をもつイギリスやフランスは警戒を強め、こうした地域情勢を「（　3　）」と総称して重要視し、ロシアを牽制するためにしばしば介入した。

19世紀半ば、ロシアは、キリスト教聖地（　4　）の管理権をめぐりオスマン朝に反発し、オスマン朝領内の正教徒の保護を理由に1853年宣戦し領内に侵攻した。この戦争が、19世紀中頃までのウィーン体制の勢力均衡を崩壊させたとされるクリミア戦争である。翌54年に、ロシアの進出を阻止したいイギリスやフランスがオスマン朝側に立って参戦すると、戦闘は長期化・大規模化した。主戦場となった（　5　）要塞をめぐる攻防では、近代の大規模な戦闘に特有の大量のb戦死者・戦傷者を出し、56年敗北したロシアは（　6　）条約を結んだ。

戦争末期に、それまで専制を堅持していた皇帝（　7　）が没し、後を継いだアレクサンドル2世は、ロシア敗北の背景に近代化の遅れがあると痛感し、戦後、（　8　）年の農奴解放令をはじめとして様々な改革に着手した。

問1　下線部aについて、ロシアがオスマン朝から自由航行権を獲得した海峡を2つあげよ。

問2　下線部bについて、クリミア戦争に従軍看護師として赴き、のちに近代看護制度の基礎を築いたことで知られる女性の名を記せ。次に、彼女の活躍に影響を受け、国際赤十字を設立した人物の名を記せ。

1	2	3	4
5	6	7	8
問1　　　　　海峡		海峡	問2

2 イタリア・ドイツの統一　（　　）に適切な用語を記し、**問**に答えよ。　　　　　（日本大・改　2007年）

ロシアとオスマン帝国との間で1853年に始まったクリミア戦争は、列強間の勢力均衡に基づくウィーン会議後の国際秩序を動揺させた。これが、イタリア統一とドイツ統一の端緒となった。

イタリアでは、（　1　）王国がクリミア戦争に参戦したことで国際的地位を高め、aイタリア統一運動の中心となった。この王国の首相（　2　）は、イタリア統一の障害であるオーストリアを倒すために、フランスのナポレオン3世と秘密同盟を結んだ。この同盟により、（　1　）王国は、1859年のイタリア統一戦争でオーストリア軍を破り、（　3　）を獲得した。また、翌年、フランスにサヴォイアとニースを譲るかわりに、中部イタリア併合を承認させることにも成功した。その後、（　4　）が率いる千人隊と呼ばれる義勇軍の活躍でイタリアの統一がさらに進み、1861年にイタリア王国が成立した。

ドイツではb19世紀前半からのドイツ統一の動きに対し、プロイセンが新たな展開を与えた。1862年にプロイセン首相となったビスマルクは、クリミア戦争後の列強が対立し合う国際情勢下で巧みな外交手腕を発揮した。「鉄血政策」のもと軍事力によるドイツ統一達成をめざした彼は、cオーストリア・フランスなどを相次いで戦争で破り、1871年、ドイツ帝国を成立させた。

問1　下線部aについて述べた次の**ア・イ**の正誤を判定せよ。

　　ア　オーストリアの三月革命後、ヴェネツィアとナポリで反オーストリア独立蜂起が起こった。

　　イ　ローマ共和国が樹立されたが、フランスの介入で崩壊した。

問2　下線部bについて述べた次の**ア・イ**の正誤を判定せよ。

　　ア　プロイセン＝オーストリア戦争後、ライン同盟がプロイセンを中心に結成された。

　　イ　オーストリアの三月革命後、フランクフルト国民議会が開催された。

問3　下線部cのプロイセンの戦争について、

　　(1)　シュレスヴィヒ・ホルシュタイン両州をめぐってプロイセンが戦った北欧の国はどこか。

　　(2)　フランスとの戦争の原因となった王位継承問題が生じた国はどこか。

1		2		3		4
問1ア	イ	問2ア	イ	問3(1)		(2)

● **資料問題へのアプローチ**

■ **イタリア統一前夜**　次の資料は、1859年にヨーロッパのある君主がイタリア人に向けて語った言葉である。

> 　イタリア人諸君、戦争に導かれてa余は今日、ロンバルディアの首都にいる。余がなぜここにいるのか、そのわけを申し述べよう。……オーストリアが不正にもピエモンテを攻撃したとき、名誉ならびに義務として、余は同盟国である（　　　）王を援助する決心をした。余はここに、君主を廃位したり、余の意志を強制するために予定の制度をもってきたわけではない。余の軍隊はただ二つのことに専念するだけである。すなわちb諸君の敵と戦い、国内の秩序を維持することである。

問1　下線部aの「余」とは誰のことか。君主名を記せ。

問2　（　　　）に該当する国名を記せ。

問3　（　　　）の首相の名を記せ。また、彼が「余」の歓心をかうため、1853年にとった行動を簡潔に記せ。

問4　下線部bとあるが、「余」の本当の狙いは何であったか。簡潔に記せ。

問1	問2	問3人名	行動
問4			

● **論述問題へのアプローチ**

■ **ドイツの統一**　　　　　　　　 ☝ 写真の場所はどこか思い出そう！

　19世紀後半のビスマルクによるドイツ統一のプロセスを90字以内で説明せよ。論述の際は、次の［指定語］を使用するとともに、右の写真が示すことにも触れること。

　［指定語］　シュレスヴィヒ　　北ドイツ連邦

●基本事項のチェック　　　　　　　　　　　　　　　　　　　　　　　　知

❶西アジアの動揺

【オスマン朝（帝国）】

① _____
　□① 1683年、オスマン朝は2度目の◯◯◯◯包囲に失敗した。

② _____
　□② 1699年のカルロヴィッツ条約で、オスマン朝はハンガリー・トランシルヴァニアなどを◯◯◯◯に割譲した。

③ _____半島
　□③ オスマン朝は、18世紀後半ロシアに黒海北岸と◯◯◯◯半島の支配権を譲った。

④ _____
　□④ ◯◯◯◯が率いるフランス軍のエジプト占領後、オスマン朝のエジプト総督であったムハンマド＝アリーは、なかば独立した政権を築いた。

⑤ _____
　□⑤ 1826年、◯◯◯◯が廃止され、西欧式軍隊の「ムハンマド常勝軍」が組織された。

⑥ _____の海戦
　□⑥ ギリシア独立運動を支援するイギリス・フランス・ロシア連合艦隊が、◯◯◯◯の海戦でオスマン・エジプト連合艦隊を撃破した。

⑦ _____条約
　□⑦ オスマン朝とロシアの◯◯◯◯条約で、ギリシアの独立が認められた。

⑧ _____
　□⑧ オスマン朝が◯◯◯◯と結んだ通商条約は、カピチュレーションによって認められていた特権の存続を確認した片務的な不平等条約であった。

⑨ _____
　□⑨ ギュルハネ勅令以降のオスマン朝の西欧化改革は、◯◯◯◯と呼ばれる。

⑩ _____憲法
　□⑩ クリミア戦争後、オスマン朝は1876年に◯◯◯◯憲法を発布した。

【アラビア半島・エジプトの動向】

⑪ _____運動
　□⑪ 18世紀中頃、アラビア半島でイスラームの改革を訴える◯◯◯◯運動が起こった。

⑫ _____家
　□⑫ 豪族の◯◯◯◯家は⑪を支援し、メッカ・メディナを支配した。

⑬ _____
　□⑬ エジプト総督ムハンマド＝アリーは、旧来の◯◯◯◯勢力を一掃した。

⑭ _____
　□⑭ ◯◯◯◯の領有を求めるムハンマド＝アリーは、エジプト＝トルコ戦争でオスマン朝を破った。

⑮ _____
　□⑮ ムハンマド＝アリーは、エジプトと◯◯◯◯の総督の世襲を認められた。

⑯ _____
　□⑯ イギリスは、フランス人技師◯◯◯◯が1869年に完成させたスエズ運河会社株を、1875年に買収した。

⑰ _____
　□⑰ 1881年、軍人◯◯◯◯らが「エジプト人のためのエジプト」をスローガンとして起こした反乱をイギリス軍が鎮圧し、エジプトはイギリスの植民地と化した。

【イラン・アフガニスタンの動向】

⑱ _____
　□⑱ 18世紀末、イランでは◯◯◯◯を都としてガージャール朝が成立した。

⑲ _____条約
　□⑲ カフカスをめぐるロシアとの戦いに敗れたガージャール朝は、◯◯◯◯条約を結んでアルメニア＊の割譲などをロシアに認めた。

⑳ _____
　□⑳ アフガン戦争の後、イギリスは、アフガニスタンをロシアと◯◯◯◯との間の緩衝地として保護国化した。

❷南アジア・東南アジアの動揺

【インドの植民地化】

① _____の戦い
　□① 1757年、イギリス東インド会社軍は◯◯◯◯の戦いでフランス側を破り、ベンガル地方の地税徴収権を獲得した。

② _____戦争
　□② イギリス東インド会社は、インド南部でマイソール戦争、西部でマラーター戦争、西北部で◯◯◯◯戦争を断続的に展開し、支配領域を拡大した。

③ _____
　□③ 自由貿易を求める産業資本の圧力のなかで、イギリス東インド会社は、1813年にインド、1833年に中国に対する◯◯◯◯を失った。

□④ <u>1857年</u>、「＿＿＿＿」と呼ばれるイギリス東インド会社のインド人傭兵は、<u>インド大反乱</u>の契機となる反乱を起こした。　④

□⑤ ④を中心とする反乱軍は、都市＿＿＿＿に進軍して、イギリスに宣戦布告した。　⑤

□⑥ 1858年、インド大反乱の責任を追及したイギリスは、＿＿＿＿を滅亡させた。　⑥

□⑦ <u>1877年</u>、イギリスは＿＿＿＿を皇帝とする<u>インド帝国</u>を成立させた。　⑦

【東南アジアの植民地化】

□⑧ オランダは、<u>ジャワ島</u>での反乱や＿＿＿＿の独立で財政難となった。　⑧

□⑨ <u>オランダ領東インド</u>に導入された＿＿＿＿のもとでは、<u>コーヒー・サトウキビ・藍</u>などヨーロッパ向けの商品作物が生産された。　⑨

□⑩ スペイン支配下のフィリピンでは、1834年の＿＿＿＿開港によりサトウキビ・＿＿＿＿麻・タバコなどの商品作物生産が急増した。　⑩

□⑪ 1826年、イギリスはマレー半島の<u>ペナン・マラッカ・シンガポール</u>を＿＿＿＿として成立させ、自由港とした。　⑪

□⑫ 1895年、イギリスは＿＿＿＿を成立させ、<u>ゴムのプランテーション</u>経営と<u>錫採掘</u>を行った。　⑫

□⑬ イギリスは、ビルマ戦争により＿＿＿＿朝を滅ぼし、インド帝国に併合した。　⑬　　　　　朝

□⑭ 19世紀初め、＿＿＿＿はフランスの支援でベトナムに<u>阮朝</u>を建てた。　⑭

□⑮ ＿＿＿＿は、阮朝に帰順するとともに<u>黒旗軍</u>を率いてフランス軍と戦った。　⑮

□⑯ <u>清仏戦争</u>に敗れた清朝は、1885年の＿＿＿＿条約でベトナムに対するフランスの保護権を認めた。　⑯　　　　　条約

□⑰ <u>1887年</u>、フランスはベトナムと＿＿＿＿を合わせて<u>仏領インドシナ連邦</u>を成立させた。　⑰

□⑱ 1899年、フランスは＿＿＿＿を仏領インドシナ連邦に編入した。　⑱

□⑲ タイの<u>ラタナコーシン（チャクリ）朝</u>では、国王＿＿＿＿が近代化を推進した。　⑲

●読み取り力のチェック　　　　　　　　　　　　　　　　　　　　　　　　思

□ 次の地図は、東南アジアの植民地化を示すものである。次の①〜⑦の説明文が指す地域を地図中から選び、記号を記せ。また（　　）に適語を入れよ。

① イギリスとの3回の戦争でコンバウン朝が滅ぼされ、（　　　　）に併合された。米のプランテーションが経営され、重要な輸出品となった。

②記号：　（　　　　　　）

② 東南アジアで唯一植民地化を免れ、水田開発によって米穀の輸出が盛んになった。（　　　　）朝の宮廷には外国人教師が招かれ、近代化がめざされた。

③ 1863年にフランスにより保護国化され、1887年に（　　　　）連邦を構成した。

④ 1884年、清朝が（　　　　）権を主張して清仏戦争となった。その後の天津条約でフランスの保護権が認められた。

⑤ （　　　　）の支配下で、マニラ麻・サトウキビ・タバコなどの商品作物が生産された。

⑥ イギリス支配下で、ゴムのプランテーション経営や（　　　　）の採掘が行われた。

⑦ （　　　　）の支配下で強制栽培制度が導入され、コーヒーなどが生産された。

①記号：　（　　　　　　）
②記号：　（　　　　　　）
③記号：　（　　　　　　）
④記号：　（　　　　　　）
⑤記号：　（　　　　　　）
⑥記号：　（　　　　　　）
⑦記号：　（　　　　　　）

❶ イギリス東インド会社の性格の変化についてまとめてみよう。**教**p.271❿

●入試問題へのチャレンジ

１ 西アジアの変動　（　）に適切な用語を記し、**問**に答えよ。　　　　　　　　　　（東京女子大・改　2012年）

　19世紀、オスマン朝では「タンジマート」と呼ばれる一連の西欧化改革が始められた。これは1839年に、国民は宗教にかかわらず法の前には平等の権利をもつことを認めた（　１　）勅令が出されたことで本格化した。改革派の官僚や知識人は立憲政治の確立を強く求め、1876年、a改革派の宰相が起草した憲法草案が圧倒的な支持のもとに発布された。しかし、保守派の立場をとるスルタンは、78年に露土戦争の勃発を口実にこの憲法を停止した。

　オスマン朝の属州であったエジプトでは、1805年、軍人の（　２　）が民衆の支持を背景に総督に任じられた。彼は工業化や農業振興、常備軍設置などを通じ、オスマン朝から自立した西欧的近代国家建設をめざしたが、bエジプトの強大化を恐れたイギリスなど列強の介入により挫折させられた。その後、エジプトは（　２　）の子孫が総督を世襲して王朝を形成し、交通・通信網の建設など近代化改革に努めた。しかし、cその莫大な経費などのために国家財政が破綻し、1876年には国家財政はイギリスとフランスの管理下におかれた。これに抗議して、憲法制定や議会開設を求める運動が広がり、1881年に軍人（　３　）を指導者とする運動が起こったが、イギリスは軍隊でこれを鎮圧し、以後エジプトを事実上の保護国とした。またイランでは、（　４　）朝がカフカスをめぐるdロシアとの戦争に敗北し、1828年に不平等条約を結ばされた。

問１　下線部aを起草した改革派の宰相の名を記せ。
問２　下線部bについて述べた次の文ア・イの正誤を判定せよ。
　　　ア　アラビア半島のワッハーブ運動を滅ぼした。　　イ　エジプト＝トルコ戦争でオスマン朝の軍を破った。
問３　下線部cに関連して、財政を逼迫させる原因となった交通運輸施設の名称を記せ。
問４　下線部dに関連して、この条約名を記せ。

1	2		3	4
問1	問2ア	イ	問3	問4

２ 英領インドの形成　（　）に適切な用語を記し、**問**に答えよ。　　　　　　　　　　（関西大・改　2003年）

　1757年、イギリス東インド会社は書記のクライヴが率いた軍が、　ア　と地方豪族の連合軍をプラッシーの戦いで破り、インド東部の（　１　）地方の徴税権をムガル皇帝から獲得した。その後東インド会社は、1767年南インドで起こったマイソール戦争、1775年にデカン高原西部で起こった（　２　）戦争、1845年にパンジャーブで起こったシク戦争にいずれも勝利し、インドの全域に領土を拡げた。さらに　イ　領であったセイロン島も占領した。同島は、1814年から15年に開催されたウィーン会議によってイギリス領となった。

　aイギリス東インド会社による支配への反感はインド人各階層に広がった。1857年に東インド会社のインド人傭兵である（　３　）が起こした反乱は、たちまち北インド各地に波及し、反乱軍はデリー城を占領してムガル皇帝による統治復活を宣言した。しかし、東インド会社は翌年この反乱を鎮圧し、ムガル帝国は滅亡した。イギリス政府は東インド会社を解散し、1877年直轄植民地である（　４　）を成立させ、英領インドが形成された。

問１　　ア　・　イ　に該当する国名を記せ。
問２　下線部aの原因を、［**機械製綿布**］という語を用いて簡潔に説明せよ。

1	2		3	4
問1ア	イ		問2	

3 東南アジアの植民地化 （　）に適切な用語を記し、**問**に答えよ。

（日本大・改　2012年）

1802年	フランスの支援を受けた阮福暎が、ベトナムに阮朝を開く。
1819年	イギリスがジョホール王から（　**1**　）を買収する。
1826年	イギリスが、（　**1**　）・ペナン・（　**2**　）を海峡植民地として成立させる。
1830年	オランダがジャワ島でa強制栽培制度を開始する。
1858年	bフランスがベトナムに侵攻する。
1863年	フランスがベトナム南部に隣接する（　**3**　）を保護国化する。
1885年	清仏戦争に敗れた清朝が、ベトナムに対する宗主権を放棄する。
1886年	イギリスとの戦争に敗れたコンバウン朝が滅亡し、（　**4**　）がインド帝国に併合される。
1887年	フランスが、ベトナムと（　**3**　）を合わせて（　**5**　）を成立させる。
1895年	英領マレー連合州が結成され、（　**6**　）のプランテーション経営と錫の採掘で繁栄。

問1　下線部aのもとでオランダが栽培させた作物として適切なものを2つ選べ。
　　①　マニラ麻　　②　カカオ　　③　サトウキビ　　④　コーヒー　　⑤　綿花
問2　下線部bの侵攻を推進した君主の名を記せ。

1	2	3	4
5	6	問1	問2

●資料問題へのアプローチ

■ オスマン朝の勅令　次の資料は、1839年にイスタンブルで発せられた勅令の一部である。

> オスマン朝とその民衆が、ここ150年の間に衰退、貧困化の一途をたどってきたのは、様々な困難・理由からaシャリーアおよびスルタンの諸法令が無視されたためである。それらの勢力・繁栄を回復するためには、全臣民の生命・名誉・財産の完全な保障という原則に基づいた新しい立法が必要である。……スルタンはそれらを無視せぬことをアッラーにかけて宣誓する。

問1　この勅令の名称と、下線部aシャリーアの意味を記せ。
問2　この勅令がフランスの人権思想の影響を受けていると考えられる部分を文中から抜き出せ。

問1勅令	意味	問2

●論述問題へのアプローチ

■ インド帝国の成立 （愛知教育大・改　2012年）　　　　　　　　　　⚡入試問題**2**を参照しよう！

　19世紀後半における英領インドの成立過程を、90字以内で述べよ。論述の際は、次の［指定語］を必ず使用すること。

　　［指定語］　**東インド会社　　シパーヒーの反乱　　ヴィクトリア女王**

●基本事項のチェック

❶ アヘン戦争以後の中国

① ____ 条約

□① 清とロシアは、ネルチンスク条約(1689年)・____条約(1727年)に基づく国境での交易を行っていた。

② ____

□② 1792年、ロシア皇帝エカチェリーナ2世は____を根室に派遣した。

③ ____

□③ 1792年、清朝に派遣された____は乾隆帝に謁見したが、自由貿易の要求は認められなかった。

④ ____

□④ イギリスは、____の輸入が増加し、中国に流出する銀が増加した。

⑤ ____

□⑤ イギリスが始めた三角貿易のなかで、____産アヘンの密貿易が増え、中国から大量の銀が流出した。

⑥ ____

□⑥ 1839年、広州に派遣された____がアヘンを没収・廃棄すると、イギリスは翌年にアヘン戦争を起こした。

⑦ ____ 条約

□⑦ アヘン戦争の講和条約である南京条約に続いて、清は1843年に五港(五口)通商章程と____条約を締結した。

⑧ ____

□⑧ 1844年、清は____・フランスと条約を結び、南京条約と同様の権利を認めた。

⑨ ____

□⑨ 1845年、外国が行政権をもつ区域である____が上海にはじめて設置された。

⑩ ____

□⑩ 1856年、イギリスは____号事件を口実に____戦争(第2次アヘン戦争)を起こし、フランスと共同出兵した。

⑪ ____ 条約

□⑪ ⑩戦争に敗れた清朝は、1858年に____条約、1860年に北京条約を結んだ。

⑫

□⑫ 南京条約と北京条約を比較した次の表のa〜eに該当する語句を記せ。

a: ____ 島
b: ____
c: ____
d: ____ 半島
e: ____

南京条約		北京条約
●[a]島の割譲		●[d]半島南部の割譲
●5港(上海・寧波・福州・厦門・広州)の開港		●天津・漢口など11港の開港
●[b]の廃止		●キリスト教布教の自由
●賠償金の支払い		
●[c](治外法権)	追加条約	●[e]の北京駐在
●関税自主権の喪失(協定関税制)		●外国人の内地旅行の自由
●最恵国待遇		●アヘン貿易の公認

❷ 太平天国と洋務運動

①

□① ____は広西省の金田村で上帝会を組織し、太平天国の反乱を起こした。

②

□② 「____」をスローガンとした太平天国は南京を占領し、天京と改称した。

③

□③ 清朝が強制する____を拒否した太平天国は、「長髪賊」と呼ばれた。

④

□④ アヘン吸飲や女性の纏足などの悪習を廃止した太平天国は、土地の均分をめざす制度として____を打ち出した。

⑤

□⑤ 太平天国鎮圧の主力は、漢人官僚が地元で組織した義勇軍(郷勇)で、____の湘軍と李鴻章の淮軍がその代表である。

⑥

□⑥ ウォードやゴードンが率いる____が清軍を支援して太平天国軍と戦った。

⑦

□⑦ 太平天国の反乱後、一時期、清の国内が安定したことを____と呼ぶ。

⑧

□⑧ 清朝では、李鴻章ら漢人官僚を中心に、富国強兵をめざして西洋の学問や技術を導入しようとした____が起こった。

❸ 日本の開国と東アジア国際秩序の再編

□① 江戸幕府は<u>ペリー</u>の来航を機に、1854年に<u>日米和親条約</u>、1858年に[____]条約を締結した。

① _____ 条約

□② <u>大政奉還</u>の翌年の1868年、天皇親政の新政府が成立したが、この政治体制の転換は[____]と呼ばれる。

② _____

□③ [____]憲法にならった<u>大日本帝国憲法</u>が、<u>1889年</u>に発布された。

③ _____

□④ 1871年、日本は最初の対等な条約である[____]を結んだ。

④ _____

□⑤ 1875年、日本はロシアと[____]条約を結んで北方の国境を定めた。

⑤ _____ 条約

□⑥ 1874年、日本は[____]に出兵し、79年には<u>琉球</u>に<u>沖縄県</u>をおいて領有した。

⑥ _____

□⑦ 1861年に清は、外務担当官庁として[____]を設置した。

⑦ _____

□⑧ 欧米諸国が開国を迫るなか、朝鮮では<u>高宗</u>の摂政の[____]が攘夷を唱えた。

⑧ _____

□⑨ 1875年、[____]事件を起こした日本は、<u>日朝修好条規(江華条約)</u>で釜山などの<u>3港開港</u>を認めさせた。

⑨ _____ 事件

□⑩ 1882年、朝鮮の攘夷派兵士は[____]を起こして<u>閔氏一派</u>の要人を殺害した。

⑩ _____

□⑪ 1884年、朝鮮の急進改革派は、日本の武力を借りて[____]を起こした。

⑪ _____

□⑫ 1885年、日本と清は、朝鮮における両国軍の撤兵・出兵時の事前通告などを約した[____]条約を結んだ。

⑫ _____ 条約

□⑬ 1894年、<u>東学</u>の指導者<u>全琫準</u>らが起こした[____]は日清戦争の契機となった。

⑬ _____

□⑭ 日清戦争後の<u>下関条約</u>で日本は清から[____]を獲得し、<u>三国干渉</u>で返還した。

⑭ _____

□⑮ 下関条約で、日本は<u>澎湖諸島</u>とともに獲得した[____]に総督府をおいた。

⑮ _____

□⑯ 下関条約で、日本は朝鮮の独立や開港場における[____]権を清に認めさせた。

⑯ _____ 権

● 読み取り力のチェック　　　　　　　　　　　　　　　　　　　　　　　思

□　下の地図は、19世紀後半におけるロシアの東方進出を示すものである。

① 1858年、ロシアが地図中**A**の領土を獲得した条約は何か。

① _____ 条約

② 1860年の北京条約で、ロシアが清から獲得した地図中**B**の領土はどこか。

② _____

③ ロシアの極東支配における拠点となった都市**a**の名称を記せ。

③ _____

④ ロシアがブハラ＝ハン国・ヒヴァ＝ハン国・コーカンド＝ハン国を支配下におくなかで、1881年、清と地図中━━の国境を定めた条約は何か。

④ _____ 条約

□　下の写真は、武器製造工場で大砲を点検する清朝官僚である。

⑤ 西洋式の大砲に対し、清朝官僚は伝統的な服装であるが、洋務運動の特色を、[**政治体制の変革**]という語を使って簡潔に記せ。

⑤ _____

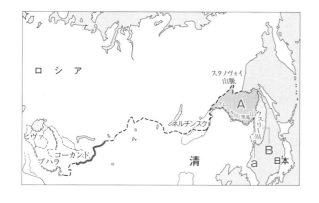

❶ 壬午軍乱と甲申政変が、日清関係に与えた影響について、まとめてみよう。**教** p.282 ⊕

●入試問題へのチャレンジ

1 中華帝国の動揺 （　　　）に適切な用語を記し、**問**に答えよ。 (同志社大・改　2007年)

　18世紀末、清では土地の不足による農民の貧困化や開墾による環境破壊が社会不安を生みだし、四川を中心とする新開地で白蓮教徒の乱が起こった。一方、18世紀後半にはヨーロッパ勢力が東アジアに進出を始め、清朝を中心とした東アジアの国際秩序をゆるがせた。イギリスは1792年に（　**1**　）を清朝に派遣して、自由貿易を要求した。しかし（　**2**　）帝は、貿易を恩恵とみる中華の立場を崩さず、その要求を認めなかった。イギリスは19世紀初めから、中国の茶を本国に、本国の綿製品をインドに、インド産のアヘンを中国に運ぶ三角貿易を始めた。中国の側では、アヘンの吸飲と密貿易がふえて、従来とは逆に大量の（　**3**　）が国外に流出するようになった。早くからアヘンの吸飲や密輸を禁止していた清は、この実情を重視し、1839年林則徐を欽差大臣として①広州に派遣して取り締まりにあたらせた。これに対しイギリス政府は自由貿易の実現を唱えて海軍の派遣を決定し、1840年にアヘン戦争を起こした。敗れた清は、42年に②南京条約を結び、香港島の割譲や行商の廃止、③上海をはじめとする5港の開港などを認めた。また、44年アメリカと望厦条約を、（　**4**　）と黄埔条約を結び、イギリスと同様の権利を認めた。しかし、1856年広州でイギリス船の中国人乗船員が海賊容疑で逮捕されるというアロー号事件が起こると、a イギリスはこれを口実に、（　**4**　）に呼びかけて共同出兵を行い、アロー戦争（第2次アヘン戦争）を起こした。戦争に勝利したイギリスは、最終的に1860年の北京条約で九竜半島南部の割譲や外国公使の北京駐在、④天津・漢口など11港の開港といった内容を認めさせた。

　アヘン戦争の後、重税による窮乏化や清朝統治に対する不安感のなかで、19世紀半ばに洪秀全を指導者として太平天国の反乱が起こった。洪秀全は、自らキリストの弟と称して（　**5**　）という宗教結社をつくった。洪秀全らが1851年に太平天国を建てると、その運動は急速に広まった。太平天国軍は、1853年に南京を占領してここを首都と定め、（　**6**　）と名づけた。太平天国は「滅満興漢」を掲げて清朝の打倒をめざし、アヘン吸引や女性の纏足などの悪習の廃止、土地を均分する天朝田畝制度などの諸政策を打ち出した。1864年に b 太平天国は滅んだが、その後に国内の秩序は一時的に安定して同治の中興と呼ばれる時期に入り、富国強兵をめざして西洋の学問や技術を導入する洋務運動がみられた。この運動は、中国の伝統的な道徳倫理を根本としながら西洋技術を利用するという「中体西用」の立場をとり、西洋の思想や社会制度を導入するものではなかった。

問1　波線部①〜④の位置を右の地図中ア〜キから選べ。

問2　下線部aについて、イギリスがこの戦争を起こした本当の目的を簡潔に説明せよ。

問3　下線部bについて、太平天国鎮圧にあたった義勇軍である淮軍が編制された地域を地図中A〜Cから選び、その創設者を記せ。

1	2	3	4
5	6	問1①	② ③ ④
問2		問3記号	人名

2 東アジア国際秩序の再編　（　　）に適切な用語を記し、**問**に答えよ。

（福岡大・改　2008年）

　アメリカの艦隊司令官ペリーが、1853年浦賀に来航し、徳川幕府に開国を要求した。翌54年、彼は再び来航して、徳川幕府と（　**1**　）条約を結んだ。17世紀以来の徳川幕府の鎖国体制は、この条約で崩壊した。

　この対外的危機のなかで、下層武士層を中心とする倒幕運動が起こり、1867年の徳川幕府の（　**2**　）を経て、翌68年、天皇親政の明治政府が成立した。明治政府は富国強兵をめざし、工業や軍事の近代化に乗り出した。さらに大日本帝国憲法が発布され、二院制の議会の開設など、a清朝より一足早い近代的改革が推し進められた。

　1860年以降、開国の圧力は朝鮮にもおよんだが、国王（　**3**　）の摂政として政権を握っていた大院君は攘夷につとめた。1871年に清朝との条規を締結した日本は、75年の江華島事件を機に、翌76年、（　**4**　）条規を朝鮮と結んだ。これに対して、清朝は宗主国としての立場から朝鮮の統制を強め、日本と清朝の間の緊張は高まった。

　当時の朝鮮内部では、攘夷派と改革派の対立、さらに金玉均らを指導者とする開化派と閔氏一派の間での対立が深まり、壬午軍乱や甲申政変などの内争が起こった。その後、1894年に甲午農民戦争が勃発すると、日清両国軍が出兵して日清戦争が起こった。戦争に敗れた清朝は、翌95年の（　**5**　）条約で朝鮮の独立を認めた。日本に対しては遼東半島、台湾、澎湖諸島の割譲のほか、b開港場での企業設立権などを認めた。

問1　下線部aに関連して、明治政府の対外政策について述べた文ア・イの正誤を判定せよ。

　　ア　1875年の条約で、樺太を日本領、千島をロシア領と定めた。
　　イ　1879年、中国の直轄領であった琉球に沖縄県をおいて日本領とした。

問2　下線部bの権利が、たちまち列強に拡大していった理由を、簡潔に説明せよ。

1	2	3	4
5	問1ア　　　　　イ	問2	

●資料問題へのアプローチ

欧米主導の条約体制　次の資料は、東アジアが欧米の枠組に組み込まれる端緒となった条約の一部である。

> 　第5条　先に清国政府は、　ア　において通商に従事せる大ブリテン国商人に対し、当該目的の為に清国政府の特許を得た　イ　とのみ取引することを強制したが、a清国皇帝陛下は、大ブリテン国商人の居住するすべての港において将来かかる慣行を廃し、任意に何人とも通商取引に従事することを許すことを約するものである。

問1　この条約名と下線部aの「清国皇帝陛下」の皇帝名を記せ
問2　　ア　に入る都市名と　イ　に入る組織名を記せ。

問1条約	皇帝	問2ア	イ

●論述問題へのアプローチ

東アジアの国際秩序（大阪大・改　2008年）　　　　[指定語]を順に2つずつ組み合わせて考えてみよう！

　近代以前の中国はどのような「世界」観をもち、諸外国とどのような外交関係を結ぶのが原則だったか、また清朝末期にそれはどのように変化したか、90字以内で説明せよ。論述の際は、次の[指定語]を必ず使用すること。

　[指定語]　　**冊封**　　**朝貢**　　**アヘン戦争**　　**不平等条約**

●基本事項のチェック

❶ 資本主義の変質と労働運動

① ┃□① 19世紀後半に起こった第2次□□□□は、石油と電力を新しい動力源とし、重化学・製鋼・電気などの新たな産業を生み出した。

② ┃□② 巨大企業に生産力が集中した結果、ドイツでは大銀行を中心としたコンツェルンが、アメリカ合衆国では同一業種の企業が合併する□□□□が生まれた。

③ ┃□③ 大都市に集中した非熟練労働者は、全国規模の□□□□を組織して社会党・労働党などの社会主義政党を支持することが多かった。

④ ┃□④ イギリスの労働党や□□□□の社会党は、議会における漸進的改革をめざした。

⑤ 　　　　党 ┃□⑤ ドイツの□□□□党は、帝国議会で総議席の3分の1近くを占めることがあった。

⑥ 　　　　党 ┃□⑥ ロシアの□□□□党などは、テロや暴力を伴う革命路線をめざした。

⑦ ┃□⑦ 1889年、社会主義運動の国際組織である□□□□が結成された。

⑧ 　　　　法 ┃□⑧ ドイツのビスマルクは、□□□□法で社会主義政党を弾圧する一方、社会保険制度を導入した。

⑨ 　　　　法 ┃□⑨ イギリスでは、自由党内閣のもとで1911年に□□□□法が制定された。

❷ 帝国主義諸国の動向

【イギリス】

① ┃□① 保守党と自由党が交互に政権を担当し、1867年に保守党内閣が第2回□□□□、1884年に自由党内閣が第3回□□□□を行った。

② 　　　　協会 ┃□② 穏健的な社会主義団体の□□□□協会などを基盤に1906年、労働党が成立した。

③ 　　　　法 ┃□③ 1911年、自由党内閣のもとで下院の優越を定めた□□□□法が成立した。

④ ┃□④ 「世界の工場」と呼ばれたイギリスは、やがて海外投資に経済活動の重点を移したため、「□□□□」と呼ばれるようになった。

⑤ ┃□⑤ 保守党の首相ディズレーリのもとで、1875年、□□□□の経営権を得た。

⑥ 　　　　帝国 ┃□⑥ ディズレーリは、ヴィクトリア女王を皇帝とする□□□□帝国を成立させた。

⑦ ┃□⑦ 自由党の首相□□□□は、1882年にエジプトを事実上の保護国とした。

⑧ ┃□⑧ 保守党内閣の植民地相□□□□は、南アフリカに植民地を拡大した。

⑨ 　　　　党 ┃□⑨ 1914年、自由党内閣のもとでアイルランド自治法が成立したが、□□□□党はアイルランド人国家の樹立をめざしてイギリスと対立した。

【フランス】

⑩ 　　　　共和政 ┃□⑩ パリ=コミューンのあと、1875年に憲法を定めて□□□□共和政が成立した。

⑪ ┃□⑪ 1889年、対独強硬派の将軍□□□□によるクーデタ計画が発覚した。

⑫ 　　　　事件 ┃□⑫ 国内の反ユダヤ主義の高まりのなかで起こった□□□□事件は、作家ゾラの弁護もあり、冤罪と判明した。

⑬ 　　　　党 ┃□⑬ 労働組合のゼネストにより一挙に革命を実現しようとするサンディカリズムに対し、□□□□党(1905年結成)は漸進的な社会主義実現を主張した。

⑭ 　　　　法 ┃□⑭ 1905年に制定された□□□□法は、カトリック教会の政治介入阻止に貢献した。

【ドイツ】

⑮ ┃□⑮ ビスマルクは、南ドイツなどのカトリック教徒に対して「□□□□」を展開した。

⑯ 　　　　法 ┃□⑯ ビスマルクは、1879年に□□□□法を制定して重化学工業とユンカー層の利益を重視し、1878年に社会主義者鎮圧法を制定して社会主義勢力を弾圧した。

⑰ 　　　　制度 ┃□⑰ ビスマルクは、災害・疾病・老後などに備える□□□□制度を導入した。

□⑱ 1890年、社会主義者鎮圧法の廃止を機に改称・成立した[　　　]党は、やがてベルンシュタインらが唱えた漸進的な改革をめざす<u>修正主義</u>の政党に変容した。

□⑲ ビスマルクは、[　　　]を孤立させてドイツの安全保障を確保するため、<u>三帝同盟</u>(1873年)・<u>三国同盟</u>(1882年)を結び、「<u>ビスマルク体制</u>」を構築した。

□⑳ ドイツ皇帝<u>ヴィルヘルム2世</u>は、ビスマルク辞職後、外交方針を転換して大艦隊を建造するなどの「[　　　]」を展開した。

□㉑ ヴィルヘルム2世は、北アフリカの[　　　]領有問題でフランスと対立し、バルカン問題では、<u>パン＝ゲルマン主義</u>を掲げてロシアなどと対立した。

【ロシア】

□㉒ [　　　]独立運動(1863〜64年)を機に、皇帝による専制政治が復活した。

□㉓ <u>露仏同盟</u>締結を背景にフランス資本を導入して重工業が発展し、1891年には[　　　]鉄道の建設が始まった。

□㉔ 専制政治のもとで、[　　　]と呼ばれる知識人は「<u>ヴ＝ナロード(人民のなかへ)</u>」をスローガンに社会主義の実現を主張した。

□㉕ 1898年、<u>レーニン</u>らにより[　　　]党が、1901年、㉔の流れをくむ<u>社会革命党(エスエル党、社会主義者・革命家党)</u>が社会主義政党として結成された。

□㉖ ㉕は、レーニンが率いる左派の[　　　]と右派の<u>メンシェヴィキ</u>に分裂した。

□㉗ 日露戦争中の1905年1月、首都<u>ペテルブルク</u>での民衆の請願デモに軍隊が発砲する[　　　]事件が起こり、<u>第1次ロシア(1905年)革命</u>となった。

□㉘ 皇帝ニコライ2世は、[　　　](国会)の開設などを認めた<u>十月勅令(宣言)</u>を発し、自由派の<u>ウィッテ</u>を首相に任命した。

□㉙ 1906年、首相となった[　　　]は反動的政策を行い、暗殺された。

【北欧】

□㉚ ノルウェーは、ウィーン会議で[　　　]に併合されたが、1905年に独立した。

□㉛ フィンランドは、1809年から[　　　]の支配を受けたが、1917年に独立した。

【アメリカ合衆国】

□㉜ 共和党の<u>マッキンリー</u>大統領は、1898年、[　　　]戦争の結果、<u>フィリピン・グアム・プエルトリコ</u>を獲得し、同年<u>ハワイ</u>も併合した。

□㉝ 1899年、国務長官[　　　]は、列強の中国分割に対して<u>門戸開放</u>を主張した。

□㉞ <u>セオドア＝ローズヴェルト</u>大統領以降、[　　　]主義による改革が行われた。

□㉟ セオドア＝ローズヴェルトは、ラテンアメリカに対して武力で威嚇する[　　　]外交を行い、<u>パナマ運河</u>建設の権利を獲得した。

⑱　　　　　　党
⑲
⑳
㉑
㉒
㉓　　　　　　鉄道
㉔
㉕　　　　　　党
㉖
㉗　　　　　　事件
㉘
㉙
㉚
㉛
㉜
　　　　　　戦争
㉝
㉞　　　　　　主義
㉟　　　　　　外交

● 読み取り力のチェック　　　　　　　　　　　　　　　　　　　　　　　思

□ 次の図は、ビスマルク体制下のヨーロッパの国際関係を示している。

フランス	ロシア
ドイツ	a 同盟 (1873)
オーストリア	

➡

フランス		ロシア
	ドイツ	c 条約 (1887)
イタリア	b 同盟 (1882)	オーストリア

① 外交を示すa〜cに当てはまる語句を記せ。

② 図から読み取れるビスマルクの目的を[**普仏戦争**]という語を用いて簡潔に説明せよ。

①
a:　　　　　　同盟
b:　　　　　　同盟
c:　　　　　　条約
②

❶ フランスの政教分離法が、共和政安定のために果たした役割は何だろうか。**教**p.287 **主**

●**入試問題へのチャレンジ**

1 **帝国主義の形成**　（　　）に適切な用語を記し、**問**に答えよ。　　　　　　　　　（関西学院大・改　2011年）

19世紀後半になると、ヨーロッパ列強やアメリカ合衆国は、対外的には、アジアやアフリカに進出して植民地化を推し進め、大国同士が軍事的に対立するようになった。国内的にはa重化学工業が発展し、少数の巨大企業の独占と都市への人口集中が進んだ。都市では、官庁街、商業地、工場地帯、住宅地など用途による区分が行われた。bガス灯や街路、上下水道などが整備され、現代的な都市の形成が進んだ。

しかし、その周辺部にはスラム街や労働者街が拡大した。労働者は、低賃金や劣悪な労働条件に苦しみ、労働運動や社会主義運動が力を伸ばしていく。そのなかで労働組合やc社会主義政党が合法化され、普通選挙制も確立していった。こうして社会主義政党の勢力が拡大した。1889年には、社会主義政党・労働運動の国際協力組織としての（　1　）が結成され、帝国主義への反対や労働条件の改善を訴えた。イギリス・フランス・ドイツなどのヨーロッパ諸国やアメリカ合衆国においては、優秀な労働者と兵士を確保し、貧富の差から生まれる社会的な摩擦を減らすために、d社会立法によって労働大衆を体制内に取り込む政策がとられるようになった。医療・教育・公衆衛生などの公共サービスが国家の仕事とみなされるようになり、20世紀の福祉国家につながっていく。また、女性参政権運動など女性の解放を求める運動も活発になった。しかし、フランスで起こったドレフュス事件のように（　2　）人差別や反（　2　）主義はむしろ顕在化したし、植民地化されたアジア・アフリカの人々に対する差別や偏見も根強く存在していた。

問1　下線部aに関連して述べた次の文**ア・イ**の正誤を判定せよ。
　　　ア　石炭と電力を新しい動力源として、電機工業などが発達した。
　　　イ　ドイツではコンツェルン、アメリカ合衆国ではトラストが独占資本として成長した。
問2　下線部bに関連して、1872年にパリを訪問した日本の使節団の団長名を記しなさい。
問3　下線部cについて述べた次の文**ア・イ**の正誤を判定せよ。
　　　ア　ドイツの労働党やフランス社会党は、議会を通しての改革をめざした。
　　　イ　ロシアの社会民主労働党などは革命路線を追求した。
問4　下線部dに関連して、社会主義者を弾圧する一方で、社会保険制度を導入したドイツ帝国首相は誰か。

1		2		問1ア	イ	問2
問3ア	イ	問4				

2 **帝国主義諸国の動向**　（　　）に適切な用語を記し、**問**に答えよ。　　　　　　　　（同志社大・改　2009年）

大英帝国の強化をはかる帝国主義政策は、19世紀後半、保守党のディズレーリ内閣時代に始まり、世紀の変わり目に、植民地相（　1　）のもとで最高潮に達した。20世紀に入ると、1905年に成立した自由党内閣が、労働党の協力を得て社会改革を実行し、11年には、疾病と失業に備える（　2　）法を制定した。また、ドイツに対抗する海軍拡張費を得るため、時の蔵相ロイド＝ジョージが「人民予算」により、社会上層への税負担をふやした。社会上層の人々から成る上院がこれに抵抗すると、政府は11年に議会法を成立させ、下院の法案決定権が上院に優越することを確定した。

フランスでは、1880年代から植民地拡大策が実行され、インドシナやアフリカに大植民地をつくりあげた。フランスは、工業力ではドイツやアメリカにおよばなかった。しかし、豊かな中産階層に支えられた銀行の資本力を武器に帝国主義政策を追求し、1890年代以降には露仏同盟や英仏協商を結んでドイツに対抗した。しかし第三共和政では、軍部・カトリック・王党派など保守派と共和派の対立のため、政情が不安定であった。1889年には対ドイツ復讐を唱える元陸相（　3　）のクーデタ計画があり、また1894年に起きたユダヤ系軍人ドレフュスへの

冤罪事件をめぐっては、世論を二分する激しい対立がうまれた。

　ドイツでは、1888年若い皇帝ヴィルヘルムが即位した。皇帝は自ら政治を指導しようとして、ロシアとの再保障条約の更新や（　4　）法の延長に反対し、90年にビスマルクを辞職させた。皇帝は、ドイツの資本主義が急速に伸張したのを背景として、「世界政策」の名のもとに強引な帝国主義政策を追求した。こうした拡張的な対外姿勢は多くのドイツ国民に支持され、市民層にも、国外のドイツ人を統合して大帝国の建設をめざす（　5　）主義の運動がひろがった。90年に（　4　）法が廃止されると、社会民主党が急速に勢力を伸ばし、1912年には議会第一党となった。この政党はマルクス主義に基づいて社会主義を実現すると主張していたが、19世紀末頃から党内に議会主義的改革を重視するベルンシュタインらの修正主義があらわれた。

　ロシアでは、a外国からの資本輸入により、1890年代以降都市内での工業化が進展した。しかし、その内情は厳しく、労働条件は劣悪であった。そして20世紀に入ると、農民運動も激化し、ロシア社会民主労働党や社会革命党が結成された。1905年の血の日曜日事件を契機に、労働者や農民ばかりではなく、自由主義者も政治改革を求めるなど、国民の不満は一挙に噴出し、国中が騒然とした。そのようななかで、皇帝（　6　）はb十月宣言を発表し、首相に自由主義者のウィッテを登用した。しかし、皇帝の専制的姿勢を強めただけで終わった。その後、独立自営農民の育成などに努めた首相も登場したが、かえって農村基盤は動揺した。

問1　下線部aに関連して、ロシアに最大の資本投下を行った国を記せ。
問2　下線部bの内容として正しいものを1つ選べ。
　　①　農奴解放　　②　普通選挙　　③　ミール解体　　④　国会開設

1	2	3	4
5	6	問1	問2

●資料問題へのアプローチ

■ **フランスの冤罪事件**　次の資料は、帝国主義時代のフランスで起こった冤罪事件に対する弾劾文である。

> 　私はビヨー将軍〔軍部・右翼の有力者で陰謀の中心人物〕を弾劾する。（　　　）の無罪を証明する確実な証拠を手にしながら、これを握りつぶし、政治上の目的から、また参謀本部を危機から救おうという意図で、この破廉恥な違法の罪に連累者となったからだ。

問1　この弾劾文の筆者である自然主義作家の名と、（　　　）に入る人名を記せ。
問2　この冤罪事件を生む背景となった社会の風潮を簡潔に記せ。

問1作家	人名	問2

●論述問題へのアプローチ

■ **ヴィルヘルム2世の外交**　　　　　　　　　　　　入試問題**2**を参照しよう！

　ドイツ皇帝ヴィルヘルム2世は、ドイツ帝国の外交を大きく転換し、多くの国との摩擦を引き起こした。彼の外交について、90字以内で説明せよ。論述の際は、次の〔指定語〕を必ず使用すること。

　〔指定語〕　モロッコ　　海軍　　パン＝ゲルマン主義

●基本事項のチェック

知

❶ 列強のアフリカ争奪

① _____
□① アメリカ人スタンリーは、アフリカで行方不明となった_____を救出した。

② _____会議
□② コンゴ領有をめぐる列強の対立を機に、1884年にビスマルクが開催した_____会議では、アフリカ植民地化の原則として占有権が認められた。

③ _____
□③ イギリスは、ウラービー運動を鎮圧して、_____を事実上の保護国とした。

④ _____
□④ イギリスのケープ植民地首相_____は、オランダ系のブール人と対立した。

⑤ _____
□⑤ イギリスは南アフリカ戦争の結果、_____共和国とオレンジ自由国を併合した。

⑥ _____政策
□⑥ イギリスは、カイロ・ケープタウンとカルカッタを結ぶ_____政策をとった。

⑦ _____
□⑦ フランスは、アルジェリアに隣接する_____を1881年に保護国とした。

⑧ _____
□⑧ フランスは、サハラ砂漠からジブチ・_____へ、アフリカ横断政策をとった。

⑨ _____
□⑨ イギリスのアフリカ縦断政策と、フランスのアフリカ横断政策は、1898年にスーダンの_____で衝突したが、フランスの譲歩により解決した。

⑩ _____
□⑩ 1904年の英仏協商では、エジプトにおけるイギリスの優越と、_____におけるフランスの優越が相互承認された。

⑪ _____事件
□⑪ ドイツは、カメルーンなどを植民地としたが、_____事件では英仏協商のために目的を達成できなかった。

⑫ _____の戦い
□⑫ イタリアは、ソマリランド・エリトリアを獲得し、エチオピアに侵攻したが、_____の戦いで敗れた。

⑬ _____
□⑬ イタリア=トルコ戦争の結果、イタリアはオスマン朝から_____を獲得した。

⑭ _____
□⑭ アフリカは、アメリカが解放奴隷を入植させた_____共和国と列強の利害が交錯するエチオピア帝国を除き、すべてが植民地となった。

❷ 列強間の対立

① _____政策
□① ドイツはベルリン・ビザンティウム（イスタンブル）・バグダードを結ぶ_____政策を推進した。

② _____鉄道
□② 1899年、ドイツはオスマン朝から_____鉄道の敷設権を獲得した。

③ _____
□③ ドイツ皇帝ヴィルヘルム2世が再保障条約の更新を拒否したことにより、1894年に_____が成立した。

④ _____
□④ イギリスは「光栄ある孤立」を放棄し、1902年に_____を結んだ。

⑤ _____
□⑤ ドイツのバルカン半島進出を警戒したイギリスは、1907年に_____を結んだ。

⑥ _____
□⑥ ヨーロッパ列強は、英・仏・露の三国協商と独・墺・伊の_____に二分された。

⑦ _____主義
□⑦ バルカン半島では、ロシアが_____主義を唱えてオーストリアと対立した。

⑧ _____
□⑧ 1908年、オスマン朝で青年トルコ（人）革命が起こると、オーストリアは管理下においていた_____・ヘルツェゴヴィナを併合した。

⑨ _____
□⑨ ロシアは、1912年、_____・モンテネグロ・ブルガリア・ギリシアをバルカン同盟で結束させた。

⑩ _____戦争
□⑩ バルカン同盟は、イタリア=トルコ戦争に苦戦するオスマン朝に対して_____戦争をしかけて勝利した。

⑪ _____
□⑪ ⑩のあと、バルカン同盟のなかで獲得地の分配をめぐる争いが起こり、敗れた_____はドイツ・オーストリアに接近した。

⑫ _____
□⑫ バルカン半島は、列強の利害や民族主義・宗教などが複雑に交錯する不安定な状況となり、「_____」と呼ばれるようになった。

1 アフリカ分割と列強間の対立 （　）に適切な用語を記し、**問**に答えよ。　　　　　　（宮崎大・改　2002年）

　帝国主義諸国によるアフリカ分割は、1880年代になると激化し、20世紀初頭にはエチオピア・（　1　）を除く全土が植民地化された。その契機となったのが（　2　）王レオポルド2世によるコンゴの領有宣言であった。これにイギリスとポルトガルは不満を示し、1884年、アフリカへ進出の機会をうかがうドイツ宰相（　3　）の仲介でベルリン会議が開かれ、アフリカは「無主の地」とみなされ、先に占領した国が領有できるという「占有権」が確保され、（　2　）王の支配権が承認されてコンゴ自由国が成立した。アフリカ分割の中心となったのは、a エジプトとケープ植民地とを結ぶアフリカ縦断政策を展開したイギリスと、アルジェリア・チュニジアを拠点に（　4　）砂漠からアフリカ東岸のジブチやマダガスカル島にいたるアフリカ横断政策を展開するフランスであった。3C政策をすすめるイギリスはb 1898年にスーダンでフランスと衝突したものの、イギリスがスーダンを、フランスが（　5　）を確保することで妥協が成立した。

　しかし、帝国主義諸国による国際政治・経済面での主導権争いは、必然的に軍事紛争を含む緊張を高め、各国は共同防衛や利害調整のために相互に同盟関係を結び合った。1882年にドイツ・オーストリア・c イタリアは三国同盟を結び、なかでもドイツは、1899年に（　6　）朝からバグダード鉄道の敷設権を得ると3B政策を推進した。イギリスはドイツの進出と直面せざるをえず、この事態に対処するため1904年に英仏協商を結び、フランスの（　5　）保護領化と、イギリスのエジプト権益の相互承認を行った。これがドイツ皇帝（　7　）の反発を招き、2次にわたる（　5　）事件が起こった。イギリスは、1904〜05年の日露戦争でロシアの進出がおさえられると、1907年に英露協商を結んでロシアとの協調に応じた。このようにして、イギリス・フランス・ロシア間には（　8　）と呼ばれる関係が成立し、ドイツを中心とした三国同盟と対立することとなった。

問1 下線部aについて述べた次の文**ア・イ**の正誤を判定せよ。
　　ア イギリスは、ウラービーの民族運動を鎮圧し、エジプトを保護国化した。
　　イ ケープ植民地首相ジョセフ＝チェンバレンは、オレンジ自由国とトランスヴァール共和国を併合した。
問2 下線部bに関連して、(1) この事件名を答えよ。(2) この事件が起こった当時、フランス国内はある冤罪事件をめぐり、国内左右の対立が激化していた。この冤罪事件の名称を記せ。
問3 下線部cのアフリカ政策について述べた次の文**ア・イ**の正誤を判定せよ。
　　ア エチオピアに侵攻したが、アドワの戦いに敗北した。
　　イ ギリシア独立戦争に勝利して、リビア（トリポリ・キレナイカ）を獲得した。

1	2	3	4
5	6	7	8
問1ア	イ	問2(1)	(2)	問3ア	イ

●論述問題へのアプローチ

■ **エチオピアとリベリア**　　　　　　　　　　　　☝基本事項のチェックを参照しよう！

　帝国主義列強によるアフリカの植民地化が進行するなかで、リベリアとエチオピアが独立を維持した理由を、90字以内で説明せよ。論述の際は、次の[指定語]を必ず使用すること。

　[指定語]　**アドワ**　　**解放奴隷**　　**フランス**

‖第15章‖ **3 アジアの民族運動**

教p.293〜302

●基本事項のチェック　　　　　　　　　　　　　　　　　　　　　　　　　　　　　　　知

❶ 西アジア・南アジア・東南アジアの動向

【オスマン朝（帝国）とイラン】

①　□① ミドハト憲法を停止したスルタンの_____は、ムスリムの一致団結による欧米植民地主義への対抗をはかるパン＝イスラーム主義を唱えた。

②　□② パン＝イスラーム主義を提唱した思想家_____は、19世紀後半の西アジア各地を遍歴することで、ムスリムの近代思想の展開に大きな影響を与えた。

③　　　革命　□③ ミドハト憲法の復活をめざす人々は、「統一と進歩委員会」を組織して①の専制政治に反対し、1908年、_____革命を起こした。

④　　　主義　□④ 「統一と進歩委員会」のなかでは、世界中のトルコ系言語を話す人々の団結をめざす_____主義の思想が強まった。

⑤　　　運動　□⑤ ガージャール朝では、イギリスへの利権譲渡を機に_____運動が起こった。

⑥　□⑥ 1905年、ガージャール朝では議会開設と憲法制定を求める_____が起こった。

【インド・東南アジア】

⑦　□⑦ 1885年、イギリスは都市_____で知識人を集め、インド国民会議を組織した。

⑧　□⑧ 1905年、イギリスが公布したヒンドゥー教徒とムスリムの分断を定めた_____は、反英運動の高まりのなか、1911年に撤回された。

⑨　　　大会　□⑨ 1906年に開催されたインド国民会議_____大会では、四大綱領が採択された。

⑩　□⑩ ⑨で定められた四大綱領とは、_____・スワデーシ（国産品愛用）・イギリス商品ボイコット・民族教育である。

⑪　□⑪ 東南アジアでは、チュラロンコン（ラーマ5世）のもとで近代化が進められた_____だけが植民地化を免れた。

⑫　□⑫ ヨーロッパ留学後、スペインによる植民地統治の腐敗を指弾した_____は、フィリピン独立運動に大きな影響を与えた。

⑬　□⑬ フィリピン革命の指導者_____は、アメリカ＝スペイン（米西）戦争勃発後、対米協力によって独立運動を進め、フィリピン共和国を樹立した。

⑭　□⑭ 1912年設立された_____は、インドネシア民族運動で中心的役割を果たした。

⑮　□⑮ ベトナムのファン＝ボイ＝チャウは、フランスからの独立と立憲君主制樹立をめざす_____を1904年に設立した。

⑯　　　運動　□⑯ ファン＝ボイ＝チャウは、日本へ留学生を派遣する_____運動を始めた。

⑰　□⑰ ファン＝ボイ＝チャウは、中華民国成立の影響を受けて、1912年、ベトナム共和国の建設をめざす_____を結成した。

❷ 東アジアの動向

①　□① シベリア鉄道の建設を進めるロシアは、三国干渉の代償として清から_____の敷設権を得た。

②　□② 1898年、ドイツは清から_____を租借し、青島を建設した。

③　　　半島　□③ 1898年、ロシアは_____半島の旅順・大連を清から租借した。

④　□④ イギリスは_____・九竜半島北部を、フランスは広州湾を清から租借した。

⑤　□⑤ 日本は、台湾の対岸にある_____地方での利権の優先権を清に認めさせた。

⑥　□⑥ 米国務長官ジョン＝ヘイは、中国の_____・機会均等・領土保全を提唱した。

⑦　　　帝　□⑦ 康有為は、日本の明治維新にならった制度改革（変法）を_____帝に進言した。

⑧　□⑧ 1898年、康有為や_____は、立憲君主制をめざす「戊戌の変法」を断行した。

□⑨ ⑦の伯母西太后は、□□□で⑦らの改革を挫折させた。

□⑩ 義和団は、山東省で蜂起し、「□□□」を掲げて排外運動を展開した。

□⑪ 義和団戦争で、列強は日本・ロシアを主力とする□□□を派兵した。

□⑫ 義和団と結んで敗れた清は、□□□で外国軍隊の北京駐屯などを認めた。

□⑬ 義和団戦争後も満洲占領を続けるロシアは、朝鮮の□□□帝国を圧迫した。

□⑭ ロシアの勢力拡大に対し、イギリスは1902年に□□□を成立させた。

□⑮ 1904年に始まる日露戦争で、日本は奉天会戦や□□□海戦に勝利した。

□⑯ 日露両国は、米大統領□□□の仲介でポーツマス条約を締結した。

□⑰ ポーツマス条約で、日本は遼東半島南部の租借権と□□□鉄道の利権を得た。

□⑱ ポーツマス条約において、韓国の指導・監督権を得てロシアの影響力を排除した日本は、ロシアから□□□を獲得した。

□⑲ ⑭を維持しつつも、両国は1907年、それぞれ日露協約・□□□を結んだ。

□⑳ 日本は3次にわたる□□□で統監府を設置し、韓国の保護国化を進めた。

□㉑ 日本は、抗日武装を唱える□□□を武力で抑え、1910年に韓国を併合した。

□㉒ 韓国併合後、日本は朝鮮総督府をおき、憲兵による□□□政治を行った。

□㉓ 清朝は、光緒新政により、□□□の廃止、憲法大綱の発表や国会開設の公約など、一連の改革に踏み切った。

□㉔ 1905年、華僑・留学生の清朝打倒運動が高まるなか、革命派の指導者□□□は、東京で中国同盟会を組織した。

□㉕ 中国同盟会は、「□□□」「民権主義」「民生主義」の三民主義を掲げた。

□㉖ 清朝の鉄道国有化に対する四川暴動を機に、湖北省の□□□で軍隊の革命派が蜂起して辛亥革命となった。

□㉗ 1912年、南京で□□□の建国が宣言され、アジア初の共和国が成立した。

□㉘ 北洋軍の実力者袁世凱は、清朝最後の□□□帝を退位させた。

□㉙ □□□党は、袁世凱に抵抗して第二革命を起こしたが弾圧された。

□㉚ 帝政宣言をした袁世凱の没後、中国各地に□□□が分立・抗争した。

⑨ ....
⑩ ....
⑪ ....
⑫ ....
⑬ .... 帝国
⑭ ....
⑮ .... 海戦
⑯ ....
⑰ .... 鉄道
⑱ ....
⑲ ....
⑳ ....
㉑ ....
㉒ .... 政治
㉓ ....
㉔ ....
㉕ ....
㉖ ....
㉗ ....
㉘ .... 帝
㉙ .... 党
㉚ ....

●読み取り力のチェック 　　　　　　　　　　　　　　　　　　思

□ 次の地図は、中国における列強の勢力範囲を示している。

① 地図中──の鉄道名を記し、この地図から読み取れるロシアの中国進出ルートを簡潔に説明せよ。

② 地図中aの湾名と、ここを租借した国を記せ。

③ 地図中bの地名と、ここを租借した国を記せ。また、その国がbを租借した理由を簡潔に記せ。

④ 地図中cの湾名と、ここを租借した国を記しなさい。

⑤ 地図中Aの半島名とBの地方名をそれぞれ記しなさい。

①鉄道：
ルート：

②a：
国名：
③b：
国名：
理由：

④c：
国名：

⑤A：　　　　半島
　B：　　　　地方

❶ 帝国主義時代のインドや東南アジアの民族運動の指導者は、どのような人々だろうか。列強の植民地支配の方法との関連で考えてみよう。教p.297思

❷ 8カ国連合軍約5万人のうち、日本が2万人、ロシアが1万2千人でその主力となった。日本やロシアはなぜ多くの兵を派遣したのだろうか。教p.299思

●入試問題へのチャレンジ

1 **帝国主義時代のアジア民族運動**　（　　　　）に適切な用語を記し、**問**に答えよ。　　　　　　（防衛大・改 2010年）

中国では、日清戦争後に外国勢力の干渉がいっそう強まった。aロシア・ドイツ・フランス・イギリス・日本はそれぞれの勢力圏を形成し、アメリカは門戸開放宣言で、この中国分割競争へ割りこもうとした。b清朝は、改革を推進しようとしたが、わずか100日余りで失敗に終わった。こうした状況のもとで、民衆の不満や怒りは高まった。とりわけ、山東省では民衆の民族的感情が高まり、義和団という宗教的な武術集団が支持を獲得していった。義和団は「扶清滅洋」を唱え、（　1　）教の教会や商社を襲撃し、鉄道や電信線を破壊した。1900年に北京に入ると、義和団は外国公使館を包囲した。これに反応した清朝の保守排外派が各国に宣戦を布告すると、各国は共同出兵で応じた。日本やロシアを含む8カ国の連合軍は北京を占領し、在留外国人を救出した。c敗北した清朝は、1901年に北京議定書(辛丑和約)を調印した。

朝鮮は、独立国であることを明確にするため、1897年に国号を「大韓帝国」と改め、支配者は「皇帝」という称号を使用したが、日本は3次にわたる日韓協約を通して実質的支配を強めた。日本の圧力に対抗するため、高宗はハーグで開催された万国平和会議に密使を派遣して国際世論に訴えた。また、民衆も各地で義兵闘争を起こすなど抵抗運動を活発化させた。しかし、日本は1910年に韓国を併合し、（　2　）府をおいた。

東南アジアでも、19世紀末から20世紀初めにかけて民族運動が活発化した。フィリピンでは、（　3　）が言論活動を通して民族意識の覚醒をうながした。1896年にフィリピン革命が起こり、革命軍が共和国を樹立した。しかし、（　4　）からフィリピンの領有権を獲得したアメリカに革命の指導者アギナルドは敗北した。

ベトナムでは、独立をめざす知識人たちが維新会を1904年に結成した。また、その結成に関与した（　5　）は、青年を日本へ留学させる東遊運動を提唱した。そして、約200名のベトナム青年を日露戦争後の日本へ送った。しかし、日本は宗主国（　6　）の要請を受け、留学生の取締りを行った。

（　7　）支配下のインドネシアでは、1908年にブディ＝ウトモが結成され、インドネシア人の社会的地位向上を求めた。1911年には知識人や商人層を中心に（　8　）が結成され、自治や独立を求める活動を展開した。

問1　下線部aについて述べた次の文①〜③のなかで正しいものをすべて選べ。
　　①　ドイツは膠州湾を租借し、山東地方を勢力圏とした。
　　②　フランスは、威海衛と九竜半島を租借し、長江一帯を勢力圏とした。
　　③　ロシアは、旅順と大連を租借し、内モンゴルを勢力圏とした。
問2　下線部bについて述べた次の文ア・イの正誤を判定せよ。
　　ア　康有為らは、日本の明治維新にならった洋務運動に着手した。
　　イ　改革は、西太后ら保守派による戊戌の政変で挫折した。
問3　下線部cの内容に含まれるものを2つ選べ。
　　①　外国軍隊の北京駐屯　　②　天津の開港　　③　鉱山採掘権　　④　企業設立権　　⑤　賠償金支払い

1	2	3	4
5	6	7	8

問1	問2ア	イ	問3	

2 辛亥革命　（　）に適切な用語を記し、**問**に答えよ。
(西南学院大・改　2007年)

　1894年、孫文はハワイで興中会を組織し、独自の救国思想に基づいて中国の民主革命を成し遂げようとした。1905年、孫文は日本に渡り、多くの留学生とともに（　1　）を結成し、中国で封建王朝の代わりに民主共和国を創立することを呼びかけた。また同年11月には、東京で機関誌『民報』を創刊し、a三民主義を唱えた。

　一方、中国国内では清政府の腐敗と外国勢力への度重なる譲歩に対する不満の声が高まり、1911年10月に湖北省の都市（　2　）で、まず革命派の軍隊が武装蜂起した。これが辛亥革命の幕開けである。革命軍は帰国した孫文を臨時大総統に選出し、1912年1月には江蘇省の都市（　3　）でb中華民国の建国を宣言した。

　革命鎮圧の力を失った清朝は、やむをえず全権を北洋軍の実力者である（　4　）に与えた。1912年2月には清朝最後の皇帝である溥儀が退位し、中国で二千年以上にわたって存続した皇帝政治が終了した。

　中華民国の成立後も共和国は安定せず、議会の力をおさえようとする（　4　）と、これに対抗する孫文らの国民党は激しく対立した。1916年に（　4　）が没してからは、各地の軍閥が互いに抗争する時代となった。

問1　下線部aについて述べた文として正しいものを、すべて選べ。
　①　清朝を打倒して民族の独立をはかる立場を民族主義という。
　②　男女平等などキリスト教的な国家建設をはかる立場を民権主義という。
　③　地権平均により貧富の差をなくす立場を民生主義という。

問2　下線部bの歴史上の意義を記せ。

1	2	3	4
問1	問2		

●資料問題へのアプローチ

■ 義和団　次の資料は、1899年に出された「義和団の宣言文」の一部である。

> 　a我々義和団は忠臣なのだ。ただb40年余り以前からして、中国では洋人がいたるところを歩きまわっているが、3カ月のうちには殺し尽くして、中原〔華北一帯〕には外国人の滞在を許さないことにする。……我々中国人仲間は、決してびくびくするにはおよばない。北京にはなお10万の兵がいる。洋人を殺し尽くしてから旧領土を回復しよう。

問1　下線部aを示す義和団のスローガンを記せ。
問2　下線部bの状況を招いた、外国人の中国内地旅行の自由を認めた1860年の条約名を記せ。
問3　義和団戦争が起こった背景を宗教に注目して簡潔に記せ。

問1	問2	問3

●論述問題へのアプローチ

■ 辛亥革命前夜の中国（京都府立大・改　2010年）　　　入試問題**2**を参照しよう！

　1905年から辛亥革命勃発にいたるまでの中国における革命運動の展開について90字以内で説明せよ。論述の際は、次の[指定語]を必ず使用すること。

　[指定語]　**中国同盟会**　　**民族主義**　　**四川暴動**

教p.304〜309

知

● 基本事項のチェック

❶ 第一次世界大戦の勃発と展開

□① 1914年、オーストリア帝位継承者夫妻が<u>ボスニア</u>の州都 _____ で<u>セルビア人</u>の青年に暗殺された。

□② フランスに対する早期攻撃を計画したドイツは、中立国 _____ に侵攻した。

□③ ドイツは領内に侵入したロシア軍を _____ の戦いで破った。

□④ フランスは _____ の戦いでドイツ軍の進撃を阻止し、<u>西部戦線</u>は膠着化した。

□⑤ イギリスは<u>塹壕戦</u>で機関銃攻撃を防ぐため、新兵器の _____ を開発した。

□⑥ <u>毒ガス</u>・⑤などの新兵器とあわせ、 _____ が偵察や軽爆撃に用いられた。

□⑦ 1917年2月、ドイツは中立国の船舶をも攻撃対象とする _____ を宣言した。

□⑧ ドイツの⑦宣言を機に、 _____ の<u>ウィルソン大統領</u>は参戦を決意した。

□⑨ 日英同盟を理由に参戦した日本は、1915年、 _____ を<u>袁世凱</u>政府に突きつけた。

❷ 秘密外交とドイツの敗北

□① 1915年、連合国との密約で「未回収の _____ 」の返還を保証された _____ は、三国同盟を離脱して連合国側で参戦した。

□② 1915年、イギリスは _____ 書簡(協定)で、アラブ人に対しオスマン朝(帝国)領内での戦争協力の代償として、戦後の<u>アラブ人国家建設</u>を約束した。

□③ 1916年、イギリス・フランス・ロシアは _____ 協定で、戦後のオスマン帝国の領土を分割することを約束した。

□④ 1917年、イギリスは _____ 宣言でパレスチナでの<u>ユダヤ人国家建設</u>を認めた。

□⑤ 1918年1月、ウィルソンは _____ を発表し、<u>秘密外交</u>の廃止・公海の自由・民族自決・<u>国際連盟</u>の設立などを訴えた。

□⑥ 1918年、ソヴィエト政権は _____ 条約でドイツと単独講和を結んだ。

□⑦ 1918年11月、 _____ 軍港で起こった水兵反乱を機に<u>ドイツ革命</u>が勃発した。

□⑧ ドイツ革命のなかで、労働者・兵士から成る _____ が各地で組織された。

□⑨ ドイツ革命のなかで、ドイツ皇帝 _____ はオランダに亡命した。

□⑩ ドイツ革命で成立した臨時政府に対し、ドイツ共産党は武装蜂起(_____ 蜂起)に訴えたが鎮圧され、女性指導者<u>ローザ=ルクセンブルク</u>＊らが殺害された。

❸ ロシア革命

□① 1917年3月、ロシア帝国の首都 _____ でストライキや兵士の反乱が起こり、各地に<u>ソヴィエト</u>(評議会)が結成された。

□② <u>二月革命</u>(ロシア暦)でロマノフ朝最後の皇帝 _____ は退位した。

□③ 二月革命後は、<u>臨時政府</u>と<u>ソヴィエト</u>が並立する _____ 状態となった。

□④ 1917年4月、亡命先のスイスから帰国した<u>レーニン</u>は、「即時停戦」と「<u>すべての権力をソヴィエトへ</u>」と訴える _____ を発表した。

□⑤ <u>社会革命党(社会主義者・革命家党、エスエル)</u>とソヴィエト内のグループである _____ は、臨時政府による戦争継続政策を支持した。

□⑥ レーニンが率いる<u>ボリシェヴィキ</u>は、<u>十月革命</u>で _____ を首相とする臨時政府を倒し、政権を掌握した。

□⑦ 十月革命後、ソヴィエト政府は「 _____ 」で地主の所有権を廃止した。

□⑧ 「⑦」とともに<u>無併合</u>・<u>無償金</u>・<u>民族自決</u>を訴える「 _____ 」が発布された。

□⑨ ボリシェヴィキは、選挙で社会革命党が第一党となった _____ を解散させた。

❶
① _____
② _____
③ _____ の戦い
④ _____ の戦い
⑤ _____
⑥ _____
⑦ _____
⑧ _____
⑨ _____

❷
① _____
② _____ 書簡
③ _____ 協定
④ _____ 宣言
⑤ _____
⑥ _____ 条約
⑦ _____ 軍港
⑧ _____
⑨ _____
⑩ _____

❸
① _____
② _____
③ _____
④ _____
⑤ _____
⑥ _____
⑦ _____
⑧ _____
⑨ _____

□⑩ 一党独裁体制を構築したボリシェヴィキは、[＿＿]と改称した。　⑩

□⑪ 1919年、世界革命推進のため、[＿＿]が新首都モスクワで結成された。　⑪

□⑫ ソヴィエト政府は国内の反革命運動を取り締まるため、チェカ(非常委員会)＊　⑫
を設置し、対ソ干渉戦争と反革命派(白軍)に対抗して[＿＿]を組織した。

□⑬ 対ソ干渉戦争として、日本やアメリカ合衆国などは[＿＿]に出兵した。　⑬

❹ ヴェルサイユ体制の成立

□① 1919年1月、戦後の賠償や国際秩序について交渉する[＿＿]が開かれた。　①

□② [＿＿]大統領の十四カ条の平和原則は、①で強い影響力を発揮した。　②

□③ ①で、集団安全保障の思想を制度化した[＿＿]が設立された。　③

□④ [＿＿]の原則が示され、東欧・バルカンには多数の独立国が成立した。　④

□⑤ ドイツと連合国が結んだヴェルサイユ条約では、[＿＿]・ロレーヌがフランス　⑤
に返還された。

□⑥ ヴェルサイユ条約の結果、ドイツ西部の[＿＿]は非武装化を義務づけられた。　⑥

□⑦ ドイツ以外の同盟国が連合国と結んだ講和条約を示した次の表を完成させよ。　⑦

同盟国名	講和条約	主な内容
オーストリア	（ a ）条約	トリエステ・南チロルをイタリアに割譲
（ b ）	ヌイイ条約	ギリシア・ルーマニアなどに領土割譲
（ c ）	トリアノン条約	オーストリアとの帝国解体、領土割譲
オスマン帝国	（ d ）条約	イラク・シリア・パレスチナの放棄

a：[＿＿]条約
b：
c：
d：[＿＿]条約

●読み取り力のチェック　　思

□① 写真アは、第一次世界大戦中の工場の様子である。次の写真解説文の（　）に　①
当てはまる語句を記せ。

a：

b：

> 写真は、イギリスの砲弾製造工場で働く（ a ）たちの姿である。第一次世界
> 大戦では、多くの男性が戦地に送られたため、（ a ）労働者が増加した。第一
> 次世界大戦は、すべての国民が動員されたまさに（ b ）戦であった。

□② 写真イは、ヴェルサイユ条約の調印の様子を描いた絵である。図中aのフラン　②
ス首相、bのイギリス首相の名を記し、背を向けて座るドイツに課された内容に
ついて述べた文を完成させよ。

a：
b：
c：
d：

> 徴兵制は廃止され、（ c ）の保有が禁じられるなどドイツの軍備は大幅に縮
> 小された。また、（ d ）は1320億金マルクと決定された。

❶ 第1次ロシア革命と二月革命、十月革命について、革命後の改革や成立した政権に注目してまとめてみよう。**教**p.307 知 愚

●入試問題へのチャレンジ

1 **第一次世界大戦**　（　）に適切な用語を記し、**問**に答えよ。　　　　　　　　　　　　　　　　（中央大・改　2012年）

　第一次世界大戦の直接的原因となったのは、1914年6月、都市（　1　）で起こったセルビア人学生によるオーストリア帝位継承者夫妻の暗殺事件であった。同年7月にオーストリアがセルビアに対して宣戦布告し、これを受けてロシアがセルビア支援のため、総動員令を発布した。同年8月には、短期間でのフランスの打倒を狙うドイツが、中立国であった（　2　）に侵入し、これに対してイギリスが参戦を表明する。日本は、1914年8月（　3　）同盟を口実に連合国側で参戦した。戦争は世界規模に拡大し、イギリス・フランス・ロシアなどの連合国と、ドイツ・オーストリアなどの同盟国との間での全面戦争となった。

　（　4　）の戦いでドイツの北フランスへの侵攻が阻止されると、西部戦線は塹壕戦となり膠着状態となった。一方、東部戦線では、ドイツがタンネンベルクの戦いで勝利を収めるものの、ここでも長期戦となった。戦争はa総力戦となり、またあらゆるb新兵器も投入されるなかで、戦争の形態が大きく変貌していった。

　c戦争が長期化して消耗戦となると、イギリスの（　5　）内閣やフランスのクレマンソー内閣のように、各国では挙国一致体制が成立した。無制限潜水艦作戦を強行したドイツに対して、アメリカ合衆国が1917年4月に参戦すると、その後は連合軍側が圧倒的に優勢となった。しかし、同年11月にロシアで革命が起こると、革命政権は1918年3月、ドイツと単独で講和を結び、戦線から離脱した。同年11月、キール軍港での水兵反乱を機にドイツ革命が起こり、皇帝ヴィルヘルム2世が退位し、臨時政府は連合国と休戦協定を結んだ。

問1　下線部aについて述べた次の文**ア・イ**の正誤を判定せよ。
　　ア　女性が軍需工場に動員された。　　**イ**　インド人兵士が、フランス軍の一員として戦った。
問2　下線部bに関連して、第一次世界大戦に登場した新兵器として不適当なものを選べ。
　　①　毒ガス　　②　戦車　　③　戦闘機　　④　原子爆弾
問3　下線部cに関連して、イギリスが中東で展開した多重外交について述べた次の文**ア・イ**の正誤を判定せよ。
　　ア　バルフォア宣言により、パレスチナにアラブ人国家を樹立することを約束した。
　　イ　サイクス・ピコ協定により、オスマン帝国領をフランス・ロシアと分割しようとした。

1	2		3	4	
5	問1ア	イ	問2	問3ア	イ

2 **ロシア革命とソ連の成立**　（　）に適切な用語を記し、**問**に答えよ。　　　　　　　　　　　（上智大・改　2011年）

　第一次世界大戦の長期化とともにロシアは深刻な食糧不足に陥った。1917年3月首都（　1　）で、パンと平和を求める民衆の大規模なデモやストライキが起きた。ストライキは軍隊に支持され、兵士や労働者はソヴィエトを各地で組織し、革命運動が拡大した。皇帝ニコライ2世は退位し、（　2　）王朝は消滅した。

　帝政崩壊後、自由主義の立憲民主党を中心に臨時政府が結成され、a社会革命党らもこれを支持した。他方で労働者・兵士ソヴィエトも臨時政府に並んで力をもちつづけ、ロシア国内は臨時政府とソヴィエトが並存する「二重権力」の状態にあった。

　臨時政府が　　ア　　政策をとるなか、ボリシェヴィキの指導者であるレーニンが亡命先のスイスから帰国し、（　3　）を発表した。ボリシェヴィキの勢力は強まり、1917年11月7日、武装蜂起によって臨時政府を倒し、権力を握った。全ロシア＝ソヴィエト会議が開催され、新政権の成立が宣言された。

　レーニンは、1918年1月、憲法制定会議を武力で閉鎖し、解散させた。ボリシェヴィキはロシア共産党と改称され、ソヴィエト体制は事実上、ボリシェヴィキの一党独裁となった。また、ソヴィエト政権はドイツとの単独

講和に踏み切り、1918年3月、（　4　）条約を締結した。

　革命後、ソヴィエト政権に反対する反革命運動がロシア各地で起こった。連合国がそれを支持し、軍隊をロシア各地に派遣し、チェコ兵捕虜救出が口実となり、b 対ソ干渉戦争が開始された。これに対し、ソヴィエト政府は（　5　）を組織し、革命の反対者などを取り締まるチェカ（非常委員会）を設置した。

問1　空欄　　ア　　に入るべき文として正しいものを選べ。
　　①　革命を促進する　　②　革命を鎮圧する　　③　戦争を継続させる　　④　戦争を終結させる
問2　下線部aについて述べた次の文ア・イの正誤を判定せよ。
　　ア　この政党の政治家ケレンスキーは、臨時政府の首相となった。
　　イ　この政党は、メンシェヴィキとともに臨時政府を支持した。
問3　下線部bにおいて、シベリア出兵の主力となった国を2つ選べ。
　　①　ドイツ　　②　中国　　③　日本　　④　アメリカ合衆国

1	2	3	4
5	問1	問2ア　　イ	問3

●資料問題へのアプローチ

■ **パレスチナ問題**　1917年、イギリス外相が在英ユダヤ人協会会長に送った書簡を読み、下の問に答えよ。

　拝啓、余は陛下の政府にかわって、閣議に付されかつ承認された……以下の a 宣言を貴下に伝達することを喜びとするものであります。
　「陛下の政府は、パレスチナに、b ユダヤ民族のための民族的本国を建設することに好意を寄せ、この目的の達成を容易ならしめるために最善の努力をつくすであろう。ただし、いうまでもなくパレスチナに現住する非ユダヤ人団体の市民的・宗教的諸権利を損傷せず、あるいは他国においてユダヤ人が享受する諸権利および政治的地位を損傷せざることを条件とする。」……敬具

問1　下線部aの宣言は、この外相の名から何と呼ばれるか。また、下線部bをめざす運動を何というか。

宣言	運動

問2　この書簡の内容は、1915年にイギリスの高等弁務官が結んだある約束と矛盾していた。この約束の内容を簡潔に説明せよ。

●論述問題へのアプローチ

■ **第一次世界大戦における「1917年」の意味**　　　☞入試問題**1**を参照しよう！

　「1917年」は、第一次世界大戦の流れを大きく変えた年とされるが、この年に起こったことを90字以内で説明せよ。論述の際は、次の[指定語]を必ず使用すること。
　　[指定語]　無制限潜水艦作戦　　「平和に関する布告」

教p.310〜315

●基本事項のチェック　　　　　　　　　　　　　　　　　　　　　　　　　　　　　　　知

❶ ヴェルサイユ・ワシントン体制とアメリカ合衆国

① _____

□① アメリカ合衆国議会 _____ は、ヴェルサイユ条約の批准を拒否した。

② _____ 国

□② 第一次世界大戦後、アメリカは債務国から _____ 国となった。

③ _____

□③ 第一次世界大戦後、アメリカは世界の _____ の2分の1を保有し、工業生産は1929年で世界全体の42％を占めた。

④ _____

□④ 1921〜22年のワシントン会議では、1921年に日英同盟の解消と太平洋諸島の現状維持を確認する _____ が結ばれた。

⑤ _____

□⑤ ワシントン会議中の1922年、中国に対する門戸開放、機会均等などの原則が確認された _____ が結ばれた。

⑥ _____

□⑥ ワシントン会議中の1922年に調印されたワシントン _____ の結果、アメリカとイギリスが最も大きな海軍力を保有した。

⑦ _____ 党

□⑦ 1921年に成立した _____ 党政権は、高率の保護関税を実施した。

⑧ _____ 案

□⑧ ドイツの賠償問題では、_____ 案・ヤング案を仲介し、資本も提供した。

❷ アメリカ合衆国の繁栄とその陰

① _____ 社

□① 大量生産・大量消費社会を実現したアメリカ合衆国で、_____ 社はベルトコンベアによる「組み立てライン」方式で自動車の量産に成功した。

② _____

□② 1920年から _____ 放送が始まり、冷蔵庫・洗濯機なども普及しはじめた。

③ _____

□③ 大衆娯楽として、プロスポーツやジャズが盛んとなり、ハリウッドで制作される _____ がアメリカ的生活様式を世界に普及させる媒体となった。

④ _____ 権

□④ 大戦中の総力戦体制における戦争協力により、1920年、合衆国全土で _____ 権が保障された。

⑤ _____ 法

□⑤ 大戦中の穀物節約、反ドイツ感情などを背景に、1919年、_____ 法が成立した。

⑥ _____

□⑥ 南北戦争後の南部で結成された秘密結社の _____ は、第一次世界大戦後、社会の保守化により勢力を拡大した。

⑦ _____

□⑦ 1924年、非 WASP 系移民の制限と _____ の禁止を定めた移民法が成立した。

❸ ヴェルサイユ体制下の戦勝国

【イギリス】

① _____ 回

□① 1918年、第 _____ 回選挙法改正により、21歳以上の男性と30歳以上の女性に選挙権が認められことで、初の女性参政権が実現した。

② _____

□② 1924年、労働党は自由党と連立して初の内閣を組織し、_____ が首相となった。

③ _____

□③ 1922年、イギリスが、北部のアルスター地方を除く地域に自治権を認めたことにより _____ が成立したが、同国は1937年に独立を宣言してエールと称した。

④ _____

□④ イギリス帝国会議は、1926年、第一次世界大戦で本国に協力した自治領に本国と対等の関係をもつ独立国であることを認めて、_____ を組織した。

⑤ _____ 憲章

□⑤ ④にある自治領と本国の関係は、1931年の _____ 憲章で正式に承認された。

【フランス】

⑥ _____

□⑥ 1923年、ドイツの賠償金支払い遅延を口実に、ベルギーと _____ を強行した。

⑦ _____

□⑦ 外相 _____ とアメリカ国務長官ケロッグは、1928年に不戦条約を結んだ。

【イタリア】

⑧ _____ 党

□⑧ ムッソリーニは _____ 党を結成し、労働運動・農民運動に暴力で対抗した。

⑨ _____

□⑨ 1922年、ムッソリーニは、「_____」と名付けた大示威行進を敢行し、国王から

組閣を命じられた。

□⑩ 1924年、ムッソリーニ政権はアドリア海沿岸の都市＿＿＿をユーゴスラヴィア
　から奪い、26年には<u>アルバニア</u>を保護国化した。

⑩ ＿＿＿＿＿＿＿

□⑪ 1929年、ムッソリーニ政権は教皇庁と＿＿＿条約を結び、<u>ヴァチカン市国</u>の独
　立を認めてローマ教皇との不和を解消した。

⑪ ＿＿＿＿＿条約

❹ ヴァイマル共和国とソ連

【ヴァイマル共和国】

□① ドイツでは、社会民主党の＿＿＿が大統領に選出され、<u>成年男女の普通選挙権</u>
　や労働者の諸権利を認める<u>ヴァイマル憲法</u>が制定された。

① ＿＿＿＿＿＿＿

□② ヴァイマル共和国に対する反発から、1923年、＿＿＿が起こった。

② ＿＿＿＿＿＿＿

□③ 1923年、首相<u>シュトレーゼマン</u>は、新紙幣の＿＿＿を発行して<u>インフレ</u>を収束
　させた。

③ ＿＿＿＿＿＿＿

□④ 外相となったシュトレーゼマンは、1924年<u>ドーズ案</u>を受け入れて賠償履行政策
　をとり、25年の＿＿＿条約を経て、26年に<u>国際連盟加盟</u>を実現した。

④ ＿＿＿＿＿条約

【ソ連】

□⑤ ソヴィエト政府は、内戦と干渉戦争を乗り切るために＿＿＿をとり、産業の国
　有化、農民からの穀物徴発を実施した。

⑤ ＿＿＿＿＿＿＿

□⑥ ソヴィエト政府は、1921年から＿＿＿を導入して、中小企業の個人経営、農民
　の余剰作物の自由販売を認めた。

⑥ ＿＿＿＿＿＿＿

□⑦ ソ連は、1922年の＿＿＿条約で<u>ドイツ</u>と、24年に<u>イギリス・フランス</u>と、25年
　に<u>日本</u>と国交を樹立した。

⑦ ＿＿＿＿＿条約

□⑧ レーニンの没後、<u>世界革命</u>をめざす＿＿＿と<u>一国社会主義論</u>をとる<u>スターリン</u>
　が対立し、スターリンが実権を握った。

⑧ ＿＿＿＿＿＿＿

□⑨ 1922年、ロシア・<u>ウクライナ</u>・<u>ベラルーシ</u>・<u>ザカフカース</u>の4共和国が連合し
　て＿＿＿(ソ連)が成立した。

⑨ ＿＿＿＿＿＿＿

●読み取り力のチェック 　　　　　　　　　　　　　　　　　　　　　　　　　　　思

□ 次の写真と図は、1923〜24年のドイツの状況を示すものである。

① ＿＿＿＿＿＿＿

②
行動： ＿＿＿＿＿
理由： ＿＿＿＿＿

③
計画： ＿＿＿＿＿
A： ＿＿＿＿＿
B： ＿＿＿＿＿
C： ＿＿＿＿＿

① 紙幣で遊ぶ子どもたちの写真から、当時ドイツで起こっていたことを簡潔に記せ。

② ①の状況は、フランスのある軍事行動に対するドイツ人の「消極的抵抗」の結果と
　して起こった。フランスのある軍事行動とは何か。また、これをフランスが強行し
　た理由を記せ。

③ 図は、1924年に成立したドイツの賠償問題を打開するための計画である。この計
　画の名称を記し、A・Bに入る国名、(C)に入る語を記せ。

❶ イギリスは、なぜこの時期に帝国から連邦に転換したのだろうか、その理由を考えてみよう。 教p.312主

❷ 敗戦国のドイツが、1920年代に内政・外交ともに安定に向かうことができたのはなぜか、他のヨーロッパ諸国と比較しながら、考えてみよう。 教p.314愚

●入試問題へのチャレンジ

1 ヴェルサイユ・ワシントン体制　（　　）に適切な用語を記し、**問**に答えよ。　　　　　　　　（中部大・改　2004年）

　第一次世界大戦の講和会議は、1919年 1 月からパリで開かれた。敗戦国やソ連は招かれず、アメリカ・a イギリス・フランスが会議をリードした。アメリカのウィルソン大統領は、すでに1918年 1 月、（　1　）外交の禁止、（　2　）の尊重、国際平和機関の設立などを含む十四カ条の平和原則を発表していた。しかし、フランスはドイツに対する安全保障と賠償問題を重視し、イギリスはドイツの経済復興とフランスの政治的覇権を警戒して、それぞれ自国の利益を最優先する方針をとったため、講和会議は敗戦国を犠牲にして一部の戦勝国が利益を分配する場となった。それでも、1919年 6 月に連合国とドイツの間でヴェルサイユ条約が結ばれ、他の同盟国とも b 個別に講和条約が締結されることになったため、第一次世界大戦後の国際秩序をヴェルサイユ体制と呼ぶ。

　ヴェルサイユ体制の特徴は、大きく 4 つにまとめることができる。第一に、ドイツが植民地の放棄、軍備制限、莫大な賠償金など、過酷な責任を課せられたことである。第二に、c 中欧・東欧地域に民族構成の複雑な多くの国家が誕生したことである。第三に、ウィルソンの主張する国際連盟が誕生したものの、アメリカが上院の反対で参加できず、ソ連やドイツも除外されていたため、有効な役割を発揮できなかったことである。第四に、東欧以外の地域には（　2　）の原則は適用されず、大国である戦勝国の利害があくまで優先されたことである。

　一方、アジア・太平洋地域の問題では、1921年から22年にかけて（　3　）会議が開かれ、　ア　の保有比率を定める海軍軍備制限条約が結ばれた。またこの会議では、アメリカ、イギリス、フランス、日本の間に、　イ　の現状維持を約した四カ国条約も締結され、1902年に成立した（　4　）は解消された。さらに、中国の主権尊重・　ウ　・機会均等・領土保全を決めた九カ国条約も結ばれ、日本が　エ　省などで得た利権は中国に返還された。

問 1 　空欄　ア　と　イ　に入るべき語句の組合せとして正しいものを選べ。
　　① ア－主力艦　イ－朝鮮半島　　② ア－主力艦　イ－太平洋諸島
　　③ ア－補助艦　イ－朝鮮半島　　④ ア－補助艦　イ－太平洋諸島
問 2 　空欄　ウ　と　エ　に入るべき語句の組合せとして正しいものを選べ。
　　① ア－関税撤廃　イ－山東　② ア－関税撤廃　イ－広東　③ ア－門戸開放　イ－山東　④ ア－門戸開放　イ－広東
問 3 　下線部 a の 2 国の講和会議代表者名をそれぞれ選べ。
　　① ロイド＝ジョージ　　② クレマンソー　　③ バルフォア　　④ ポワンカレ　　⑤ ブリアン
問 4 　下線部 b について、オーストリアと連合国が締結した条約名を記せ。
問 5 　下線部 c について述べた次の文ア・イの正誤を判定せよ。
　　ア 旧ロシア領からラトヴィアが独立した。　　イ 旧オーストリア領からフィンランドが独立した。

1		2		3		4	
問1	問2	問3英	仏	問4		問5ア	イ

2 1920年代のアメリカ合衆国　（　　）に適切な用語を記し、**問**に答えよ。　　　　　　　　（慶應義塾大・改　2003年）

　第一次世界大戦はイギリス・フランスといった戦勝国にも大きな打撃を与えたが、戦禍に直接さらされなかったアメリカはむしろ債務国から（　1　）となり、戦後、世界経済の中心を占めるようになった。1921年には共和党の大統領が誕生、以後 3 代にわたって共和党政権が続くことになる。この共和党政権のもとで自由放任主義が復活し、事実上、大企業保護政策が続けられ、国内では自動車、家電などの産業が飛躍的な成長をとげた。とく

に自動車はこの時代を象徴する産業であり、なかでも1913年に組み立てライン方式をとりいれた（　2　）は、自動車の大衆化に貢献した。このような産業の発展とともに消費者の生活も変化をみせ、自動車や家電製品などの耐久消費財に囲まれた便利で豊かな生活、いわゆる「アメリカ的生活様式」が都市の中間層を中心に確立していった。こうした大量生産と大量消費の結びつきによって、安定的な国内投資と個人消費支出の増大がGNPを押し上げた。さらに、映画や（　3　）などの音楽、ラジオ、雑誌といった文化的新興産業が登場することによって大衆文化が開花し、この20年代は「繁栄の20年代」といわれた。

　しかしその一方で、1920年に民主党ウィルソン政権下で（　4　）権が実現したにもかかわらず、共和党が政権をとってからは、a世論の保守化傾向が進み、左翼勢力に対する弾圧が強まり、労働運動は沈滞した。工業化や都市化の進展とともに、b北部の都市に住む白人中産階級による人種的偏見が顕著になり、KKKの復活などによる黒人差別も強まった。さらに、共和党はウィルソンに批判的だったため、外交的にはcヴェルサイユ条約の批准を拒否し、「孤立主義」をとっていた。しかし、現実には重要な会議ではアメリカが常に主導権を握り、ドイツの再建問題や軍縮問題で指導的役割を演じ、国際政治におけるアメリカの地位は高まった。

問1　下線部aについて述べた次の文ア・イの正誤を判定せよ。
　　　ア　伝統的な価値観が強調され、禁酒法が制定された。　　**イ**　1924年に排日的な移民法が制定された。
問2　下線部bの人々は何と呼ばれているか。アルファベットの大文字4字で記せ。
問3　下線部cの結果、アメリカの孤立主義を象徴する事態が発生した。どのようなことか簡潔に記せ。

1		2	3	4
問1ア	イ	問2	問3	

●資料問題へのアプローチ

■ アメリカの人種差別主義　次の資料は、ある政治結社の指導者の著書(1924年)にみられる文章である。

> 　……人種についていえば、aクランは白色人種の優越性を信じるものであり、この信念について弁明する気もない。……クランがこの国生まれのアメリカ人を組織しようとして努力している唯一の目的は、いかなる性格のものであれ、bその利害が絶対にアメリカ合衆国だけに、この国だけにある人々を団結させることである。これこそ、クランが「100パーセント・アメリカ人」というときに意味するものである。

問1　下線部aの政治結社をアルファベット3文字で記し、これが結成される原因となった戦争名を記せ。
問2　下線部bに関連して、この政治結社が排撃を主張したのは、どのような人々に対してか。2つ記せ。

問1結社		戦争	問2	

●論述問題へのアプローチ

■ ワシントン会議の意味　　　　　　　　　　　　　⚑ 入試問題❶を参照しよう！

　1920年代のアメリカ合衆国は、アジア・太平洋地域から「パクス＝アメリカーナ」の実現をめざし、ワシントン体制を構築した。ワシントン会議では、日本の勢力拡大を押さえるために、どのようなことが取り決められたか。90字以内で説明せよ。論述の際は、次の[指定語]を必ず使用すること。

[指定語]　**日英同盟**　　**九カ国条約**　　**海軍力**

3 ヴェルサイユ体制下のヨーロッパ　（　　）に適切な用語を記し、**問**に答えよ。　　（フェリス大・改　2011年）

　第一次世界大戦は、各国の工業力、国民の結束等、国力のすべてが動員された（　1　）であった。その影響は、国内の政治体制、国際関係等におよんだ。

　（　1　）は、近代的な兵器による大量殺戮の場でもあり、戦場となった国々では経済や生活基盤が破壊された。この衝撃により、ヨーロッパの世論は、平和と軍縮を強く求めた。しかし、フランスのポワンカレを首班とする右派政権は、ドイツへの復讐を求める世論の声に押され、また政府もドイツの強国化をおそれたため、巨額の賠償金の支払いを強要した。ドイツの賠償支払い不履行をきっかけとして、フランスは（　2　）占領を強行した。a革命後新しく誕生したドイツ共和国は、これに対して不服従運動で抵抗したが、生産の低下から激しいインフレーションがすすみ、政治と経済に大きな打撃を与えた。ヴェルサイユ体制のもとで一方的に戦争責任をおしつけられ、賠償や軍事力の解体等、厳しい講和を強いられたドイツでは、党派を問わず、ヴェルサイユ体制に対する反発がひろまった。

　（　2　）占領により国際的な非難をあび、孤立を招いたフランスでは、1924年に左派連合の政権が誕生し、（　3　）外相のもとで20年代後半に対独和解と国際協調政策を進めた。ドイツのbシュトレーゼマン外相もこれに呼応し、独仏協調のもと1925年にロカルノ条約が締結され、翌年ドイツは国際連盟に加盟し、国際社会復帰をはたした。さらにヴェルサイユ条約以降の戦争の違法化の流れは、1928年の（　4　）条約の締結へつながった。

　cイギリスの植民地支配は、ヴェルサイユ体制のなかでその領土を拡大したものの、激しい抵抗を受けつづけた。そのため1920年代の2度のイギリス帝国会議の決議を経て1931年イギリス議会が（　5　）を採択し、イギリス連邦を形成する各自治領は、王冠への忠誠とひきかえに本国と対等となった。しかし、アイルランドは1922年に北部を残して（　6　）として自治領となったものの、1937年には独立派が王冠への忠誠宣言を廃止し、連邦を離脱して、エールを国名とした。

　イタリアでは、戦後、左右両勢力が台頭して社会が不安定となったが、ファシスト党の指導者（　7　）は、1922年いわゆるローマ進軍を行ってd政権を獲得した。彼は反対派を弾圧して一党独裁体制を固め、1929年にはラテラン条約で（　8　）の独立を認めてローマ教皇と和解した。

問1　下線部aに関連して述べた次の文**ア・イ**の正誤を判定せよ。
　　ア　社会民主党のヒンデンブルクは、ドイツ共和国の初代大統領となった。
　　イ　ヴァイマル憲法では、成年男女の普通選挙権が認められた。
問2　下線部bについて述べた次の文**ア・イ**の正誤を判定せよ。
　　ア　レンテンマルクを発行してインフレーションを収拾した。
　　イ　アメリカ資本を導入するドーズ案を受け入れ、賠償を履行した。
問3　下線部cに関連して、1920年代におけるイギリスの国内状況について述べた次の文として正しいものをすべて選べ。すべて誤りである場合は×を記せ。
　　①　第3回選挙法改正により、女性参政権が実現した。
　　②　ロイド＝ジョージが、初の労働党内閣を組織した。
　　③　国民保険法と議会法が制定された。
問4　下線部dに関連して、この政権はアドリア海沿岸のフィウメを併合したが、当時イタリアはどこの国とフィウメの領有を争っていたか。

1	2	3	4
5	6	7	8
問1ア	イ	問2ア	イ	問3	問4

4 ソヴィエト連邦の発展　（　）に適切な用語を記し、**問**に答えよ。 （立命館大・改　2001年）

　社会主義革命はまず先進工業国で達成されるであろうと、社会主義理論を唱えた思想家の大半は信じていた。（　1　）年に史上初めて社会主義政権を樹立したロシア革命の指導者レーニンも、a先進西欧諸国で社会主義革命が達成されなければ、後進国のロシアで社会主義体制を維持することは困難であると考えていた。（　2　）は、まさにそのような前提に立って世界革命論を唱えたのである。しかし当時、ソ連以外で社会主義国家が成立したのはアジアの（　3　）人民共和国だけであった。結局、世界革命論に対抗して（　4　）論を唱えたスターリンが（　2　）を1929年に国外追放し、ブハーリンらの政敵を粛清することにより独裁体制を確立し、1928年から始まるb第1次五カ年計画などによって工業化を推し進めていった。ソ連型の社会主義体制を政治・社会変革のモデルとして採用しようとしたのは、先進工業国というよりも、むしろ先進国への政治・経済的な従属から脱して、先進国に追いつき、追い越そうとするアジアなどの後進国であった。実際に、社会主義者のかつての国際組織であった第1、第2インターナショナルとは異なり、通称（　5　）と呼ばれたc第3インターナショナルには、アジア諸国から多くの社会主義者が参加していたのである。第二次世界大戦後には社会主義政権が数多く樹立されたが、やはりそれは西欧先進国ではなく、アジアや東欧などの国々においてであった。

問1　下線部aに関連して、レーニンが正当化した、資本主義から社会主義への移行を説く理論の名称を記せ。
問2　下線部bの前にレーニンが実施した経済政策を、時代順に2つ記せ。
問3　下線部cについて、この組織の本部がおかれた都市と、この組織の中心となった政党を記せ。

1	2	3	4
5	問1	問2　　　　　　→	
問3都市	政党		

●資料問題へのアプローチ

■ ドイツ・ソ連間で結ばれた条約　次の資料は、1922年に成立した国際条約の条文の一部である。

> 　aドイツ国およびbロシア・ソヴィエト連邦社会主義共和国は、両国の戦費ならびに戦争に起因する損害、すなわち敵国内における一切の徴発を含む軍事的措置により、交戦域内において両国およびその国民に生じたる損害の賠償を相互に放棄する。

問1　この条約の名称を記せ。
問2　下線部aの国は、1919年に制定された憲法から何と呼ばれるか。
問3　下線部bの国にとって、この条約はどのような意義をもつか。簡潔に説明せよ。

問1	問2	問3

●論述問題へのアプローチ

■ ヴェルサイユ体制下の独仏関係　　　入試問題3を参照しよう！

　第一次世界大戦後のドイツとフランスは、敵対関係と協調関係のなかで揺れ動いた。1924〜26年の独・仏協調について、90字以内で説明せよ。論述の際は、次の［指定語］を必ず使用すること。

　［指定語］　ドーズ案　　ロカルノ条約　　国際連盟

●基本事項のチェック

❶西アジア・中央アジアの動向

【トルコ共和国とイラン・アフガニスタン】

① _____ 条約
□① 第一次世界大戦に敗れたオスマン朝(帝国)は、連合国と _____ 条約を結んだ。

② _____
□② ムスタファ=ケマル(ケマル=アタテュルク)が、 _____ に臨時政府を樹立し、トルコ大国民議会を組織した

③ _____ 条約
□③ ケマルは、1922年にスルタン制を廃止し、翌年戦勝国と新たに _____ 条約を結んだあと、トルコ共和国を成立させて大統領となった。

④ _____ 字
□④ ケマルは、カリフ制の廃止、 _____ 字と太陽暦の採用、女性参政権の付与など、徹底的な西欧化政策を推進した。

⑤ _____ 朝
□⑤ ペルシアで政権を握った軍人レザー=ハーンは、1925年ガージャール朝を倒して _____ 朝を開き、王(シャー)となった。

⑥ _____
□⑥ レザー=シャーは、1935年に国号を _____ と改め、西欧化政策を採用した。

⑦ _____
□⑦ アフガニスタンの _____ は西欧的立憲君主制確立をめざしたが、難航した。

【アラブ地域とパレスチナ問題】

⑧ _____
□⑧ 第一次世界大戦中の1915年、イギリスはフサイン(フセイン)=マクマホン書簡(協定)で、 _____ に対する反乱を起こす代償としてアラブ人の独立を約束した。

⑨ _____
□⑨ 第一次世界大戦後、イラク・トランスヨルダン・パレスチナがイギリスの、シリアがフランスの _____ となった。

⑩ _____
□⑩ 第一次世界大戦後、 _____ では全国的な独立運動が起こり、1922年にイギリスは保護権を放棄し、 _____ 王国が成立した。

⑪ _____
□⑪ イギリスは⑩の事実上の独立を認めたが、 _____ の管理権を手放さなかった。

⑫ _____
□⑫ アラビア半島では、ワッハーブ王国の再興をめざす _____ が1932年にサウジアラビア王国を建てて国王となった。

❷南アジア・東南アジアの動向

【インドの反英運動】

① _____ 法
□① 第一次世界大戦中、戦後の自治を約束してインドに戦争協力させたイギリスは、戦後、 _____ 法を公布して、一部のインド人にのみ自治を認めた。

② _____ 法
□② 1919年、イギリスは _____ 法で令状なしの逮捕や裁判なしの投獄を認めた。

③ _____
□③ ガンディーは、非協力・不服従・ _____ という民族運動の方針を示した。

④ _____ 会議
□④ インド総督はロンドンでの _____ 会議で、新しい法律による自治を約束した。

⑤ _____
□⑤ 1929年、国民会議派ラホール大会*で、急進派のネルーらは _____ を決議した。

⑥ _____
□⑥ 1930年、イギリス政府の専売政策に対し、ガンディーは「 _____ 」を行った。

⑦ _____ 法
□⑦ 1935年の _____ 法で、各州の自治は認められたが独立は認められなかった。

【東南アジア各地の動き】

⑧ _____
□⑧ コミンテルンの指導下で、1920年にインドネシアで _____ が結成された。

⑨ _____
□⑨ 1927年、 _____ はインドネシア国民党を結成し、独立運動を指導した。

⑩ _____
□⑩ 1925年、ベトナム青年革命同志会を結成したホー=チ=ミンは、コミンテルンの指示のもと、1930年に _____ (成立時はベトナム共産党)を組織した。

⑪ _____
□⑪ ビルマでは、 _____ 党がイギリスからの完全独立を求める運動を展開した。

⑫ _____
□⑫ 1934年の米議会で成立した独立法により、 _____ に独立準備政府が発足した。

⑬ _____
□⑬ _____ では、人民党による立憲革命*が起こり、立憲君主政が樹立された。

❸ 東アジアの動向

【第一次世界大戦と東アジア】

□① 文学革命の中心となった雑誌『新青年』は▭が刊行し、「民主と科学」を旗印に儒教道徳などを批判した。　①＿＿＿＿＿＿

□② ▭は、『新青年』で口語文による白話文学を提唱した。　②＿＿＿＿＿＿

□③ 魯迅は、『▭』などの小説で中国社会の病弊を描いた。　③＿＿＿＿＿＿

□④ 1910年代の日本では、▭の風潮が広がり、国民の政治参加が求められた。　④＿＿＿＿＿＿

□⑤ 1918年の日本で起こった全国的民衆騒乱の▭は、原敬の政党内閣が成立する原因となった。　⑤＿＿＿＿＿＿

□⑥ 1925年の日本では、男性普通選挙法と同時に▭法が成立し、社会運動が抑制された。　⑥＿＿＿＿＿法

【日本の動きと東アジアの民族運動】

□⑦ 第一次世界大戦に参戦した日本は、ドイツの租借地膠州湾(青島)とともに太平洋上のドイツ領▭を占領した。　⑦＿＿＿＿＿＿

□⑧ 1915年、日本は山東のドイツ権益継承など▭を袁世凱政権に突きつけた。　⑧＿＿＿＿＿＿

□⑨ 1918年、▭戦争に参加した日本は、1922年までシベリア出兵を続けた。　⑨＿＿＿＿＿戦争

□⑩ 韓国併合後の武断政治に対し、1919年3月、「独立万歳」を叫ぶデモが中心都市▭で始まり、全国的な三・一独立運動となった。　⑩＿＿＿＿＿＿

□⑪ 三・一独立運動を機に、朝鮮総督府は武断政治から▭へと政策転換した。　⑪＿＿＿＿＿＿

□⑫ 1919年4月、上海で李承晩を首班とする▭臨時政府が結成された。　⑫＿＿＿＿＿＿

□⑬ 1919年5月、パリ講和会議で二十一カ条の破棄など中国の訴えが拒絶されたことから、北京で▭が起こった。　⑬＿＿＿＿＿＿

□⑭ 中国国内の世論を背景に、パリ講和会議の中国代表団は、▭条約の調印を拒否した。　⑭＿＿＿＿＿条約

【中国の国民革命】

□⑮ ソヴィエト＝ロシアは、▭の名で、帝政ロシアが中国に有した特権を放棄することを宣言した。　⑮＿＿＿＿＿＿

□⑯ 1921年、陳独秀は▭の支援を受け、上海で中国共産党を結成した。　⑯＿＿＿＿＿＿

□⑰ 孫文は1924年に国民党を改組し、3つの方針「▭」を掲げて第1次国共合作に成功した。　⑰＿＿＿＿＿＿

□⑱ 1925年5月、上海の日系紡績工場での労働争議を機に▭が起こり、租界回収・帝国主義打倒をスローガンとして全国に拡大した。　⑱＿＿＿＿＿＿

□⑲ 広州国民政府を樹立した蔣介石は、1926年、中国統一をめざして国民革命軍による▭を開始した。　⑲＿＿＿＿＿＿

□⑳ 1927年4月、蔣介石が▭を起こして共産党を弾圧し、南京に国民政府を建てたことにより、国共合作は崩壊した。　⑳＿＿＿＿＿＿

□㉑ 1928年、北上する国民革命軍に対して日本は▭を繰り返し、関東軍は日本に支援されていた奉天軍閥の張作霖が国民革命軍に敗れると、彼を爆殺した。　㉑＿＿＿＿＿＿

□㉒ 張作霖の息子▭は、日本に対抗するため国民政府に合流し、国民政府の東北支配を認めた。　㉒＿＿＿＿＿＿

□㉓ 国共分裂後、中国共産党の毛沢東が率いる軍隊である▭(共産党軍)が農民の支持を集めた。　㉓＿＿＿＿＿＿

□㉔ 中国共産党は井崗山から根拠地を移し、江西省の▭に毛沢東を主席とする中華ソヴィエト共和国臨時政府をおいた。　㉔＿＿＿＿＿＿

①
ア：
....
イ：
....

②
....
....
....

③
記号：
国名：

□ 次の地図と写真は、第一次世界大戦終結後の西アジアに関するものである。

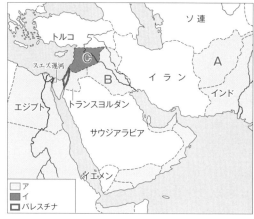

① 地図中のア・イはそれぞれ何を示しているか。

② 写真をみて、ムスタファ＝ケマルが西欧化政策を推進したことがわかる点を記せ。

③ 次の説明文に該当する国を地図中A～Cから選び記号と国名を記せ。

> アラビア半島でイブン＝サウードに敗れたハーシム家（かつてはアッバース朝のカリフとして君臨した）のフサインの息子ファイサルが、イギリスの支援を受けて1932年に建国した。

□ 次の地図と写真は、第一次世界大戦後の中国に関するものである。

④
都市：
位置：
⑤
⑥
名称：
目的：

⑦
名称：
変化：

⑧
都市：
位置：

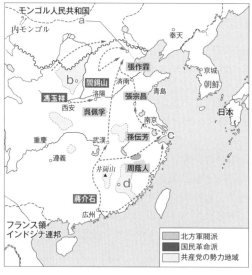

④ 1919年に写真の運動が起こった都市名を記し、その位置を地図中a～dから選べ。

⑤ 写真の運動のなかでは「日本商品のボイコット」が叫ばれた。この背景に存在した軽工業の発展を中心に成長を遂げていた人々を何と呼ぶか。

⑥ 地図中----→は、1926～28年の軍事行動を示している。蔣介石が実行したこの軍事行動の名称を記し、その目的を簡潔に記せ。

⑦ 1927年4月、地図中cの都市で蔣介石が起こした事件の名称を記し、これにより国民党と共産党の関係に生じた変化を簡潔に記せ。

⑧ 1931年、国民党に追われた共産党が中華ソヴィエト共和国臨時政府をおいた都市の名を記し、その位置を地図中a～dから選べ。

❶ 第一次世界大戦後のトルコとイランに共通する政策は何だろう。また、なぜそのような政策がとられたのだろう。📖p.316🔵

●入試問題へのチャレンジ

1 第一次世界大戦後の西アジア　（　）に適切な用語を記し、**問**に答えよ。　　　　　　（西南学院大・改　2004年）

　第一次世界大戦に参戦して敗れたオスマン帝国は、　ア　により国土の大幅な縮小に直面した。これに抗議し、トルコ大国民議会を組織して立ちあがったムスタファ＝ケマルは、侵攻してきたギリシア軍と戦い　イ　を回復した。また、1922年には（　1　）制を廃止し、ついで24年にはカリフ制も廃止した。この間、1923年に連合国との間で新たに　ウ　を結んで新国境を画定し、治外法権の廃止などにも成功して、トルコ共和国を樹立した。ケマルは大統領となり、1924年共和国憲法を発布し、a近代化を推進した。

　1914年以来イギリスの保護国だったエジプトは、戦後、（　2　）党を中心として民族運動が活発になったため、　エ　年にイギリスは保護権を廃止し、エジプト王国が成立した。しかし、イギリスはスエズ運河の確保や様々な特権を留保した。1936年にエジプトはその主権を回復したが、イギリスはなお運河地帯の兵力駐留権を手放さなかった。また、イギリスの保護国であった（　3　）は、1919年、イギリスの勢力を排除して独立した。

　大戦中に中立を宣言しながらイギリスとロシアの軍に占領されていたbガージャール朝のイランは、戦後に主権を回復した。しかし、その後（　4　）がクーデタによって実権を掌握し、ガージャール朝を廃止し、自ら国王（シャー）となって　オ　を開いた。しかし、国内の石油利権は、なおイギリスの手に残された。

　大戦後、イギリスの影響力が増大したアラビア半島では、cイブン＝サウードが、イギリスの援助のもとに独立してアラビア統一をめざした。彼は、アラブ独立運動の指導者であったフサイン（フセイン）を破ってヒジャーズ＝ネジド王国を建て、半島の大部分を統一して1932年サウジアラビア王国を建設した。

　イギリスの委任統治領となったイラクは1932年に、またトランスヨルダンは1946年にそれぞれ完全独立を遂げた。フランスの委任統治地域では、1941年にレバノンが独立を宣言し、46年にシリアも独立した。

　パレスチナでは、イギリスは（　5　）書簡でアラブ人に対してオスマン帝国からの独立を約束した一方、1917年のバルフォア宣言によってdユダヤ人のパレスチナ復帰運動を援助する姿勢を示し、双方からの協力を得た。

問1　ア　～　オ　にあてはまる語句をそれぞれ①～④から選べ。
　　ア　①　トリアノン条約　　②　ヌイイ条約　　③　セーヴル条約　　④　サン＝ジェルマン条約
　　イ　①　イスタンブル　　②　イズミル　　③　アンカラ　　④　アドリアノープル
　　ウ　①　ロカルノ条約　　②　ローザンヌ条約　　③　トルコマンチャーイ条約　　④　イリ条約
　　エ　①　1920　　②　1922　　③　1928　　④　1931
　　オ　①　ルーム＝セルジューク朝　　②　アイユーブ朝　　③　サファヴィー朝　　④　パフレヴィー朝
問2　下線部aに関連して、トルコの近代化の施策でないものはどれか。すべて選べ。
　　①　婦人のヴェール着用の廃止　　②　アラビア文字の公用化　　③　太陽暦の採用　　④　政教分離
問3　下線部bに関連して、ガージャール朝のイランでは、19世紀末から外国利権に抵抗するボイコット運動が展開されていたが、それは何の販売利権を外国に譲渡したことに反対するものか。品名を記せ。
問4　下線部cが再興をめざした19世紀に滅んだアラビア半島の国家の名称を記せ。
問5　下線部dは、イェルサレムの別名から何と呼ばれるか。

1	2		3		4
5	問1ア	イ	ウ	エ	オ
問2	問3		問4		問5

2 インド・東南アジアの民族運動　（　　）に適切な用語を記し、**問**に答えよ。　　　　　　（同志社大・改　2008年）

　1917年にイギリスは、第一次世界大戦後のインドの自治を約束した。しかし、戦後のインド統治法は、州行政の一部をインド人に委ねたにすぎなかった。また同年（　1　）法も制定され、民族運動は弾圧された。

　これに対して国民会議派の指導者であったガンディーは、1920年に植民地統治への非協力運動の方針を示し、大規模な大衆運動を展開した。その際、オスマン朝のカリフ制の支持をヒンドゥー教徒にも呼びかけ、イスラーム教徒の支持も得た。しかし、民衆の運動は非暴力・不服従というガンディーの理想どおりには進まなかった。また、ヒンドゥー教徒とイスラーム教徒との宗派対立が深刻化し、イスラーム教徒は以後、ヒンドゥー教徒を中心とする民族運動から離れ、ジンナーを指導者とする（　2　）は、新国家パキスタン建設を目標に掲げた。

　1927年に民族運動は再び激化し、イギリスはa円卓会議を開催し、妥協の道を探った。しかし、国民会議派内では議長（　3　）ら急進派が優勢になり、1929年に（　4　）を決議した。またガンディーは、植民地支配の不合理性を訴え、30年に塩の行進という運動を開始した。

　1935年に連邦制や各州の自治制の導入が決められたが、中央の財政・防衛・外交はイギリスが掌握しつづけ、（　4　）の要求とはほど遠いものであった。また、37年には州選挙が行われ、国民会議派が多数の州で政権を獲得したが、第二次世界大戦が始まると、イギリスは彼らを非合法化して弾圧を加えた。

　b東南アジアでも、第一次世界大戦後の民族運動は民衆を巻き込んで展開した。フランスが支配するインドシナでは、革命家の（　5　）が1925年にベトナム青年革命同志会を、30年にインドシナ共産党を結成した。また、イギリス植民地であった（　6　）では、僧侶による啓蒙運動やタキン党と称する民族主義組織が台頭した。

　インドネシアでは、独立を求める反乱が鎮圧されたのち、1927年に宗主国オランダから帰国した留学生が中心となって、（　7　）を党首とするインドネシア国民党が結成されたが、厳しい弾圧を受けた。

問1　下線部aはどこで開催されたか。正しいものを選べ。
　　①　ロンドン　　②　デリー　　③　カルカッタ　　④　パリ

問2　下線部bに関連して、第一次世界大戦後のタイについて述べた次の文の［　ア　］［　イ　］に入る語句の正しい組合せを選べ。

　［　ア　］朝のタイでは、世界恐慌の影響で経済が混乱し、1932年のクーデタの結果、［　イ　］が樹立された。
----

　　①　ア－ラタナコーシン　イ－絶対王政　　②　ア－ラタナコーシン　イ－立憲王政
　　③　ア－コンバウン　イ－絶対王政　　④　ア－コンバウン　イ－立憲王政

1	2	3	4	
5	6	7	問1	問2

3 第一次世界大戦後の東アジア　（　　）に適切な用語を記し、**問**に答えよ。　　　　　　（島根県立大・改　2008年）

　1914年7月、第一次世界大戦が勃発した。翌月、日本は日英同盟を理由に、ドイツに宣戦布告して参戦した。同年11月に日本は、ドイツが1897年に占領し、のちに勢力範囲にした中国の（　1　）湾を占領した。さらに、大戦で列強の目がヨーロッパに集中しているという機会をとらえて、中国に（　2　）の要求を突きつけた。

　大戦中に起きた今ひとつの大きな出来事は、ロシア革命勃発で、これは欧米列強だけでなく、日本にも大きな衝撃を与えた。日本は革命干渉という英仏の提案もあり、アメリカとともに（　3　）に出兵した。

　1918年1月、アメリカ大統領（　4　）が、「民族自決」「植民地問題の公正な解決」などの条項を含む「平和14カ条」を発表した。1919年、これを原則としたパリ講和会議が開かれ、（　5　）が調印された。

　（　4　）の理想主義は、現実において、英、仏の現実主義的主張に多く妥協せざるを得なかったが、アジアやアフリカの民族運動に希望を持たせた。朝鮮ではそれに触発されて1919年3月ソウルで（　6　）が起きた。

　この時期に、中国国内では、新文化運動が興り、陳独秀らをはじめとした知識人が、a『新青年』という雑誌を舞台に活躍した。パリ講和会議で、中国の主権の完全回復という要求が退けられたことを受けて、中国国内では

ナショナリズムが高揚し、北京大学の学生らによる（　7　）が中国全土に展開されるようになった。

　また、1919年に孫文を指導者とする中国国民党が誕生した。その2年後、新文化運動の指導者陳独秀、中国のマルクス主義の紹介者として名を知られた李大釗らが、国際共産主義組織である（　8　）の援助を受けて中国共産党を創設した。1923年の孫文・ヨッフェ共同宣言をふまえ、翌年の第1回全国代表大会で決定された新しい路線のもとで、b第1次国共合作が1924年に実現した。その後、（　9　）軍が組織され、軍閥を打倒して中国を統一するために北伐が行われた。その結果c1928年末には中国の統一はほぼ達成された。

問1　下線部aについて述べた次の文ア・イの正誤を判定せよ。
　　ア　康有為は、『新青年』の誌上で口語文による白話運動を提唱した。
　　イ　魯迅は、小説『狂人日記』を『新青年』に寄稿し、儒教道徳を批判した。
問2　下線部bについて述べた次の文ア・イの正誤を判定せよ。
　　ア　国民党員が個人の資格で共産党に入党することで形成された。
　　イ　孫文が掲げた「連ソ・容共・扶助工農」が前提となった。
問3　下線部cに関連して、北伐完了後の中国について述べた次の文ア・イの正誤を判定せよ。
　　ア　蔣介石は、上海クーデタを強行し、共産党員を弾圧した。
　　イ　中国共産党は、瑞金に中華ソヴィエト共和国臨時政府を樹立した。

1	2	3	4
5	6	7	8
9	問1ア　　　　　イ	問2ア　　　　　イ	問3ア　　　　　イ

●資料問題へのアプローチ

■　五・四運動　次の資料は、中国の民族運動に関するものである。

> 　失望は怒りにかわった。1919年5月4日午後、（　　　）からのa悲報をうけて北京天安門前にb北京大学など10余校の学生3000余人が集合し、緊急に山東問題抗議集会を開いた。……20余の省、100余の都市で北京の学生に呼応する運動が起こり、日貨排斥は野火のように広がった。　　　　　　　　　（小野信爾『人民中国への道』講談社）

問1　（　　　）に入るヨーロッパの都市の名を記せ。
問2　下線部aは，中国の代表団が要求した「　　　　　　　　」と「中国が主張する山東の旧ドイツ権益の返還」が講和会議で却下されたという知らせであった。空欄に入るべき内容を10字程度で記せ。
問3　下線部bの教授で、1915年、『新青年』を発刊し、文学革命による中国大衆の覚醒をめざしたのは誰か。

問1	問2	問3

●論述問題へのアプローチ

■　日本の朝鮮統治政策の変化（一橋大・改　2002年）　　　　　☞三・一独立運動の前と後の状況に注目しよう！
　日本の朝鮮植民地支配政策は、「韓国併合」以来の10年間でどのように変化したか。90字以内で説明せよ。論述の際は、次の[指定語]を必ず使用すること。
　[指定語]　三・一独立運動　　文化政治　　総督府

教p.326～335

知

●基本事項のチェック

❶ 世界恐慌とニューディール・ブロック経済

【アメリカ合衆国のニューディール】

① ____街

□① [____]街にある<u>ニューヨーク株式取引所</u>での株式相場の大暴落が、<u>世界恐慌</u>の引き金となった。

②

□② 株式大暴落が起こった<u>1929年</u>10月24日は、一般に「[____]」と呼ばれる。

③

□③ 米大統領[____](共和党)は、31年、ドイツに対して賠償と対米戦債支払いを1年間停止する[____]=モラトリアムを実施した。

④

□④ 1932年、合衆国大統領に当選した民主党の[____]は、「<u>ニューディール</u>」と呼ばれる政策(以下⑤⑥⑦など)を実施した。

⑤ ____法

□⑤ <u>農業調整法</u>(AAA)では作付面積の制限と農民への補償による価格の安定がはかられ、[____]法(NIRA)では業種ごとの価格協定の締結が容認された。

⑥

□⑥ [____](TVA)により多目的ダム建設の大公共事業が行われ、雇用拡大や安価な電力供給がはかられた。

⑦ ____法

□⑦ 1935年の[____]法は、労働者の団結権と団体交渉権を保障した。

【イギリス・フランスの恐慌対応策】

⑧

□⑧ 1929年の総選挙後、[____]が第2次労働党内閣を組織したが、<u>失業保険の削減</u>をめぐって労働党と対立して辞職し、1931年、<u>挙国一致内閣</u>を組織した。

⑨

□⑨ ⑧挙国一致内閣は、[____]の停止、歳出削減、保護関税の導入を行った。

⑩

□⑩ 1932年、カナダの都市[____]で<u>イギリス連邦経済会議</u>([____]会議)が開催され、<u>スターリング(ポンド)=ブロック</u>が形成された。

⑪

□⑪ イギリスの特恵関税に対抗して、フランスも植民地を取り込んで[____]=ブロックをつくり、排他的な経済ブロックが世界に拡大した。

❷ ファシズムの台頭

【ドイツ】

①

□① 世界恐慌後のドイツで国民の期待を集めた<u>ナチ党</u>([____])の党首<u>ヒトラー</u>は、第一次世界大戦後に構築された<u>ヴェルサイユ体制</u>の打破を主張した。

② ____年

□② 1930年の<u>大統領緊急令</u>により議会の形骸化がすすみ、[____]年の総選挙で第一党に躍進したナチ党は、33年、<u>ヒトラー内閣</u>を樹立した。

③ ____法

□③ <u>国会議事堂放火事件</u>を機に、ナチ党は共産党の活動を禁止し、政府に立法権を与える[____]法を成立させ、<u>一党独裁体制</u>を確立した。

④

□④ 1934年、<u>ヒンデンブルク</u>大統領が没すると、ヒトラーは大統領と首相の権限を合わせた[____]として国家元首となった。

⑤ ____帝国

□⑤ ナチス=ドイツは神聖ローマ帝国、ドイツ帝国に続く[____]帝国と呼ばれた。

⑥

□⑥ 秘密警察の[____]は、<u>親衛隊・突撃隊</u>とともに暴力的手段で<u>ユダヤ人排斥</u>を実行し、彼らをゲットー(居住区)や強制収容所に送り込んだ。

⑦

□⑦ 激しい迫害のなかで、物理学者[____]や作家<u>トーマス=マン</u>など多数のユダヤ系文化人がドイツからアメリカ合衆国などに亡命した。

⑧

□⑧ ナチス=ドイツによるユダヤ人の大量虐殺を「[____]」と呼ぶ。

⑨

□⑨ ナチス政権下の四カ年計画のなかで、自動車専用道路の[____]が建設された。

⑩ ____制

□⑩ 1933年、軍備平等権を主張して<u>国際連盟を脱退</u>したナチス=ドイツは、35年、ヴェルサイユ条約に違反して<u>再軍備</u>を宣言し、[____]制を復活させた。

□⑪ 1935年、ナチス政権は_____地方を住民投票により編入した。　⑪ ＿＿＿＿地方

□⑫ 1935年、イギリスは_____を締結してドイツの再軍備を事実上追認した。　⑫ ＿＿＿＿

□⑬ 1935年の仏ソ相互援助条約＊を口実として、ドイツは翌36年にロカルノ条約を破棄して_____進駐を行った。　⑬ ＿＿＿＿進駐

□⑭ 1938年3月に_____を併合したヒトラーは、チェコスロヴァキアにドイツ系住民が多いズデーテン地方の割譲を要求した。　⑭ ＿＿＿＿

□⑮ 1938年9月、ズデーテン問題を討議するため、イギリス・フランス・ドイツ・_____の首脳はミュンヘン会談を開催した。　⑮ ＿＿＿＿

□⑯ イギリス首相ネヴィル＝チェンバレンは、ミュンヘン会談で_____政策をとり、ズデーテン地方がドイツに割譲されることを認めた。　⑯ ＿＿＿＿政策

□⑰ 1939年3月、ドイツはチェコを占領して_____を保護国とした。　⑰ ＿＿＿＿

□⑱ ドイツは、ポーランドにダンツィヒの返還と_____を通過する権利を要求した。　⑱ ＿＿＿＿

【イタリア】

□⑲ _____侵攻・併合を批判されたイタリアは、1937年、国際連盟を脱退した。　⑲ ＿＿＿＿

□⑳ 1936年に結成したベルリン＝ローマ枢軸に続き、翌年、イタリアはドイツ・日本と_____を締結した。　⑳ ＿＿＿＿

【日本の大陸侵略】

□㉑ 1927年の金融恐慌後、大陸支配の拡大をはかる日本の関東軍は、31年、_____事件を機に満洲事変を起こし、中国東北部の大半を占領した。　㉑ ＿＿＿＿事件

□㉒ 日本は、1932年に_____を建国し、その執政として溥儀を迎えた。　㉒ ＿＿＿＿

□㉓ 国際連盟の_____調査団は、満洲での日本の軍事行動に関する勧告を行った。　㉓ ＿＿＿＿調査団

□㉔ 1932年に_____事変を起こした日本は、翌33年に国際連盟を脱退した。　㉔ ＿＿＿＿事変

□㉕ 蒋介石の国民革命軍に包囲された共産軍は、江西省の瑞金を脱出して長征(大西遷)を敢行し、陝西省の_____に根拠地を移した。　㉕ ＿＿＿＿

□㉖ 長征中の1935年、共産党は_____を出して内戦停止・抗日救国を訴えた。　㉖ ＿＿＿＿

□㉗ 1936年、_____は蒋介石を軟禁し内戦停止を求める西安事件を起こした。　㉗ ＿＿＿＿

□㉘ 1937年7月、日本と中国は_____で軍事衝突を起こし、日中戦争が始まった。　㉘ ＿＿＿＿

□㉙ 日中戦争勃発を機に第2次国共合作がなされ、これによって日本の侵略に対する_____戦線が形成された。　㉙ ＿＿＿＿戦線

□㉚ 1937年、日本軍は_____を占領し、住民らを多数殺傷した。　㉚ ＿＿＿＿

□㉛ 国民政府は、武漢の次に四川省の_____に首都を遷した。　㉛ ＿＿＿＿

□㉜ 1940年、蒋介石政府に対して日本は_____を首班とする親日政権を樹立した。　㉜ ＿＿＿＿

【人民戦線とスペイン・ポルトガル】

□㉝ _____ではホルティ、ポーランドではピウスツキによる独裁が成立した。　㉝ ＿＿＿＿

□㉞ 1935年、_____第7回大会は、ファシズムや軍国主義を阻止するために人民戦線戦術を提唱した。　㉞ ＿＿＿＿

□㉟ フランスでは、_____を首相とする人民戦線内閣が成立した。　㉟ ＿＿＿＿

□㊱ スペインの人民戦線内閣に対し、右派の_____将軍は植民地モロッコで挙兵してスペイン内戦を起こした。　㊱ ＿＿＿＿

□㊲ スペイン内戦では、ドイツ・イタリアが反乱軍側を支援したのに対し、イギリス・フランス・アメリカは_____政策をとった。　㊲ ＿＿＿＿政策

□㊳ アメリカ人作家_____は、人民戦線政府を支援した国際義勇軍に参加した。　㊳ ＿＿＿＿

□㊴ スペインの画家ピカソは、代表作「_____」で内戦での殺戮を描いた。　㊴ ＿＿＿＿

□㊵ _____では、1933年以降、サラザールによる独裁政治が行われた。　㊵ ＿＿＿＿

❸ **スターリン体制下のソ連**

① _____

□① 1928年、スターリン体制下の経済政策として、□□□□が始められた。

② _____

□② 1933年、□□□□のソ連承認により、翌年、ソ連の国際連盟加入が実現した。

③ _____

□③ 1936年、スターリン憲法を制定したスターリンは、□□□□による政敵・反対派の排除を激化させた。

❹ **国際的危機とアメリカ合衆国の対応**

① _____

□① 1933年、ローズヴェルト政権は、ドイツ・イギリス・フランス・日本などに遅れて、社会主義国□□□□を承認した。

② _____ 外交

□② ローズヴェルト政権は、ラテンアメリカ諸国に対する「□□□□外交」を展開し、内政干渉をひかえ、1934年にはキューバの完全独立を実現させた。

③ _____

□③ 東南アジアでは、1934年にローズヴェルト政権が□□□□に対して、自治と10年後の独立を約束した。

④ _____

□④ 1930年代半ば以降、アメリカ世論は孤立主義的となり、1935年、議会は交戦国に対する武器輸出や借款を禁止する□□□□を制定した。

●読み取り力のチェック ▐　　　　　　　　　　　　　　　　　　　　　　　　思

□ 次のグラフは、ナチ党などの国会議席数と得票率の推移である。

① _____
a: _____
b: _____

② _____

③ _____

④ _____

（得票率%）　数字は議席数

ナチ党　288
230
196
153
143
133　a　121　120
107　b　100
77　89　中央党　81
73　　　　　　74
62　68　75
54　　　70
45　41　37　52　52
　　　　国家国民党
30
　　　7　11
12　ドイツ人民党　　　　2

1928.5　1930.9　1932.7　1932.11　1933.3 (年月)

① 世界恐慌後、ドイツ国民は既成の保守系政党と第一党のaに失望し、bと極右のナチ党に期待した。a・bの政党名を記せ。

② bは、1932年11月の選挙から33年3月の選挙の間に、議席数を大きく減らしたが、その理由として考えられることを簡潔に記せ。

③ 1933年3月に成立した、政府に立法権を与える法律は何か。

④ ナチ党は、どのようにして一党独裁体制を築いたか。簡潔に記せ。

□ 次の写真は、1938年9月に南ドイツで開催された会議の出席者たちである。

⑤ _____

⑤ この会議の名称を記せ。

⑥ _____

⑥ ドイツが、チェコスロヴァキアにズデーテン地方割譲を要求する際に口実としたことを記せ。

⑦ _____
c: _____
d: _____

⑦ 写真中c・dの人物名を記せ。

⑧ _____

⑧ この写真にチェコスロヴァキアの代表は写っていない。イギリスやフランスが宥和政策をとった理由を簡潔に記せ。

●step up 教科書の発問

❶ アメリカ経済が大恐慌から回復できた要因は何だったのだろうか。教p.326思

❷ ヴェルサイユ体制が崩壊した理由は何だろう。教p.330思

❸ 1933年以降、アメリカ合衆国では政権が共和党から民主党に移った。この政権交代はアメリカ合衆国の内政・外交にどのような影響を与えたのだろうか、調べてみよう。教p.334主

●入試問題へのチャレンジ

1 世界恐慌の発生　(　　)に適切な用語を記し、**問**に答えよ。　(早稲田大・改　2006年)

1929年10月、(　1　)街にあるニューヨーク株式市場での株価の暴落から、アメリカ合衆国は空前の恐慌におそわれた。世界経済・金融の中心であるアメリカ合衆国の恐慌は全世界に波及し、アメリカ資本が引きあげられたヨーロッパ諸国も恐慌にみまわれた。合衆国大統領(　2　)は31年、ドイツの(　3　)や旧連合国の対米戦債の支払いの1年間停止を宣言したが、効果はなかった。

アメリカ合衆国では、1932年の選挙で(　4　)党のフランクリン=ローズヴェルトが大統領に当選した。彼は33年に全国産業復興法(NIRA)を制定し、(　5　)によって農業生産を制限したり、農産物価格を引き上げたりして農民の生活を安定させようとした。また、aテネシー川流域開発公社(TVA)もつくられた。

1935年になると、ワグナー法によって労働者の団結権と(　6　)権を確定し、労働者の権利が保護された。これによって労働組合も発展し、すでに1886年に誕生していた熟練労働者による職業別連合組織であるアメリカ労働総同盟内に、産業別労働者組織委員会が発足した。これは、1938年に同じ略称の産業別組織会議となる。また、連邦政府が、失業保険・退職金・老年年金などの支給を保障した社会保障法が制定された。

これら一連の政策は、(　7　)と呼ばれ、これによってこれまでの資本主義の原理であった(　8　)主義に代わって、国家が経済に積極的に介入・統制を行って景気・国民生活の立直しをはかろうとする修正資本主義が導入されることになった。

フランクリン=ローズヴェルトは、外交政策においても、これまでの方向を転換した。b1933年、社会主義国家に対する柔軟な外交姿勢を示すとともに、同年の第7回パン=アメリカ会議において、武断主義的内政干渉政策を改める方針を表明した。

問1　下線部aの目的を簡潔に記せ。

問2　下線部bに関連して述べた次の文**ア**・**イ**の正誤を判定せよ。

ア　イギリス・フランスなどに先立って、ソ連の承認を断行した。

イ　ラテンアメリカ諸国に対して善隣外交をとり、キューバの独立を承認した。

問3　世界恐慌へのイギリスの対応について、

(1)　1929年の総選挙で勝利して第2次労働党内閣の首相となったが、失業保険の削減を提案したことから労働党を除名された人物を記せ。

(2)　(1)が1931年組織した内閣と、この内閣が行った通貨システムの改革を記せ。

(3)　カナダで開催され、排他的な特恵関税制度を設けた会議の名称を記せ。

問4　世界恐慌の影響が深刻で、アメリカ合衆国では25%であった失業率が30%をこえ、失業者数が600万にのぼった国はどこか。

1	2	3		4
5	6	7		8
問1		問2ア	イ	問3(1)
(2)内閣	改革	(3)		問4

2 ファシズムの台頭　（　　）に適切な用語を記し、**問**に答えよ。　　　　　　　　　　（西南学院大・改　2001年）

　第一次世界大戦後のドイツの経済は、1924年以降は表面的には安定の時期を迎え、紛糾していた賠償の問題は、債権国（　1　）の資金援助によって国際的に解決されようとしていた。しかし、1929年の世界恐慌が翌年ドイツに波及すると、経済の混乱は表面化し、工業生産は低下し、失業者は急激に増加した。この恐慌による危機を克服するため、内閣はヴァイマル憲法第48条の（　2　）令を発動したことで、議会制民主主義は後退した。

　1930年の選挙以来、急進的な右翼政党としてaナチスが一挙に勢力を伸ばした背景には、こうしたドイツの社会不安と国民の不満があった。ナチスは、大衆心理を利用した宣伝や暴力的な突撃隊・親衛隊の行動によって、農民や都市中産階級からの支持をえた。また（　3　）人排斥や反共主義を唱え、共産党の進出や革命を恐れる資本家や軍部からも期待された。1932年に選挙でナチスは第一党となり、翌年1月、大統領（　4　）は党首ヒトラーを首相に任命した。しかしヒトラーは一党独裁を実現するため、政府に立法権をゆだねる（　5　）法を成立させ、他のすべての政党を解散させた。国内では労働組合が禁止され、言論・教育・文化・芸術などの領域の自由な活動は否定され、b国外に亡命できなかった多くの反対派や（　3　）人は、強制収容所へ送られた。そして1934年8月に大統領（　4　）の死をまって、ヒトラーは自ら大統領をかねた国家元首、いわゆる第三帝国の総統となり、ドイツは強力なファシズム体制となった。

　ナチスは対外的な政策として、ヴェルサイユ体制打破とゲルマン民族の人種的優越に基づく大ドイツ建設を主張していた。ドイツは（　6　）年、国際連盟から脱退し、1935年には、住民投票によってザール地方の復帰を実現し、（　7　）の宣言を行って徴兵制を復活させ、またイギリスには英独海軍協定により軍備拡張を認めさせた。さらに36年にはヴェルサイユ条約と（　8　）条約を破棄して、非武装地帯のcラインラントに軍隊を進駐させた。同年ドイツは、dイタリアと政策の歩調を合わせて、ベルリン＝ローマ枢軸を成立させた。

問1　下線部aの正式な党名を記せ。
問2　下線部bに関連して、相対性理論を発表し、1933年にアメリカ合衆国に亡命した物理学者は誰か。
問3　下線部cに続く、1938年のドイツによる領土拡大について、簡潔に説明せよ。
問4　下線部dについて述べた次の文ア・イの正誤を判定せよ。
　　ア　エチオピアを侵攻し、併合したことを非難され、国際連盟を脱退した。
　　イ　スペイン内戦では、ドイツとともにフランコを支援した。

1	2	3	4
5	6	7	8
問1		問2	
問3		問4ア	イ

3 日中戦争　（　　）に適切な用語を記し、**問**に答えよ。　　　　　　　　　　（愛知学院大・改　2006年）

　1931年、日本の関東軍により奉天郊外の（　1　）で鉄道が爆破された。この事件を発端として起こったのが満洲事変である。a1932年、日本は清朝最後の皇帝であった溥儀を擁立し、傀儡国家の（　2　）を建国した。国際連盟は、イギリスを中心とする（　3　）調査団の報告書に基づき、その正当性を否定したことから、日本は国際連盟を脱退した。b1935年、国民政府は英米の支援を受け、金融を集中するため通貨を統一した。1936年、（　4　）が抗日への政策転換を求め、蒋介石を監禁するという（　5　）事件が起こった。この事件を解決するため、中国共産党は妥協策を提案したことで、国共関係は好転することになる。1937年、北京郊外で（　6　）事件が起きると、日中全面戦争となった。9月、第2次（　7　）が発表され、抗日民族統一戦線が樹立された。12月、日本軍は、中国の首都である（　8　）を占領した。国民政府は武漢、さらに（　9　）に首都を移し、抗戦を続け、中国共産党も農民の支持を受け、抗日根拠地を築いた。1940年、日本は（　10　）を代表とする親日傀儡政権をつくり、活路を見出そうとしたが、日中戦争は泥沼に陥った。

問1　下線部aの年に日本で起こった青年将校によるクーデタの名称を記せ。

問2　下線部b当時の長征(大西遷)について述べた次の文ア・イの正誤を判定せよ。

　　ア　長征の途上、中国共産党は「八・一宣言」を発表し、抗日民族統一戦線を呼びかけた。

　　イ　長征の結果、中国共産党は、浙江省の延安に拠点を移した。

1	2	3	4	
5	6	7	8	
9	10	問1	問2ア	イ

4 スペイン内戦　　（　　）に適切な用語を記せ。　　　　　　　　　　　　　　　　（駒澤大・改　2002年）

　1931年にブルボン王朝が倒れ、共和国が樹立されたスペインでは、政局の混乱が続き、1936年に世界で最初の人民戦線内閣が誕生した。しかし、この政権の反教会主義政策や社会政策を不満とする右派は（　1　）将軍を中心として植民地の（　2　）で武装蜂起の挙に出た。これに対して人民戦線政府は、アナーキストや民族主義者などの協力を得てこれに対抗し、スペインは内戦状態に陥った。イギリスやフランスは不干渉の立場をとったが、ドイツとイタリアは公然と（　1　）を支持した。結局、1939年に首都マドリードは（　1　）の手に落ちた。

　この内戦で特筆すべきことは、多くの知識人たちが直接、あるいは間接的にそれに関与したことであった。アメリカ新聞連合記者として内戦を取材したヘミングウェーは（　3　）軍に参加し、これを題材として小説『誰がために鐘は鳴る』を執筆した。また、スペイン出身で当時パリにいた画家（　4　）は、ドイツ軍による爆撃に抗議して「ゲルニカ」を描いた。このように、当時の多くの知識人が反ファシズムの立場に立った。

1	2	3	4

●資料問題へのアプローチ

■　**ナチ党の一党独裁**　　次の資料は、ナチ党の一党独裁を招いた法律の一部である。

> 　ドイツ国会は次の法律を制定し、ドイツ国参議院の承認を得てここにこれを公布する。本法により憲法を変更せしめうる立法の要求が満足されたることは確認される。
> 　1．ドイツ国の法律は憲法に規定されている手続きによるほか、ドイツ国政府によっても制定されうる。
> 　……

問1　この法律は、正確には「国民および国家の艱難(かんなん)を除去するための法律」と称するが、一般的名称を記せ。

問2　この法律がドイツの民主政治を破壊し、ナチ党の一党独裁を招いた理由を簡潔に説明せよ。

問1	問2

●論述問題へのアプローチ

■　**世界恐慌へのアメリカ合衆国の対応**（慶應義塾大・改　2016年）　　　　　　　入試問題**1**を参照しよう!

　恐慌がもたらした諸問題に対処するために、アメリカのローズヴェルト政権がとった国内経済政策について、90字以内で述べよ。論述の際は、次の［指定語］を必ず使用すること。

　［指定語］　**金本位制　　公共事業　　農業調整法**

●基本事項のチェック　　　　　　　　　　　　　　　　　　　　　　　　　　　　　知

❶ 大戦の勃発

① ＿＿＿＿＿条約　□① 1939年 8 月、ドイツとソ連が締結した＿＿＿＿＿条約は、世界を驚かせた。

② ＿＿＿＿＿　　　□② 第二次世界大戦は、1939年 9 月 1 日のドイツの＿＿＿＿＿侵攻を受けて、英・仏が
　　　　　　　　　　　　ドイツに宣戦したことにより始まった。

③ ＿＿＿＿＿　　　□③ ソ連は、1939年、＿＿＿＿＿に侵攻したことにより、国際連盟を除名された。

④ ＿＿＿＿＿　　　□④ ソ連は、＿＿＿＿＿（エストニア・ラトヴィア・リトアニア）を併合した。

⑤ ＿＿＿＿＿　　　□⑤ 1940年、ノルウェー・デンマークに侵攻したドイツは、次に中立国のオランダ・
　　　　　　　　　　　　＿＿＿＿＿にも軍を進め、これをみたイタリアはドイツ側で参戦した。

⑥ ＿＿＿＿＿政府　□⑥ 1940年 6 月のパリ陥落後、南仏にはペタンを首班とする＿＿＿＿＿政府が成立し、
　　　　　　　　　　　　ドイツに協力した。

⑦ ＿＿＿＿＿　　　□⑦ フランスの降伏後、＿＿＿＿＿将軍はロンドンで自由フランス政府＊をつくり、フ
　　　　　　　　　　　　ランス国民にレジスタンスを呼びかけた。

⑧ ＿＿＿＿＿　　　□⑧ イギリスでは＿＿＿＿＿が戦時内閣の首相となり、ドイツの攻勢をしのいだ。

⑨ ＿＿＿＿＿　　　□⑨ ドイツはユダヤ人を＿＿＿＿＿で働かせ、約600万人を虐殺した。このことはホロ
　　　　　　　　　　　　コーストといわれる。

❷ 戦局の転換

① ＿＿＿＿＿条約　□① 1941年ドイツのバルカン制圧を警戒したソ連は、極東で＿＿＿＿＿条約を結んだ。

② ＿＿＿＿＿　　　□② ＿＿＿＿＿では、ティトー＊がドイツに対するパルチザン＊活動を指導した。

③ ＿＿＿＿＿　　　□③ 1940年 9 月の＿＿＿＿＿締結に脅威を抱いたアメリカは、1941年 1 月、「四つの自
　　　　　　　　　　　　由」を宣言し、アメリカがめざす戦後世界の理想をうちあげた。

④ ＿＿＿＿＿　　　□④ ローズヴェルト大統領は、アメリカを「民主主義の兵器廠」にするべく、1941年
　　　　　　　　　　　　3 月に＿＿＿＿＿を制定させた。

⑤ ＿＿＿＿＿　　　□⑤ 1941年 8 月、ローズヴェルトとチャーチルは＿＿＿＿＿を公表し、世界平和のため
　　　　　　　　　　　　の恒久的組織の設立などをうたった。

⑥ ＿＿＿＿＿　　　□⑥ 1941年12月 8 日、日本によるハワイの＿＿＿＿＿への奇襲攻撃により太平洋戦争が
　　　　　　　　　　　　始まると、ドイツ・イタリアはアメリカに宣戦した。

⑦ ＿＿＿＿＿　　　□⑦ 太平洋戦争（アジア・太平洋戦争）が拡大するなかで、日本はフィリピンやマレ
　　　　　　　　　　　　ー半島南端の港湾都市＿＿＿＿＿を占領した。

⑧ ＿＿＿＿＿　　　□⑧ 日本は、太平洋戦争の目的として、「＿＿＿＿＿」の建設を掲げた。

❸ 戦争の終結

① ＿＿＿＿＿海戦　□① 1942年、日本軍は＿＿＿＿＿海戦でアメリカ軍に致命的敗北を喫した。

② ＿＿＿＿＿島　　□② 1943年、日本軍は＿＿＿＿＿島で敗れて撤退し、戦争の主導権を失った。

③ ＿＿＿＿＿　　　□③ 1943年、＿＿＿＿＿（現ヴォルゴグラード）の攻防戦でソ連に敗れたドイツは、以後
　　　　　　　　　　　　劣勢となった。

④ ＿＿＿＿＿島　　□④ 連合軍は、1942年の北アフリカに続き、43年には＿＿＿＿＿島に上陸した。

⑤ ＿＿＿＿＿　　　□⑤ 1943年、ムッソリーニは失脚し、イタリア新政府の首班＿＿＿＿＿は連合軍に無条
　　　　　　　　　　　　件降伏した。

⑥ ＿＿＿＿＿　　　□⑥ 1944年 6 月、米・英を中心とする連合軍は、北フランスの＿＿＿＿＿に上陸し、8
　　　　　　　　　　　　月にはパリを解放した。

⑦ ＿＿＿＿＿　　　□⑦ 1945年 5 月、ソ連軍に首都＿＿＿＿＿を包囲されたドイツは、連合軍に無条件降伏
　　　　　　　　　　　　した。

□⑧ 1945年6月に[   ]を占領した米軍は、<u>日本本土への空襲</u>を強化した。　⑧

□⑨ アメリカ合衆国大統領トルーマンは、1945年8月6日に<u>広島</u>、9日に<u>長崎</u>への　⑨
　　[   ]の投下を命令した。

□⑩ 1945年8月8日、[   ]は中立条約を無視して対日参戦した。　⑩

❹ 東西対立の始まり

□① <u>国際連合憲章</u>は、1945年に開催された[   ]会議で合意された。　①

□② 国際連合では、[   ]に<u>総会</u>以上の権限が与えられ、<u>常任理事国</u>である米・　②
　　英・ソ・仏・中(中華民国)5大国の<u>拒否権</u>が認められた。

□③ 1944年に開催された[   ]会議により、<u>国際復興開発銀行(IBRD)</u>と<u>国際通貨</u>　③　　　　　　会議
　　<u>基金(IMF)</u>が設立された。

□④ 1947年、「[   ]」が成立し、自由貿易主義に基づく通商秩序が樹立された。　④

□⑤ 敗戦後、ドイツおよびベルリンは、<u>アメリカ・イギリス・フランス・ソ連</u>4国　⑤
　　の[   ]下におかれた。

□⑥ 1946年にイギリスの<u>チャーチル</u>は、ソ連圏の形成を「バルト海のシュテッティン　⑥
　　からアドリア海のトリエステまで、[   ]がおろされた」と表現した。

□⑦ 1947年3月、アメリカは「[   ]」でギリシア・トルコへの支援を表明し、ソ連　⑦
　　に対する「<u>封じ込め政策</u>」に着手した。

□⑧ 1947年6月、アメリカは「[   ]」と呼ばれる<u>ヨーロッパ経済復興援助計画</u>を発　⑧
　　表した。

□⑨ 1948年2月、[   ]の共産党はクーデタを起こし、一党支配を実現した。　⑨

□⑩ 西ドイツ地域での<u>通貨改革</u>に反発して、1948～49年にかけてソ連は西ベルリン　⑩
　　への通路を遮断する[   ]を行った。

□⑪ アメリカは、英・仏・ベネルクス3国からなる[   ]にカナダ・イタリアなど　⑪
　　を加えて、1949年、<u>北大西洋条約機構(NATO)</u>を結成した。

□⑫ 1949年、西側は<u>ドイツ連邦共和国</u>、東側は[   ]を成立させた。　⑫

●読み取り力のチェック　　　　　　　　　　　　　　　　　　　　　　　　　　　　　　思

□ 次の表は、第二次世界大戦中の連合国の首脳会談に関するものである。

<u>大西洋上会談</u> (1941.8)	●米(ローズヴェルト)・英(チャーチル)が、民族自決、貿易および公海の自由、恒久平和組織の設立をうたった<u>大西洋憲章</u>を発表
[A]会談 (1943.11)	●米・英・中国([a])の3国首脳 [ア]
[B]会談 (1943.11～12)	●米・英・ソ連([b])の3国首脳 [イ]
[C]会談 (1945.2)	●米・英・ソ連 [ウ]　[エ]
[D]会談 (1945.7)	●米([c])・英(チャーチルから<u>アトリー</u>に交代)・ソ連 [オ]

① 表中A～Dにあてはまる地名を記せ。

② 表中a～cにあてはまる人名を記せ。

③ ①・②を参考に、各会談で討議された内容ア～オに当てはまるものを選べ。
　　1　ソ連の対日参戦合意　　　2　日本に無条件降伏を勧告
　　3　ドイツや東欧の戦後処理　　4　対日戦の協力と戦後処理
　　5　連合軍の北フランス上陸

①
A：
B：
C：
D：

②
a：
b：
c：

③
ア：
イ：
ウ：
エ：
オ：

❶ ドイツとソ連の不可侵条約締結によって、日本では内閣が総辞職した。この条約は、なぜそれほどほかの国々を驚かせたのだろうか。**教**p.336**思**

❷ 国際連合と国際連盟の相違点をあげてみよう。**教**p.341**思**

●入試問題へのチャレンジ

1 第二次世界大戦 （　）に適切な用語を記し、**問**に答えよ。 (日本女子大・改 2010年)

　1939年8月に独ソ不可侵条約を結んだあと、9月にaポーランドに侵攻したドイツに対して、イギリス・フランスが宣戦布告して第二次世界大戦が勃発した。1940年6月にパリが陥落してフランスが降伏すると、北半分はドイツが占領し、南半分はドイツに協力的な（　1　）を首班とするヴィシー政府が統治することになった。一方、軍人ド゠ゴールらは降伏を拒否してロンドンに亡命政府である（　2　）政府を組織し、やがてフランスの国内でも、ドイツの支配に対するb抵抗運動が展開された。1941年6月ドイツは不可侵条約を無視してソ連に侵攻し、独ソ戦が始まった。

　日中戦争の長期化による国力の消耗状態を打破するため、日本は南方へ進出し、1940年からフランス領インドシナに進駐した。それと並行して1940年9月に日独伊三国同盟を結成し、41年4月には北方の安全確保のために（　3　）条約を結んだ。41年12月、c日本がハワイの真珠湾を攻撃して太平洋戦争が始まると、ドイツ・イタリアもアメリカ合衆国に宣戦し、これにより第二次世界大戦は枢軸国と連合国との文字通り世界戦争となった。日本は開戦当初、短期間にd東南アジアのほぼ全域を占領した。しかし、1942年の（　4　）海戦および翌年にかけてのガダルカナル島攻防戦を転機に、戦局は日本に不利なものとなっていった。

　ヨーロッパの戦局は1943年に転換点を迎える。まずは1943年2月にスターリングラード攻防戦でソ連がドイツを破った。翌44年6月にはアイゼンハワーを最高司令官とする連合軍によるノルマンディー上陸作戦が成功して、8月にはパリが解放された。イタリアでは連合軍が1943年7月に（　5　）島に上陸するとムッソリーニが失脚、さらに連合軍の本土上陸により、イタリア新政府は9月に無条件降伏を申し出た。1945年4月末にヒトラーが自殺し、5月にベルリンが陥落するとドイツは無条件降伏した。また、日本は1945年8月にe原子爆弾の投下とソ連の対日参戦を受けて（　6　）宣言を受諾し、ここに6年におよぶ第二次世界大戦は終結した。

問1　下線部aに関連して、第二次世界大戦でドイツの侵攻を受けなかった国をすべて選べ。

　　① ユーゴスラヴィア　　② オランダ　　③ スペイン　　④ ノルウェー　　⑤ スイス

問2　下線部bを何と呼ぶか。カタカナで記せ。

問3　下線部cに関連して、この攻撃がアメリカ合衆国国民の日本に対する敵愾心をいっそう高めることとなったのはなぜか。その理由を簡潔に記せ。

問4　下線部dに関連して述べた次の文**ア・イ**の正誤を判定せよ。

　　ア　イギリスの植民地であったフィリピン・マレー・シンガポールを占領した。

　　イ　日本が掲げた大東亜共栄圏の構想は、東南アジア諸民族の幅広い支持をえるにはいたらなかった。

問5　下線部eに関連して、原爆が投下された都市2つを記し、アメリカが主張した核兵器使用の理由を簡潔に記せ。

1	2	3	4
5	6	問1	問2
問3			問4ア　｜　イ
問5都市　　　都市		理由	

2 東西冷戦の始まり　（　）に適切な用語を記し、**問**に答えよ。　　　（立教大・改 2012年、名古屋大・改 2010年）

　第二次世界大戦中、ローズヴェルトはチャーチル、ソ連のスターリン、中華民国の（　1　）をはじめ連合国の首脳と協力して大同盟を指導し、とくに英・ソの首脳とは、1943年のテヘラン会談と45年のヤルタ会談を開催するなど、三大国の協調を重視した。アメリカ合衆国は他の連合国とともに、1944年、戦後の国際金融・経済問題を（　2　）会議で、a国際連合(国連)の設立をダンバートン＝オークス会議で協議した。

　米・ソ両国は戦争が終わるとbドイツなどヨーロッパ諸国の戦後問題をめぐって激しく対立した。アメリカ合衆国は、1947年のトルーマン＝ドクトリンで、ギリシアと（　3　）に対する援助を発表し、次いで西ヨーロッパの経済を再建するために（　4　）＝プランを打ち出し、さらに49年には、西ヨーロッパ諸国との間で（　5　）を結成した。ドイツは、49年秋までに東西に分裂し、c東ドイツと西ドイツという二つの国家が成立した。

問1　下線部aについて述べた次の文ア・イの正誤を判定せよ。
　　ア　サンフランシスコ会議で国連憲章が採択され、ワシントンに本部をおいて発足した。
　　イ　安全保障理事会が、総会より強い権限をもち、常任理事国5カ国が拒否権をもった。
問2　下線部bについて述べた次の文ア・イの正誤を判定せよ。
　　ア　西ドイツ地域の通貨改革に対し、ソ連はベルリン封鎖を行った。
　　イ　チェコスロヴァキア＝クーデタで共産党政権が成立したあと、西ヨーロッパ連合条約が結ばれた。
問3　下線部cについて述べた次の文ア・イの正誤を判定せよ。
　　ア　東のドイツ民主共和国は、ライン川流域のボンに首都をおいた。
　　イ　西のドイツ連邦共和国は、建国と同時にNATOに加盟した。

1	2		3		4	
5	問1ア	イ	問2ア	イ	問3ア	イ

●資料問題へのアプローチ

■ **ヤルタ会談**　次の資料は、第二次世界大戦中の会談で結ばれた秘密協定である。

> ソヴィエト連邦、アメリカ合衆国およびイギリスの三大国の指導者はドイツが降伏し、かつヨーロッパにおける戦争が終結したのち2カ月または3カ月を経て、ソヴィエト連邦がつぎのa条件によって連合国の側に立って日本に対する戦争に参加すべきことを協定した。

問1　この秘密協定を結んだ米・ソの指導者の名を記せ。
問2　下線部aの条件のなかで、現在も日露間の問題となっている内容を簡潔に記せ。

問1米	ソ	問2

●論述問題へのアプローチ

■ **国際連合の特質**（慶應義塾大・改 2006年）　　　　　　　　🕊安全保障理事会の構成国を思い出そう！

　第二次世界大戦後に発足した国際連合には、総会と安全保障理事会が設けられた。総会と安全保障理事会の構成国および議決方法について、90字以内で説明せよ。論述の際は、次の[指定語]を必ず使用すること。

[指定語]　拒否権　　10カ国　　多数決

●基本事項のチェック

❶ 冷戦下の東アジア

① □① 国民党との内戦に勝利した共産党が、1949年、毛沢東を中央人民政府主席、□□□を首相とする中華人民共和国を樹立した。

② □② 中国共産党に敗れた国民党政府の指導者□□□は台湾に逃れた。

③ ____条約　□③ 1950年、□□□条約を締結した中国は、ソ連圏の一員となった。

④ □④ 共産党政権は、1953年に始まる□□□で農業の集団化を進めた。

⑤ □⑤ 1958年から、「□□□」政策と人民公社化で農・工業の生産増大がはかられた。

⑥ □⑥ 1966年、毛沢東らは紅衛兵を動員した権力闘争である□□□を始め、国家主席の劉少奇ら「走資派」を追放した。

⑦ □⑦ 1976年、□□□は、⑥を主導した「四人組」逮捕後、改革開放政策を推進した。

⑧ □⑧ 朝鮮半島は、北緯□□□度線を境に米ソの分割占領を受けたが、1948年南部に大韓民国(韓国)、北部に朝鮮民主主義人民共和国(北朝鮮)が成立した。

⑨ □⑨ 韓国の大統領には□□□が、北朝鮮の首相には金日成が就任した。

⑩ □⑩ 1950年、ソ連の□□□と中国の毛沢東の支持をえた金日成は、北朝鮮軍を韓国領内に侵攻させ、朝鮮戦争が起こった。

⑪ □⑪ 国連の安全保障理事会は、北朝鮮軍に対抗する□□□の派遣を決議した。

⑫ □⑫ 戦況が北朝鮮に不利になると、中国の□□□が参戦し、戦線は膠着した。

⑬ □⑬ 1953年、□□□での会談の結果、朝鮮休戦協定が成立した。

⑭ □⑭ 朝鮮戦争が起こると、日本では1950年に自衛隊の前身の□□□が発足した。

⑮ ____条約　□⑮ 1951年、日本は米・英など48カ国と□□□条約を締結し、主権を回復した。

⑯ ____条約　□⑯ ⑮とともに日本は□□□条約を結び、米軍の日本駐留を認めた。

⑰ □⑰ 1956年、日本は□□□との国交を回復し、国連に加盟した。

❷ 東南アジア・南アジアとベトナム戦争

① □① 第二次世界大戦中、反日組織□□□を指導したホー=チ=ミンを大統領として1945年にベトナム民主共和国が成立した。

② ____戦争　□② ベトナム民主共和国とその独立を認めないフランスの間に□□□戦争が起こると、フランスは王族のバオダイを擁立してベトナム国を発足させた。

③ □③ 1954年ディエンビエンフーでフランス軍が敗退すると、ジュネーヴ国際会議が開催され、休戦協定が結ばれて北緯□□□度線が暫定軍事境界線とされた。

④ □④ インドシナ半島の共産化を恐れたアメリカは、1954年、□□□を結成した。

⑤ □⑤ 1955年、アメリカの支援でゴ=ディン=ジエムを大統領とする□□□(南ベトナム)が建てられ、ベトナム民主共和国(北ベトナム)と対峙した。

⑥ □⑥ ジュネーヴ国際会議では、ラオスと□□□の独立が承認された。

⑦ □⑦ 1960年、□□□が結成されると、アメリカは南ベトナムへの支援を強化した。

⑧ □⑧ アメリカのジョンソン政権は、1965年、北ベトナムへの□□□を開始した。

⑨ □⑨ 全インド=ムスリム連盟の指導者□□□は、パキスタンの建国を求めた。

⑩ ____教徒　□⑩ インド・パキスタンの分離独立後、ガンディーは□□□教徒に暗殺された。

⑪ ____地方　□⑪ インド・パキスタンは、□□□地方の帰属をめぐって幾度も争った。

⑫ □⑫ 1948年、スリランカに加え、□□□率いるビルマがイギリスから独立した。

⑬ □⑬ 1945年、□□□はインドネシアの独立を宣言した。

⑭ □⑭ 中国系住民が多い□□□は、1965年にマレーシアから分離独立した。

●入試問題へのチャレンジ

1 アジア諸国の独立 （　）に適切な用語を記し、**問**に答えよ。　　　　　　　　（甲南大・改　2001年）

　第二次世界大戦が終結すると、アジア各国で独立運動がますます高揚し、新興の独立諸国が誕生した。

　1910年以来、日本の植民地となった朝鮮は、1943年米・英・中による（　1　）会談で戦後の独立が承認されていた。しかし、a日本の敗戦後に朝鮮に進出した米・ソ両軍は、北緯38度線を境界とした分割占領を行った。その後、朝鮮独立への方法について米・ソの対立が続き、48年に（　2　）を大統領とした大韓民国が南部に成立し、北部でも（　3　）を首相とした朝鮮民主主義人民共和国が成立し、朝鮮半島の分断が始まった。

　中国では、第二次世界大戦後に国民党と共産党の対立が続いた。毛沢東が率いる中国共産党は、土地改革の実施などにより農民の支持を集めた。そして1949年10月に毛沢東を主席とし、（　4　）を首相とする中華人民共和国の成立が宣言された。（　5　）が率いる国民党は人民解放軍に敗北し、中華民国政府を（　6　）に移した。

　フランス領インドシナでは、日本占領下でベトナム独立同盟会を組織した（　7　）が、戦後ただちにベトナム民主共和国の独立を宣言した。しかしフランスはこれを認めず、両者の間でインドシナ戦争が起こった。1954年、（　8　）の戦いに敗れたフランスは、ベトナム民主共和国とジュネーヴ休戦協定を結び、フランスはインドシナから撤退し、北緯17度線が暫定的軍事境界線となった。

　インドネシアでは、1945年にbインドネシア共和国の成立が宣言されたが、旧宗主国（　9　）との戦争が49年まで続いた。イギリス統治下のマレー半島は57年に独立してマラヤ連邦となり、63年に英領ボルネオと統合してマレーシア連邦を形成した。しかし65年には、中国系住民が多い（　10　）がマレーシア連邦から離脱した。

　大戦後の独立が約束されていたインドでは、大戦の末期に、統一インドの独立を主張する勢力と、パキスタンの分離・独立を求める全インド＝ムスリム連盟の指導者（　11　）が対立した。1947年には、cヒンドゥー教徒を中心とするインド連邦と、イスラーム教徒を中心とする（　12　）の2国が成立した。

問1　下線部aに関連して、敗戦後の日本について述べた次の文ア・イの正誤を判定せよ。

　　ア　朝鮮戦争が始まると、米軍の軍需品の発注を受け、経済発展の足がかりとなった。

　　イ　1951年、米・英・ソなど48カ国とサンフランシスコ平和条約を締結して主権を回復した。

問2　下線部bに関連して、インドネシア国民党の指導者として独立運動を指導し、独立後、初代大統領となった人物の名を書け。

問3　下線部cに関連して、ガンディーが急進的なヒンドゥー教徒に暗殺された理由を簡潔に記せ。

1	2	3	4
5	6	7	8
9	10	11	12
問1ア	イ	問2	問3

●論述問題へのアプローチ

■ アメリカのベトナム政策（北海道大・改　2007年）　　　　　　南北ベトナムの対立構図を考えよう！

　1954年のジュネーヴ休戦協定以降、1965年までアメリカがベトナムに深く関与していった経緯を、90字以内で説明せよ。論述の際は、次の［指定語］を必ず使用すること。

　　［指定語］　**ゴ＝ディン＝ジエム　　南ベトナム解放民族戦線　　ジョンソン政権**

教p.351〜356

●基本事項のチェック 知

❶ アメリカ合衆国の動向

□① ソ連と対抗するアメリカ合衆国は、一時は原子爆弾を独占的に保有し、その後は[　　　]も独占した。

① _____

□② 1950年代前半にソ連が核兵器開発に成功すると、[　　　]と呼ばれる反共産主義感情の高まりがみられた。

② _____

□③ 1961年、アイゼンハワーの次に合衆国大統領となったケネディは「[　　　]」政策を掲げ、反共リベラリズムを追求した。

③ _____

□④ 1962年、ケネディ大統領がソ連のミサイル基地建設に対して海上封鎖を行ったことで、世界は核戦争の危険をはらむ[　　　]に直面した。

④ _____

□⑤ 1963年、米ソ首脳間にホットラインが開設され、米・英・ソ3国は核の脅威から[　　　]条約(PTBT)を締結した。

⑤ _____ 条約

□⑥ 1960年代、[　　　]の指導下で、黒人を差別する法律の撤廃を求める公民権運動が高まりをみせた。

⑥ _____

□⑦ ケネディ暗殺後、米大統領となった[　　　]は、「偉大な社会」の建設を目標に掲げ、1964年には公民権法を成立させた。

⑦ _____

□⑧ 公民権運動に続き、女性運動・消費者保護運動・学生運動、ベトナム[　　　]が展開された。

⑧ _____

□⑨ ベトナム戦争が泥沼化するなか、1968年の大統領選挙に勝利したニクソンは、72年に[　　　]を実現し、アジア外交を転換させた。

⑨ _____

□⑩ ニクソンが着手した緊張緩和政策により、1972年に米・ソは[　　　]に調印し、核軍拡競争に歯止めがかけられた。

⑩ _____

□⑪ 1973年、[　　　]協定が成立し、北ベトナムによる南ベトナムへの攻撃中止と米軍のベトナム撤兵が合意された。

⑪ _____ 協定

□⑫ 1975年、北ベトナム軍と解放戦線が南ベトナムの首都[　　　](現ホーチミン)を占領してベトナム戦争は終結し、76年、ベトナム社会主義共和国が成立した。

⑫ _____

❷ 西ヨーロッパの動向

□① イギリスでは、労働党の[　　　]政権下で、基幹産業国有化と福祉制度確立がはかられた。

① _____

□② 1960年代のイギリスは、[　　　]切り下げ問題やスエズ以東からの撤兵で、世界における影響力を低下させつつあった。

② _____

□③ フランスで政権を握ったド＝ゴールは、1958年に大統領権限を強化した新憲法を成立させ、フランスは[　　　]共和政となった。

③ _____ 共和政

□④ ド＝ゴールは1960年に原爆を開発し、62年にはアフリカの[　　　]独立を認めた。

④ _____

□⑤ 独自外交を展開するド＝ゴールは、1964年に中国を承認し、66年には[　　　]の軍事機構から脱退することを通告した。

⑤ _____

□⑥ 1968年5月、フランスで民主化を求める学生・労働者が[　　　]を起こし、ド＝ゴールは退陣に追い込まれた。

⑥ _____

□⑦ 西ドイツはキリスト教民主同盟の首相[　　　]のもと、奇跡的経済復興を遂げた。

⑦ _____

□⑧ 西ドイツでは、社会民主党のブラント首相が東ドイツ・ソ連などとの関係改善をめざす「[　　　]外交」を展開し、1973年には東西ドイツの国連加盟が実現した。

⑧ _____ 外交

❸ ソ連と東欧・中国の動向

□① アメリカ合衆国の封じ込め政策に対し、1947年、ソ連と東欧6カ国および<u>フランス</u>・[　　]の共産党は、<u>コミンフォルム</u>(共産党情報局)を組織した。　①

□② [　　]が指導する<u>ユーゴスラヴィア</u>は、マーシャル＝プランを受け入れるため、コミンフォルムから除名された。　②

□③ 1949年、ソ連は東欧諸国などと[　　]を結成し、経済的結びつきを強めようとした。　③

□④ 1954年の<u>パリ協定</u>で<u>西ドイツの再軍備</u>と<u>NATO加盟</u>を西欧諸国が認めると、ソ連は55年に東欧7カ国と[　　]を結成した。　④

□⑤ 1953年の<u>スターリンの死</u>を契機として外交政策が見直されたソ連は、[　　]会談に参加し、<u>平和共存路線</u>を打ち出した。　⑤　　　　　　　会談

□⑥ 1956年にコミンフォルムを解散したソ連は、[　　]との国交を復活させた。　⑥

□⑦ 1956年のソ連共産党第20回大会で、<u>フルシチョフ</u>が[　　]を行った。　⑦

□⑧ 1956年、<u>ポーランドの都市</u>[　　]で労働者による自由化運動が起こった。　⑧

□⑨ 1956年に<u>ブダペスト</u>で民衆が蜂起した[　　]事件では、非スターリン派の<u>ナジ政権</u>が誕生したが、ソ連の軍事介入で打倒された。　⑨

□⑩ 1959年、フルシチョフはソ連指導者として、初の[　　]を行なった。　⑩

□⑪ <u>中ソ対立</u>は、1969年、両国国境での[　　]事件で頂点に達した。　⑪　　　　　　　事件

□⑫ 中ソ対立で中国を支持したアルバニアはソ連と断交し、[　　]もチャウシェスク政権のもとで独自の路線を歩みはじめた。　⑫

□⑬ 1968年、<u>チェコスロヴァキア</u>は「[　　]」と呼ばれる自由化に着手した。　⑬

□⑭「⑬」は<u>ワルシャワ条約機構軍</u>により鎮圧され、指導者の[　　]は失脚した。　⑭

□⑮ 中ソ対立が激化するなか、中国は1972年、ニクソンに続いて訪中した日本の<u>田中角栄</u>首相と国交正常化に合意し、78年には[　　]を締結した。　⑮

□⑯ 中国は<u>チベット反乱</u>(動乱)を弾圧し、チベット仏教の指導者[　　]が亡命したインドと武力衝突を引き起こした。　⑯

□⑰ 1979年、中国はソ連寄りの姿勢をとるベトナムに対して[　　]を起こした。　⑰

●読み取り力のチェック　　　　　　　　　　　　　　　　　　　　　　　　　思

□ 次の写真は、1970年、西ドイツのある首相が展開した外交の一場面を示している。

① 首相は、ワルシャワのゲットー(壁に囲まれた居住区)跡に建てられた記念碑の前で何をしているのか。簡潔に記せ。　①

② なぜ、彼はこの場所で①の行動をとったのか。簡潔に説明せよ。

③ この西ドイツ首相の名前を記し、彼が所属した政党名を記せ。　②

④ 彼が社会主義圏の国々を相手に展開した外交を何と呼ぶか。

⑤ ④の結果、1973年に実現したことは何か。　③

人名：

政党：

④

⑤

❶「プラハの春」の弾圧とダマンスキー島事件が中国の外交にどのような影響を与えたか、考えよう。
教p.356愚

● 入試問題へのチャレンジ

1 1950〜70年代のアメリカ　以下の**問**に答えよ。 (成蹊大・改　2008年)

　アメリカ合衆国では、1952年、大統領選挙で当選したアイゼンハワーが冷戦の枠組みを維持しながら、朝鮮戦争を終結させ、ソ連との対話を進めようとした。1961年に大統領に就任したケネディは、　ア　政策を掲げて内外にわたる積極政策を打ち出した。ソ連との全面対決は避けながら、対外的には a キューバ革命やインドシナ半島の民族解放運動の影響を防止する政策をとり、国内では b 黒人の公民権運動への対応を模索した。あとを継いだジョンソン大統領は公民権法を成立させ、　イ　計画のもとに差別と貧困の解消をめざす社会政策を推進した。しかし一方で、ベトナムへの軍事介入は拡大させ、国内では反戦運動が激化した。また、公民権運動の指導者キング牧師が暗殺されるなど、社会の亀裂は深刻になった。ジョンソンのあとに就任した共和党の　ウ　は、ベトナムからアメリカ軍を撤退させ、ベトナム和平協定を締結した。

問1　　ア　　イ　に入る語句の組み合わせを、1つ選べ。
　①　**ア**：ニューフロンティア　**イ**：「偉大な社会」　②　**ア**：「雪どけ」　**イ**：「偉大な社会」
　③　**ア**：ニューフロンティア　**イ**：人権外交　　④　**ア**：「雪どけ」　**イ**：人権外交
問2　　ウ　に入るべき大統領名を記し、この大統領の在任期間に関係のないものを1つ選べ。
　①　マッカーシズム　②　キッシンジャー補佐官　③　中国訪問　④　ウォーターゲート事件
問3　下線部 a を指導した人物を記し、次に、革命により打倒された政権名を記せ。
問4　下線部 b により実現した1963年8月の歴史的デモンストレーションの名称を記し、次に、それを主導したキング牧師がめざした社会はどのようなものであったかを簡潔に記せ。

問1	問2	問3	
			政権
問4			

2 戦後の西欧諸国　（　）に適切な用語を記せ。

　イギリスでは、1945年の総選挙で（　1　）党が大勝し、アトリー首相は重要産業を国有化し、福祉国家への道を歩んだ。その後はチャーチル・イーデン・ウィルソンなど二大政党による政権交代のなかで、（　2　）以東から撤兵するなど、世界への影響力を低下させた。

　敗戦国ドイツでは、戦後アメリカ・ソ連・イギリス・フランスによる分割占領が行われたが、1949年、ついに東西2つに分断されることとなった。西ドイツは、キリスト教民主同盟の首相アデナウアーのもとで奇跡的な経済復興に成功したが、1969年に政権を掌握した社会民主党の指導者（　3　）は対外政策の転換をはかり、ポーランド・ソ連との協調をめざす、いわゆる「（　4　）外交」を展開した。

　大戦中ドイツに占領されたフランスでは、1958年に成立した第五共和政で大統領となった（　5　）が、1962年、（　6　）の独立を承認して長年の懸案を解決する一方、66年に（　7　）軍事機構からの脱退を通告するなど、アメリカ合衆国の覇権に対抗する独自の外交を展開した。しかし彼の独裁的な姿勢は、学生・労働者らの反発を招き、68年にはいわゆる「（　8　）革命」が起こり、翌年、（　5　）は退陣に追いこまれた。

1	2	3	4
5	6	7	8

3 東欧諸国の自立化　（　　）に適切な用語を記し、**問**に答えよ。

（上智大・改　2011年）

　1953年にスターリンが没すると、ソ連は外交政策の見直しをはかり、（　1　）4巨頭会談に続き、西側諸国と国交を回復した。フルシチョフ第一書記は、ソ連共産党第20回大会でスターリン批判を展開し、平和共存路線を打ち出し、緊張緩和政策を表明した。これを（　2　）といい、共産党情報局の（　3　）も解散した。

　スターリン批判後、1956年ポーランドでポズナニ暴動が起こった。同年ハンガリーでも首都ブダペストで反ソ暴動が勃発し、（　4　）が首相に就任し、ワルシャワ条約機構脱退を宣言したが、a ソ連軍に押しつぶされた。

　フルシチョフは1959年、ソ連の最高指導者として初めて訪米した。b 米ソ両国首脳が会談し、米ソ協調の精神が生まれた。しかし62年、キューバでソ連がミサイル基地建設に着手したことから米ソは対立し、アメリカがその撤去を求めて（　5　）を断行し、世界は核戦争の危機に直面した。この c キューバ危機後、米ソ両国は63年に（　6　）に調印した。フルシチョフは64年に解任され、失脚後、（　7　）が党の最高指導者となった。

　1960年代、ソ連や東欧の社会主義国では経済の停滞が続いた。チャウシェスク大統領のもと、ルーマニアはソ連の利益優先のコメコンに批判的になり、ソ連と距離をおく独自外交を進めた。また、チェコスロヴァキアでは自由化政策が推進され、（　8　）らを指導者とする、「プラハの春」と呼ばれる運動に発展した。

問1　下線部 a に関連して、この時アメリカが対応に追われていた戦争を記せ。
問2　下線部 b でフルシチョフと会談した米大統領を記せ。
問3　下線部 c は、どのようにして収束したか、簡潔に記せ。

1	2	3	4
5	6	7	8
問1	問2	問3	

●資料問題へのアプローチ

中ソ論争　次の資料は、1963年7月14日、ソ連共産党の機関紙「プラウダ」の記事の一部である。

　1960年4月、中国の同志たちは、「□□□□主義万歳」と題する論文集を発表し、世界共産主義運動と自分たちとの意見の相違を公然と明らかにした。……1960年11月に開かれた81カ国共産党・労働者代表会議の席上、兄弟諸党の絶対多数は、中国共産党指導部の誤った見解と構想を拒否した。この会議で中国代表団はその特殊な見解にあくまでも固執した……

問1　中ソ論争を始めた中国共産党が、マルクスとともに崇拝した□□□□に入る人物の名を記せ。
問2　1962年のキューバ危機で中ソ論争は激化した。この時のソ連の行動を中国はどのように批判したか。

問1	問2

●論述問題へのアプローチ

「プラハの春」（東京都立大・改　2009年）　　　　　　　　　[指定語]を左から順番に配列してプロセスを考えよう！

　1968年のチェコスロヴァキアで進められた「プラハの春」と呼ばれる改革について、これが起こった背景、経過とその帰結について、90字以内で説明せよ。論述の際は、次の[指定語]を必ず使用すること。

　　[指定語]　**一党独裁**　　**ドプチェク**　　**自由化**　　**ワルシャワ条約機構軍**

第18章 1 第三世界と世界経済

教p.359〜368

●基本事項のチェック　　　　　　　　　　　　　　　　　　　知

❶ 第三世界の形成

① □① 1954年、中国の周恩来とインドの□□□は、領土・主権の相互尊重、内政不干渉、平和共存などの平和五原則を発表して、第三世界の形成に影響を与えた。

② 会議　□② 1955年、インドネシアのバンドンで□□□会議(バンドン会議)が開かれ、平和十原則が確認された。

③ □③ 1961年、ユーゴスラヴィアのティトーらの主導によって、ユーゴスラヴィアの□□□で非同盟諸国首脳会議が開催された。

❷ パレスチナ問題とアラブ民族主義

① □① 1945年、アラブ諸国7カ国はアラブの協力・連帯のため、□□□を結成した。

② □② 1947年、国連が□□□を決議し、翌年ユダヤ人がイスラエル建国を宣言すると、アラブ諸国はこれを認めず、第1次中東戦争(パレスチナ戦争)が起こった。

③ □③ 第1次中東戦争でのアラブ諸国の敗北とイスラエルの領土拡大で、100万をこえるアラブ人が□□□となった。

④ ダム　□④ エジプト共和国の政権を握ったナセルは、□□□ダムの建設をめざした。

⑤ □⑤ アラブ民族主義の指導者となったナセルは、1956年、□□□を宣言した。

⑥ 戦争　□⑥ ナセルの宣言に反発した英・仏・イスラエルがエジプトを攻撃して、第2次中東戦争(□□□戦争)が始まった。

⑦ 半島　□⑦ 1967年、第3次中東戦争が勃発し、イスラエルは□□□半島・ガザ・ヨルダン川西岸・ゴラン高原・東イェルサレムなどを占領した。

⑧ □⑧ 1973年に起こった第4次中東戦争では、□□□が石油輸出を制限したため、世界経済は第1次石油危機(オイル=ショック)と呼ばれる打撃を受けた。

⑨ □⑨ エジプト大統領□□□は、アメリカのカーター政権の仲介で、1979年、エジプト=イスラエル平和条約に調印し、イスラエルを承認した。

⑩ □⑩ 1993年、イスラエルと□□□の間で、ガザ地区などにおけるパレスチナ人の暫定自治を定めたオスロ合意が成立した。

❸ イラン=イスラーム革命とイスラーム原理主義

① □① 1951年、イラン首相□□□は、石油国有化法を定めてイギリス系企業の石油資産を接収したが、英・米と結んだ国王パフレヴィー2世のクーデタで失脚した。

② □② 1978年、親米的なパフレヴィー2世に対する革命が起こり、79年、イスラーム原理主義を説く□□□を指導者とするイラン=イスラーム共和国が成立した。

③ □③ 1980年、イランの革命がイラクに波及することを恐れた□□□大統領は、イランに侵攻し、イラン=イラク戦争となった。

❹ アフリカ諸国の動向

① □① 1951年のリビア、1956年のスーダン・モロッコ・チュニジアに続き、フランスとの激しい戦いの結果、1962年に□□□が独立した。

② □② サハラ砂漠以南では、1957年、□□□が率いるガーナが最初に独立した。

③ □③ アフリカの17カ国が独立した1960年は、「□□□」と呼ばれる。

④ □④ 1963年、アフリカの地域協力機構として□□□が結成された。

⑤ □⑤ 1960年、ベルギーから独立した□□□では天然資源をめぐる紛争が起こった。

⑥ □⑥ 南アフリカ連邦では、1991年、□□□と呼ばれる人種隔離政策が廃止され、黒人指導者のマンデラが大統領となった。

□⑦ ポルトガル植民地の［　　　　］・モザンビークの独立戦争は長期化し、［　　　］は米ソ二大陣営の介入も受け、死傷者数が激増した。　　　　　　　　　　　　　⑦

❺ 経済停滞の時代

□① 1971年、アメリカの<u>ニクソン政権</u>が<u>金とドルとの交換</u>を停止して［　　　　］が起こり、ドルの切り下げから世界は<u>変動相場制</u>に移行した。　　　　　　　　　①

□② 1973年の［　　　　］は、世界中の物価を上昇させ、経済成長を鈍らせた。　①

□③ 共和党保守派が台頭したアメリカでは、1981年に［　　　　］が大統領に就任した。③

□④ 1979年、イギリスで保守党内閣を組織した［　　　　］は、経済を回復させた。④

□⑤ 米・英の［　　　　］主義の影響を受けた日本の<u>中曽根康弘</u>内閣は、行政改革や国鉄の分割民営化に着手した。　　　　　　　　　　　　　　　　　　　　　⑤　　　　　　主義

□⑥ 1981年、フランスの［　　　　］大統領は、主要産業や銀行の国営化を行った。⑥

□⑦ 1980年代～90年代、西ドイツの［　　　　］首相は長期政権を維持した。　⑦

❻ 東アジア・東南アジアの動向

□① 1960年、日本は激しい反対運動のなかで［　　　　］を改定した　　　　　①

□② 1965年の［　　　　］締結で、韓国は植民地支配に対する対日請求権を放棄した。②

□③ 1972年の沖縄返還後、日本は中国と国交を回復し、78年に［　　　　］を締結した。③

□④ 高度経済成長を達成した日本は、第1次石油危機をきっかけに1975年に始まった［　　　　］（サミット）に参加した。　　　　　　　　　　　　　　　　　　④

□⑤ 日本の対米輸出増加により、アメリカとの［　　　　］が激化した。　　　⑤

□⑥ 1980年、韓国で学生・労働者の民主化運動が弾圧される［　　　　］が起こった。⑥

□⑦ 1988年、韓国では［　　　　］が開催され、98年には<u>金大中</u>が大統領となった。⑦

□⑧ 韓国は、香港・シンガポール・台湾とともに「［　　　　］」と呼ばれた。　⑧

□⑨ 1965年、インドネシアで<u>九・三〇事件</u>が起こり、軍人［　　　　］が実権を握った。⑨

□⑩ 1965年、［　　　　］がフィリピン大統領に就任し、独裁政権が形成された。⑩

□⑪ 東南アジアでは、共産主義の拡大を防ぐため、1954年に<u>東南アジア条約機構（SEATO）</u>が樹立されていたが、67年に地域協力をめざす［　　　　］が結成された。⑪

●読み取り力のチェック　　　　　　　　　　　　　　　　　　　　　　　　　思

□　次の地図は、第3次中東戦争後のパレスチナとその周辺を示したものである。

① 地図中［　　　　］は、戦争でイスラエルが占領した地域である。A～Cの地域名とaの都市名を、それぞれ記せ。　　　　　①
　A：
② 第3次中東戦争で、エジプトとともにイスラエルと戦った2国を地図中から探し、国名を記せ。　　　B：
　C：
③ 第3次中東戦争でのエジプトの敗北が、アラブ世界に与えた影響を簡潔に記せ。　a：
　②
④ 1979年のエジプト＝イスラエル平和条約をきっかけに、イスラエルからエジプトに返還された地域はA～Cのうちどれか。　③

（地図）
レバノン　シリア
地中海
イスラエル　C
ヨルダン川
B
スエズ運河　a　イェルサレム
A　ヨルダン
エジプト
サウジアラビア

■ 1967年6月までのイスラエルの領土
□ 第3次中東戦争におけるイスラエルの占領地

④

●**step up 教科書の発問**

❶ キャンプ＝デーヴィッド合意とオスロ合意におけるイスラエル・エジプト・PLO、そしてアメリカの思惑について考えてみよう。教p.361主

●**入試問題へのチャレンジ**

1 第三世界の形成　（　）に適切な用語を記し、**問**に答えよ。　　　　　　　　　　（西南学院大・改　2011年）

　第二次世界大戦後、植民地から独立したアジア・アフリカ諸国では、米・ソ東西両陣営とは距離をおく第三勢力として自国の独立を維持するために、諸国の力を結集した国際関係を築く運動が展開された。

　インドのネルーが中心となって、1954年、南アジア・東南アジアの5カ国の首脳が参加したaコロンボ会議では、（　1　）戦争の早期解決など、独自の平和秩序をめざす非同盟政策が打ち出された。中国は、アメリカの反共政策に対抗するため、アジア諸国との平和共存外交を推進した。中国の首相（　2　）はネルーと会談してb「平和五原則」を発表した。

　1955年には、インドネシアの都市（　3　）でcアジア＝アフリカ会議が開かれ、平和五原則を発展させた平和十原則が発表され、第三勢力の結束がアピールされた。1961年にはネルー、エジプトのナセル、ユーゴスラヴィアの（　4　）らの呼びかけによりd第1回非同盟諸国首脳会議が開かれ、国際緊張の緩和、植民地主義の打破、平等な国際秩序の形成を世界へ訴えた。

　エジプトでは、1952年、ナギブ・ナセルらに率いられた軍人グループの「自由将校団」が王政を倒し、翌年には共和国を樹立した。ナセルが大統領になると、国内の近代化を進めるため、（　5　）の建設をめざした。エジプトはその建設の資金を得るために、スエズ運河の国有化を宣言した。これに対して、イギリス・フランス・（　6　）は軍事行動を起こし、エジプトに侵入した。国連は即時停戦決議を発表して3国を非難し、またソ連はエジプト支援の声明を出し、アメリカ合衆国も警告を発した。こうして3国は撤退した。

　サハラ砂漠以南のアフリカでも、1957年、エンクルマを指導者に（　7　）で自力独立の黒人共和国が成立したのをはじめとして、（　8　）年には17の新興独立国がうまれた。この年は「eアフリカの年」と呼ばれた。

　1963年、エチオピアの首都アディスアベバで開かれたアフリカ諸国首脳会議には、30カ国が参加してアフリカ統一機構を結成し、アフリカ諸国の連帯と植民地主義の克服を世界に呼びかけた。

問1　下線部aが開催された国を選べ。
　①　インド　　②　ビルマ（ミャンマー）　　③　セイロン（スリランカ）　　④　インドネシア
問2　下線部bに含まれない項目を選べ。
　①　領土・主権の相互尊重　　②　核兵器の廃絶　　③　内政不干渉　　④　平和共存
問3　下線部cについて述べた次の文ア・イの正誤を判定せよ。
　ア　会議には、アジア・アフリカの29カ国代表が集まり、日本も参加した。
　イ　会議を主導したのは、インドネシア大統領のスカルノであった。
問4　下線部dが開催された都市名を記せ。
問5　下線部e以降のアフリカ諸国について述べた次の文ア・イの正誤を判定せよ。
　ア　ベルギーから独立したローデシアでは、天然資源をめぐる紛争に欧米諸国が干渉した。
　イ　南アフリカ連邦では、黒人などに対する人種隔離政策（アパルトヘイト）が1991年に廃止された。

1	2	3	4
5	6	7	8
問1	問2	問3ア	イ	問4	問5ア	イ

2 中東紛争　　（　）に適切な用語を記せ。

（成城大・改　2007年）

1952年のエジプト革命で指導権を握り、56年に大統領に就任したナセルは、同年7月に（　1　）の国有化を宣言した。同年10月、イスラエルは突然エジプトに第2次中東戦争をしかけたが失敗した。67年の第3次中東戦争ではアラブ諸国側は惨敗し、イスラエルは、エジプトからガザと（　2　）半島を、北東に隣接する（　3　）からはゴラン高原を、また（　4　）からは東イェルサレムを含む（　4　）川西岸地帯を獲得した。

この惨敗に直面したパレスチナ人の間では、パレスチナの解放を自らの手で行おうとする運動が強まり、1969年には（　5　）が（　6　）の議長となり、活発な闘争を展開した。ナセルの後継者である（　7　）大統領は、（　3　）とともに、73年に第4次中東戦争を起こしたが、その後エジプトはイスラエルとの関係を改善する方向へ政策を転換し、78年のキャンプ゠デーヴィッド合意の成立後、平和条約を締結した。

1980年代以降も（　6　）は国際的な支援を得る試みを続けたが、十分な成果が得られず、ガザ・（　4　）川西岸地区では投石などを行うインティファーダと呼ばれる民衆の抵抗運動が広がった。1993年にはノルウェーの仲介で（　8　）協定が調印され、イスラエルとパレスチナの共存がめざされた。

1	2	3	4
5	6	7	8

●資料問題へのアプローチ

■ 第三世界　　次のA・Bの資料は、第三世界の形成に関するものである。

A　最近中国とインドは一つの協定に達した。これらの原則は、（1）領土、主権の相互尊重（2）相互不可侵（3）相互の内政不干渉（4）平等互恵（5）　a　である。b両国総理はこれらの原則を重ねて表明するとともに、両者とアジアおよび世界の他の国家との関係にもこれらの原則を適用すべきであることを……

（日本国際問題研究所中国部会編『新中国資料集成』日本国際問題研究所）

B　会議は、原子力による世界戦争の危機をはらんだ現在の緊張した国際情勢に深い関心をよせている。……自由と平和は相互に依存しあっており、民族自決権はすべての国の人民によって享受されなければならず、自由と独立はできるだけ速やかに、現在なお従属国の状態におかれている人民である人々に与えられねばならない。

（『世界〈昭和30《1955》年6月号〉』岩波書店）

問1　資料Aの原則は何と呼ばれるか。また、　a　に入る語句、下線部bに該当する人名を記せ。

問2　資料Bが示す会議が行われた都市名を記し、これに対抗した4大国が同年にとった行動を簡潔に記せ。

問1	a	b中国	インド
問2都市	行動		

●論述問題へのアプローチ

■ アパルトヘイトの消滅 （北海道大・改　2010年）　　　　　　　アパルトヘイトへの国際的非難に言及しよう！

1980年代末からマンデラ大統領誕生までの南アフリカの変化を、90字以内で説明せよ。論述の際は、次の［指定語］を必ず使用すること。

　［指定語］　平等選挙　　アパルトヘイト諸法　　アフリカ民族会議

❶ 新冷戦と冷戦の終結

① 　　　　　　　 侵攻
□① 1979年のソ連による◻️◻️◻️侵攻は、新冷戦（第2次冷戦）の契機となった。

②
□② 「◻️◻️◻️」の復活を掲げるレーガン政権は、戦略防衛構想（SDI）を打ち出した。

③
□③ 1985年、ソ連共産党書記長となったゴルバチョフは、◻️◻️◻️・グラスノスチ・新思考外交などの新政策に着手した。

④ 　　　　　　　 条約
□④ 1987年、ゴルバチョフとレーガンは◻️◻️◻️条約に合意し、核軍縮を実現した。

⑤ 　　　　　　　 会談
□⑤ 1989年、ゴルバチョフとブッシュ米大統領は◻️◻️◻️会談で冷戦終結を宣言した。

❷ 東欧・ソ連の激動と中国

①
□① ワレサ議長が率いるポーランドの自主管理労組「◻️◻️◻️」は、共産党支配を終焉させた。

②
□② 1989年11月、東西冷戦の象徴とされた◻️◻️◻️が開放された。

③
□③ 独裁体制をとったルーマニア大統領◻️◻️◻️は、反政府派により処刑された。

④
□④ ロシア共和国大統領エリツィンは、◻️◻️◻️を鎮圧した。

⑤
□⑤ 1991年、COMECON解散と◻️◻️◻️解体が決定され、東欧はソ連支配から脱した。

⑥ 　　　　　　　 事件
□⑥ 1989年、中国では多くの学生・市民らによる民主化運動を人民解放軍が弾圧する◻️◻️◻️事件が起こった。

⑦
□⑦ 1991年、ソ連を構成していた共和国は◻️◻️◻️を設立し、ソ連邦は消滅した。

❸ 湾岸戦争と冷戦後の世界

①
□① イラン＝イラク戦争で負債を抱えたイラクは、1990年、◻️◻️◻️に侵攻した。

②
□② イラク制裁のため、米軍中心の◻️◻️◻️が組織されてイラクに対する攻撃を開始し、湾岸戦争が始まった。

③
□③ 1994年、アメリカはカナダ・メキシコと◻️◻️◻️を成立させ、自由貿易圏を形成した。

④
□④ 1991年、クロアティア・スロヴェニアが、◻️◻️◻️が主導する連邦からの独立を宣言したのを機にユーゴスラヴィア内戦が始まった。

⑤
□⑤ ユーゴスラヴィア内戦のなか、1992年、◻️◻️◻️は、ムスリムとクロアティア人の主導で独立を宣言した。

⑥
□⑥ 1998年、セルビア国内の◻️◻️◻️地区でアルバニア系住民が独立運動を強めた。

❹ 同時多発テロ事件と「テロとの戦い」

①
□① ◻️◻️◻️年9月11日、アメリカ合衆国のニューヨーク・ワシントンで同時多発テロ事件が起こった。

②
□② 同時多発テロ事件は、アフガニスタンを拠点とするイスラーム急進派の◻️◻️◻️が実行した。

③
□③ アフガニスタン攻撃のあと、ブッシュ米政権は2003年、◻️◻️◻️と開戦し、フセイン政権を崩壊させた。

④
□④ 2008年、アメリカではリーマン＝ショックの影響もあり、共和党が大統領選挙に敗北し、民主党でアフリカ系の◻️◻️◻️が大統領となった。

⑤ 　　　　　　　 主義
□⑤ 2017年に就任したトランプ米大統領は、「◻️◻️◻️主義」を掲げ、地球温暖化防止のためのパリ協定から離脱するなど独自の政策を実行した。

⑥
□⑥ トランプは2020年の大統領選挙で再選をめざしたが、民主党の◻️◻️◻️に敗れた。

❺ ヨーロッパの挑戦

□① 1952年、<u>フランス・西ドイツ</u>などの西欧6ヵ国は、□□□(ECSC)を発足させ、これは58年に<u>ヨーロッパ経済共同体(EEC)</u>に発展した。　①＿＿＿＿

□② EEC などが発展して成立した<u>ヨーロッパ共同体(EC)</u>には、73年に□□□・デンマーク・アイルランドが加入し、拡大 EC となった。　②＿＿＿＿

□③ 1992年の□□□条約により翌年成立したヨーロッパ連合(EU)では、2002年から単一通貨<u>ユーロ</u>の流通が始まった。　③＿＿＿＿条約

□④ 2016年の国民投票で国民が EU 離脱を支持したイギリスでは、残留を主張した保守党の□□□首相が辞任し、後継の<u>メイ</u>首相も離脱をめぐる問題で辞任した。　④＿＿＿＿

□⑤ 温室効果ガス削減の試みは、EU が中心となって推進し、1997年に□□□議定書にまとめられ、2015年には<u>パリ協定</u>が成立した。　⑤＿＿＿＿議定書

□⑥ EU 離脱強硬派の<u>ジョンソン</u>首相が「□□□なき離脱」を標榜したイギリスは2020年に正式に EU を離脱した。　⑥＿＿＿＿

□⑦ EU を指導してヨーロッパの政治的融和に貢献したドイツの□□□首相は、2021年に退任した。　⑦＿＿＿＿

❻ ロシア民主化の停滞と外交

□① ロシアでは、□□□大統領の後継の<u>プーチン</u>が大統領・首相として長期政権を築いた。　①＿＿＿＿

□② ロシア連邦内のムスリムである□□□人は、ロシア連邦からの独立をめざし、これを阻止しようとするロシア政府との間で2度にわたる紛争が起こった。　②＿＿＿＿人

□③ □□□では、西部と中部で EU 加盟を求める声が高まり、親ヨーロッパ派の<u>ゼレンスキー</u>＊が大統領に選出された。　③＿＿＿＿

□④ 2014年、ロシアのプーチン政権は、③の領土でロシア系住民が多い□□□半島に侵攻し、これを併合した。　④＿＿＿＿半島

□⑤ □□□は、2008年に軍事行動を起こし、ロシアとの戦争に発展した。　⑤＿＿＿＿

❼ 中東の激変

□① 1993年の<u>オスロ合意</u>のあと、イスラエルの保守派による挑発に対してパレスチナ側の抵抗運動である□□□が頻発した。　①＿＿＿＿

□② 2004年、穏健派のアッバースが□□□の大統領になると、イスラエルはガザ地区とヨルダン川西岸の一部から撤退した。　②＿＿＿＿

□③ 1990年代以降、イスラーム教の戒律を厳格に実施しようとする□□□が台頭し、その影響でアフガニスタンでは<u>ターリバーン</u>が勢力を拡大した。　③＿＿＿＿

□④ 2010年末の□□□で起こった独裁支配に対する民衆蜂起は、エジプト・リビアなどに波及し、いわゆる「<u>アラブの春</u>」の発端となった。　④＿＿＿＿

□⑤ 内戦が続いたシリアでは、□□□政権が権力を維持する一方で、③を奉じる <u>IS</u>(イスラミックステート、イスラム国)が台頭した。　⑤＿＿＿＿

❽ アフリカ・ラテンアメリカの現状

□① <u>アフリカ統一機構(OAU)</u>が発展改組し、2002年に□□□が発足した。　①＿＿＿＿

□② ①の軍隊は、□□□のダルフールなどの紛争地に派遣された。　②＿＿＿＿

□③ ラテンアメリカでは、□□□のチャベス大統領が、反米独裁政治を行った。　③＿＿＿＿

□④ 経済成長を達成した<u>ブラジル</u>は、ロシア・インド・中国とともに台頭する経済大国として、□□□の一つに数えられた。　④＿＿＿＿

□⑤ 2015年、□□□は1961年から断絶していたアメリカとの国交を正常化した。　⑤＿＿＿＿

❾ アジアの民主化と地域協力の進展

① _____
□① 1997年に起きた◻◻◻は、タイ・韓国などに経済的混乱を引き起こした。

② _____
□② 1993年、韓国では◻◻◻大統領のもとで32年ぶりの文民政権が誕生し、民主化が進展した。

③ _____
□③ 2000年、台湾では国民党にかわって◻◻◻が率いる<u>民進党</u>が初めて政権を獲得した。

④ _____
□④ 1998年、◻◻◻では開発独裁体制をとる<u>スハルト</u>政権が崩壊し、民主的な選挙による政権が誕生した。

⑤ _____
□⑤ 1989年、アジア諸国を含む<u>アジア太平洋経済協力</u>(略称◻◻◻)が発足した。

⑥ _____
□⑥ 社会主義体制のベトナムは、1986年「◻◻◻」政策を採用し、ゆるやかな市場開放を行った。

⑦ _____
□⑦ 1992年から国連の暫定統治機構が統治した◻◻◻は、90年代末に内戦が収束した。

⑧ _____ 主義
□⑧ オーストラリアは、1970年代前半に◻◻◻主義を放棄し、移民政策における人種差別を撤廃した。

❿ 中国の台頭と日本

① _____
□① 中国は、1997年に香港、1999年に◻◻◻の返還に成功した。

② _____
□② 鄧小平没後、1997年に◻◻◻、2002年に<u>胡錦濤</u>が中国の最高指導者となった。

③ _____
□③ 2012年に最高指導者となった◻◻◻は軍事力を増強し、南シナ海周辺で東南アジア諸国と領有権争いを起こしている。

④ _____
□④ 日本では、第2次◻◻◻内閣が長期政権となり、安全保障政策の強化、TPP(環太平洋パートナーシップ)参加などを推進した。

⑤ _____
□⑤ <u>金日成</u>から<u>金正日</u>に指導者が交代した北朝鮮と日本の間には、拉致問題があり、それは指導者が◻◻◻にかわった現在も解決されていない。

●読み取り力のチェック　　　　　　　　　　　　　　　　　　　　　　思

□ 次の図は、ヨーロッパの経済統合の流れを示している。図中のア〜エに該当する組織名、a〜cに該当する国名を記し、図を完成させよ。

ア：_____

イ：_____
ウ：_____
エ：_____

a：_____
b：_____
c：_____

シューマン＝プラン

1952年 ↓	1958年	1958年	
ア （ECSC）	ヨーロッパ <u>経済共同体</u> （**イ**）	ヨーロッパ 原子力共同体 （EURATOM）	ヨーロッパ自由貿 易連合(EFTA) **a**の主導

1967年 ↓
ヨーロッパ共同体（**ウ**）
原加盟国：b・c・イタリア オランダ・ベルギー・ルクセンブルク

1973年 ↓ **a**・デンマーク・アイルランドの加盟
エ

1993年 ↓ マーストリヒト条約(1992年)
ヨーロッパ連合(EU)

❶ 1950～60年代の東欧諸国の自由化要求は失敗に終わったが、1980年代の自由化要求は成功した。その違いの要因、背景として考えられることをまとめてみよう。📖p.372主

●入試問題へのチャレンジ

1 冷戦の終結 （　）に適切な用語を記し、**問**に答えよ。 (明治大・改 2010年)

　1970年代後半、ソ連の経済的・社会的停滞が明らかになる一方で、1979年には同国が（　**1**　）に侵攻したため、米ソ関係が緊張した。1982年にブレジネフが死ぬと、後継者も高齢で次々に病死したため、今度は若いゴルバチョフが書記長になり、「ペレストロイカ」のスローガンを掲げて a 現状の刷新に乗り出した。米ソ関係も好転し、1987年には（　**2**　）条約が調印され、戦略兵器削減交渉も進められた。しかし、ゴルバチョフの改革があまりに急速に進められたために、かえってソ連内の民族独立運動が燃え上がり、1991年8月に保守派のクーデタが失敗すると、それまでソ連を構成していた各共和国が連邦から離脱し、ソ連共産党も解散した。各共和国はロシア連邦共和国を中心に独立国家共同体(CIS)を結成したので、ソ連は解体された。これより先、1989年にはアメリカ合衆国の（　**3**　）大統領とゴルバチョフがマルタで会談し、冷戦の終結を宣言していた。

　冷戦の終結は、東ヨーロッパの社会主義圏に大きな影響を与えた。例えばポーランドでは、すでに1980年に、経済の行き詰まりから、自主管理労組「連帯」が組織され様々な改革を求めていた。「連帯」は、（　**4**　）議長に指導されて1989年の議会選挙で勝利し共産党支配を打破した。また（　**5**　）では、独裁体制をしいていたチャウシェスクが1989年12月に妻とともに処刑された。1991年には、（　**6**　）とワルシャワ条約機構も解消され、東ヨーロッパ諸国では共産党支配が終わり、社会主義圏が消滅した。

　だが東アジアの共産主義諸国ではモンゴルを除いて、ソ連や東ヨーロッパ諸国でみられたような政治体制の転換は起こらなかった。b 中国では鄧小平の指導下で市場経済を導入し、経済を発展させるための開放政策が進められた。1989年には民主化運動を武力で弾圧する天安門事件を起こし、共産党の一党支配を維持した。

問1　下線部 a について述べた次の文**ア・イ**の正誤を判定せよ。

　ア　グラスノスチ(情報公開)により、チョルノービリ(チェルノブイリ)原発事故を公表した。

　イ　新思考外交を展開し、日本に歯舞群島・色丹島を返還した。

問2　下線部 b に関連して、1960年代～70年代の中国について述べた次の文**ア・イ**の正誤を判定せよ。

　ア　第1次五カ年計画に続き、生産増強運動である「大躍進」が始まった。

　イ　文化大革命により、実権派(走資派)とされた国家主席の劉少奇が失脚した。

1	2	3		4	
5	6	問1ア	イ	問2ア	イ

●論述問題へのアプローチ

■ 第1次石油危機 　　　　　　　　　　🔖選んだ[指定語]を構図化しよう！

　現代の世界に大きな影響を与えた第1次石油危機(オイル＝ショック)の直接原因を、90字以内で説明せよ。論述の際は、次の[指定語]のなかから4つを選んで使用すること。

　[指定語]　イスラエル　　第3次中東戦争　　ホメイニ　　石油輸出国機構
　　　　　　アラブ石油輸出国機構　　湾岸戦争　　第4次中東戦争　　イラン革命

写真所蔵・提供先一覧
p. 8　河西裕
p.11　義井豊
p.59　沖縄県立博物館・美術館
上記以外　ユニフォトプレス

新世界史　チェック&チャレンジ

2023年3月　初版発行

編　者　新世界史　チェック&チャレンジ編集委員会
発行者　野澤　武史
印刷所　株式会社 太平印刷社
製本所　有限会社 穴口製本所

発行所　株式会社 山 川 出 版 社
〒101-0047　東京都千代田区内神田1-13-13
　　　　　電話　03-3293-8131（営業）　03-3293-8134（編集）
　　　　　https://www.yamakawa.co.jp/

装幀　　水戸部　功
本文デザイン　岩崎　美紀

ISBN978-4-634-04124-0　　　　　　　　　　　NYIZ0103

解答・解説

山 川 出 版 社

1　地球環境からみる人類の歴史

第2章　古代文明の特質

1　文明の誕生と古代オリエント(p.4〜7)

基本事項のチェック

❶　人類の歴史と文明の誕生

①猿人　②北京原人　③埋葬　④クロマニョン
⑤ラスコー　⑥1　⑦磨製　⑧肥沃な三日月地帯
⑨民族

❷　メソポタミアとエジプトの文明

①オリエント　②ウル　③楔形　④太陰
⑤ギルガメシュ叙事詩　⑥ジッグラト　⑦アッカド
⑧アムル　⑨ハンムラビ　⑩ヒッタイト
⑪カッシート　⑫ヘロドトス　⑬ファラオ
⑭メンフィス　⑮クフ　⑯スフィンクス　⑰テーベ
⑱ヒクソス　⑲アメン(アモン)　⑳アメンヘテプ4世
(アクエンアテン、アメンホテプ4世、イクナートン)
㉑テル゠エル゠アマルナ　㉒太陽　㉓シャンポリオン
㉔パピルス

❸　シリア・パレスチナ地方の民族

①カナーン　②海の民　③フェニキア
④アルファベット　⑤アラム　⑥ソロモン
⑦ヤハウェ　⑧イェルサレム　⑨イスラエル
⑩アッシリア　⑪バビロン捕囚

❹　エーゲ文明

①クノッソス　②ティリンス　③シュリーマン
④ヴェントリス

読み取り力のチェック

a：霊魂　b：死者の書　c：オシリス

step up 教科書の発問(解答例)

❶　アラム人はダマスクスを中心に内陸部の陸上交易に従事し、フェニキア人はシドン・ティルスを中心に地中海から大西洋にかけての海上交易に従事した。アラム人が周辺の大帝国の支配下で経済活動を継続したのに対し、フェニキア人は植民市カルタゴが交易で繁栄し、西地中海の覇権を握ったが、共和政ローマに滅ぼされた。フェニキア文字がもとになってギリシア文字とアラム文字がつくられ、フェニキア文字は西方文字の、アラム文字は東方文字の起源となった。

入試問題へのチャレンジ

1　1．ウル　2．アッカド　3．アムル
問1―ア．正　イ．誤　問2―ア．誤　イ．誤
問3．同害復讐　問4―ア．正　イ．正
問5．鉄製武器を使用した。　問6―ア．正　イ．誤
問7．②

解説

問1　イ―誤。ギザを中心にピラミッドが建設されたのは古王国時代。

問2　ア―誤。楔形文字の解読はローリンソン。シャンポリオンが解読したのは神聖文字。イ―誤。太陽暦ではなく太陰暦。

問6　イ―誤。シドンやティルスはフェニキア人の拠点。アラム人の拠点はダマスクス。

問7　①ダヴィデの子がソロモン。③ユダ王国の滅亡後、住民は新バビロニアの都バビロンに連行された。④ヘブライ人の信仰は多神教ではなく、ヤハウェのみを信仰する一神教。

2　1．海の民　2．ヒッタイト　3．クレタ
4．セム　5．ティルス　問1―ア．正　イ．誤
問2―文字．線文字B　人名．ヴェントリス

解説

問1　イ―誤。クノッソス宮殿はクレタ文明の遺跡。

資料問題へのアプローチ

問1．ヘブライ人　問2．③　問3．イェルサレム
問4．新バビロニア

論述問題へのアプローチ(解答例)

地中海貿易に活躍したフェニキア人はアルファベットのもととなる文字を<u>ギリシア人</u>に伝え、内陸中継貿易に活躍したアラム人の言葉は国際商業語となり<u>アラビア文字</u>に影響を与えた。(83字)

第2章　古代文明の特質

2　古代の南アジア・東南アジア・オセアニア(p.8〜9)

基本事項のチェック

❶　古代の南アジア・東南アジア

①ハラッパー　②ドーラヴィーラ　③青銅器
④アーリヤ　⑤リグ゠ヴェーダ　⑥ヴァルナ
⑦ウパニシャッド(哲学)　⑧ドンソン文化

❷　古代のオセアニア

①マレー゠ポリネシア　②ニューギニア
③アボリジニー　④ニュージーランド

読み取り力のチェック

①―a：都市計画　b：焼き煉瓦　c：排水
②―a：アーリヤ　b：パンジャーブ
c：ドラヴィダ

step up 教科書の発問(解答例)

❶　共通点はともに大河に近く、煉瓦を使用した都市を中心とする都市国家で構成され、その社会は階層化されており、メソポタミアやインダス文明では神官等、エジプトではファラオ(王)により統治されていた点。独自の文字を創始し、印章も用いていた点も共通している。相違点は、インダス文明では諸都市は独立して拮抗していたわけではなく、都市の基本コンセプトから使用されていた道具が同じ形式で統一されていた点や、インダス文字は使用されていたが未解読であって、文明の内容については不明な部分が多い点である。

❷　台湾に人類が住み始めたのは約4万年前で、東南アジアにやって来た人類の一部がインドシナから中国を経由して来た。このオーストロネシア語族につながる言語を話す人々は現在の台湾では「原住民」と総称される。一方、15世紀後半以降、福建語や広東語などを話

す華南沿岸の人々が台湾西岸の平地に移住した。

入試問題へのチャレンジ

１ １．パンジャーブ　２．リグ＝ヴェーダ
　３．ヒンドゥー　４．祭式　５．ジャイナ
　問１―ア．正　イ―誤　問２―ア．誤　イ．正

解説
　問１　イ―誤。インダス文字は未解読。
　問２　ア―誤。バラモンは聖職者階級。王侯・戦士階級はクシャトリヤ。

２ １．メコン　２．アボリジニー
　３．ニュージーランド
　問１―エーヤワディー川．①　チャオプラヤ川．②
　問２―遺物．銅鼓　文化．ドンソン　問３．③

3　古代の東アジア・アフリカ・アメリカ (p.10〜11)

基本事項のチェック

❶　中国文明と殷周王朝
①仰韶　②竜山　③邑　④夏　⑤殷墟　⑥甲骨文字
⑦鎬京　⑧革命　⑨封建　⑩宗法

❷　古代のアフリカ
①クシュ　②メロエ　③アクスム

❸　古代の南北アメリカ
①トウモロコシ　②オルメカ　③マヤ
④テオティワカン　⑤アステカ　⑥テノチティトラン
⑦インカ　⑧クスコ　⑨キープ

step up 教科書の発問 (解答例)

❶　黄河流域は年間降水量1000mm 以下であるが、前6000年頃からアワ、キビなどが栽培され、その後の温暖化・湿潤化によりイネの栽培も可能となった。黄河中・下流域の沖積平野で農耕が本格的に開始された。長江流域は年間降水量1000mm 以上の温暖で湿潤な気候で、前6000年頃にはすでにイネの栽培が始まっていたと考えられている。長江下流域の平野には湖や沼沢が点在し、水稲栽培が本格的におこなわれた。

❷　インカ帝国の山岳地帯では、灌漑技術と階段耕作が高度に発達した。斜面を削って階段状の耕地を造成し、そこでトウモロコシやジャガイモを栽培した。写真手前は住居が中心だが、写真奥に石で囲われた平坦面がみられる。ここに灌漑用の水路から水を引き、作物を栽培した。こうした耕地には家畜の糞や人糞が肥料として用いられ、高い生産力を維持し、高地でも多くの住民を養うことが可能であった。

入試問題へのチャレンジ

１ １．アワ　２．稲　３．夏　４．河南　５．鎬京
　６．諸侯　問１．占いの結果を記録した。
２ １．ユカタン　２．オルメカ　３．テオティワカン
　４．アステカ　５．テノチティトラン
　問１．①④　問２―ア．誤　イ．正

解説
　問２　ア―誤。インカ帝国の首都はクスコ。

第3章　アジア諸地域の国家と社会

1　中国帝政国家の形成と北方ユーラシアの動向 (p.12〜15)

基本事項のチェック

❶　春秋・戦国時代
①洛邑　②覇者　③戦国の七雄　④半両銭　⑤鉄
⑥諸子百家　⑦孝　⑧孟子　⑨荀子　⑩墨　⑪道
⑫陰陽

❷　秦・漢帝国
①商鞅　②燕　③前221　④郡県　⑤焚書・坑儒
⑥匈奴　⑦陳勝・呉広　⑧項羽　⑨長安　⑩郡国
⑪呉楚七国　⑫大月氏　⑬張騫　⑭楽浪(郡)　⑮南越
⑯塩　⑰宦官　⑱王莽　⑲赤眉　⑳劉秀(光武帝)
㉑黄巾　㉒郷挙里選　㉓董仲舒　㉔五経　㉕訓詁
㉖司馬遷　㉗漢書　㉘紀伝体　㉙竹簡(木簡)

❸　北方ユーラシアの遊牧民とオアシス民
①スキタイ　②烏孫　③冒頓単于　④バザール

読み取り力のチェック
①大月氏　②匈奴を挟撃するため。　③西域
④タリム
⑤人名：張騫　意義：西域の事情が明らかとなった。
⑥敦煌(郡)　⑦―B：衛氏朝鮮　b：楽浪(郡)
⑧郡県制(郡国制)　⑨―C：南越　c：日南(郡)

step up 教科書の発問 (解答例)

❶　遊牧民は家畜の群れを季節に応じて移動させる牧畜を生業とし、家畜群は所有財産のすべてであった。入手できるものが限られていたので、植物性食品や繊維製品は外部から入手するしかなく、交易や掠奪によりオアシス民から取得した。オアシス民も農耕や牧畜には限界があり、必要物資の取得のため交易は必須であった。オアシス間を結ぶ隊商交易には交易圏の安全確保が必要不可欠で、騎馬遊牧民による軍事力支配によって交易の安全は確保された。両者は生存のため、お互いの存在を必要とする関係であった。

入試問題へのチャレンジ

１ １．洛邑　２．覇者　３．戦国の七雄　４．青銅
　問１．諸侯は周王の権威を借りて主導権を握ろうとした。
　問２．牛犂耕　問３―ア．正　イ．誤

解説
　問３　イ―誤。性善説を唱えたのは孟子。荀子が唱えたのは性悪説。

２ １．李斯　２．呉広　３．劉邦　４．王莽
　問１．焚書・坑儒
　問２―ア．長安　イ．郡県　ウ．封建
　問３―ア．正　イ．正　問４．③
　問５―ア．正　イ．正
　問６―結社．太平道　人名．張角
　問７―人名．班固　技術革新．製紙法が改良され、木簡・竹簡にかわって紙が普及した。

問4　①派遣されたのは張騫。②滅ぼされたのは衛氏朝鮮。④米ではなく塩。

資料問題へのアプローチ

問1―国名．楚　事件．呉楚七国の乱

問2．実質的な郡県制となった。

論述問題へのアプローチ(解答例)

秦の始皇帝は、李斯の意見により中央集権政策を批判する儒家を焚書・坑儒で弾圧したが、前漢の武帝は、董仲舒の献策を受けて儒学を官学とし、五経を主要な経典と定めた。(79字)

2　中国の分裂・融合と周辺諸国(p.16〜17)

基本事項のチェック

❶　**分裂時代の中国**

①曹操　②蜀　③九品中正　④門閥貴族　⑤屯田
⑥司馬炎　⑦八王　⑧洛陽　⑨司馬睿　⑩宋　⑪羯
⑫太武帝　⑬洛陽　⑭均田

❷　**魏晋南北朝の文化**

①鳩摩羅什　②法顕　③寇謙之　④雲崗　⑤清談
⑥陶潜(陶淵明)　⑦文選　⑧顧愷之

❸　**東アジア諸国の動向**

①親魏倭王　②ヤマト　③高句麗　④宋
⑤加耶(加羅)　⑥渡来人

step up 教科書の発問(解答例)

❶　中原を中心とする中国王朝は巨大な官僚機構と常備軍を農業生産力で支え、高度な文書行政が郡県制により浸透し、体制教学として儒教が発達した。北方遊牧民を中核とする王朝は、部族集団に由来する騎馬遊牧民の軍事力を柱としながら、中国王朝の統治体制を取捨選択して取り込み、中国支配をおこなった。また、中央ユーラシア経由で伝播した仏教を王朝が保護し、仏教の信仰は社会のすみずみに広がり、日本を含む東アジア世界にも伝わり、各地の文化の基盤形成に大きな影響を与えた。仏教のみならず、椅子とテーブルの生活など風俗習慣面の変化もあった。また、北方での胡漢の融合のみならず、南方でも先住民と漢人との融合もみられた。

入試問題へのチャレンジ

■　1．匈奴　2．呉　3．氐　4．五胡十六国
5．建康　6．陳　7．拓跋　8．平城

問1―ア．正　イ．誤　問2．③

問3．鮮卑の服装や言語を使用することを禁止した。

解説

問1　イ―誤。官有地を農民に耕作させるのは屯田制。国家が農民に土地を配分し、耕作させるのが均田制。

問2　①仏図澄や鳩摩羅什は華北を訪れた。②「女史箴図」の作者は顧愷之。④詩で知られるのは陶淵明。

論述問題へのアプローチ(解答例)

西晋が一族の争いである八王の乱で混乱し、五胡の一つである匈奴の挙兵により都の洛陽を占領されて滅亡した。この結果、晋の一族の司馬睿は都を建康に移し、東晋を建国した。(81字)

3　隋唐帝国と東アジア(p.18〜21)

基本事項のチェック

❶　**隋から唐へ**

①楊堅(文帝)　②陳　③科挙　④煬帝　⑤高句麗
⑥李淵(高祖)　⑦太宗(李世民)　⑧高宗　⑨都護府

❷　**唐代の制度と文化**

①式　②中書省　③礼部　④御史台　⑤州
⑥租・調・庸　⑦雑徭　⑧荘園　⑨府兵　⑩義浄
⑪大唐西域記　⑫浄土　⑬訓詁　⑭杜甫　⑮韓愈
⑯呉道玄　⑰顔真卿

❸　**唐と近隣諸国**

①突厥　②ウイグル　③ソンツェン=ガンポ　④羈縻
⑤骨品　⑥白村江　⑦金城(慶州)　⑧渤海
⑨大化改新　⑩天平　⑪真臘(カンボジア)

❹　**唐の動揺**

①則天武后(武則天)　②募兵　③安禄山・史思明(安史)　④ウイグル　⑤藩鎮　⑥タラス河畔　⑦両税法
⑧黄巣　⑨朱全忠

読み取り力のチェック

①―ア：平城京　イ：ソグド　ウ：景教
エ：ゾロアスター教(祆教)　オ：イラン　カ：ポロ
キ：阿倍仲麻呂　ク：仏典漢訳　②― A：新羅
B：南詔　C：吐蕃　③ a　④ウマイヤ朝
⑤―王朝：ヴァルダナ朝　旅行記：『大唐西域記』

step up 教科書の発問(解答例)

❶　隋唐は国内統治のために律令を整備して、律令に基づく統治を国内のみならず周辺地域にまで普及させた。当時、統一国家の形成期に当たっていた朝鮮半島の諸国や日本も、使節を派遣して律令を学ばせ、中央集権国家体制を構築する手段とした。また、支配者が居住する都城制も日本や渤海に伝わり、唐の長安城を手本として都城が造営された。周辺諸国は先進国であった隋唐から律令だけではなく、社会的規範としての礼、仏典漢訳により成立した新しい仏教なども積極的に取り入れた。

❷　西方には、おもに馬を求めた。漢代以来、中央ユーラシアの東西交易ルートでは絹馬交易が発達し、ソグド商人が活躍した。唐はこの地域で羈縻政策を推進し、商人の往来を活発にして西方(ペルシア)の商品や文化、情報の入手に努めた。南方では、香料などの東南アジア産品の輸入のほか、飛躍的に生産が発展した陶磁器の輸出がおこなわれ、おもに海上ルートを使ってインドからアラビア、アフリカ東海岸にまで運ばれた。煬帝は外交を積極的におこない、東南アジア諸国に朝貢を呼びかけた。7世紀以降、東西の海上ルート

では諸港市が発展し、唐の朝貢体制に組み込まれていった。

❸　玄奘は当時の唐の国禁を破り、公使以外は認められていなかった西域経由での出国をめざした。河西回廊を西に進み、瓜州からハミ、トゥルファンなど、天山山脈北側の交易が活発におこなわれていたオアシスの道を使ってインドをめざした。義浄は広州から海路インドをめざした。広州は海上貿易が盛んで東南アジアの産物が輸入されていた。義浄はシュリーヴィジャヤを経由して商人の船に乗り、海の道を使って中国とインドを往復した。

入試問題へのチャレンジ
１　１．北周　２．陳　３．李淵　４．都護府
　　５．則天武后(武則天)　６．節度使　７．租調庸
　　８．両税法　９．塩　10．チャンパー
　　11．カンボジア(真臘)　12．シュリーヴィジャヤ
　　問１―ア．④　イ．③　ウ．②　エ．①
　　問２―ア．誤　イ．正　問３．③④

解説
　　問２　ア―誤。農民を徴兵し、一定期間従軍させる制度は府兵制。募兵制は傭兵を用いる制度で、唐では玄宗の時から採用された。
　　問３　①チベットに建てられたのは吐蕃。②雲南で勢力を拡大したのは南詔。⑤仏国寺を建立したのは新羅。
２　１．科挙　２．白居易　３．顔真卿　４．山水
　　５．玄奘　６．ネストリウス　７．広州
　　問１―ア．正　イ．正　問２．安禄山
　　問３．古文の復興。　問４．浄土宗　禅宗

論述問題へのアプローチ(解答例)
　　貧富の差による逃亡農民の増加で均田制が崩れ、兵農一致の府兵制は傭兵を集める募兵制に変わり、均等課税の租調庸制も実施困難となり、土地・資産に応じて夏・秋に課税する両税法に変わった。(89字)

４　南アジア・東南アジア(p.22〜23)
基本事項のチェック
❶　**古代インドの統一国家**
　　①ガウタマ=シッダールタ　②ヴァルダマーナ
　　③チャンドラグプタ　④法(ダルマ)
　　⑤スリランカ(セイロン)　⑥サータヴァーハナ
❷　**クシャーナ朝とグプタ朝**
　　①プルシャプラ　②菩薩　③ガンダーラ美術
　　④チャンドラグプタ２世　⑤ラーマーヤナ
　　⑥アジャンター　⑦マヌ法典　⑧ヴィシュヌ
　　⑨ナーランダー
❸　**南アジア伝統社会の形成**
　　①ヒンドゥー　②ヴァルダナ　③玄奘　④チョーラ
　　⑤ジャーティ
❹　**東南アジアの諸国**
　　①大越(ダイベト)　②陳　③アンコール　④パガン

⑤スコータイ　⑥スマトラ　⑦シャイレンドラ

step up 教科書の発問(解答例)
❶　マウリヤ朝は征服地の制度を尊重し、柔軟な統治をおこなった。また、アショーカ王は征服戦争での犠牲者の多さから、仏教に帰依し、ダルマ(仏法)に従った政治をおこなうことを宣言した。ダルマは仏教以前からのインドの思想で、人生の正しい指針を守ることを意味した。ブッダはこれをジャーティーに関係なく普遍的なものに再定義し、アショーカ王はこれを国家統治の理念として採用した。このため広い範囲の人々がその支配を受け入れた。

入試問題へのチャレンジ
１　１．マウリヤ　２．パータリプトラ
　　３．クシャーナ　４．カニシカ
　　５．サータヴァーハナ　６．サンスクリット
　　７．マハーバーラタ
　　８．ハルシャ=ヴァルダナ(ハルシャ王)
　　問１．『エリュトゥラー海案内記』
　　問２―ア．正　イ．誤　問３．シヴァ(神)

解説
　　問２　イ―誤。シャイレンドラ朝はジャワ島で栄えた。

論述問題へのアプローチ(解答例)
　　東西交易路の要衝をおさえたクシャーナ朝は、ガンダーラ地方に拠点をおき、宗教的寛容を示した。この時代には大乗仏教が確立し、ここに居住したギリシア人が仏像などをヘレニズム的技法で作製したため。(94字)

第４章　西アジアの帝国と古代ギリシア
１　古代西アジアの帝国(p.24〜25)
基本事項のチェック
❶　**古代西アジアの統一**
　　①強制移住　②エジプト　③アッシュルバニパル
　　④アナトリア　⑤ペルシア(イラン)　⑥インダス
　　⑦サトラップ　⑧スサ　⑨フェニキア
　　⑩アフラ=マズダ　⑪ユダヤ
　　⑫アレクサンドロス(大王)
❷　**西アジアの諸王朝**
　　①セレウコス　②クテシフォン　③安息
　　④アルダシール１世　⑤シャープール１世
　　⑥ホスロー１世　⑦アヴェスター　⑧マニ　⑨ガラス
　　⑩ニハーヴァンド

step up 教科書の発問(解答例)
❶　アッシリア以降の帝国は強力な軍事力を背景に王による専制支配がおこなわれ、中央集権的な支配体制が整備された。メソポタミア地方を支配し、東西交易路もその支配下においた。パルティアまではアラム語・アラム文字が公用語・公用文字として広く使用された。アッシリアは被征服民を強制移住させるなど抑圧的政策をおこなったが、アカイメネス朝はユダヤ人を

解放するなど被征服民への寛容的政策もみられた。またササン朝は農業生産力を高める政策を推進し、開墾や運河開削、灌漑施設の整備などの政策を積極的におこなった。

入試問題へのチャレンジ

1 1．アカイメネス（アケメネス）　2．エーゲ
3．インダス　4．スサ　5．ペルセポリス
6．アラム　問1―ア．誤　イ．誤
問2．アフラ＝マズダ

解説
問1　ア―誤。サルデスはアラビア半島ではなく小アジア（アナトリア）にある都市。イ―誤。「王の目」「王の耳」は総督を監視する監察官（監督官）で、総督はサトラップと呼ばれた。

2 1．クテシフォン　2．エフタル
3．アヴェスター　問1―ア．正　イ．誤

解説
問1　イ―誤。ウァレリアヌスを捕虜としたのはササン朝。

論述問題へのアプローチ（解答例）
アッシリア帝国が、重税や強制移住などの圧政により服属民の反乱を招いたのに対し、ペルシア帝国はアラム人・フェニキア人の商業活動を保護するなど、諸民族に対して寛容な支配を行った。(87字)

2　古代ギリシア・ヘレニズム時代（p.26〜29）
基本事項のチェック
❶　ポリスの成立と発展
①アクロポリス　②バルバロイ　③アポロン
④ネアポリス　⑤重装歩兵　⑥ソロン
⑦ペイシストラトス　⑧クレイステネス

❷　ペルシア戦争とアテネ民主政の完成
①ミレトス　②マラトン　③サラミス　④デロス同盟
⑤民会　⑥抽選　⑦市民権（参政権）

❸　ペロポネソス戦争とポリス世界の変質
①パルテノン　②ペロポネソス
③ヘイロータイ（ヘロット）　④リュクルゴス
⑤扇動政治家（デーマゴーゴス）　⑥テーベ（テーバイ）
⑦傭兵

❹　アレクサンドロス大王の東方遠征とヘレニズム時代
①カイロネイア　②コリントス（ヘラス）　③イッソス
④インダス　⑤プトレマイオス　⑥アレクサンドリア

❺　ギリシア文化とヘレニズム文化
①d　②k　③g　④h　⑤m　⑥j　⑦n　⑧a
⑨i　⑩o　⑪l　⑫f　⑬c　⑭e　⑮b

step up 教科書の発問（解答例）
❶　古代ギリシアに多数成立した都市国家、ポリスでは、正式構成員は市民であった。ポリスは独立国家であるので、祖国の防衛はポリスの市民の義務と考えられた。ポリス市民は戦争に従軍するに当たっては、それぞれの財力に応じた武装をした。そのため、当初、

危険の多い戦いの局面に対応できる重武装をする貴族が、多くの政治的発言権を有した。しかし、戦闘法が重装歩兵の密集戦隊が主となると騎馬の貴族よりも重装歩兵となる平民が政治的発言権をもつようになり、アテネの場合、ペルシア戦争で海軍が重要な働きをするようになると、軍船の漕ぎ手となる下層市民も政治的に発言権を強めて、民主政の進展に影響を与えた。

入試問題へのチャレンジ

1 1．ソロン　2．ペイシストラトス
3．クレイステネス　4．ペリクレス
問1―ア．正　イ．正　問2．①④
問3―ア．誤　イ．正　問4．トゥキ（ュ）ディデス

解説
問3　ア―誤。テルモピュライの戦いではなくマラトンの戦い。前480年のテルモピュライの戦いではスパルタがペルシアに敗れた。

2 1．フィリッポス2世　2．セレウコス
3．アレクサンドリア　4．ムセイオン
5．エラトステネス　6．太陽中心　7．世界市民
8．ストア　9．コイネー　10．新約聖書
問1―ア．誤　イ．誤　問2．②

解説
問1　ア―誤。イッソスの戦いで敗れたのはダレイオス3世。イ―誤。ガンジス川でなくインダス川。

資料問題へのアプローチ
問1．(1)ペロポネソス戦争
(2)スパルタにおけるリュクルゴスの国制。
問2．将軍職

論述問題へのアプローチ（解答例）
民主政を完成させたアテネは、アテネ市民権を厳しく限定し、また、ペルシア再攻に備え結成したデロス同盟の盟主としてその資金を自らの事業に流用するなど、同盟諸国に対して強い姿勢をとるようになったため。(97字)

第5章　古代ローマ
1　ローマの発展とローマ帝国の繁栄（p.30〜33）
基本事項のチェック
❶　都市国家ローマの発展
①エトルリア　②コンスル（執政官）　③元老院
④プレブス　⑤護民官　⑥十二表
⑦リキニウス・セクスティウス　⑧ホルテンシウス
⑨ノビレス

❷　ローマの地中海進出と帝国形成
①タレントゥム（タラント）　②カルタゴ　③シチリア
④ハンニバル　⑤ザマ

❸　共和政国家の変質と内乱
①ラティフンディア　②グラックス兄弟
③スパルタクス　④閥族　⑤スラ　⑥ポンペイウス
⑦ガリア　⑧アントニウス　⑨アクティウム

❹ **ローマ皇帝政治の誕生と帝国の繁栄**
①アウグストゥス　②元首政(プリンキパトゥス)
③パクス=ロ(ー)マーナ(ローマの平和)
④トラヤヌス　⑤―ア：ライン　イ：ドナウ
⑥―a：ロンドン　b：パリ　⑦凱旋門
⑧コロッセウム

❺ **アルプスの北の世界**
①ケルト　②ゲルマニア

❻ **ローマの文化**
①アッピア街道　②水道(水道橋)　③ローマ法大全
④キケロ　⑤ウェルギリウス　⑥リウィウス
⑦マルクス=アウレリウス=アントニヌス
⑧プルタルコス　⑨ストラボン

❼ **キリスト教の誕生と拡大**
①パウロ　②救世主(メシア)　③新約聖書

読み取り力のチェック
①土木　②軍事(国防)

step up 教科書の発問(解答例)

❶ 共和政の初期、貴族(パトリキ)が政治を独占していた体制は、戦術の変化で重装歩兵となる平民の発言権が大きくなり、商業活動で豊かになった平民の上層と貴族の通婚もなされるようになって、貴族と平民のあいだのいわゆる「身分闘争」では貴族の譲歩が進んだ。前4世紀には2人の執政官のうち1人を平民から選ぶようになり、前3世紀には平民会の決議がローマの国法と認められるようになったが、この過程では、貴族と上昇した平民から成る新しい貴族が形成されており、これが貴族と平民の法的平等の実現につながったといってよい。

❷ ローマはラティウム地方の1都市国家としてその歴史を開始し、周辺のラテン人やエトルリア人の都市国家と争って領域を拡大、さらにイタリア半島のサムニウム人やギリシア人植民市とも戦って、前3世紀前半に半島を統一した。イタリア半島の諸都市を同盟市などとして組織を整えると、カルタゴとの戦いを契機として半島外に進出し、前2世紀の後半までにイベリア半島南部からギリシア、北アフリカを支配下に入れて、「帝国」となった。ローマはさらに征服戦争を続け、前1世紀の後半までに、地中海沿岸地域のほぼ全部をその支配下に入れた。

❸ アウグストゥスは皇帝や大王と名乗らず元老院の第一人者(元首)としてローマ帝国に君臨した。元老院の統治の形式を尊重しながら、ローマの重要な公職をことごとく兼任することで、事実上の独裁政治を実現した。ただし、彼はあくまでもコンスルや護民官、大神祇官や最高司令官の職権を獲得し、共和政国家の運営機構に変更を加えなかった。さらに、制度外の保護―被保護の関係を吸収して、「最大・最高の保護者」として、自分と兵士、民衆を直接結びつけた。

❹ 征服されたケルト人や一部のゲルマン人たちは属州支配に組み込まれ、ローマから都市文化や土木技術、普遍性や公共性、豊かさや快適さも受け入れていった。212年に帝国内全自由民にローマ市民権が与えられると、ブリテン島などにもローマ的世界が定着した。4世紀にはゲルマン人が民族大移動をおこない、ローマ帝国領内に移住していった。ケルト人の文化はスコットランドやアイルランド、ウェールズやブルターニュ地方に残されており、ゲルマン人の文化はフランク王国のなかに残され、ヨーロッパ世界の基礎となった。

❺ ギリシア文化は、哲学・文学・歴史学の分野で今日の人文学の基礎をなし、美術の分野でもルネサンス以降の古典古代の復興運動を経てヨーロッパで長らく模範となった。このギリシア文化が思弁的な性格が強かったのに対して、ローマ文化は実用的な面でその特徴をみせた。その典型が法学の分野である。ローマ人の創造した法制度や法思考は中世に継承され、近代ヨーロッパにも受け継がれて、今日の日本の法律や法制度にまで影響を与えている。また、ローマ人はコンクリートやアーチ工法の発明など土木建築の分野で大きな寄与をなし、その技術が現代のそれの基礎となっている。

入試問題へのチャレンジ

❶ 1．ティベル(テヴェレ)　2．エトルリア
3．パトリキ　4．プレブス　5．平民会
6．十二表　7．リキニウス・セクスティウス
8．ホルテンシウス　9．マケドニア
10．セレウコス　11．プトレマイオス
12．クレオパトラ
問1．タレントゥム(タラント)　問2．①　問3．①
問4．太陽暦を導入してユリウス暦を定めた。
問5．『ローマ建国以来の歴史(ローマ史)』
問6．プリンケプス　問7―ア．誤　イ．正

解説
問2　②ローマが属州としたのはシチリア島。③ハンニバルが敗れた。
問3　②兄弟は有力者の土地を没収しようとした。③スパルタクスは剣奴。④マリウスが平民派でスラが閥族派。
問7　ア―誤。コロッセウムは円形闘技場であり、剣闘士の試合などが行われた。

資料問題へのアプローチ
問1．(1)オクタウィアヌス
(2)―地名．アクティウム　国名．ギリシア
問2．共和政の伝統は残されたが、実質的にはアウグストゥスによる帝政が開始された。(37字)

論述問題へのアプローチ(解答例)
アテネでは、<u>ペリクレスが市民権を制限</u>したのに対し、ローマでは、3世紀にカラカラ帝が<u>アントニヌス勅令</u>でローマ帝国内の全属州の自由民に市民権を付与したことにより、ローマ市民権は<u>普遍的性格</u>をもつにいたった。(100字)

2　ローマ帝国の衰退（p.34〜35）

基本事項のチェック

❶　**3世紀の危機と後期ローマ帝国**
　①軍人皇帝　②ウァレリアヌス
　③四帝分治制（テトラルキア）　④元老院
　⑤専制君主政　⑥ビザンティウム

❷　**キリスト教の国教化と宗派の形成**
　①ミラノ勅令　②アタナシウス　③三位一体
　④アリウス　⑤ユリアヌス　⑥国教　⑦教父
　⑧ネストリウス　⑨単性論

❸　**民族移動の激化と西ローマ帝国の消滅**
　①ドナウ　②テオドシウス（1世）　③アッティラ
　④オドアケル　⑤ヴァンダル

step up 教科書の発問（解答例）

❶　元首政では共和政以来の元老院が形式的に帝国統治に関与したが、専制君主政ではそうした形式は払拭された。また、元首政期は元老院議員出身者が皇帝となって元老院議員を属州総督や軍団司令官に用いて帝国統治をおこなった。3世紀には騎士身分の属州総督や軍団司令官が登場し、ディオクレティアヌス帝は騎士身分を帝国の要職に登用し、元老院議員を帝国統治から徹底的に排除した。これにより皇帝直属の部下である騎士身分が支配権を握り、皇帝による独裁を可能とする体制が成立した。皇帝には宗教上の権威が備わるようにもなった。

入試問題へのチャレンジ

1　1．マルクス＝アウレリウス＝アントニヌス
　2．ディオクレティアヌス　3．テオドシウス
　4．オドアケル　**問1**―ア．正　イ．誤
　問2．コロヌス制（コロナ〈ー〉トゥス）
　問3―ア．誤　イ．誤

解説
　問1　イ―誤。ムスリムではなくササン朝ペルシアの攻撃を受けた。ササン朝はゾロアスター教を国教としていた。
　問3　ア―誤。四帝分治制を創始したのはディオクレティアヌス帝。　イ―誤。ミラノ勅令はキリスト教の公認。キリスト教以外の宗教を禁止し、キリスト教を国教化したのはテオドシウス帝。

2　1．ディオクレティアヌス
　2．コンスタンティヌス　3．ニケーア公会議
　4．アリウス

論述問題へのアプローチ（解答例）
　専制君主政を確立したディオクレティアヌス帝は、皇帝崇拝を拒むキリスト教徒への大迫害を行ったが、コンスタンティヌス帝は、帝国統一の必要性からミラノ勅令を発してキリスト教を公認した。（89字）

第6章　ヨーロッパの形成とイスラーム教の誕生

1　中世ヨーロッパの形成（p.36〜39）

基本事項のチェック

❶　**ゲルマン諸国家と東ローマ帝国**
　①ブルグンド　②アリウス　③メロヴィング
　④イベリア　⑤アングロ＝サクソン
　⑥コンスタンティノープル　⑦ヴァンダル
　⑧ハギア（アヤ）＝ソフィア　⑨モザイク

❷　**ローマ＝カトリック教会の発展**
　①モンテ＝カシ（―）ノ　②清貧　③グレゴリウス1世

❸　**フランク王国の拡大**
　①トゥール・ポワティエ間　②（小）ピピン
　③アヴァール　④伯　⑤カロリング＝ルネサンス
　⑥テマ　⑦聖画像（イコン）　⑧レオ3世

❹　**フランク王国の分裂とノルマン人の活動**
　①ヴェルダン　②ヴァイキング
　③アルフレッド（大王）　④ノルマンディー
　⑤リューリク　⑥キエフ公国（キエフ＝ルーシ）
　⑦モラヴィア　⑧キリル　⑨マジャール

読み取り力のチェック
　①バルト海からドニエプル川流域を経て、黒海にいたるルート。　②キエフ公国（キエフ＝ルーシ）
　③セーヌ川　ロワール川
　④―国名：ノルマンディー公国（公領）　首長：ロロ
　背景：西フランク王がロロの支配領域を公領として認定した。　⑤マジャール人

step up 教科書の発問（解答例）

❶　ヨーロッパには大小様々な河川が数多く流れており、これらが自然の交通網となっていた。南北を結ぶ交通ルートとしても大西洋・北海の海上ルートを利用するには外洋航海技術が未発達だった。

❷　8世紀にフランク王国の実権を握ったカロリング家は王位を奪取するための大義名分を求めており、ビザンツ皇帝と対抗するための政治的後ろ盾を求めていた教皇座と利害が一致していた。

入試問題へのチャレンジ

1　1．ライン　2．メロヴィング　3．アリウス
　4．カール＝マルテル　5．カロリング
　6．ランゴバルド　7．ベネディクトゥス
　8．レオン3世　9．800　10．レオ3世
　11．メルセン　12．イタリア　**問1**―ア．誤　イ．正
　問2―ア．誤　イ．誤
　問3．ルートヴィヒ（ルイ）1世

解説
　問1　ア―誤。首都に建設されたのはハギア＝ソフィア聖堂。サン＝ヴィターレ聖堂があるのはイタリアのラヴェンナ。
　問2　ア―誤。マジャール人ではなくアヴァール人。マジャール人は9世紀末にハンガリーに移った。マジャール人と戦ったのは神聖ローマ帝国のオットー1世。　イ―誤。アルクインはイン

グランドから招かれた。

2 1．スカンディナヴィア 2．ヴァイキング
3．ロロ 4．セーヌ 5．アングロ＝サクソン
6．デーン 7．アルフレッド 8．リューリク
9．ドニエプル 10．キエフ（キーウ）
問1．交易活動 問2．ノヴゴロド国

資料問題へのアプローチ
問1．トゥール・ポワティエ間の戦い
問2．国内の教会領・修道院領を没収して王領とし、これを財源とした。

論述問題へのアプローチ（解答例）
フランク人を統一し、メロヴィング朝を建てたクローヴィスは、496年、アタナシウス派に改宗した。これは支配下のローマ人がアタナシウス派を信仰しており、その支持を得ようとしたためである。（90字）

---

2 イスラーム教の誕生とカリフの政権（p.40〜41）
基本事項のチェック
❶ イスラーム教の成立とウマイヤ朝・アッバース朝
①預言者 ②ヒジュラ（聖遷） ③カーバ
④コーラン（クルアーン） ⑤アブー＝バクル
⑥ジハード ⑦ムアーウィヤ ⑧西ゴート
⑨ハラージュ ⑩750 ⑪イベリア ⑫スンナ
⑬マンスール ⑭シャリーア
❷ 初期のイスラーム文化
①ウラマー ②ゼロ ③イブン＝シーナー
④プトレマイオス
⑤千夜一夜物語（アラビアン＝ナイト）
⑥ウマイヤ＝モスク
❸ 地方の自立とシーア派政権
①ハールーン＝アッラシード ②ブワイフ ③カイロ
④後ウマイヤ

step up 教科書の発問（解答例）
❶ ウマイヤ朝のカリフ権力は直属の軍事力をもたないなどその基盤は強固ではなかったが、アッバース朝のカリフ権力は直属の官僚機構や常備軍に支えられており、専制的な政治をおこなっていた。

入試問題へのチャレンジ
1 1．アラビア 2．ウラマー 3．ジズヤ
4．ハールーン＝アッラシード 5．ギリシア
6．シーア 7．ブワイフ 8．大アミール
問1―ア．メッカ イ．メディナ ウ．ダマスクス
エ．バグダード オ．カイロ 問2―ア．正 イ．正
問3―ア．正 イ．誤 問4―ア．誤 イ．正
解説
問3 イ―誤。西ゴート王国ではなくフランク王国。西ゴート王国はウマイヤ朝に滅ぼされた。
問4 ア―誤。中国ではなくインド。

第7章 結びつくユーラシアの諸地域

1 イスラーム教とムスリム政権の広がり（p.42〜43）
基本事項のチェック
❶ 南アジア・東南アジアのムスリム政権
①ガズナ ②アイバク ③ヴィジャヤナガル
④スーフィー ⑤マラッカ
❷ トルコ系・モンゴル系の人々とシリア・エジプト
①サーマーン ②トゥグリル＝ベク
③ニザーム＝アルムルク ④ガザン＝ハン
⑤チャガタイ ⑥サマルカンド
⑦サラディン（サラーフ＝アッディーン）
⑧マムルーク
❸ アフリカ・イベリア半島のムスリム政権と成熟期のイスラーム文化
①ベルベル ②ガーナ ③マリ ④トンブクトゥ
⑤スワヒリ ⑥ジンバブエ ⑦イブン＝ルシュド
⑧歴史序説（世界史序説） ⑨大旅行記（三大陸周遊記）
⑩フィルドゥーシー ⑪ラシード＝アッディーン

step up 教科書の発問（解答例）
❶ 東南アジアの王権は、領域よりもまず人間を支配しようとした。多様な人間集団が重層的に積み重なった地域を統治しようとする政治権力にとって、イスラーム教は自らの正統性を保証するためにうってつけの宗教だった。

入試問題へのチャレンジ
1 1．サーマーン 2．ゴール 3．ブワイフ
4．イクター 5．スルタン 6．イェルサレム
7．ムラービト 8．ムワッヒド
問1―ア．正 イ．誤 問2―ア．正 イ．誤
問3―運動．レコンキスタ 王朝．ナスル朝
解説
問1 イ―誤。フレグが建てたのはイル＝ハン国。
問2 イ―誤。マムルーク朝の都はカイロ。
論述問題へのアプローチ（解答例）
ムスリム政権はヒンドゥー教徒の社会を破壊せず、彼らからジズヤを徴収するだけにとどめた。その間、イスラーム神秘主義者のスーフィーの活動などにより、イスラーム教に改宗する人が増えた。（89字）

---

2 宋と周辺国家（p.44〜47）
基本事項のチェック
❶ 東アジアの変動
①後梁 ②荘園 ③渤海 ④王建 ⑤大蔵経
⑥高麗青磁 ⑦大越 ⑧国風文化 ⑨鎌倉
❷ 北方民族の隆盛
①耶律阿保機 ②澶淵の盟 ③二重統治 ④ウイグル
⑤西夏（大夏） ⑥完顔阿骨打 ⑦耶律大石
⑧猛安・謀克
❸ 宋の政治・経済
①趙匡胤 ②文治 ③節度使 ④殿試 ⑤神宗
⑥青苗 ⑦司馬光 ⑧靖康の変 ⑨臨安（杭州）

⑩秦檜　⑪淮河　⑫清明上河図　⑬鎮　⑭作　⑮交子
⑯佃戸　⑰蘇湖(江浙)熟すれば天下足る　⑱占城稲
⑲市舶司

❹ 宋代の文化

①士大夫　②周敦頤　③朱熹(朱子)　④大義名分論
⑤資治通鑑　⑥古文復興　⑦院体画　⑧青磁　⑨詞
⑩全真教　⑪木版印刷

読み取り力のチェック

①—A：西遼(カラキタイ)　B：西夏　C：大理
②—皇帝：徽宗　事件：都の開封を金に占領され、徽宗自身も捕虜となった。　③淮河　④市舶司

step up 教科書の発問(解答例)

❶　北方・西方の勢力が強大化して中国を圧迫するようになったことと同時に、中国国内でも新しい動きが起こった。戦乱に伴う貴族の没落や、外来文化の影響を排して中国古来の文化に戻ろうとする動きは、唐代後期からみられたが、宋代には周辺勢力の圧迫に対応して、これらの動きが新しい政治制度や文化となってあらわれた。外敵に対抗するため政治・軍事の中央集権化が進められ、また外来の文化に対抗して哲学的・道徳的性格の強い儒学が隆盛となった。儒学の素養をもつ士大夫が、科挙を通じ官界に進出して政治の担い手となった。

入試問題へのチャレンジ

1　1．後周　2．殿試　3．タングート　4．女真
5．欽宗　6．臨安　7．佃戸　8．行　9．会子
10．市舶司　問1．節度使　問2．②
問3—ア．正　イ．誤　問4．靖康の変
問5．高麗青磁

解説

問2　①澶淵の盟は北宋を兄、遼を弟とするもので、北宋を臣従させるものではなかった。③遼は五代の後晋から燕雲十六州を獲得した。
問3　イ—誤。青苗法は農民への貸し付け。

2　1．士大夫　2．周敦頤　3．訓詁
4．朱熹(朱子)　5．蘇軾　6．王安石　7．詞
8．司馬光　9．編年体
問1．⑴青磁　白磁　⑵文人画

資料問題へのアプローチ

問1．⑴—国名．金　民族．女真(女直、ジュシェン)
⑵秦檜　⑶銀　絹
問2．伝統的な中華思想をもつ中国の王朝が異民族国家の臣下となり、毎年多額の貢ぎ物を贈らされたため。

論述問題へのアプローチ(解答例)

藩鎮勢力の武断政治を改めて文治主義をとり、節度使を廃止して文官を配置し、皇帝の親衛軍を強化した。また、科挙の最終試験として殿試を新設して君主独裁体制の基礎をつくった。(83字)

3　モンゴル帝国(p.48〜49)

基本事項のチェック

❶ モンゴル帝国の形成

①クリルタイ　②西夏　③カラコルム　④ヴァールシュタット(ワールシュタット、レグニツァ)
⑤アッバース　⑥キプチャク

❷ 元の東アジア支配

①カイドゥ　②大都　③高麗　④科挙　⑤色目人
⑥南人　⑦駅伝網(駅伝制、ジャムチ)　⑧大運河
⑨交鈔　⑩西廂記　⑪西遊記

❸ モンゴル時代のユーラシア

①ルブル(ッ)ク　②モンテ゠コルヴィノ
③マルコ゠ポーロ　④授時暦　⑤パクパ

❹ モンゴル帝国の解体

①ティムール　②モスクワ大公　③紅巾

step up 教科書の発問(解答例)

❶　宋は領土が漢人の居住する農耕地帯にほぼ限られていたこともあって、中央集権的な官僚制度によって全土を支配した。それに対し、モンゴル帝国は文化や生業を異にするユーラシアの広大な地域に広がっていたので、領土はチンギス゠カンの子孫たちが治めるいくつかの地方政権にわけられ、それらがカアンのもとでゆるく統合される形がとられた。このような分権的支配ではあったが、帝国全体をカバーする駅伝網が設けられ、交通路の整備がなされたので、人や商品、情報の交流は活発におこなわれた。

入試問題へのチャレンジ

1　1．テムジン　2．オゴデイ　3．バトゥ
4．フレグ　5．クビライ　6．色目人
7．駅伝網(駅伝制、ジャムチ)　8．紅巾
問1．西夏　問2．イル゠ハン国
問3—ア．誤　イ．正

解説

問3　ア—誤。大都の大司教となったのはモンテ゠コルヴィノ。

論述問題へのアプローチ(解答例)

中国伝統の官僚制を採用したが、科挙の実施は制限された。金支配下の漢人や南宋支配下の南人に比べ、西方諸民族の色目人が重用され、士大夫も官界で活躍する機会は少なかった。(82字)

第8章　キリスト教ヨーロッパの成熟と交流

1　教皇権の発展とヨーロッパの膨張(p.50〜53)

基本事項のチェック

❶ 神聖ローマ帝国の成立と1000年頃のヨーロッパ

①ザクセン(オットー)　②マジャール　③962
④アングロ゠サクソン
⑤カヌート(クヌーズ・クヌート)
⑥ウラジーミル(ウラディミル)1世
⑦ユーグ゠カペー　⑧レオン　⑨マケドニア

❷ 教皇座の改革と東西教会の分裂
①クリュニー ②コンスタンティノープル
③グレゴリウス7世
④カノッサの屈辱(カノッサ事件) ⑤ヴォルムス
⑥ノルマンディー公ギヨーム(ウィリアム)

❸ 十字軍と騎士の台頭
①再征服運動(国土回復運動、レコンキスタ)
②セルジューク ③プロノイア ④ウルバヌス2世
⑤イェルサレム ⑥ローランの歌
⑦ルッジェーロ2世

❹ ヨーロッパの膨張と成熟
①バルト ②シトー ③トレド ④12世紀ルネサンス
⑤ロマネスク ⑥シュタウフェン ⑦ロンバルディア
⑧プランタジネット ⑨ゴシック ⑩フィリップ2世
⑪リチャード1世 ⑫コンスタンティノープル
⑬カタリ(アルビジョワ) ⑭大憲章(マグナ=カルタ)
⑮ルイ9世 ⑯ポルトガル ⑰ナポリ ⑱大空位時代
⑲フランシスコ ⑳トマス=アクィナス

❺ 中世都市の成立と発展
①ギルド ②香辛料 ③シャンパーニュ
④フランドル

読み取り力のチェック
a：サラディン(サラーフ=アッディーン)
b：フリードリヒ1世 c：リチャード1世
d：インノケンティウス3世 e：ラテン帝国

step up 教科書の発問(解答例)
❶ ヴォルムス協約は、高位聖職者の叙任は教皇が、授封は皇帝が権限をもつという形で妥協したにすぎず、教皇権と皇帝権のどちらがキリスト教世界を主導すべきかという根本の部分は未解決のままだった。また両者はイタリアにおける党派抗争においても当事者として深く関わっていたため対立が続くこととなった。

❷ 中世中期の経済成長により、ヨーロッパ各地で交易の場や手工業生産の場としての都市が発展していった。人口が集中し経済活動による富の集積地でもある都市は有望な財源として君主や諸侯らに保護されたが、商人層を中心とする都市民も領主から特許状を得て法的に自治権を獲得し、独自の共同体としてその利益を守った。

入試問題へのチャレンジ
1 1．クレルモン 2．インノケンティウス3世
3．ジョン 4．カペー 問1—ア．正 イ．誤
問2．①③ 問3—ア．誤 イ．正
解説
問1 イ—誤。司教の叙任権はローマ教会がもつことになった。
問2 ②聖地奪回は失敗した。④攻略したのはコンスタンティノープル。
問3 ア—誤。カタリ派の拠点は南フランス。
2 1．ジェノヴァ 2．ミラノ 3．毛織物
4．シャンパーニュ 5．特許状

6．ロンバルディア 問1—(1)① (2)①
問2—ア．正 イ．正

資料問題へのアプローチ
問1．(1)ハインリヒ4世
(2)カノッサの屈辱(カノッサ事件)
(3)教皇に破門され、王位の維持が困難となったため。
問2．(1)ジョン (2)アルビジョワ十字軍
(3)フランシスコ会 ドミニコ会
(4)第4回十字軍は聖地に向かわず、コンスタンティノープルを占領してラテン帝国を建国した。

論述問題へのアプローチ(解答例)
クリュニー修道院の影響を受けた教皇グレゴリウス7世は、叙任権をめぐりドイツ王ハインリヒ4世と対立し、カノッサで屈服させた。その後、ヴォルムス協約により両者の妥協が成立した。(86字)

---

2 ヨーロッパの危機とルネサンス(p.54〜57)
基本事項のチェック
❶ 教皇権の衰退と英仏百年戦争
①模範議会 ②全国三部会 ③アナーニ
④教皇のバビロン捕囚 ⑤教会大分裂(大シスマ)
⑥ヴァロワ ⑦クレシー ⑧ジャンヌ=ダルク
⑨カレー ⑩バラ戦争 ⑪ヨーマン

❷ 中央ヨーロッパとバルト海地域
①金印勅書 ②ハプスブルク ③ハンザ
④カルマル連合(同盟) ⑤ドイツ騎士団
⑥ヤゲウォ(ヤゲロー) ⑦キプチャク=ハン
⑧イヴァン3世

❸ 14世紀の危機
①コンスタンツ ②ペスト(黒死病)
③ジャックリーの乱 ④ウィクリフ ⑤火刑
⑥ニコポリス

❹ ルネサンス
①フィレンツェ ②ダンテ ③デカメロン
④ブルネレスキ ⑤ヴィーナスの誕生
⑥レオナルド=ダ=ヴィンチ ⑦最後の審判
⑧サン=ピエトロ大聖堂 ⑨アテネの学堂

❺ イベリア半島諸国の情勢
①サンティアゴ=デ=コンポステラ ②イサベル
③グラナダ

読み取り力のチェック
①ハプスブルク家 ②地名：コンスタンツ 場所：b
③—A：モスクワ大公国 B：ドイツ騎士団領
C：リトアニア大公国
④—王朝：ヤゲウォ(ヤゲロー)朝
関係：バルト海沿岸部をめぐって対立した。
⑤—同君連合：カルマル連合(同盟)
都市同盟：ハンザ同盟

step up 教科書の発問(解答例)
❶ ヨーロッパでは人口減少により経済活動が停滞し、農民層の相対的地位向上により領主の農民支配が大き

く揺らいだ。当時のイスラーム世界における政治や経済の中心地であったエジプトもペストによる人口減少により経済的に打撃を受けた。中国でも疫病と自然災害が重なり人々の生活を直撃し、農民反乱が広がるなかで元は明に敗れ、北方に退いた。

入試問題へのチャレンジ

1 1．ノルマンディー　2．アンジュー　3．プランタジネット　4．ジョン　5．ヴァロワ　6．（歩兵）長弓　7．オルレアン　問1．②④

解説

問1　①大空位時代は13世紀。③結成されたのはカルマル同盟。

2 1．カロリング　2．法学　3．サレルノ　4．シチリア　5．ラテン　問1─ア．正　イ．誤　問2─ア．誤　イ．正　問3─ア．誤　イ．正

解説

問1　イ─誤。叙任権をめぐる争いは教皇と神聖ローマ皇帝（ドイツ国王）の争い。

問2　ア─誤。『神学大全』を著したのはトマス＝アクィナス。

問3　ア─誤。尖塔やステンドグラスはゴシック様式にみられる。ロマネスク様式は厚い石壁や小さな窓などを特徴とする。

資料問題へのアプローチ

問1．(1)─文書．金印勅書　皇帝．カール4世　(2)再び大空位時代にならないようにするため。

問2．(1)─諸侯．選帝侯　地名．ブランデンブルク　(2)国内諸侯の特権が拡大し、帝国は領邦の連合体と化した。

論述問題へのアプローチ（解答例）

イスラーム圏に継承されていたアリストテレス哲学など古典古代の学問が、イベリア半島やシチリア島でラテン語に翻訳された。このようななか、ボローニャ大学などの大学が設立され、12世紀ルネサンスが起こった。(98字)

第9章　交易の進展と東アジア・東南アジア

1　明朝と大交易時代の東アジア・東南アジア（p.58〜61）

基本事項のチェック

❶　14世紀の東アジア

①紅巾　②朱元璋　③北元　④鎌倉　⑤（前期）倭寇

❷　明朝の統治と朝貢体制

①里甲　②魚鱗図冊　③六諭　④中書省　⑤朱子学　⑥衛所　⑦海禁　⑧靖難の役　⑨北京　⑩鄭和　⑪琉球　⑫訓民正音　⑬足利義満　⑭黎　⑮エセン

❸　交易の発展と朝貢体制の動揺

①マラッカ　②アユタヤ　③（後期）倭寇　④アルタン（アルタン＝ハーン）　⑤北虜南倭　⑥アカプルコ　⑦マカオ

❹　明代後期の社会経済・文化

①湖広熟すれば天下足る　②綿織物　③桑　④景徳鎮　⑤徽州（新安）　⑥会館　⑦一条鞭法　⑧東林　⑨陽明　⑩坤輿万国全図　⑪徐光啓　⑫天工開物

❺　東アジアの新興勢力

①織田信長　②李舜臣　③朱印船　④オランダ　⑤女真（女直、ジュシェン）　⑥八旗　⑦ホンタイジ　⑧李自成

読み取り力のチェック

①明との朝貢貿易で得た中国の物産をアジア諸国に売り、莫大な利益を得ていたため。

②東シナ海　南シナ海　③マラッカ王国

step up 教科書の発問（解答例）

❶ 農民反乱軍から生まれた明朝政権は、朝貢・冊封を通じ周辺諸国の承認を得ることで、国内的にも自らの正当性を主張しようとした。靖難の役で帝位を簒奪した永楽帝も、外国の承認によって自らの権力の正当性を守る必要があった。周辺諸国の側でも、14世紀から15世紀初頭は、朝鮮や日本で国内が安定していなかったほか、建国当初の琉球王国やマラッカ王国でも、政権は明の後ろ盾を得ることを求めていた。政治的な理由のほか、朝貢の回賜として得る財物も重要であり、それらを国内で用いるのみならず、再輸出してさらに利益を得ることも可能であった。

入試問題へのチャレンジ

1 1．洪武　2．中書省　3．朱子学　4．賦役黄冊　5．六諭　6．（前期）倭寇　7．朝貢　8．鄭和　問1─ア．正　イ．正　問2．靖難の役　問3─ア．誤　イ．正

解説

問3　ア─誤。東南アジアの貿易拠点となったのはマラッカ王国。

2 1．桑　2．生糸　3．会館　4．一条鞭法　5．徐光啓　6．農政全書　7．アダム＝シャール　8．天工開物　問1．湖広熟すれば天下足る　問2．(1)アカプルコ　(2)マニラ

資料問題へのアプローチ

問1─元号．永楽　人名．鄭和

問2．南海諸国に明への朝貢を促すため。

論述問題へのアプローチ（解答例）

皇帝独裁体制の強化をはかり、中書省とその長官である丞相を廃止し、六部を皇帝直属とした。中央の軍隊は皇帝が指揮する五軍都督府に統括させ、皇帝ごとに元号を定める一世一元の制を確立した。(90字)

第10章　アジア諸地域の再編

1　オスマン朝とサファヴィー朝・ムガル朝（p.62〜65）

基本事項のチェック

❶　オスマン朝の拡大とその支配

①バヤジット1世　②メフメト2世

③イスタンブル　④セリム1世　⑤ウィーン

⑥スペイン　⑦ティマール　⑧イェニチェリ

⑨シナン

❷　サファヴィー朝の盛衰
①シーア　②イスマーイール1世　③ポルトガル

④世界の半分　⑤イマーム　⑥アフガン

❸　ムガル朝のインド支配
①バーブル　②マンサブダール　③ジズヤ

④マラーター　⑤シク　⑥ウルドゥー

⑦タージ=マハル

読み取り力のチェック
①イラクやメソポタミア地方をめぐる領土紛争。

②―オスマン朝：スレイマン1世

サファヴィー朝：アッバース1世

ムガル朝：アクバル

③―地名：プレヴェザ　国：スペイン王国

都市：ヴェネツィア

④―地名：アンカラ　王朝：ティムール朝

⑤―ア：イマーム（王）の広場　所在地：f

イ：タージ=マハル

step up 教科書の発問（解答例）
❶　タージ=マハルは墓廟であるがドーム、ミナレッ
ト、庭園、タイルなどイスラーム建築特有の要素がみ
られる。ミナレットは元来モスクの周囲に設置され
た。また、庭園は死後の復活の後に訪れる天国をイメ
ージしている。

入試問題へのチャレンジ
1　1．アンカラ　2．1453　3．イスタンブル

　4．マムルーク　5．スレイマン1世

　6．プレヴェザ　7．ウラマー　8．イェニチェリ

　問1．メッカ　メディナ　**問2**．①　**問3**．③

2　1．バーブル　2．ロディー　3．アクバル

　4．シャー=ジャハーン　5．アウラングゼーブ

　問1．ウズベク人　問2―ア．誤　イ．誤

　問3．マラーター王国

解説
　問2　ア―誤。復活したのはジズヤ（人頭税）。　イ―
　　　誤。内容は正しいが時代が異なる。アウラング
　　　ゼーブの在位は1658～1707年。シク教の創設は
　　　16世紀初頭。

資料問題へのアプローチ
　問1―a．スルタン　b．カリフ

　問2―法官．カーディー　知識人．ウラマー

　問3．地域ごとに宗教共同体をつくらせ、非ムスリム
　　　が人頭税を納入すれば、その信仰を許した。

論述問題へのアプローチ（解答例）
　アクバルは、人口の多いヒンドゥー教徒との融和をは
　かり、非ムスリムへの人頭税を廃止したが、アウラン
　グゼーブは、人頭税を復活するなど、イスラーム法を
　厳格に施行した。（80字）

2　清朝と周辺諸国（p.66～69）
基本事項のチェック
❶　清朝の広域支配
①呉三桂　②藩王　③鄭成功　④三藩の乱

⑤ネルチンスク　⑥キャフタ　⑦ダライ=ラマ

⑧新疆　⑨理藩院　⑩琉球

❷　清朝の中国統治
①科挙　②緑営　③辮髪　④ハン　⑤紫禁

⑥四庫全書　⑦文字の獄

❸　清代の社会・経済と文化
①南洋華僑　②行商　③地丁銀　④トウモロコシ

⑤白蓮教徒　⑥考証学　⑦紅楼夢　⑧儒林外史

⑨―a：アダム=シャール　b：フェルビースト

　c：皇輿全覧図　d：円明園　⑩典礼　⑪雍正帝

読み取り力のチェック
①乾隆帝　②―皇帝：康熙帝　理由：西北の遊牧民ジ
ュンガルに備えるため。

③現地勢力に支配をゆだね、理藩院が統括する統治方
法。

④清朝への朝貢国。

⑤都市：広州　政策：唯一の貿易港とする。

step up 教科書の発問（解答例）
❶　明の朝貢体制が崩れ、満洲人の清朝による中国支配
が始まったことに対し、近隣諸国の衝撃は大きく、朝
鮮や日本では、中国に対する自立的な意識が高まっ
た。明朝に比べて清朝は朝貢関係の形成にそれほど積
極的ではなかったが、清朝の権威のもとで東アジア・
東南アジアには比較的平和な時期が続き、民間の交易
も活発化した。そのため、東南アジアには多くの中国
人が移住し、経済面で大きな力をもつようになった。

入試問題へのチャレンジ
1　1．李自成　2．雲南　3．康熙

　4．黒竜江（アムール川）　5．新疆（東トルキスタン）

　6．朝貢　7．乾隆　問1．三藩の乱　問2．①

　問3．①②③　問4―ア．正　イ．誤

　問5．文字の獄

解説
　問3　④科挙制度は受け継がれた。

　問4　イ―誤。ツォンカパではなくダライ=ラマ。ツ
　　　ォンカパはチベット仏教黄帽派の創始者。

2　1．紅楼夢　2．考証　3．イエズス　4．円明園

　5．トウモロコシ　6．南洋華僑　7．広州

　8．行商　問1．雍正帝　問2．ブーヴェ

　問3―ア．正　イ．誤　問4．地丁銀制

解説
　問3　イ―誤。キリスト教の布教を禁止したのは雍正
　　　帝。

資料問題へのアプローチ
　問1―皇帝．康熙帝　王．ルイ14世

　問2―条約．ネルチンスク条約

　山脈．スタノヴォイ山脈

論述問題へのアプローチ(解答例)

清朝は中央官制の要職に満洲人と漢人を同数登用し、漢人学者を優遇して『四庫全書』などの大編纂事業を行う一方、満洲人風俗を漢人に強制したり、文字の獄などで反清思想を弾圧したりした。(88字)

第11章　ヨーロッパの成長と世界の一体化

1　ヨーロッパ人の海洋進出と世界の一体化(p.70〜73)

基本事項のチェック

❶　**大西洋探検の始まりとその背景**
①レコンキスタ(国土回復運動)　②羅針盤
③オスマン　④世界の記述(東方見聞録)

❷　**ポルトガルのアジア参入**
①エンリケ　②バルトロメウ=ディアス
③ヴァスコ=ダ=ガマ　④ゴア　⑤マラッカ(ムラカ)
⑥マカオ

❸　**スペインのアメリカ征服**
①地球球体　②サンサルバドル
③アメリゴ=ヴェスプッチ　④カボット(父)
⑤カブラル　⑥バルボア
⑦マゼラン(マガリャンイス)　⑧アステカ　⑨ピサロ
⑩エンコミエンダ　⑪ラス=カサス　⑫ポトシ

❹　**大西洋世界の成立**
①価格革命　②西インド　③コーヒー　④ルイジアナ
⑤ピルグリム=ファーザーズ　⑥毛皮　⑦綿花

❺　**ヨーロッパ経済の動向**
①17世紀の危機　②農場領主制　③商業革命

読み取り力のチェック
①—ア:カボット　イ:コロンブス
ウ:バルトロメウ=ディアス
エ:ヴァスコ=ダ=ガマ
オ:カブラル　カ:マゼラン(一行)　②a
③—条約:トルデシリャス条約　内容:分界線の東を
ポルトガルの、西をスペインの勢力圏とすること。

step up 教科書の発問(解答例)

❶　スペインによるアメリカ征服の最大の原動力は軍事力である。征服者たちは最先端の火器や馬を駆使して先住民国家と戦い、わずかな兵力で勝利した。それに対しポルトガルが進出したアジア諸地域では明のような強大な帝国が栄え、戦乱の絶えなかった日本も軍事的に非常に発展しており、ポルトガルの軍事力でこれらの地域を征服することはまったく不可能だった。

❷　コーヒーはエチオピア原産とされ、イスラーム教のスーフィーが修行に利用していたが、オスマン朝で飲料として一般に普及した。ヨーロッパには16世紀頃に伝わり、酒よりも健康的な飲料として各国で普及して都市には多くのコーヒーハウス(カフェ)が開かれた。このようにヨーロッパで需要が増大したコーヒーは砂糖と同様に中南米のプランテーションで奴隷を使役して生産され、ヨーロッパ諸国に輸出された。

入試問題へのチャレンジ

１　1．レコンキスタ(国土回復運動、再征服運動)
2．世界の記述(東方見聞録)　3．エンリケ
4．喜望峰　5．カリカット　6．サンサルバドル
7．ブラジル　8．アメリゴ=ヴェスプッチ
9．マルク(モルッカ)
10．征服者(コンキスタドール)　11．コルテス
12．インカ　問１．羅針盤　問２—ア．誤　イ．正
問３．①④　問４．バルボア

解説
問２　ア—誤。アラゴンとカスティリャの連合は15世紀後半。

２　1．フィリピン　2．陶磁器　3．バルト
4．農場領主制　問１—ア．正　イ．正
問２．価格革命
問３．黒人と白人・インディオの人種混淆が進んだ。

資料問題へのアプローチ
問１—人名．ラス=カサス　制度．エンコミエンダ制
問２．黒人奴隷が輸入され、過酷な労働に従事させられた。

論述問題へのアプローチ(解答例)
ゴアに総督府をおいたポルトガルは、マラッカを占領して香辛料貿易に参入し、マカオと長崎を拠点として中国・日本との貿易も展開した。首都リスボンの港はアジア貿易の中継基地として繁栄した。(90字)

2　近世の始まりと宗教改革(p.74〜77)

基本事項のチェック

❶　**イタリア戦争**
①主権国家体制　②フランソワ１世　③ハプスブルク
④マキァヴェリ　⑤軍事革命　⑥ハンガリー
⑦プレヴェザ

❷　**近世初期のヨーロッパ文化**
①レオナルド=ダ=ヴィンチ　②ブリューゲル
③愚神礼賛　④(トマス=)モア　⑤ホルバイン
⑥ガルガンチュアとパンタグリュエルの物語
⑦ドン=キホーテ　⑧シェークスピア
⑨ボッカチオ(ボッカッチョ)　⑩コペルニクス
⑪グーテンベルク

❸　**宗教改革**
①サン=ピエトロ大聖堂　②九十五カ条の論題
③帝国議会　④『新訳聖書』のドイツ語訳
⑤ミュンツァー　⑥アウクスブルクの和議

❹　**カルヴァンの改革**
①プロテスタント　②ツヴィングリ　③ジュネーヴ
④予定説　⑤ヘンリ８世　⑥統一　⑦スコットランド
⑧サンバルテルミの虐殺　⑨ナントの王令
⑩オラニエ(オレンジ)公ウィレム

❺　**カトリックの動向**
①トリエント　②宗教裁判　③イエズス会

　①—a：ピューリタン　b：ユグノー　②ルター派
　③カトリック信仰の地域が減少した。
　④カトリック信仰の地域を増やすため、イエズス会が
　ヨーロッパ各地やアジア・中南米で布教を行った。

step up 教科書の発問(解答例)

❶　中世後期にはイングランドのウィクリフやチェコの
フスのような神学者がカトリック教会のあり方を批判
したが、教会の断罪と世俗権力の弾圧により批判は封
じ込められた。しかしルターの宗教改革は教会の断罪
にもかかわらず、彼を保護したザクセン侯や政治情勢
から彼に譲歩した皇帝カール5世のように、世俗権力
の姿勢により根絶を免れた。また16世紀には印刷術が
発達しており、反イタリア＝反教皇の観念が強かった
ドイツでルターらの教説が出版を通じて広く流布して
いたことも大きかった。

入試問題へのチャレンジ

1　1．ハプスブルク　2．ヴァロワ
　　3．カルロス1世　4．フランソワ1世
2　1．アルプス　2．ネーデルラント(オランダ)
　　3．羅針盤　4．コペルニクス
　　問1．マキァヴェリ　問2—ア．正　イ．誤
　　問3．エリザベス1世

解説
　問2　イ—誤。モアは当時のイングランド社会を批
　　　　判・風刺し、キリスト教の天国とは別の理想郷
　　　　の可能性を示した。
3　1．贖宥状　2．ドイツ農民　3．プロテスタント
　　4．イングランド国教会　問1．信仰
　　問2—ア．正　イ．誤　問3—ア．正　イ．誤
　　問4—ア．正　イ．誤

解説
　問2　イ—誤。サンバルテルミの虐殺はユグノー戦争
　　　　中のフランスで起こった。
　問3　イ—誤。ユグノーと呼ばれたのはフランスのカ
　　　　ルヴァン派。オランダのカルヴァン派はゴイセ
　　　　ン(フーセン・ヘーゼン)と呼ばれた。
　問4　イ—誤。ザビエルはアジアで布教を行った。

資料問題へのアプローチ
　問1．農奴制
　問2．ルターが完成させたドイツ語訳聖書が、活版印
　　　　刷により普及していたため。

論述問題へのアプローチ(解答例)
　新旧両教徒の対立が宗教戦争に発展したドイツでは、
アウクスブルクの和議で諸侯の宗教選択が認められ、
政治的分裂が進んだが、イギリスでは国王至上法で国
教会が成立し、王権が強化された。(88字)

3　主権国家体制と覇権抗争(p.78〜83)
基本事項のチェック
❶　**主権国家と絶対王政**
　①ネーデルラント　②レパント　③ポルトガル
　④エリザベス1世　⑤無敵艦隊(アルマダ)
　⑥第1次囲い込み　⑦東インド会社　⑧エル＝グレコ
　⑨ブルボン　⑩ユトレヒト　⑪ボヘミア(ベーメン)
　⑫デンマーク　⑬グスタフ＝アドルフ　⑭フランス
　⑮主権国家　⑯スイス　⑰カルヴァン　⑱(国家)主権
　⑲西ポンメルン

❷　**オランダの覇権から英仏の抗争へ**
　①アムステルダム　②アンボイナ　③バタヴィア
　④ニューアムステルダム　⑤重商
　⑥イギリス＝オランダ(英蘭)　⑦レンブラント
　⑧グロティウス　⑨ホラント　⑩全国三部会
　⑪三十年　⑫フロンド　⑬王権神授　⑭ヴェルサイユ
　⑮ユグノー　⑯モリエール　⑰ステュアート
　⑱権利の請願　⑲アイルランド　⑳共和政　㉑水平
　㉒リヴァイアサン　㉓航海法　㉔護国卿　㉕フランス
　㉖審査法　㉗ホイッグ　㉘オランダ　㉙権利の章典
　㉚ロック　㉛グレートブリテン
　㉜ハノーファー(ハノーヴァー)　㉝ウォルポール

読み取り力のチェック
　①ハプスブルク家の領土
　②—A：デンマーク　B：スコットランド
　　C：テューダー　D：ヴァロワ　E：オスマン
　③ウィーン
　④—国名：フランス　理由：フランスは、神聖ローマ
　帝国とスペインという両ハプスブルク家の間に位置
　し、その脅威にさらされていたため。

step up 教科書の発問(解答例)
❶　第1に、同時期に大陸では三十年戦争が展開してお
り、フランスやスペイン、オランダなどがイングラン
ド情勢に介入する余裕がなかったため。第2に、イン
グランドの革命は本質的に王権と身分制議会の争いで
あり、また革命派もイングランド人民の権利を守るこ
とに主眼をおいた。フランス革命は他の諸国の支配層
に恐怖心を与えて革命への干渉につながったが、イン
グランドの革命はそのような警戒を呼び起こさなかっ
たため。

入試問題へのチャレンジ
1　1．カルロス1世　2．フェリペ2世
　　3．カトー＝カンブレジ　4．レパント
　　5．ポルトガル　6．ユトレヒト　7．東インド会社
　　8．アムステルダム　問1—ア．正　イ．誤
　　問2．太陽の沈まぬ帝国　問3．ドレーク
　　問4．②③

解説
　問1　イ—誤。オスマン朝が包囲したのはウィーン。
　問4　①マニラはフィリピン(ルソン島)の都市。④ス
　　　　ペイン人ではなくイギリス人が追放された。

2 　1．ボヘミア(ベーメン)　2．バルト
　　3．カルヴァン　4．ブルボン
　問1．諸侯が自らの領邦の宗教を選択できる原則。
　問2．(1)アルザス　(2)西ポンメルン

3 　1．サンバルテルミ　2．ヴァロワ
　　3．アンリ4世　4．ナント　5．マザラン
　　6．フロンド　7．王権神授　8．バロック
　問1―国名．ハイチ　商品．砂糖
　問2．(1)ユトレヒト条約　(2)ジブラルタル

4 　1．スコットランド　2．権利の請願　3．水平派
　　4．航海法　5．フランス　6．カトリック
　問1―ア．誤　イ．正　問2―ア．誤　イ．正

解説
　問1　ア―誤。イングランドは平時の常備軍と官僚制
　　　　度をもたなかった。
　問2　ア―誤。人身保護法は不当な逮捕・拘禁の禁止
　　　　を定めた。

資料問題へのアプローチ
　問1．王権神授説
　問2．国王権力は神に由来し、人民はもちろん、皇帝
　権や教皇権からも干渉されない。

論述問題へのアプローチ(解答例)
　航海法が英蘭戦争の原因となり、オランダはニューア
ムステルダムなどを割譲した。フランス王ルイ14世が
オランダ侵略を企てると、両国は名誉革命を機に同君
連合を形成してこれに対抗した。(87字)

4　東欧・北欧世界と近世の文化(p.84〜87)
基本事項のチェック
❶　ポーランド・スウェーデン・ロシアの動向
　①カトリック　②選挙　③ルター　④オーストリア
　⑤三十年　⑥北方　⑦タタール(モンゴル人)
　⑧ツァーリ　⑨オランダ　⑩ペテルブルク
　⑪ネルチンスク　⑫クリミア　⑬プガチョフ
　⑭ラクスマン　⑮ディドロ

❷　プロイセンとオーストリア
　①ドイツ騎士団領　②ブランデンブルク
　③フリードリヒ=ヴィルヘルム1世
　④カルロヴィッツ　⑤シュレジエン　⑥外交革命
　⑦ヨーゼフ2世　⑧僕(下僕)　⑨サンスーシ

❸　17〜18世紀のヨーロッパ文化と社会
　①ニュートン　②フランシス=ベーコン　③デカルト
　④ロック　⑤ヴォルテール　⑥モンテスキュー
　⑦人間不平等起源論　⑧ケネー
　⑨最大多数の最大幸福　⑩サロン　⑪コーヒーハウス

読み取り力のチェック
　①ポーランド分割(第1次)
　②―B：エカチェリーナ2世　C：ヨーゼフ2世
　　D：フリードリヒ2世

step up 教科書の発問(解答例)
❶　プロイセンは18世紀前半に絶対王政を確立し、財政

と軍事も整備した。世紀後半のフリードリヒ2世時代
に、オーストリアやポーランドから領土を奪い、列強
の一角を占めた。ナポレオン戦争期にはフランスの軍
事力に屈服したが、他国と協同してフランス支配を脱
し、ウィーン体制時代にはドイツ西部の経済先進地域
を領有した。これによりドイツ産業革命を主導するこ
とができ、工業生産を増大させた。また兵制を改革
し、陸軍も増強した。19世紀のドイツでは統一の機運
が高まっていたが、プロイセンは統一をめぐる主導権
をオーストリアと争って戦争で同国を破り、ドイツ人
の国民国家としてのドイツ帝国がプロイセンを中心に
成立した。

入試問題へのチャレンジ
1 　1．ウェストファリア　2．ブランデンブルク
　　3．ドイツ騎士団　4．スペイン
　　5．フリードリヒ=ヴィルヘルム1世　6．ユンカー
　　7．マリア=テレジア　8．外交革命
　問1．西欧向けの穀物
　問2．国王ルイ14世が、ナントの王令を廃止した。
　問3―ア．正　イ．正

2 　1．モスクワ　2．ビザンツ　3．ロマノフ
　　4．バルト　5．北方　6．スウェーデン
　　7．ペテルブルク　8．エカチェリーナ2世
　問1．ギリシア(東方)正教　問2―ア．誤　イ．正
　問3．プガチョフ　問4―ア．誤　イ．誤

解説
　問2　ア―誤。ラクスマンを派遣したのはエカチェリ
　　　　ーナ2世。
　問4　ア―誤。ヤゲウォ朝は16世紀後半に断絶。
　　　　イ―誤。オスマン朝ではなくプロイセン。

資料問題へのアプローチ
　問1―A．フリードリヒ2世
　　B．エカチェリーナ2世
　問2．自らの指導力を強め、富国強兵策を進めるた
　め。

論述問題へのアプローチ(解答例)
　政治的には王権が強大化して絶対王政が拡大し、主権
国家体制が定着するなかで、その財政を支える経済政
策として重商主義が採用された。各国では国内産業の
育成と植民地の獲得が進められた。(88字)

第12章　国民国家と近代民主主義社会の形成
1　産業革命とアメリカ革命(p.88〜91)
基本事項のチェック
❶　商業社会と産業革命
　①名誉　②第2次囲い込み　③重商　④(大西洋)三角
　⑤中国　⑥織布　⑦飛び杼　⑧クロンプトン
　⑨力織機　⑩ワット　⑪蒸気船　⑫石炭　⑬労働者
　⑭マンチェスター　⑮リヴァプール　⑯ラダイト運動

❷　アメリカ革命
　①オランダ　②ピルグリム=ファーザーズ

③フレンチ＝インディアン　④プランテーション
⑤印紙　⑥茶　⑦フィラデルフィア　⑧レキシントン
⑨ワシントン　⑩（トマス＝）ペイン　⑪ジェファソン
⑫ロック　⑬抵抗権（革命権）　⑭スペイン
⑮武装中立同盟　⑯パリ　⑰連合規約
⑱フィラデルフィア　⑲連邦主義

読み取り力のチェック
①—a：武器　b：黒人奴隷　c：綿花　d：砂糖
e：綿織物　f：茶　②貿易赤字が常態化した。
③—名称：コモン＝センス
問題：植民地側が結束していなかった。
④—ボストン茶会　記号：a　東インド
⑤—都市：フィラデルフィア　記号：b
⑥—都市：ヨークタウン　記号：c

step up 教科書の発問（解答例）
❶　「権利の章典」の修正第1条は宗教・言論・出版・集会の自由、修正第5条は生命・自由・財産の保障を規定している。これら基本的人権は、日本国憲法では本文に明記されているが、アメリカ合衆国憲法には欠けていたことから修正条項で追加していることに違いがある。

入試問題へのチャレンジ
1　1．マンチェスター　2．リヴァプール
問1—ア．正　イ．誤　問2．(1)第2次囲い込み
(2)輪作などの新農法を導入するため。
問3—ア．誤　イ．正

解説
問1　イ—誤。ワットがニューコメンの蒸気機関を改良。
問3　ア—誤。ラダイト運動は機械打ちこわしの運動。

2　1．七年　2．ミシシッピ　3．スペイン
4．代表　5．東インド　6．ボストン茶会
7．マサチューセッツ　8．フィラデルフィア
9．レキシントン　10．ジェファソン
11．ヨークタウン　12．パリ　問1—ア．正　イ．誤
問2．革命権を主張することで独立戦争を正当化した。
問3．C・D

解説
問1　イ—誤。フランスは植民地側を支持した。

資料問題へのアプローチ
問1．ヴァージニア
問2．本国であるイギリスに抵抗すること。
問3．反連邦派(州権派)

論述問題へのアプローチ（解答例）
かつてイギリスとの植民地戦争に敗れたフランス・スペイン・オランダが植民地側で参戦し、ロシア皇帝エカチェリーナ2世が武装中立同盟を結成して海上封鎖された植民地に物資を供給したため。(89字)

2　フランス革命とナポレオン（p.92〜95）
基本事項のチェック
❶　フランス革命
①アンシャン＝レジーム(旧制度)　②テュルゴ
③全国三部会　④国民議会　⑤バスティーユ牢獄
⑥封建的特権の廃止　⑦人権宣言
⑧ヴェルサイユ行進　⑨立法議会　⑩ジロンド
⑪オーストリア　⑫8月10日　⑬国民公会
⑭山岳(ジャコバン)　⑮第1回対仏大同盟　⑯公安
⑰テルミドール(9日)　⑱1795年　⑲バブーフ

❷　ナポレオン時代
①イタリア　②ブリュメール18日
③宗教協約(政教協約、コンコルダ〈ート〉)
④アミアンの和約　⑤第一帝政　⑥トラファルガー
⑦アウステルリッツ　⑧ライン同盟　⑨大陸封鎖令
⑩ティルジット　⑪スペイン　⑫シュタイン
⑬ロシア　⑭ライプツィヒ　⑮エルバ
⑯ワーテルロー　⑰セントヘレナ

読み取り力のチェック
①免税特権をもつ聖職者や貴族を平民への重税で支えていること。
②—第1条：基本的人権　第3条：国民主権
第17条：所有権の不可侵
③オーストリア帝国　ロシア帝国　④ライン同盟
⑤a　⑥フランス商品を取引する市場となった。

step up 教科書の発問（解答例）
❶　山岳派は農民とサンキュロットを支持基盤にしており、彼らの運動を利用して独裁体制を確立した。封建的特権の無償廃止や最高価格令は彼らの要求に応えたものだったが、それらの実現は逆に彼らを革命から遠ざける結果となり、その力を利用することができなくなった。ロベスピエールが民衆に支持されていたエベール一派を粛清したことでかえって自らの没落を招き、反対派のクーデタを呼び寄せる結果となった。

入試問題へのチャレンジ
1　1．ネッケル　2．ヴェルサイユ
3．封建的特権(地代)　4．オーストリア
5．公安委員会　6．テルミドール(9日)
7．バブーフ　8．ボナパルト
問1．球戯場の誓い　問2—ア．正　イ．誤
問3．教会財産

解説
問2　イ—誤。女性参政権は明記されていない。神聖かつ不可侵の権利とされたのは所有権。

2　1．イタリア　2．ブリュメール18日
3．アミアン　4．ネルソン　5．アウステルリッツ
6．ハルデンベルク　7．ライプツィヒ
8．セントヘレナ
問1．イギリスとインドの通商を断つため。
問2．ダヴィド　問3．神聖ローマ帝国
問4．農奴解放　国内関税廃止(軍制改革)

問5．ロシアが焦土戦術をとったため。

資料問題へのアプローチ
　問1─国名．スペイン
　戦術．各地で遊撃的な戦闘を展開するゲリラ戦
　問2．ゴヤ

論述問題へのアプローチ(解答例)
　公安委員会を中心に実施された<u>領主制の無償廃止</u>は農民の保守化を招き、基本的人権を認めた<u>新憲法</u>は施行が延期された。ロベスピエールは徴兵制を導入し、<u>恐怖政治</u>と呼ばれる独裁的政治を進めた。(90字)

3　反動・改革と1848年の諸革命(p.96〜99)
基本事項のチェック
❶　ウィーン体制
　①メッテルニヒ　②タレーラン
　③─a：ポーランド　b：南ネーデルラント(オーストリア領ネーデルラント)　c：スリランカ(セイロン島)　d：ドイツ連邦
　④神聖同盟　⑤─a：カルボナリ
　b：デカブリスト(十二月党員)　c：カニング
❷　七月革命とロマン主義
　①─a：シャルル10世　b：ルイ＝フィリップ
　c：ベルギー　d：マッツィーニ　e：ロシア
　②a：ドラクロワ　b：ギリシア　c：フィヒテ
　d：ヴァーグナー　e：ランケ
　③カトリック教徒解放　④腐敗選挙区　⑤穀物
　⑥チャーティスト　⑦労働組合
　⑧最大多数の最大幸福　⑨ドイツ関税同盟
　⑩(ルイ＝)ブラン　⑪無政府主義(アナーキズム)
　⑫共産党宣言　⑬第1インターナショナル
❸　二月革命
　①選挙改革(選挙権拡大)　②ルイ＝フィリップ
　③(ルイ＝)ブラン　④第二共和政　⑤国立作業場
　⑥六月　⑦1851　⑧ナポレオン3世
❹　諸国民の春
　①1848　②(ウィーン)三月革命
　③(ベルリン)三月革命　④コシュート
　⑤ボヘミア(ベーメン)　⑥オーストリア
　⑦ローマ共和国　⑧イギリス
読み取り力のチェック
　①─題名：「民衆を導く自由の女神」
　人名：ドラクロワ　潮流：ロマン主義
　②d　③b　④e　⑤c　⑥f　⑦g　⑧a
step up 教科書の発問(解答例)
❶　イギリスやフランスなどの西欧では、ブルジョワジー主導で参政権の拡大などを求める自由主義運動が盛り上がった。ドイツやイタリアでも自由主義運動が活発だったが、同時に多数の中小諸国にわかれたドイツとイタリアの統一を求める国民主義運動も盛り上がった。またオーストリア支配下のチェコ人・ハンガリー人やロシア支配下のポーランド人などにも民族主義が

広まり、自治権の獲得や独立を求める運動が頻発した。

入試問題へのチャレンジ
1　1．正統　2．神聖　3．ギリシア　4．ルイ18世
　5．ブルボン　6．オランダ　7．第1回選挙法改正
　8．人民憲章　問1─ア．誤　イ．誤
　問2．(1)バイロン　(2)ロマン主義
　問3─ア．正　イ．誤
解説
　問1　ア─誤。カルボナリが活動したのはイタリア。
　　　　イ─誤。デカブリストの乱は軍人による。
　問3　イ─誤。オーストリアではなくロシアからの独立を求める蜂起が起こった。
2　1．オルレアン　2．六月事件(六月蜂起)
　3．ルイ＝ナポレオン　4．メッテルニヒ
　5．サルデーニャ　6．青年イタリア
　7．フランス
　問1─ア．正　イ．誤　問2．エ→ウ→ア→イ
　問3─ア．正　イ．誤
解説
　問1　イ─誤。階級闘争を説いたのはマルクス。フーリエは財産の共有に基づく共同体の結成を主張した。
　問3　イ─誤。ロシアではなくオーストリアからの独立をめざした。
資料問題へのアプローチ
　問1─人名．ショパン　国名．ポーランド
　問2．ウィーン会議後、ロシア皇帝がポーランド国王を兼ねるようになったため。
論述問題へのアプローチ(解答例)
　<u>メッテルニヒ</u>の主導で開かれたウィーン会議で成立したウィーン体制は、フランス革命前の王朝を正統とみなす<u>正統主義</u>に立脚した国際秩序で、その反動的性格を維持するため<u>神聖同盟</u>がうまれた。(89字)

第13章　新国家の建設と世界市場の形成
1　アメリカ合衆国の発展とラテンアメリカ・オセアニア(p.100〜103)
基本事項のチェック
❶　アメリカ合衆国の発展
　①孤立　②アメリカ＝イギリス(米英)　③モンロー
　④ジャクソン　⑤ミシシッピ　⑥アイルランド
　⑦イタリア
❷　南北戦争
　①綿花　②自由　③保護関税　④ミズーリ
　⑤カンザス・ネブラスカ　⑥共和　⑦アメリカ連合国
　⑧ゲティスバーグ　⑨シェアクロッパー(分益小作人)
　⑩分離
❸　工業国家への発展
　①自営農地(ホームステッド)　②大陸横断鉄道
　③イギリス　④トラスト

❹ ラテンアメリカの独立

①スペイン　②ハイチ(サン＝ドマング)
③クリオーリョ　④メスティーソ　⑤ボリバル
⑥モンロー　⑦ポルトガル　⑧砂糖
⑨アメリカ＝メキシコ　⑩ナポレオン３世　⑪マデロ

❺ カナダ・オーストラリア・ニュージーランド・南アフリカ

①カナダ　②アボリジニー　③マオリ人
④女性選挙権(女性参政権)

読み取り力のチェック

①[C]西ルイジアナ　経緯：ウ→[E]フロリダ
経緯：イ→[D]テキサス　経緯：エ→[A]オレゴン
経緯：ア→[B]カリフォルニア　経緯：オ
②先住民が強制移住法によって、保留地に移動させられたことを示す。
③―人名：モンロー
a：ヨーロッパ　b：アメリカ合衆国
④アメリカ大陸へのヨーロッパ諸国の介入を排除する目的。

step up 教科書の発問(解答例)

❶ 19世紀前半に産業革命が進行していた合衆国北部は、国内産業を保護する必要からイギリスの掲げる自由貿易主義に反対の立場であり、保護貿易主義を志向した。それに対し南部はプランテーション農業がおもな産業であり綿花栽培が拡大していた。その最大の顧客がイギリス綿工業であり、南部はイギリスの自由貿易主義に同調していた。

入試問題へのチャレンジ

１ １．ミシシッピ　２．イギリス　３．モンロー
４．ジャクソン　問１．フランス　問２．②④⑤
問３―ア．正　イ．誤　問４―ア．正　イ．正

解説

問２　①ハイチはフランス植民地。③アルゼンチンではなくブラジル。
問３　イ―誤。ジョンソンの時に実現したのは白人男性の普通選挙。

２ １．綿花　２．1861
３．ホームステッド(自営農地)　４．大陸横断鉄道
問１―ア．正　イ．誤　問２―ア．正　イ．誤
問３―ア．誤　イ．正　問４―ア．誤　イ．正

解説

問１　イ―誤。南部は自由貿易を主張し、北部が保護関税を主張した。
問２　イ―誤。同法では奴隷制度の可否を新州の住民に選択させた。
問３　ア―誤。ゲティスバーグの戦いは南北戦争中に北部が優勢になるきっかけとなった戦い。
問４　ア―誤。アメリカはイギリス・ドイツを凌ぐ世界最大の工業国となった。

資料問題へのアプローチ

問１．カンザス・ネブラスカ法

問２―人名．リンカン
理由．イギリスはすでに奴隷制を廃止していたため。

論述問題へのアプローチ(解答例)

黒人は奴隷から解放されたが、土地は得られず、多くがシェアクロッパーとして貧困生活を送った。また、南部の州では公共施設や交通機関などで黒人・白人を分離する法律が定められ、黒人は法的に差別された。(96字)

2　イギリス・フランスの繁栄(p.104〜105)

基本事項のチェック

❶ 資本主義的世界経済の確立

①世界の工場　②ベルギー　③綿花

❷ パクス＝ブリタニカ

①ヴィクトリア　②鉄鋼(製鉄)　③労働組合
④アイルランド　⑤東インド会社　⑥穀物法
⑦英仏通商　⑧アロー

❸ フランス第二帝政

①クリミア　②イタリア統一　③インドシナ
④メキシコ　⑤スペイン王位継承
⑥アルザス・ロレーヌ　⑦パリ＝コミューン

読み取り力のチェック

a：綿花(原綿)　b：砂糖　c：羊毛　d：アヘン
e：茶　f：金　g：小麦

step up 教科書の発問(解答例)

❶ モノカルチャーの原意は「単一作物の栽培」で、わずかな種類の１次産品の生産と輸出にその国や地域の経済が依存した状態である。こうした経済では住民の生活に必要な農作物などの生産は優先されない傾向にあり、また生産する１次産品の国際価格の変動の影響を受けやすく、国債価格が大幅に低下すると経済全体が深刻な打撃を受けることになる。

入試問題へのチャレンジ

１ １．メキシコ　２．1870　３．アルザス
４．パリ＝コミューン　問１．万国博覧会
問２．②③　問３．アメリカ合衆国
問４．スペイン

解説

問２　①フランスはオスマン帝国を支援し、ロシアを相手に戦った。

論述問題へのアプローチ(解答例)

アジア各地での貿易を独占してきた東インド会社の商業活動が停止され、輸入穀物に対して高関税をかける穀物法や対オランダ貿易を禁止する航海法が廃止されるなどして、貿易の規制が排除された。(90字)

3　クリミア戦争とヨーロッパの再編(p.106〜109)

基本事項のチェック

❶ 東方問題からクリミア戦争へ

①ニコライ１世　②ボスフォラス　③イェルサレム
④フランス　⑤セヴァストーポリ　⑥黒海

⑦ルーマニア ⑧アレクサンドル２世 ⑨農奴解放令
⑩国際赤十字

❷ イタリアとドイツの統一
①ローマ共和国 ②カヴール ③ロンバルディア
④ガリバルディ
⑤ヴィットーリオ＝エマヌエーレ２世
⑥ヴェネツィア ⑦(ローマ)教皇領
⑧未回収のイタリア ⑨ライン ⑩ドイツ関税同盟
⑪フランクフルト ⑫小ドイツ主義 ⑬鉄血
⑭デンマーク ⑮北ドイツ連邦 ⑯ヴィルヘルム１世
⑰オーストリア＝ハンガリー帝国 ⑱第２次産業革命

❸ 科学の時代
①有機 ②エネルギー保存 ③ファラデー
④レントゲン ⑤パストゥール ⑥エジソン
⑦電信(電信機、モールス信号) ⑧ノーベル
⑨ピアリ ⑩種の起源 ⑪ドストエフスキー
⑫ディケンズ

読み取り力のチェック
①—a：クールベ b：ミレー c：モネ
d：ルノワール e：スタンダール f：バルザック
g：ゾラ h：モーパッサン ②—ア：[b]写実主義
イ：[d]印象派

step up 教科書の発問(解答例)
❶ イギリスにとってオスマン朝のある地中海東部は重
要植民地であるインドと英本国を結ぶルート上にあ
り、その安全保障は死活的に重要だった。フランスも
オスマン朝の北アフリカは植民地獲得の対象だった。
ロシアは地中海方面への南下政策の一環としてオスマ
ン朝領内のスラヴ系や正教徒との連携をはかろうとし
ており、オーストリアもバルカン半島での領土拡大を
めざしていた。

入試問題へのチャレンジ
1 1．ギリシア 2．エジプト 3．東方問題
4．イェルサレム 5．セヴァストーポリ 6．パリ
7．ニコライ１世 8．1861
問１．ボスフォラス ダーダネルス
問２．ナイティンゲール デュナン
2 1．サルデーニャ 2．カヴール
3．ロンバルディア 4．ガリバルディ
問１—ア．誤 イ．正 問２—ア．誤 イ．正
問３．(1)デンマーク (2)スペイン

解説
問１ ア—誤。蜂起が起こったのはヴェネツィアとミ
ラノ。
問２ ア—誤。プロイセン＝オーストリア戦争後、結
成されたのは北ドイツ連邦。ライン同盟はナポ
レオン１世による。

資料問題へのアプローチ
問１．ナポレオン３世 問２．サルデーニャ
問３—人名．カヴール
行動．クリミア戦争に参戦した。

問４．オーストリアとの戦いを支援する代償に、サル
デーニャ領のサヴォイア・ニースを獲得すること。

論述問題へのアプローチ(解答例)
シュレスヴィヒ・ホルシュタインをめぐる対デンマー
ク戦争に勝利したビスマルクは、オーストリアを排除
して北ドイツ連邦を結成し、さらにフランスを破って
ドイツ帝国を成立させた。(84字)

第14章 アジア諸地域の動揺
1 西アジア・南アジア・東南アジアの動揺(p.110～113)

基本事項のチェック
❶ 西アジアの動揺
①ウィーン ②オーストリア ③クリミア
④ナポレオン ⑤イェニチェリ ⑥ナヴァリノ
⑦エディルネ(アドリアノープル) ⑧イギリス
⑨タンジマート ⑩ミドハト(オスマン帝国)
⑪ワッハーブ ⑫サウード ⑬マムルーク ⑭シリア
⑮スーダン ⑯レセップス
⑰ウラービー(オラービー) ⑱テヘラン
⑲トルコマンチャーイ ⑳インド

❷ 南アジア・東南アジアの動揺
①プラッシー ②シク ③貿易独占権 ④シパーヒー
⑤デリー ⑥ムガル朝(ムガル帝国) ⑦ヴィクトリア
女王 ⑧ベルギー ⑨強制栽培制度 ⑩マニラ
⑪海峡植民地 ⑫マレー連合州 ⑬コンバウン
⑭阮福暎 ⑮劉永福 ⑯天津 ⑰カンボジア
⑱ラオス ⑲チュラロンコン(ラーマ５世)

読み取り力のチェック
①記号：E(インド帝国)
②記号：C(ラタナコーシン(チャクリ))
③記号：D(仏領インドシナ) ④記号：G(宗主)
⑤記号：A(スペイン) ⑥記号：F(錫)
⑦記号：B(オランダ)

step up 教科書の発問(解答例)
❶ イギリス東インド会社は、政府からアジア物産の貿
易独占権を与えられた貿易会社だった。しかし、プラッ
シーの戦い後、ベンガル地方などの地税徴収権を獲
得すると、インドにおける領土の拡大と統治の役割を
担うようになった。本国で産業資本家が成長するなど
して東インド会社の貿易独占権への批判が高まると、
まず、1813年にインド貿易独占権が廃止された。1833
年に中国貿易の独占権が廃止されると、商業活動を全
面的に停止しインドの統治機関に変質した。

入試問題へのチャレンジ
1 1．ギュルハネ 2．ムハンマド＝アリー
3．ウラービー(オラービー) 4．ガージャール
問１．ミドハト＝パシャ 問２—ア．正 イ．正
問３．スエズ運河 問４．トルコマンチャーイ条約
2 1．ベンガル 2．マラーター 3．シパーヒー
4．インド帝国 問１—ア．フランス イ．オランダ

問2．イギリスの機械製綿布の輸入でインドの綿織物業が壊滅したため。

3 1．シンガポール　2．マラッカ　3．カンボジア
4．ビルマ　5．仏領インドシナ連邦　6．ゴム
問1．③④　問2．ナポレオン3世

資料問題へのアプローチ
問1―勅令．ギュルハネ勅令　意味．イスラーム法
問2．全臣民の生命・名誉・財産の完全な保障

論述問題へのアプローチ(解答例)
シパーヒーの反乱に起因するインド大反乱を鎮圧し、ムガル朝を滅ぼしたイギリスは、東インド会社を解散させてインドを直轄植民地とし、ヴィクトリア女王を皇帝とするインド帝国を成立させた。(89字)

2　東アジアの動揺(p.114〜117)

基本事項のチェック
❶　アヘン戦争以後の中国
①キャフタ　②ラクスマン　③マカートニー
④(中国)茶　⑤インド　⑥林則徐　⑦虎門寨追加
⑧アメリカ合衆国　⑨租界　⑩アロー　⑪天津
⑫―a：香港　b：行商　c：領事裁判権　d：九竜
e：外国公使(外国使節)

❷　太平天国と洋務運動
①洪秀全　②滅満興漢　③辮髪　④天朝田畝制度
⑤曽国藩　⑥常勝軍　⑦同治(の)中興　⑧洋務運動

❸　日本の開国と東アジア国際秩序の再編
①日米修好通商　②明治維新　③ドイツ
④日清修好条規　⑤樺太・千島交換　⑥台湾
⑦総理(各国事務)衙門　⑧大院君　⑨江華島
⑩壬午軍乱　⑪甲申政変　⑫天津　⑬甲午農民戦争
(東学の乱)　⑭遼東半島　⑮台湾　⑯企業設立

読み取り力のチェック
①アイグン　②沿海州　③ウラジヴォストーク
④イリ
⑤西洋技術の導入が中心となり、政治体制の変革は進まなかった。

step up 教科書の発問(解答例)
❶　壬午軍乱と甲申政変はいずれも清朝が介入して鎮圧されたため、清朝の朝鮮への影響力が高まった。この結果、朝鮮進出をめざす日本と清の対立が深まった。

入試問題へのチャレンジ
1 1．マカートニー　2．乾隆　3．銀
4．フランス　5．上帝会　6．天京　問1．①キ
②ウ　③エ　④ア
問2．華北や内陸部に開港場を増やし、自国製品の販売を促進するため。
問3―記号．A　人名．李鴻章
2 1．日米和親　2．大政奉還　3．高宗
4．日朝修好　5．下関　問1―ア．誤　イ．誤
問2．最恵国待遇により列強にも適用されたため。

解説
問1　ア―誤。樺太をロシア領、千島全島を日本領とした。　イ―誤。琉球は日本と中国に両属していた。

資料問題へのアプローチ
問1―条約．南京条約　皇帝．道光帝
問2―ア．広州　イ．行商

論述問題へのアプローチ(解答例)
中国の歴代王朝は、周辺国を冊封して朝貢貿易を認める外交を行ってきた。しかし、アヘン戦争敗北後、欧米諸国と不平等条約を締結するなかで、列強の主導する条約体制に組み込まれていった。(88字)

第15章　帝国主義と世界
1　帝国主義時代の世界(p.118〜121)

基本事項のチェック
❶　資本主義の変質と労働運動
①産業革命　②トラスト　③労働組合　④フランス
⑤社会民主　⑥社会民主労働
⑦第2インターナショナル　⑧社会主義者鎮圧
⑨国民保険

❷　帝国主義諸国の動向
①選挙法改正　②フェビアン　③議会　④世界の銀行
⑤スエズ運河　⑥インド　⑦グラッドストン
⑧ジョゼフ=チェンバレン　⑨シン=フェイン
⑩第三　⑪ブーランジェ　⑫ドレフュス
⑬(フランス)社会　⑭政教分離　⑮文化闘争
⑯保護関税　⑰社会保険　⑱社会民主　⑲フランス
⑳世界政策　㉑モロッコ　㉒ポーランド　㉓シベリア
㉔ナロードニキ　㉕ロシア社会民主労働
㉖ボリシェヴィキ　㉗血の日曜日　㉘ドゥーマ
㉙ストルイピン　㉚スウェーデン　㉛ロシア
㉜アメリカ=スペイン(米西)　㉝(ジョン =)ヘイ
㉞革新　㉟棍棒

読み取り力のチェック
①―a：三帝　b：三国　c：再保障
②普仏戦争の復讐に燃えるフランスをヨーロッパ内で孤立させること。

step up 教科書の発問(解答例)
❶　第三共和政府は共和主義による国民統合をめざしたため、脱カトリック政策が不可欠だった。また、カトリック教会は、軍部や王党派とともに保守派の中心勢力として共和政を攻撃していた。ドレフュス事件で、国論が二分した際もカトリック教会は保守派の一翼に加わり、ドレフュスの再審に前向きだった政府を攻撃した。そこで、第三共和政府は、1905年に政教分離法を発布しカトリック教会の政治介入を排除し、共和政の安定をめざした。

入試問題へのチャレンジ
1 1．第2インターナショナル　2．ユダヤ
問1―ア．誤　イ．正　問2．岩倉具視

問3―ア．誤　イ．正　問4．ビスマルク

解説
問1　アー誤。石炭ではなく石油。
問3　アー誤。労働党ではなく社会民主党。

2　1．ジョゼフ＝チェンバレン　2．国民保険
3．ブーランジェ　4．社会主義者鎮圧
5．パン＝ゲルマン　6．ニコライ2世
問1．フランス　問2．④

資料問題へのアプローチ
問1―作家．ゾラ　人名．ドレフュス
問2．反ユダヤ主義が高まるなか、軍部が台頭していた。

論述問題へのアプローチ（解答例）
ヴィルヘルム2世は「世界政策」と呼ばれる対外膨張政策をとり、海軍を増強してイギリスに対抗し、フランスとモロッコの領有を争い、パン＝ゲルマン主義のもとロシアとバルカンで対立した。（88字）

2　列強間の対立（p.122～123）
基本事項のチェック
❶　列強のアフリカ争奪
①リヴィングストン　②ベルリン（＝コンゴ）
③エジプト　④ローズ　⑤トランスヴァール　⑥3C
⑦チュニジア　⑧マダガスカル　⑨ファショダ
⑩モロッコ　⑪モロッコ　⑫アドワ
⑬リビア（トリポリ・キレナイカ）　⑭リベリア
❷　列強間の対立
①3B　②バグダード　③露仏同盟　④日英同盟
⑤英露協商　⑥三国同盟　⑦パン＝スラヴ
⑧ボスニア　⑨セルビア　⑩第1次バルカン
⑪ブルガリア　⑫ヨーロッパの火薬庫

入試問題へのチャレンジ
1　1．リベリア　2．ベルギー　3．ビスマルク
4．サハラ　5．モロッコ　6．オスマン
7．ヴィルヘルム2世　8．三国協商
問1―ア．正　イ．誤
問2．(1)ファショダ事件　(2)ドレフュス事件
問3―ア．正　イ．誤

解説
問1　イー誤。ジョゼフ＝チェンバレンはイギリス本国の植民相。ケープ植民地首相はローズで、南アフリカ戦争前に辞職。
問3　イー誤。ギリシア独立戦争ではなくイタリア＝トルコ戦争。

論述問題へのアプローチ（解答例）
リベリアは、アメリカが解放奴隷を入植させて建国した国家であったことから列強の侵略を受けず、エチオピアは、フランスの支援を受けてイタリア軍をアドワの戦いで撃退し、独立を維持した。（88字）

3　アジアの民族運動（p.124～127）
基本事項のチェック
❶　西アジア・南アジア・東南アジアの動向
①アブデュルハミト2世　②アフガーニー
③青年トルコ（人）　④パン＝トルコ
⑤タバコ＝ボイコット　⑥（イラン）立憲革命
⑦ボンベイ（ムンバイ）　⑧ベンガル分割令
⑨カルカッタ　⑩スワラージ（自治獲得）
⑪タイ（シャム）　⑫ホセ＝リサール　⑬アギナルド
⑭イスラーム同盟（サレカット＝イスラム）　⑮維新会
⑯ドンズー（東遊）　⑰ベトナム光復会
❷　東アジアの動向
①東清鉄道　②膠州湾　③遼東　④威海衛　⑤福建
⑥門戸開放　⑦光緒　⑧梁啓超　⑨戊戌の政変
⑩扶清滅洋　⑪8カ国連合軍
⑫北京議定書（辛丑和約）　⑬大韓　⑭日英同盟
⑮日本海　⑯セオドア＝ローズヴェルト　⑰南満洲
⑱南樺太（樺太〈サハリン〉南半〈南部〉）　⑲英露協商
⑳日韓協約　㉑義兵闘争（武装抗日闘争）　㉒武断
㉓科挙　㉔孫文　㉕民族主義（満洲王朝〈清〉の打倒）
㉖武昌　㉗中華民国　㉘宣統　㉙国民　㉚軍閥

読み取り力のチェック
①―鉄道：東清鉄道　ルート：自国のシベリア鉄道から東清鉄道を経由して旅順にいたる。
②― a：膠州湾　国名：ドイツ
③― b：威海衛　国名：イギリス　理由：旅順・大連を租借したロシアに対抗するため。
④― c：広州湾　国名：フランス
⑤― A：遼東　B：福建

step up 教科書の発問（解答例）
❶　列強は、植民地支配のために、現地人官吏を養成したり現地のエリートの協力を仰ぐなどした。このため、官僚や弁護士、留学経験者などの西欧的な知的エリートが民族運動の指導者となって、立憲制の樹立運動や留学生の派遣運動、民衆教育などの運動を展開した。

❷　ロシアは、東清鉄道敷設権や旅順・大連の租借権を獲得し、清朝の東北地方を勢力圏においた。さらに朝鮮半島への進出もめざしたため、朝鮮の利権の独占をめざしていた日本と対立を深めた。ロシアの進出を警戒していたイギリスは、ロシアに対抗する日本の動きを支持した。このため、義和団戦争がおこると両国は大軍を派遣し、8カ国連合軍の中心となった。

入試問題へのチャレンジ
1　1．キリスト　2．朝鮮総督　3．ホセ＝リサール
4．スペイン　5．ファン＝ボイ＝チャウ
6．フランス　7．オランダ
8．イスラーム同盟（サレカット＝イスラム）
問1．①③　問2―ア．誤　イ．正　問3．①⑤

解説
問1　②威海衛と九竜半島を租借したのはイギリス。

21

フランスは広州湾を租借。
- 問2　ア―誤。洋務運動ではなく戊戌の変法。洋務運動は李鴻章らが主導した富国強兵策で、西洋の技術や学問が導入された。

2　1．中国同盟会　2．武昌　3．南京　4．袁世凱
- 問1．①③
- 問2．アジア初の共和国が成立したこと。

解説
- 問1　②民権主義は君主制を廃止して共和制を打ち立てること。

資料問題へのアプローチ
問1．扶清滅洋　問2．北京条約
問3．キリスト教排斥運動が盛んになっていた。

論述問題へのアプローチ(解答例)
孫文が結成した<u>中国同盟会</u>は、三民主義のなかの<u>民族主義</u>で清朝打倒と民族独立をめざした。1911年、清朝が鉄道国有化令を出すと民族資本家を中心に<u>四川暴動</u>が起こり、これに武昌の軍が合流した。(90字)

第16章　第一次世界大戦
1　第一次世界大戦とロシア革命(p.128〜131)
基本事項のチェック
❶　第一次世界大戦の勃発と展開
①サライェヴォ　②ベルギー　③タンネンベルク
④マルヌ　⑤戦車(タンク)　⑥航空機
⑦無制限潜水艦作戦　⑧アメリカ(合衆国)
⑨二十一カ条の要求

❷　秘密外交とドイツの敗北
①イタリア　②フサイン(フセイン)・マクマホン
③サイクス・ピコ　④バルフォア
⑤十四カ条(の平和原則)　⑥ブレスト=リトフスク
⑦キール　⑧評議会(レーテ)　⑨ヴィルヘルム2世
⑩スパルタクス

❸　ロシア革命
①ペトログラード　②ニコライ2世　③二重権力
④四月テーゼ　⑤メンシェヴィキ　⑥ケレンスキー
⑦土地に関する布告　⑧平和に関する布告
⑨憲法制定会議　⑩共産党
⑪コミンテルン(第3インターナショナル)　⑫赤軍
⑬シベリア

❹　ヴェルサイユ体制の成立
①パリ講和会議　②ウィルソン　③国際連盟
④民族自決　⑤アルザス　⑥ラインラント
⑦a：サン=ジェルマン　b：ブルガリア
　c：ハンガリー　d：セーヴル

読み取り力のチェック
①―a：女性　b：総力
②―a：クレマンソー　b：ロイド=ジョージ
　c：軍用機(潜水艦)　d：賠償金

step up 教科書の発問(解答例)
❶　第1次ロシア革命の際には、皇帝ニコライ2世が十

月勅令で国会(ドゥーマ)の開設を約束し自由派のウィッテを首相に任命するなどした。しかし後任の首相ストルイピンは専制体制を復活させた。二月革命では、皇帝ニコライ2世が処刑され帝政が廃止され、ブルジョワ中心の臨時政府が成立した。臨時政府は戦争継続を表明し、当初はソヴィエトもこれを支持していたが、ボリシェヴィキの指導者レーニンが臨時政府批判を始めると、ソヴィエト内部でレーニン支持が広がり、二重権力状態が出現した。ボリシェヴィキは、1917年に十月革命を起こし臨時政府を打倒した。十月革命により史上初の社会主義政権が成立し、レーニン率いる新政府は「土地に関する布告」で大地主の土地を農民に分配することを明らかにした。また、「平和に関する布告」で無併合・無賠償・民族自決による和平を求め、ドイツと単独講和を結んで戦争から撤退した。

入試問題へのチャレンジ
1　1．サライェヴォ　2．ベルギー　3．日英
- 4．マルヌ　5．ロイド=ジョージ
- 問1―ア．正　イ．誤　問2．④
- 問3―ア．誤　イ．正

解説
- 問1　イ―誤。フランス軍ではなくイギリス軍。
- 問3　ア―誤。アラブ人国家ではなくユダヤ人国家の樹立が約束された。

2　1．ペトログラード　2．ロマノフ
- 3．四月テーゼ　4．ブレスト=リトフスク
- 5．赤軍　問1．③　問2―ア．正　イ．正
- 問3．③④

資料問題へのアプローチ
問1―宣言．バルフォア宣言　運動．シオニズム運動
問2．アラブ人に対し、オスマン帝国領内での戦争協力の代償として、第一次世界大戦後のアラブ人国家建設を約束した。

論述問題へのアプローチ(解答例)
ドイツが<u>無制限潜水艦作戦</u>を宣言すると、これを理由にアメリカは参戦を決めた。一方で、十月革命で成立したソヴィエト政権は「<u>平和に関する布告</u>」を発表して、大戦からの離脱を表明した。(87字)

2　ヴェルサイユ体制と欧米諸国(p.132〜137)
基本事項のチェック
❶　ヴェルサイユ・ワシントン体制とアメリカ合衆国
①上院　②債権　③金　④四カ国条約　⑤九カ国条約
⑥海軍軍備制限条約　⑦共和　⑧ドーズ

❷　アメリカ合衆国の繁栄とその陰
①フォード　②ラジオ　③映画　④女性参政　⑤禁酒
⑥クー=クラックス=クラン(KKK)　⑦日系移民

❸　ヴェルサイユ体制下の戦勝国
①4　②マクドナルド　③アイルランド自由国
④イギリス連邦　⑤ウェストミンスター

⑥ルール占領　⑦ブリアン　⑧ファシスト
⑨ローマ進軍　⑩フィウメ　⑪ラテラノ（ラテラン）

❹　ヴァイマル共和国とソ連
①エーベルト　②ミュンヘン一揆　③レンテンマルク
④ロカルノ　⑤戦時共産主義　⑥新経済政策（ネップ）
⑦ラパロ　⑧トロツキー
⑨ソヴィエト社会主義共和国連邦

読み取り力のチェック
①空前のインフレーションが進行していた。
②―行動：ルール占領
理由：ドイツの賠償金支払いが滞ったため。
③―計画：ドーズ案　Ａ：アメリカ合衆国
Ｂ：イギリス　Ｃ：戦債

step up 教科書の発問（解答例）
❶　戦争で疲弊するなか、大英帝国の維持が課題となっていた。インドの独立運動は力で抑え込んだが、アイルランドの独立運動を抑えることができず、北部アルスター地方を除くアイルランドに自治権を認め1922年にアイルランド自由国を成立させた。このようななか、大戦で本国に協力した自治領が大英帝国を離れていくことを避けるために、1926年に本国と対等の関係をもつ独立国であることを認め、イギリス連邦を組織した。

❷　1923年にレンテンマルクが発行されインフレが収まり、24年にはドーズ案の成立でアメリカからの融資が提供され経済が復興した。また、シュトレーゼマン外相が協調外交を展開し、1925年にはロカルノ条約締結、26年には国際連盟への加盟を達成した。こうして、1920年代にドイツの内政と外交は安定期を迎えた。一方、イタリアは戦勝国でありながら領土要求が満たされずに不満がたまり、また労働者のストライキや工場占拠が広がった。危機感を抱いた資本家や地主、中間層はムッソリーニが率いるファシスト党を支持し、1922年の「ローマ進軍」を機にファシスト党が独裁政権を樹立した。

入試問題へのチャレンジ
❶　１．秘密　２．民族自決　３．ワシントン
４．日英同盟　問１．②　問２．③
問３―英．①　仏．②　問４．サン＝ジェルマン条約
問５―ア．正　イ．誤

解説
問５　イ―誤。旧オーストリア領ではなく旧ロシア領。

❷　１．債権国　２．フォード　３．ジャズ
４．女性参政　問１―ア．正　イ．正　問２．WASP
問３．上院が国際連盟への加盟を拒否した。

資料問題へのアプローチ
問１―結社．KKK　戦争．南北戦争
問２．黒人　カトリック教徒（ユダヤ教徒）

論述問題へのアプローチ（解答例）
海軍軍備制限条約で日本の海軍力は抑えられ、太平洋

の現状維持を約した四カ国条約で日英同盟が解消された。また、中国に関する九カ国条約では日本が獲得した山東省の利権が中国に返還された。（89字）

❸　１．総力戦　２．ルール　３．ブリアン　４．不戦
５．ウェストミンスター憲章
６．アイルランド自由国　７．ムッソリーニ
８．ヴァチカン市国　問１―ア．誤　イ．正
問２―ア．正　イ．正　問３．×
問４．ユーゴスラヴィア

解説
問１　ア―誤。初代大統領は社会民主党のエーベルト。
問３　①第3回ではなく第4回選挙法改正。②ロイド＝ジョージではなくマクドナルド。③いずれも1911年に制定された。

❹　１．1917　２．トロツキー　３．モンゴル
４．一国社会主義　５．コミンテルン
問１．マルクス主義理論
問２．戦時共産主義政策→新経済政策（ネップ）
問３―都市．モスクワ　政党．ロシア共産党

資料問題へのアプローチ
問１．ラパロ条約　問２．ヴァイマル共和国
問３．初めて資本主義国に承認され、国交を樹立した。

論述問題へのアプローチ（解答例）
ドイツがドーズ案を受け入れて賠償履行政策をとると、フランスはルールから撤兵し、他の諸国とともにロカルノ条約でドイツとの関係を改善した。この結果、ドイツは国際連盟加盟を承認された。（89字）

3　アジアの動向（p.138〜143）
基本事項のチェック
❶　西アジア・中央アジアの動向
①セーヴル　②アンカラ　③ローザンヌ　④ローマ
⑤パフレヴィー　⑥イラン
⑦アマーヌッラー＝ハーン　⑧オスマン朝（帝国）
⑨委任統治領　⑩エジプト　⑪スエズ運河
⑫イブン＝サウード

❷　南アジア・東南アジアの動向
①インド統治　②ローラット　③非暴力
④（ロンドン）円卓
⑤プールナ＝スワラージ（完全独立）　⑥塩の行進
⑦1935年インド統治　⑧インドネシア共産党
⑨スカルノ　⑩インドシナ共産党　⑪タキン
⑫フィリピン　⑬タイ

❸　東アジアの動向
①陳独秀　②胡適　③狂人日記（阿Q正伝）
④大正デモクラシー　⑤米騒動　⑥治安維持
⑦南洋諸島（ミクロネシア諸島）　⑧二十一カ条の要求
⑨対ソ干渉　⑩ソウル　⑪文化政治　⑫大韓民国
⑬五・四運動　⑭ヴェルサイユ　⑮カラハン

⑱五・三〇運動　⑲北伐　⑳上海クーデタ
㉑山東出兵　㉒張学良　㉓紅軍　㉔瑞金

読み取り力のチェック

①─ア：イギリスの委任統治領・保護国・植民地。
イ：フランスの委任統治領。
②ローマ字を教えている。（西欧的な服装をしている。）
③─記号：B　国名：イラク王国
④─都市：北京　位置：a　⑤民族資本家
⑥─名称：北伐
目的：軍閥を倒して中国を統一する。
⑦─名称：上海クーデタ
変化：第１次国共合作が崩れた。
⑧─都市：瑞金　位置：d

step up 教科書の発問(解答例)

❶ トルコ・イランともに、脱イスラーム化や民族主義の強調、西欧化をめざす改革をおこなった。敗戦で領土の多くを失ったトルコでは、ムスタファ＝ケマルが、1922年にオスマン朝(帝国)のスルタンを廃しトルコ共和国を成立させた。ムスタファ＝ケマルは、カリフ制の廃止や、ローマ字と太陽暦の採用、女性への参政権付与、トルコ民族主義の強調などの諸改革をおこなった。イランでは、レザー＝ハーンがガージャール朝の王を廃しパフレヴィー朝を創始した。レザー＝ハーンは、国号をイランと改め、西欧的な法体系の導入や徴兵制の実施、太陽暦の採用、イラン民族主義の強調などの諸改革を実施した。

入試問題へのチャレンジ

１ １．スルタン　２．ワフド　３．アフガニスタン
４．レザー＝ハーン
５．フセイン(フサイン)＝マクマホン
問１─ア．③　イ．②　ウ．②　エ．②　オ．④
問２．①②　問３．タバコ　問４．ワッハーブ王国
問５．シオニズム運動
２ １．ローラット　２．全インド＝ムスリム連盟
３．ネルー　４．プールナ＝スワラージ(完全独立)
５．ホー＝チ＝ミン　６．ビルマ(ミャンマー)
７．スカルノ　問１．①　問２．②
３ １．膠州　２．二十一カ条　３．シベリア
４．ウィルソン　５．ヴェルサイユ条約
６．三・一独立運動　７．五・四運動
８．コミンテルン　９．国民革命
問１─ア．誤　イ．正　問２─ア．誤　イ．正
問３─ア．誤　イ．正

解説

問１　ア─誤。康有為ではなく胡適。
問２　ア─誤。共産党員が共産党籍のまま国民党に入党するのを認めたことで形成された。
問３　ア─誤。内容は正しいが、北伐完了後のできごとではない。北伐は1926〜28年、上海クーデタ

は1927年。

資料問題へのアプローチ

問１．パリ　問２．二十一カ条の要求の破棄
問３．陳独秀

論述問題へのアプローチ(解答例)

韓国併合により、日本は統治機関の総督府による武断政治を行ったが、1919年、民族自決の潮流に呼応した三・一独立運動が起こり、全国化したことから統制を緩め、文化政治に転換した。（85字）

第17章　第二次世界大戦と諸地域の変容
1　世界恐慌とファシズム(p.144〜149)

基本事項のチェック

❶ **世界恐慌とニューディール・ブロック経済**
①ウォール　②暗黒の木曜日　③フーヴァー
④フランクリン＝ローズヴェルト　⑤全国産業復興
⑥テネシー川流域開発公社　⑦ワグナー
⑧マクドナルド　⑨金本位制　⑩オタワ　⑪フラン

❷ **ファシズムの台頭**
①国民社会主義ドイツ労働者党　②1932　③全権委任
④総統(フューラー)　⑤第三　⑥ゲシュタポ
⑦アインシュタイン　⑧ホロコースト
⑨アウトバーン　⑩徴兵　⑪ザール　⑫英独海軍協定
⑬ラインラント　⑭オーストリア　⑮イタリア
⑯宥和　⑰スロヴァキア　⑱ポーランド回廊
⑲エチオピア　⑳三国防共協定　㉑柳条湖　㉒満洲国
㉓リットン　㉔上海　㉕延安　㉖八・一宣言
㉗張学良　㉘盧溝橋　㉙抗日民族統一　㉚南京
㉛重慶　㉜汪兆銘　㉝ハンガリー　㉞コミンテルン
㉟ブルム　㊱フランコ　㊲不干渉　㊳ヘミングウェー
㊴ゲルニカ　㊵ポルトガル

❸ **スターリン体制下のソ連**
①(第１次)五カ年計画　②アメリカ合衆国　③粛清

❹ **国際的危機とアメリカ合衆国の対応**
①ソ連　②善隣　③フィリピン　④中立法

読み取り力のチェック

①─a：社会民主党　b：共産党
②ヒトラー内閣が、国会議事堂放火事件の責任を共産党に負わせ、その活動を弾圧したため。
③全権委任法　④ナチ党以外の政党を解散させた。
⑤ミュンヘン会談
⑥ズデーテン地方にドイツ系住民が多くいたこと。
⑦─c：ネヴィル＝チェンバレン　d：ムッソリーニ
⑧ドイツの領土拡大の矛先を東方(ソ連)に向けるため。（ドイツとの戦争を避けるため。）

step up 教科書の発問(解答例)

❶ ニューディールは、アメリカ経済を回復の方向に導いたが、大恐慌前の水準にはほど遠く、失業率も20％を下回ることはなかった。しかし、1930年代後半ファシズムの台頭など国際情勢が変化するなかで、軍備拡張政策がおこなわれると軍需産業は活況を呈し、1941

年12月の参戦後アメリカの生産力は完全に回復した。

❷ 1935年３月にヒトラーが再軍備を宣言して徴兵制を復活させたことと、翌36年ロカルノ条約を破棄してラインラントに進駐したことにより、体制の前提であるヴェルサイユ条約の中心的条項が完全に破られた。

❸ ローズヴェルトは、資本主義経済において伝統的な自由放任主義と決別し、国家が経済統制や社会保障を実施する修正資本主義の理論による政策をおこなった。また、外交においても従来の孤立主義を改め、中南米諸国に対する善隣外交、ソ連の承認など協調的な立場をとった。

入試問題へのチャレンジ
１ １．ウォール　２．フーヴァー
３．賠償支払い(賠償金)　４．民主
５．農業調整法(AAA)　６．団体交渉
７．ニューディール　８．自由放任
問１．公共事業による雇用創出と電力の安価な供給。
問２―ア．誤　イ．正
問３―(1)マクドナルド
(2)内閣．挙国一致内閣　改革．金本位制停止
(3)イギリス連邦経済会議(オタワ連邦会議)
問４．ドイツ

解説
問２　ア―誤。ソ連の承認は英仏の方が早かった。

２ １．アメリカ合衆国　２．大統領緊急　３．ユダヤ
４．ヒンデンブルク　５．全権委任　６．1933
７．再軍備　８．ロカルノ
問１．国民社会主義ドイツ労働者党
問２．アインシュタイン
問３．オーストリアを併合し、チェコスロヴァキアにズデーテン地方を割譲させた。
問４―ア．正　イ．正

３ １．柳条湖　２．満洲国　３．リットン
４．張学良　５．西安　６．盧溝橋　７．国共合作
８．南京　９．重慶　10．汪兆銘
問１．五・一五事件　問２―ア．正　イ．誤

解説
問２　イ―誤。浙江省ではなく陝西省。

４ １．フランコ　２．モロッコ　３．国際義勇
４．ピカソ

資料問題へのアプローチ
問１．全権委任法
問２．政府が法律を制定できるようになり、議会の立法権が形骸化したため。

論述問題へのアプローチ(解答例)
全国産業復興法や農業調整法を制定して物価の下落を防ぎ、金の流出を防ぐため、<u>金本位制</u>を停止して管理通貨制に移行した。また、テネシー川流域開発公社などの<u>公共事業</u>で失業者を救済した。(88字)

2　第二次世界大戦と冷戦の始まり(p.150〜153)

基本事項のチェック
❶　**大戦の勃発**
①独ソ不可侵　②ポーランド　③フィンランド
④バルト３国　⑤ベルギー　⑥ヴィシー
⑦ド=ゴール　⑧チャーチル　⑨強制収容所

❷　**戦局の転換**
①日ソ中立　②ユーゴスラヴィア　③日独伊三国同盟
④武器貸与法　⑤大西洋憲章
⑥パールハーバー(真珠湾)　⑦シンガポール
⑧大東亜共栄圏

❸　**戦争の終結**
①ミッドウェー　②ガダルカナル
③スターリングラード　④シチリア　⑤バドリオ
⑥ノルマンディー　⑦ベルリン　⑧沖縄
⑨原子爆弾(原爆)　⑩ソ連

❹　**東西対立の始まり**
①サンフランシスコ　②安全保障理事会(安保理)
③ブレトン=ウッズ
④関税と貿易に関する一般協定(GATT)
⑤分割管理(分割占領・共同管理)　⑥鉄のカーテン
⑦トルーマン=ドクトリン　⑧マーシャル=プラン
⑨チェコスロヴァキア　⑩ベルリン封鎖
⑪西ヨーロッパ連合(西欧同盟)　⑫ドイツ民主共和国

読み取り力のチェック
①―A：カイロ　B：テヘラン　C：ヤルタ
D：ポツダム
②―a：蔣介石　b：スターリン　c：トルーマン
③―ア：4　イ：5　ウ：1(3)　エ：3(1)
オ：2

step up 教科書の発問(解答例)
❶　ソ連は、1935年にドイツが再軍備宣言を出すとフランス・チェコスロヴァキアと相互援助条約を結び、ナチス=ドイツの侵略に対抗する体制をとっており、ドイツも1937年日本・イタリアとともに、コミンテルンおよびソ連に対抗する三国防共協定を結んでいたから。

❷　総会では全会一致の原則をとった国際連盟と違い、国際連合は多数決で議決がおこなわれた。また、発足当初にアメリカ・ドイツ・ソヴィエト=ロシアが加盟しなかった国際連盟の反省から、国際連合は安全保障理事会を新設し、そこに大きな権限を与えるとともに、常任理事国の５カ国に「大国一致」を原則とする拒否権を認めた。

入試問題へのチャレンジ
１ １．ペタン　２．自由フランス　３．日ソ中立
４．ミッドウェー　５．シチリア　６．ポツダム
問１．③⑤　問２．レジスタンス
問３．宣戦布告をともなわない奇襲攻撃であったため。　問４―ア．誤　イ．正
問５―都市．広島　都市．長崎　理由．本土決戦を唱

える日本を早期に降伏させるため。

解説

問4　ア―誤。フィリピンはアメリカの植民地。

2　1．蔣介石　2．ブレトン=ウッズ　3．トルコ
4．マーシャル　5．北大西洋条約機構（NATO）

問1―ア．誤　イ．正　**問2**―ア．正　イ．正
問3―ア．誤　イ．誤

解説

問1　ア―誤。国際連合の本部はニューヨーク。
問3　ア―誤。東ドイツの首都はベルリン。　イ―誤。
西ドイツのNATO加盟は1955年。

資料問題へのアプローチ

問1―米．ローズヴェルト　ソ．スターリン
問2．ソ連が千島を領有することを認める。

論述問題へのアプローチ（解答例）

総会は全加盟国で構成され、議決は<u>多数決</u>で行われる
のに対し、安全保障理事会は、米英仏ソ中の常任理事
国と非常任理事国<u>10カ国</u>で構成され、議決は<u>拒否権</u>を
もつ常任理事国の一致を原則とする。（89字）

3　アジアにおける冷戦（p.154〜155）

基本事項のチェック

❶　冷戦下の東アジア

①周恩来　②蔣介石　③中ソ友好同盟相互援助
④第1次五カ年計画　⑤大躍進
⑥プロレタリア文化大革命　⑦鄧小平　⑧38
⑨李承晩　⑩スターリン　⑪国連軍（多国籍軍）
⑫人民義勇軍　⑬板門店　⑭警察予備隊
⑮サンフランシスコ平和　⑯日米安全保障　⑰ソ連

❷　東南アジア・南アジアとベトナム戦争

①ベトミン（ベトナム独立同盟会）　②インドシナ
③17　④東南アジア条約機構（SEATO）
⑤ベトナム共和国　⑥カンボジア
⑦南ベトナム解放民族戦線　⑧北爆　⑨ジンナー
⑩ヒンドゥー　⑪カシミール　⑫アウン=サン
⑬スカルノ　⑭シンガポール

入試問題へのチャレンジ

1　1．カイロ　2．李承晩　3．金日成　4．周恩来
5．蔣介石　6．台湾　7．ホー=チ=ミン
8．ディエンビエンフー　9．オランダ
10．シンガポール　11．ジンナー　12．パキスタン

問1―ア．正　イ．誤　**問2**．スカルノ
問3．ヒンドゥー・イスラーム両教徒の融和を訴えた
ため。

解説

問1　イ―誤。ソ連は条約に調印していない。

論述問題へのアプローチ（解答例）

アメリカはゴ=ディン=ジエムを支援してベトナム共
和国を建てさせたが、<u>南ベトナム解放民族戦線</u>が北ベ
トナムの支援を受けて抵抗し、共産主義の拡大を恐れ
る<u>ジョンソン</u>政権は北爆を開始した。（89字）

4　冷戦の展開（p.156〜159）

基本事項のチェック

❶　アメリカ合衆国の動向

①水素爆弾（水爆）　②マッカーシズム
③ニューフロンティア　④キューバ危機
⑤部分的核実験禁止　⑥キング牧師　⑦ジョンソン
⑧反戦運動　⑨中国訪問（訪中）
⑩第1次戦略兵器制限条約（SALT I）
⑪パリ（ベトナム）和平　⑫サイゴン

❷　西ヨーロッパの動向

①アトリー　②ポンド　③第五　④アルジェリア
⑤北大西洋条約機構（NATO）　⑥五月革命
⑦アデナウアー　⑧東方

❸　ソ連と東欧・中国の動向

①イタリア　②ティトー
③経済相互援助会議（コメコン）
④ワルシャワ条約機構（東ヨーロッパ相互援助条約）
⑤ジュネーヴ4巨頭　⑥日本（西ドイツ）
⑦スターリン批判　⑧ポズナニ　⑨ハンガリー
⑩訪米　⑪ダマンスキー（珍宝）島　⑫ルーマニア
⑬プラハの春　⑭ドプチェク　⑮日中平和友好条約
⑯ダライ=ラマ14世　⑰中越戦争

読み取り力のチェック

①ひざまずき、謝罪している。
②ナチス=ドイツがユダヤ人に対して犯した罪を謝罪
するため。（東欧諸国との関係正常化をはかるため。）
③―人名：ブラント　政党：社会民主党　④東方外交
⑤東西ドイツの国連加盟。

step up 教科書の発問（解答例）

❶　1968年「プラハの春」がワルシャワ条約機構軍の介入
で弾圧されたチェコ事件で、ソ連が「ブレジネフ=ド
クトリン」の制限主権論で介入を正当化したことは、
中ソ対立下の中国にとって大きな脅威となった。さら
に翌69年中ソ国境のダマンスキー島で軍事衝突がおこ
ると、中国はアメリカとの接近を本格化させた。

入試問題へのチャレンジ

1　問1．①　問2．ニクソン　①
問3．カストロ　バティスタ
問4．ワシントン大行進　黒人と白人が共生する人種
差別のない社会。

2　1．労働　2．スエズ（運河）　3．ブラント
4．東方　5．ド=ゴール　6．アルジェリア
7．NATO（北大西洋条約機構）　8．五月

3　1．ジュネーヴ　2．雪どけ　3．コミンフォルム
4．ナジ　5．海上封鎖
6．部分的核実験禁止条約（PTBT）　7．ブレジネフ
8．ドプチェク　問1．第2次中東戦争
問2．アイゼンハワー
問3．ソ連が譲歩し、ミサイル基地撤去に合意した。

資料問題へのアプローチ
問1．レーニン
問2．ソ連がアメリカに対して行った譲歩を「修正主義」として批判した。

論述問題へのアプローチ(解答例)
共産党の一党独裁に不満を高めたチェコスロヴァキア民衆は、ドプチェクらの指導で「プラハの春」と呼ばれる自由化運動を起こしたが、ソ連はワルシャワ条約機構軍を動員してこれを弾圧した。(88字)

第18章　第三世界の形成と世界経済の動揺

1　第三世界と世界経済(p.160〜163)

基本事項のチェック

❶ 第三世界の形成
①ネルー　②アジア＝アフリカ　③ベオグラード

❷ パレスチナ問題とアラブ民族主義
①アラブ連盟　②パレスチナ分割案
③(パレスチナ)難民　④アスワン＝ハイ
⑤スエズ運河の国有化　⑥スエズ　⑦シナイ
⑧アラブ石油輸出国機構(OAPEC)　⑨サダト
⑩PLO(パレスチナ解放機構)

❸ イラン＝イスラーム革命とイスラーム原理主義
①モサ(ッ)デグ　②ホメイニ　③フセイン

❹ アフリカ諸国の動向
①アルジェリア　②ンクルマ(エンクルマ)
③アフリカの年　④アフリカ統一機構(OAU)
⑤コンゴ　⑥アパルトヘイト　⑦アンゴラ

❺ 経済停滞の時代
①ドル＝ショック
②第1次石油危機(オイル＝ショック)　③レーガン
④サッチャー　⑤新自由　⑥ミッテラン　⑦コール

❻ 東アジア・東南アジアの動向
①日米安全保障条約　②日韓基本条約
③日中平和友好条約　④先進国首脳会議　⑤貿易摩擦
⑥光州事件　⑦ソウルオリンピック
⑧新興工業経済地域(NIES)　⑨スハルト
⑩マルコス　⑪東南アジア諸国連合(ASEAN)

読み取り力のチェック
①―A：シナイ半島　B：ヨルダン川西岸地区
C：ゴラン高原　a：ガザ　②シリア　ヨルダン
③アラブ民族主義の象徴であったエジプトのナセルの権威が失墜し、アラブ民族主義は衰退に向かった。
④A

step up 教科書の発問(解答例)
❶ キャンプ＝デーヴィッド合意：第4次中東戦争で戦略的な行き詰まりを感じていたイスラエルと、シナイ半島を奪還したいエジプトが、中東和平の主導権を握りたいアメリカ・民主党のカーター政権の仲介で1978年に妥協した。エジプトはアラブ諸国で初めてイスラエルを承認した。
オスロ合意：イスラエル占領地のガザ地区・ヨルダン

川西岸地区でのパレスチナ人「蜂起」に悩むイスラエルでは、1992年穏健派のラビン政権が誕生した。またPLOのアラファトは、武装闘争がアラブ諸国の一致した支持を得られないことからイスラエルとの共存を模索していた。この両者を米クリントン政権が仲介した。

入試問題へのチャレンジ
❶ 1．インドシナ　2．周恩来　3．バンドン
4．ティトー　5．アスワン＝ハイダム
6．イスラエル　7．ガーナ　8．1960　問1．③
問2．②　問3―ア．正　イ．正
問4．ベオグラード　問5―ア．誤　イ．正

解説
問5　アー誤。ローデシアではなくコンゴ。ローデシアは旧イギリス植民地。

❷ 1．スエズ運河　2．シナイ　3．シリア
4．ヨルダン　5．アラファト
6．パレスチナ解放機構(PLO)　7．サダト
8．パレスチナ暫定自治

資料問題へのアプローチ
問1．平和五原則　a平和共存　b―中国．周恩来
インド．ネルー
問2―都市．バンドン　行動．米・英・仏・ソの首脳はジュネーヴ4巨頭会談を行い、平和共存を表明した。

論述問題へのアプローチ(解答例)
1980年代に国内外で非難が高まっていたアパルトヘイト諸法は、1990年代に撤廃された。その後行われた平等選挙の結果、アフリカ民族会議が勝利し、黒人のマンデラが大統領に選ばれた。(85字)

第19章　今日の世界

1　紛争解決への取り組みと課題
2　経済のグローバル化と格差の是正(p.164〜167)

基本事項のチェック

❶ 新冷戦と冷戦の終結
①アフガニスタン　②強いアメリカ
③ペレストロイカ　④中距離核戦力(INF)全廃
⑤マルタ

❷ 東欧・ソ連の激動と中国
①連帯　②ベルリンの壁　③チャウシェスク
④保守派のクーデタ　⑤ワルシャワ条約機構
⑥天安門　⑦独立国家共同体(CIS)

❸ 湾岸戦争と冷戦後の世界
①クウェート　②多国籍軍
③北米自由貿易協定(NAFTA)　④セルビア
⑤ボスニア＝ヘルツェゴヴィナ　⑥コソヴォ

❹ 同時多発テロ事件と「テロとの戦い」
①2001　②アル＝カーイダ　③イラク　④オバマ
⑤アメリカ第一　⑥バイデン

❺ ヨーロッパの挑戦
①ヨーロッパ石炭鉄鋼共同体　②イギリス
③マーストリヒト　④キャメロン　⑤京都　⑥合意
⑦メルケル

❻ ロシア民主化の停滞と外交
①エリツィン　②チェチェン　③ウクライナ
④クリミア　⑤ジョージア(グルジア)

❼ 中東の激変
①インティファーダ　②パレスチナ自治政府
③イスラーム原理主義　④チュニジア　⑤アサド

❽ アフリカ・ラテンアメリカの現状
①アフリカ連合(AU)　②スーダン　③ベネズエラ
④BRICS　⑤キューバ

❾ アジアの民主化と地域協力の進展
①アジア通貨危機　②金泳三　③陳水扁
④インドネシア　⑤APEC　⑥ドイモイ(刷新)
⑦カンボジア　⑧白豪

❿ 中国の台頭と日本
①マカオ　②江沢民　③習近平　④安倍(安倍晋三)
⑤金正恩

読み取り力のチェック
ア：ヨーロッパ石炭鉄鋼共同体　イ：EEC　ウ：EC
エ：拡大EC　a：イギリス
b：フランス(西ドイツ)　c：西ドイツ(フランス)

step up 教科書の発問(解答例)
❶ 　ポーランドとハンガリーは、ともに1956年の自由化運動がソ連の圧力で鎮圧されたが、1980年ポーランドで共産党支配から独立した自主管理労組「連帯」が出現したが、やがてソ連にゴルバチョフ政権が成立すると合法化された。また1989年ハンガリーも共産圏で初めて複数政党制に移行したが、これもソ連の介入はなかった。

入試問題へのチャレンジ
■　1．アフガニスタン　2．中距離核戦力(INF)全廃
3．ブッシュ　4．ワレサ　5．ルーマニア
6．コメコン(COMECON)　問1─ア．正　イ．誤
問2─ア．誤　イ．正

解説
問1　イ─誤。北方領土問題は今なお未解決である。
問2　ア─誤。1950年代の記述である。

論述問題へのアプローチ(解答例)
1973年の<u>第4次中東戦争</u>に際して、<u>アラブ石油輸出国機構</u>が石油戦略を発動し、<u>イスラエル</u>を支援する国への石油禁輸措置をとり、<u>石油輸出国機構</u>も石油価格の大幅な引き上げを断行したこと。(87字)

新世界史 チェック&チャレンジ 解答・解説

2023年3月 初版発行

編　者　新世界史 チェック&チャレンジ編集委員会
発行者　野澤 武史
印刷所　株式会社 太平印刷社
製本所　有限会社 穴口製本所

発行所　株式会社 山 川 出 版 社
〒101-0047　東京都千代田区内神田 1 -13-13
電話　03-3293-8131（営業）　03-3293-8134（編集）
https://www.yamakawa.co.jp/

ISBN978-4-634-04124-0　　　　　　　　　　　　　　NYIZ0103